浙江文化研究工程成果文库

孙玉蓉　朱炜　著

俞平伯年谱

浙江大学出版社
ZHEJIANG UNIVERSITY PRESS

图书在版编目(CIP)数据

俞平伯年谱 / 孙玉蓉,朱炜著.—杭州:浙江大
学出版社,2021.6
(浙江现代文学名家年谱 / 洪治纲主编)
ISBN 978-7-308-21327-1

Ⅰ.①俞… Ⅱ.①孙… ②朱… Ⅲ.①俞平伯(
1900—1990)—年谱 Ⅳ.①K825.6

中国版本图书馆 CIP 数据核字(2021)第 082451 号

俞平伯年谱

孙玉蓉　朱炜　著

策　　划	陈丽霞　宋旭华	
项目统筹	蔡　帆　王荣鑫	
责任编辑	蔡　帆	
责任校对	吴　超	
封面设计	周　灵	
出版发行	浙江大学出版社	
	(杭州市天目山路 148 号　邮政编码 310007)	
	(网址:http://www.zjupress.com)	
排　　版	浙江时代出版服务有限公司	
印　　刷	杭州高腾印务有限公司	
开　　本	880mm×1230mm　1/32	
印　　张	21.125	
字　　数	525 千	
版 印 次	2021 年 6 月第 1 版　2021 年 6 月第 1 次印刷	
书　　号	ISBN 978-7-308-21327-1	
定　　价	118.00 元	

浙江现代文学名家年谱
编纂委员会

浙江文化研究工程成果文库总序

有人将文化比作一条来自老祖宗而又流向未来的河,这是说文化的传统,通过纵向传承和横向传递,生生不息地影响和引领着人们的生存与发展;有人说文化是人类的思想、智慧、信仰、情感和生活的载体、方式和方法,这是将文化作为人们代代相传的生活方式的整体。我们说,文化为群体生活提供规范、方式与环境,文化通过传承为社会进步发挥基础作用,文化会促进或制约经济乃至整个社会的发展。文化的力量,已经深深熔铸在民族的生命力、创造力和凝聚力之中。

在人类文化演化的进程中,各种文化都在其内部生成众多的元素、层次与类型,由此决定了文化的多样性与复杂性。

中国文化的博大精深,来源于其内部生成的多姿多彩;中国文化的历久弥新,取决于其变迁过程中各种元素、层次、类型在内容和结构上通过碰撞、解构、融合而产生的革故鼎新的强大动力。

中国土地广袤、疆域辽阔,不同区域间因自然环境、经济环境、社会环境等诸多方面的差异,建构了不同的区域文化。区域文化如同百川归海,共同汇聚成中国文化的大传统,这种大传统如同春风化雨,渗透于各种区域文化之中。在这个过程中,区域文化如同清溪山泉潺潺不息,在中国文化的共同价值取向下,以自己的独特个性支撑着、引领着本地经济社会的发展。

从区域文化入手,对一地文化的历史与现状展开全面、系统、扎实、有序的研究，一方面可以藉此梳理和弘扬当地的历史传统和文化资源，繁荣和丰富当代的先进文化建设活动，规划和指导未来的文化发展蓝图，增强文化软实力，为全面建设小康社会、加快推进社会主义现代化提供思想保证、精神动力、智力支持和舆论力量；另一方面，这也是深入了解中国文化、研究中国文化、发展中国文化、创新中国文化的重要途径之一。如今，区域文化研究日益受到各地重视，成为我国文化研究走向深入的一个重要标志。我们今天实施浙江文化研究工程，其目的和意义也在于此。

千百年来，浙江人民积淀和传承了一个底蕴深厚的文化传统。这种文化传统的独特性，正在于它令人惊叹的富于创造力的智慧和力量。浙江文化中富于创造力的基因，早早地出现在其历史的源头。在浙江新石器时代最为著名的跨湖桥、河姆渡、马家浜和良渚的考古文化中，浙江先民们都以不同凡响的作为，在中华民族的文明之源留下了创造和进步的印记。

浙江人民在与时俱进的历史轨迹上一路走来，秉承富于创造力的文化传统，这深深地融会在一代代浙江人民的血液中，体现在浙江人民的行为上，也在浙江历史上众多杰出人物身上得到充分展示。从大禹的因势利导、敬业治水，到勾践的卧薪尝胆、励精图治；从钱氏的保境安民、纳土归宋，到胡则的为官一任、造福一方；从岳飞、于谦的精忠报国、清白一生，到方孝孺、张苍水的刚正不阿、以身殉国；从沈括的博学多识、精研深究，到竺可桢的科学救国、求是一生；无论是陈亮、叶适的经世致用，还是黄宗羲的工商皆本；无论是王充、王阳明的批判、自觉，还是龚自珍、蔡元培的开明、开放，等等，都展示了浙江深厚的文化底蕴，凝聚了浙江人民求真务实的创造精神。代代相传的文化创造的作为和精神，从观念、态度、行为方式和价值取向上，孕育、形成和发展了渊源有自的浙江地域文化传统和与时俱进的浙江文化精神,她滋育着浙江的生命力、催生着浙江的凝聚力、激发着浙江的创造力、培植着浙江的竞争力,激励着浙江人民永不自满、永不停息,在各个不同的历史时期不断地超越自我、创业奋进。悠久深厚、意蕴丰富的浙江文化传统,是历史赐予我们的宝贵财富,也是我们开拓未来的丰富资源和不竭动力。党的十六大以来推进浙江新发展的实践,使我们越来越深刻地认识到,与国家实施改革开放大政方针相伴随的浙江经济社会持续快速健康发展的深层原因,就在于浙江深厚的文化底蕴和文化传统与当今时代精神的有机结合,就在于发展先进生产力与发展先进文化的有机结合。今后一个时期浙江能否在全面建设小康社会、加快社会主义现代化建设进程中继续走在前列,很大程度上取决于我们对文化力量的深刻认识、对发展先进文化的高度自觉和对加快建设文化大省的工作力度。我们应该看到,文化的力量最终可以转化为物质的力量,文化的软实力最终可以转化为经济的硬实力。文化要素是综合竞争力的核心要素,文化资源是经济社会发展的重要资源,文化素质是领导者和劳动者的首要素质。因此,研究浙江文化的历史与现状,增强文化软实力,为浙江的现代化建设服务,是浙江人民的共同事业,也是浙江各级党委、政府的重要使命和责任。

2005年7月召开的中共浙江省委十一届八次全会,作出《关于加快建设文化大省的决定》,提出要从增强先进文化凝聚力、解放和发展生产力、增强社会公共服务能力入手,大力实施文明素质工程、文化精品工程、文化研究工程、文化保护工程、文化产业促进工程、文化阵地工程、文化传播工程、文化人才工程等"八项工程",实施科教兴国和人才强国战略,加快建设教育、科技、卫生、体育等"四个强省"。作为文化建设"八项工程"之一的文化研究工程,其任务就是系统研究浙江文化的历史成就和当代发展,深入挖掘浙江文化底蕴、研究浙江现象、总结浙江经验、指导浙江未来的发展。

浙江文化研究工程将重点研究"今、古、人、文"四个方面,即围绕浙江当代发展问题研究、浙江历史文化专题研究、浙江名人研究、浙江历史文献整理四大板块,开展系统研究,出版系列丛书。在研究内容上,深入挖掘浙江文化底蕴,系统梳理和分析浙江历史文化的内部结构、变化规律和地域特色,坚持和发展浙江精神;研究浙江文化与其他地域文化的异同,厘清浙江文化在中国文化中的地位和相互影响的关系;围绕浙江生动的当代实践,深入解读浙江现象,总结浙江经验,指导浙江发展。在研究力量上,通过课题组织、出版资助、重点研究基地建设、加强省内外大院名校合作、整合各地各部门力量等途径,形成上下联动、学界互动的整体合力。在成果运用上,注重研究成果的学术价值和应用价值,充分发挥其认识世界、传承文明、创新理论、咨政育人、服务社会的重要作用。

我们希望通过实施浙江文化研究工程,努力用浙江历史教育浙江人民、用浙江文化熏陶浙江人民、用浙江精神鼓舞浙江人民、用浙江经验引领浙江人民,进一步激发浙江人民的无穷智慧和伟大创造能力,推动浙江实现又快又好发展。

今天,我们踏着来自历史的河流,受着一方百姓的期许,理应负起使命,至诚奉献,让我们的文化绵延不绝,让我们的创造生生不息。

2006 年 5 月 30 日于杭州

凡　例

一、本丛书之谱主均系公认的浙籍作家。其主要标识为出生于浙江,或童年、少年时期在浙江度过,或长期与浙江保持密切联系,其家世影响、成长经历、文学素养的形成,受到浙江地域文化的浸染,其文学观念、文学创作留有鲜明的浙江文化印记。浙江"身份"尚存争议的作家,暂不列入。

二、本丛书之谱主的主要文学成就,均在"中国现当代文学"时期(包括 1949 年以前的"现代"期和中华人民共和国成立后的"当代"期)产生过广泛影响的各种文学创作、文学活动及其他相关文化活动。其他历史时段与谱主相关的活动,从略记述。

三、每位谱主之年谱为一册,以呈现谱主之文学创作、文艺思想、文学组织、文学编辑等成就为重点,相关背景呈示多侧重其与文学的关联性;年谱亦涉及谱主在中国革命史、思想史、文化史上的成就与贡献,充分展示谱主在建构我国 20 世纪新文化中的特殊贡献。

四、每部年谱共由三部分组成。第一部分为家世简表、谱主照片等有关材料;第二部分为年谱正文和少量插图,图片配发在正文相应部位,以便形成文图互证;第三部分为谱主的后世影响,主要包括正文未及的谱主身份、价值的确切定位及相关悼念、纪念活动,以及谱主的全集出版、著作外译、谱主研究会的成立、重要研究成果等,均予以择要展示。文后附参考文献。

五、年谱使用规范的现代语体文。直接引用资料采用原文文体;人名、地名、书名、文章篇名及引录的原著繁体字或异体字文句,凡可能引起歧义、误解者,仍用原繁体字或异体字。

六、年谱以公历年份作为一级标题,括号内标注农历年份。谱主岁数以"周岁"表述,出生当年不标岁数,只标为是年"出生"。为便于阅读,按通行出版惯例,年、月、日及岁数均采用阿拉伯数字。

七、年谱在一级标题下,以条目形式列出本年度与谱主的文学(文化)活动密切相关、对谱主产生重要影响的若干条"年度大事记"。

八、年谱以公历月份作为二级标题。在二级标题之下,以日期标识谱主相关信息。所有日期均为公历;若农历涉及跨年度等特殊情况,则换算为公历将所述内容置于相应年份,以利于读者识别。

九、年谱中部分具体日期不明的重要信息,均置于当月最后位置,以"本月 ……"说明之;若有关信息只能确定在"春季""夏季"之类时间段内,则置于本年度末,以"春 ……""夏 ……"等加以说明;若有关信息只能确定在本年度的,则亦置于本年度末,以"本年 ……"进行表述。

十、中华人民共和国成立前国家、民族、地名、组织、机构、职官等名称,除明显带有歧视、污蔑含义者须加以适当处理外,原则上仍用文献记载的原名称。

十一、鉴于资料来源多元和考证繁杂,年谱中若观点出现有待考证或诸说并存的,借助"按……"的形式,简要表述编撰者的考辨,或者以注释形式加以说明。

十二、凡有补充、评述等特别需要说明的内容,皆以注释形式说明。对以往诸家有关谱主传记文字的误记之处,在录入史实后,均用注释的方式予以纠正。

十三、年谱正文原则上不特别标识信息来源;若确需说明的,则以分门别类的方式,在正文表述中进行适当处理。

十四、年谱注释从简。确需注释的,统一采用当页脚注。发表报刊一般不注,用适当方式通过正文直接表述;其中,民国时期报刊之"期""号"等,原则上依照原刊之表述。

十五、因时代关系,部分历史文献之标点符号不甚规范,录入时已根据现时标点符号规范标点。以往相关书籍史料中收录的谱主文献,不同版本在部分文献上有不同的断句,本年谱所录之文系在比对各种资料后基于文意定之。

十六、谱主已知的全部著述,均标注初刊处、写作日期、初收何集、著述体裁(如小说、散文、漫画、艺术论述、童话、诗词、评论、译文、书信、日记、序跋等)。若谱主著译版本繁多,一般仅录入初版本。若该作品有多处重刊、转载或收入作品集,则在正文中进行说明,以表明作品的重要性和社会影响。未曾发表的作品注明现有手稿及作品的现存之处。

十七、谱主的主要社会评价,既反映正面性评价,也反映批评性评价,以体现存真的目的,尽可能体现年谱对谱主的全面评价意义。有代表性的评价文字,节录原文以存真。社会评价文字根据原文发表时间,放在相应的正文中表述;若无法确定时间,则放在相应的月份末尾或年份末尾予以恰当叙述。

十八、年谱若遇历史文献中无法辨认之字,则用"□"表示。

十九、年谱中有关谱主的后世影响,根据不同谱主状况,依照类别和时间顺序,在谱后进行详略有别的叙述。

《浙江现代文学名家年谱》编纂委员会
2020 年 8 月

家世简表

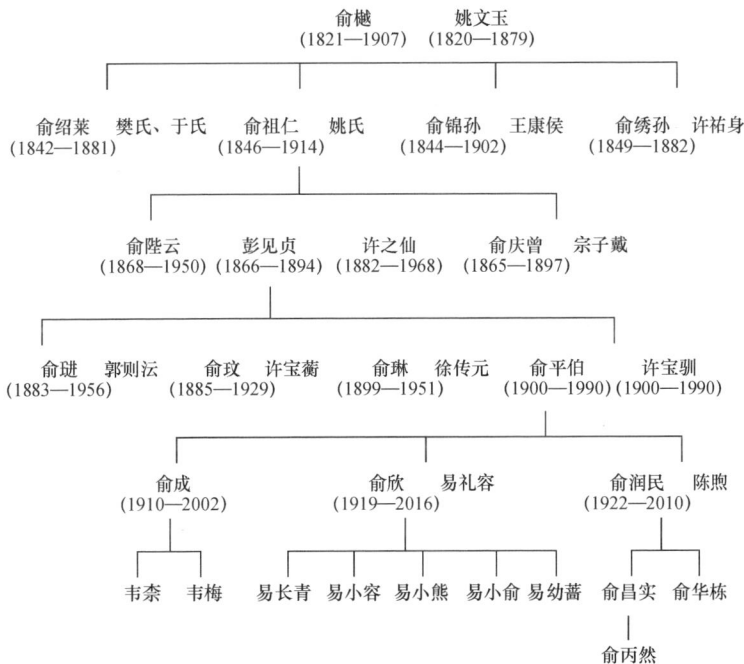

1950年俞平伯标准像

1921年朱自清、叶圣陶、许宝驹送俞平伯赴美前留影

1902 年俞樾与俞平伯在苏州曲园合影

1949年俞平伯与许宝驯在北京老君堂寓所

1975年顾颉刚、王伯祥、叶圣陶、章元善、俞平伯在叶圣陶寓所合影

俞平伯、俞润民、俞昌实、俞丙然合影

目　录

1900年(庚子,清光绪二十六年)　出生

▲6月,清政府宣布对各国开战,并通告各省督抚招集"义民"组团,借御外侮。

▲8月,八国联军侵占北京,"两宫西狩"。

1月

8日　己亥腊月初八,出生于苏州马医科巷曲园乐知堂,取名铭衡,字平伯,乳名僧宝,原籍浙江德清。

按,俞平伯在《我生的那一年》云:"我生在光绪己亥十二月,在西历已入一九〇〇,每自戏语,我是十九世纪末年的人,就是那有名的庚子年。追溯前庚子,正值鸦片战争,后庚子还没来……故我生之初恰当这百年中的一个转关……尤其生在这特别的一年,对这如转烛的兴亡不无甚深的怀感。"俞平伯日后回忆说:"苏杭谁是我的故乡呢?我不知道。""如拿着我的名片看,这上面明明写着'浙江德清';但考其实际,我只是在德清县城河里泊了一夜船",而"在苏州一住十六年"。

曾祖父俞樾,字荫甫,号曲园,浙江德清人,清道光三十年(1850)进士,散馆授翰林院编修,简放河南学政,遭劾罢归后寄寓苏州,以著述为事,并先后主苏州紫阳书院、杭州诂经精舍三十余年,并主浙江书局。曾祖母姚氏,名文玉,字季兰,浙江杭州人。

伯祖父俞绍莱,字廉石,官直隶大名府同知、山东北运河同知。伯祖母樊氏,湖北咸宁举人樊琨长女。庶祖母于氏,河北保定人。

祖父俞祖仁，一名绍荣，字寿山，自幼多病，难应科举，钦加五品衔江苏候补县丞衔。祖母姚氏，仁和举人姚六吉之女。

父亲俞陛云，字阶青，号乐静居士，清光绪二十四年（1898）探花，历任翰林院编修、四川乡试副主考、浙江图书馆监督、清史馆协修。母亲许之仙，清江苏松江知府许祐身①之女，精通诗文。

长姐俞珊②、次姐俞玟③、三姐俞琳④，均善诗文。

弟俞庆宝、俞源宝，早夭。

3 月

4 日 曾祖父俞樾抱之剃头，并口占七律一首志喜："腊八良辰产此儿，而今春到杏花枝。喃喃乳燕出巢日，矫矫神龙昂首时。胎发腻仍留丱角，毛衫软不碍凝脂。吾孙远作金台客，劳动衰翁抱衮师。"

春 曾祖父俞樾作《述祖德篇》，追忆高祖俞国培至今家族史，以使俞平伯知之。

本年 因俞平伯出生，俞家四世同堂。

---

① 许祐身（1848—1912），俞樾次婿，字子原，号静壹斋主人，浙江杭州人，清同治十二年（1873）举人，历任京畿道监察御史、扬州知府、苏州知府、松江知府。
② 俞珊（1883—约1956），俞陛云长女，俞平伯长姐，字佩瑷，号湛持，适郭则沄，擅抚琴吹笛，著有《临漪馆诗词稿》。
③ 俞玟（1885—1929），俞陛云次女，俞平伯二姐，字佩珣，适许宝蘅，著有《汉砚唐琴室遗诗》。
④ 俞琳（1899—1951），俞陛云三女，俞平伯三姐，适徐传元。

1901年(辛丑,清光绪二十七年) 1岁

▲8月,诏改科举,清廷命自明年始,乡会试及岁科试策论,废八股。

▲9月,《辛丑条约》在北京签订。

1月

27日 周岁生日。家人准备了文房四宝、印章、官帽、算盘、刀剑、脂粉盒等小物件,让其抓周。俞平伯抓到的是小金印和珊瑚官帽,俞樾不免感叹:"只愧儒门欠英武,但能取印不能提。"

8月

11日 大弟俞庆宝出生,曾祖父以其出生日在万寿庆贺期内,为取名庆宝。

9月

11日 农历七月二十九晦,相传为地藏王菩萨生日,曲园燃烛于地,计家中人年齿若干,则燃烛若干,香亦如之。

本年 俞陛云因庚子之变出京避乱。
本年 居苏州曲园寓庐。

1902年(壬寅,清光绪二十八年) 2岁

▲2月,浙江巡抚任道镕奏报全省书院改设学堂情形,将求是大学堂(前身为杭州求是书院)改为浙江大学堂(次年又改称浙江高等学堂)。

▲6月,文明书局于上海开办营业,发行"蒙学教科书"。

▲12月,清廷命自明年会试始,凡一甲受职修撰、编修,二、三甲改庶吉士,用部属中书者,皆令入京师大学堂分门肄业。

1月

17 日 生日。

6月

27 日 父亲俞陛云简放四川副主考。

8月

6 日 浙江巡抚任道镕以俞樾明年中式六十年例当重宴鹿鸣奉请,上谕:"俞樾早入词林,殚心著述,教迪后进,人望允孚,加恩开复原官,准其重赴鹿鸣筵宴。"因刻"殚心著述""恩奖耆儒"印,以志荣幸。

17 日 大祖姑俞锦孙^①病逝。

---

① 俞锦孙(1844—1902),字云裳,俞樾长女。

9 月

3 日 父亲俞陛云抵成都,途中仿宋人行记的写法写了一本随笔《蜀輶诗记》。

初夏 曾祖父俞樾题赠对联一副:"培植阶前玉;重探天上花。"

年内 随母亲许之仙归宁松江外祖父许祐身家,返苏州后补种牛痘。

年内 曾祖父俞樾携其在苏州曲园春在堂前合影。

本年 叔俞同奎考入京师大学堂师范馆头班生。

1903 年(癸卯,清光绪二十九年) 3 岁

▲2 月,中国留日学生浙江同乡会在东京创办《浙江潮》。

▲5 月,邹容在上海发表《革命军》一文,提出建立"中华共和国"主张。

▲12 月,《中国白话报》在上海创刊。

1 月

6 日 生日。

2 月

5 日 正月初八,立春。曾祖父俞樾命其于此日始开卷读

书,并寄予厚望,有诗记之:"喜逢日吉又辰良,笑挈曾孙上学堂。一岁春朝新甲子,九天奎宿大文章。更兼金水相生妙,能否聪明比父强。记有而翁前事在,尚期无负旧书香。"

月底 父亲俞陛云进京销假。

本月 由母亲许之仙教读《大学》章句,有时长姐俞珊也教其诵读唐诗。俞平伯后在所写谈《大学》一书的短文中,回忆说:"《大学》为前代开蒙书,平四岁初读首篇,尚在光绪甲辰开馆先,原书有先君题记,迄今八十余年矣。其文义艰于《论》《孟》,垂老犹未能尽通,即朱注亦有误。"

7 月

10 日 父亲俞陛云在保和殿参加经济特科考试。试后,清光绪帝召见考取经济特科人员,各授官职。俞陛云列一等第八名,著记名遇缺题奏。

21 日 二弟俞源宝出生,未百日而殇。

本年 家人送其入寺挂名为僧。俞平伯后在《戒坛琐记》中说:"四五岁就入寺挂名为僧,对于菩萨天王有一种亲切而兼怖畏之感,甚至于眠梦里都被这些偶像所缠扰,至今未已。这个童年的印象,留下一种对于寺庙的期待。"

本年 江苏巡抚恩寿至曲园,曾祖父俞樾携俞平伯出见,命背唐诗,越日遂蒙兼金之赐,俞樾代赋一诗陈谢。

本年 俞樾、俞陛云、俞平伯在曲园春在堂前合影。

1904年(甲辰,清光绪三十年) 4岁

▲1月,清政府颁布《奏定学堂章程》。因制定颁布于旧历癸卯年,故又称"癸卯学制"。这是中国近代由中央政府颁布并首次得到实施的全国性法定学制系统。

▲3月,大型综合性学术刊物《东方杂志》由商务印书馆开始出版发行。

▲7月,清朝最后一次科举考试举行。

▲11月,反清革命团体光复会成立,蔡元培任会长。

1月

24日 江苏巡抚恩寿亲送"重宴鹿鸣"匾额悬挂曲园。是日,鼓吹填门,簪缨慢坐,亦盛举也。此日亦是俞平伯生日。

2月

本月 恩寿有六叠韵诗见示,俞平伯喜告曾祖父俞樾,"抚台又有诗来矣"。

5月

31日 曾祖父俞樾于病榻成七律八首,赠恩寿,聊叙数年见爱之雅。诗云:"马医狭巷一条长,屡见高轩过草堂……携到曾孙才六岁,荷衣也许拜公旁。"自注:"公每来,曾孙僧宝必出见。"又云:"大字书编便幼读,称身衣履赐儿曹。"自注:"以大字本《四

书》付僧宝读。""又制衣帽赐僧宝。"

本年 除由母亲许之仙教读经书外,开始学习外文。曾祖父俞樾曾有诗记之:"膝下曾孙才六岁,已将洋字斗聪明。"

本年 曾祖父俞樾给恩寿的信末有"弟樾顿首,陛云及僧宝侍叩"。恩寿由江苏巡抚调任江淮巡抚后,还寄赐俞平伯油花一篚。俞樾作诗赋谢,末云:"曾孙娇小还知感,遥望淮云兴欲飞。"

本年 曾祖父俞樾每日午后使人舁至外斋小坐,由俞平伯奉杖为前导。

本年 在苏州初识表兄许宝驹①。

本年 俞同奎启程出洋。

1905 年(乙巳,清光绪三十一年) 5 岁

▲8 月,中国同盟会在日本东京正式成立,推举孙中山为总理,黄兴为协理,蔡元培任中国同盟会上海分会会长。

▲9 月,清廷下诏废止科举。

▲11 月,同盟会机关刊物《民报》在东京创刊,孙中山撰写《发刊词》,提出"三民主义"主张。

1 月

13 日 生日。

---

① 许宝驹(1899—1960),字昂若,浙江杭州人,毕业于北京大学国文系,历任浙江教育厅视学、省政府秘书长,新中国成立后曾任中央人民政府法律委员会委员、政务院参事室参事,北京昆曲研习社社员。

2 月

8 日 正月初五。入家塾读书。

4 月

17 日 祖父母花甲双寿,按苏州风俗,在曲园内摆宴。苏州名流士族都来祝贺:"杯盘聊遣兴,冠盖竟倾城。"

本年 杭州南高峰与宝掌山两处曲园书藏同时落成。

本年 日本驻苏州领事白须直购《春在堂全书》两部,一进朝廷,一存文库;日本儒官岛田彦桢奉其国文部大臣之命,向俞樾求所著各书的稿本。

1906 年(丙午,清光绪三十二年) 6 岁

▲3 月,清廷准学部奏,宣示以忠君、尊孔、尚公、尚武、尚实五端为全国教育宗旨。

▲11 月,吴趼人等在上海创办《月月小说》。

▲12 月,清学部奏准颁行《管理游学日本学生章程》,规定在驻扎日本出使大臣署内设游学生监督处,为管理游学生治事之所。设总监督一员,管理游学生一切事宜,以出使大臣兼任。

1 月

2 日 生日。

29日　正月初五。入家塾读书,曾祖父俞樾曾有诗记之:
"厅事东偏隔一墙,卅年安置读书床。今朝姊弟新开馆,当日爷
娘上学堂。婉娈七龄尚怜幼,扶摇万里望弥长。待携第二重孙
至,记得金奎日最长。"

6月

26日　端午节。曾祖父俞樾为俞平伯之扇面书"青云万里"。

10月

本月　大弟俞庆宝殇,年只四岁。

冬　开始每晚跟着曾祖父俞樾学写字。俞平伯后来回忆
说:"清光绪丙午冬,曲园公每夕口授若干字,俾我书之,旋因病
中止,遂永诀矣。"曲园老人在《补自述诗》中亦云:"娇小曾孙爱
似珍,怜他涂抹未停匀,晨窗日日磨丹矸,描纸亲书'上大人'。"
并自注:"僧宝虽未能书,性喜涂抹。每日为书一纸,令其描写。"

本年　继续从塾师学习背诵经书。

本年　江苏巡抚陈夔龙重修苏州寒山寺,请俞樾重书唐张
继《枫桥夜泊》诗碑。

1907年(丁未,清光绪三十三年)　7岁

▲2月,《小说林》在上海创刊。

▲6月,话剧《黑奴吁天录》在日本东京公演。

▲7月，光复会徐锡麟刺杀安徽巡抚恩铭，起义于安庆，事败后遭残杀。随后，秋瑾在绍兴响应，事泄，就义。

1月

21日 生日。

2月

5日 丙午年腊月廿三。曾祖父俞樾病逝于苏州寓所，终年86岁。朝野人士闻之，相与咨叹，谓顿失儒宗。江苏巡抚陈夔龙以俞樾学术及所著书上奏，诏入国史儒林传。俞平伯于灵几前读曾祖父遗稿，不胜悲怆。

本年 继续在家塾学习，读《孟子》等。俞平伯在《析"爱"》一文中回忆说："我八岁时读《孟子》到'孔子成《春秋》而乱臣贼子惧'，觉得这位孟老爹替他太老师吹得实在太凶。《春秋》无非是在竹片上画了些乱七八糟的痕迹，正和区区今日属稿的稿纸不相上下，既非刀锯桁杨，更非手枪炸弹，乱臣贼子，即使没有鸡蛋般的胆子，亦何惧之有，或者当时的乱臣贼子，大都是些'银样镴枪头'也未可知。"

本年 课余，由母亲许之仙教对对子，所学课本由母亲手抄。俞平伯自云："余于诗未有所受。髫年呫哗群经之暇，日课一俪语，时出拙言，共引为笑。"又云："我小时候还没有废科举，虽然父亲做诗，但并不给我讲诗，也不让我念诗；平时专门背经书，是为了准备参加科举考试。在我八九岁时废除了科举，此后古书才念得少了。不过小时候背熟了的书，到后来还是起了作用。"

1908 年(戊申,清光绪三十四年)　8 岁

▲7 月,清政府批准颁布《各省谘议局章程》和《议员选举章程》,限令各省于一年内将谘议局"一律办齐"。

▲11 月,光绪帝驾崩,慈禧太后崩。溥仪继位,改年号宣统。

1月

11 日　生日。

5月

本月　郭则沄①来苏州迎娶大姐俞珊为继室,并在曲园寓所逗留月余,与父亲俞陛云谈诗话艺。

12月

30 日　生日。

本年　继续从塾师读书。

---

①　郭则沄(1882—1946),字啸麓,号蛰云,别署子厂,祖籍福建侯官,生于浙江台州,清光绪二十九年(1903)进士,曾任温处道道台兼海关监督,代理浙江提学使,后任北洋政府铨叙局局长、国务院秘书长、侨务局总裁等职。

1909 年(己酉,清宣统元年)　9 岁

▲3 月,周氏兄弟合译的《域外小说集》第一集出版。

▲10 月,浙江谘议局召开成立大会,出席议员 112 人,陈黻宸当选为议长,陈时夏、沈钧儒当选为副议长。

▲11 月,革命文学团体"南社"在苏州成立,活动中心在上海,发起人为陈去病、高旭、柳亚子。

5 月

15 日　学部奏准变通初等小学堂章程,分初等小学为三种:一为五年毕业之完全科,二为四年毕业之简易科,三为三年毕业之简易科;变通中学堂课程,分为文科、实科,其课程文科以读经讲经、中国文学、外国语、历史、地理为主课,而以修身、算学、博物、理化、法制、理财、图画、体操为通习。

本年　送曾祖父俞樾灵柩从苏州经德清老家至杭州,与曾祖母姚氏合葬杭州西湖右台山法相寺旁。

本年　除入塾读毕五经外,时从长姐俞琎、二姐玫学琴。

1910 年(庚戌,清宣统二年)　10 岁

▲1 月,京师大学堂筹设经、法政、文、格致、农、工、商、医八科。

▲8月，商务印书馆《小说月报》创刊，该刊以"多译名作，缀述旧闻，灌输新理，增进常识"为宗旨。

▲11月，清政府宣布缩短预备立宪期限，决定于宣统五年，即1913年，开设议院，同时下令各省请愿代表即日散归，不得再行请愿。

1 月

18 日　生日。

3 月

31 日　京师大学堂分科大学开学。

7 月

本月　父亲俞陛云任浙江图书馆监督。

本年　因塾师教学不严，又恢复由父母亲督课，继续学习古文。

本年　舅父许引之①由天津到苏州，两家始有订姻之议。俞平伯后来回忆说，自己与许宝驯"虽成婚于丁巳（1917），发动此事则在庚戌（1910）也"。

---

　　① 　许引之(1875—1924)，字汲侯，号安巢，浙江杭州人，俞樾外孙，许祐身子，俞平伯岳父，历任刑部主事、驻朝鲜领事、天津厘捐局总办、北京邮传部行走。

1911 年(辛亥,清宣统三年) 11 岁

▲4 月,清华学堂(清华大学前身)正式开学。

▲8 月,《申报》副刊《自由谈》创刊。

▲10 月,武昌起义爆发,革命军首先在武汉三镇取得胜利,成立湖北军政府。

▲11 月,各省代表在南京举行临时大总统选举,孙中山被推选为临时大总统。改国号为中华民国。

1 月

7 日 生日。

11 月

5 日 江苏光复。

秋 因避兵,俞平伯随全家由苏州到上海,住导达里外祖父许祐身家,接着又与长姐俞珊一家住舢板厂小楼,前后一年余。在上海期间,除继续学习古文外,又系统地学习了英文和数学。俞平伯后来有诗记述辛亥革命给时人带来的欣喜之情,诗云:"从此神州事事新,再无皇帝管平民。纪年远溯轩辕氏,又道崇祯是好人。""陌年编辫循胡俗,豚尾空教异国嘲。烦恼青丝今尽剪,光头吃肉最逍遥。"

本年 父亲俞陛云离任浙江图书馆监督。

1912年(壬子,民国元年) 12岁

▲1月,孙中山在南京宣誓就任中华民国临时大总统,宣告中华民国成立,改用阳历。

▲2月,清帝退位,孙中山辞职,袁世凯接任中华民国临时大总统。

▲8月,同盟会联合统一共和党等4个政团合并组成国民党,孙中山任理事长。

1月

26日 生日。

9月

本月 许宝蘅娶二姐俞玫为继室,见俞平伯俊秀可爱。

冬 由上海回到苏州。

年内 在上海开始读《红楼梦》,是当闲书读的,自云"且并不觉得十分好","那时我心目中的好书,是《西游》《三国》《荡寇志》之类,《红楼梦》算不得什么的"。

1913年(癸丑,民国二年) 13岁

▲7月,"二次革命"爆发,孙中山随后流亡日本。

▲9 月,江苏省都督府及民政长行政公署由吴县(苏州)迁往江宁县(南京),南京遂代替苏州成为江苏省会。

▲10 月,袁世凯宣誓就任中华民国大总统。

1 月

14 日　生日。

本年　继续在家中读书。

1914 年(甲寅,民国三年)　14 岁

▲6 月,《礼拜六》创刊于上海,为鸳鸯蝴蝶派发源地。

▲7 月,第一次世界大战爆发。

▲8 月,清华学堂首批选派留美学生(男生 100 名、女生 10 名、自费男女生若干名)在上海登上"中国"号客轮赴美。

1 月

3 日　生日。

本年　继续在家中读书。

本年　父亲俞陛云被聘到北京清史馆任协修,参与编写《清史稿》,分撰"兵志"与"列传",在史馆前后达十四年之久。

本年　祖父俞祖仁病逝。

1915年(乙卯,民国四年) 15岁

▲3月,鸳鸯蝴蝶派杂志《小说新报》在上海创刊。

▲5月,袁世凯政府承认日本提出的"二十一条"。

▲9月,陈独秀①在上海主编的《青年杂志》创刊(从1916年9月第2卷第1号起改名《新青年》),反对旧思想,提倡科学与民主。

▲12月,袁世凯通电全国,正式宣布接受帝位,改国号为"中华帝国",以1916年为洪宪元年。

1月

22日 生日。

春 入苏州平江中学读书。俞平伯回忆:"1915年之春,予在苏州平江中学读书半年,后即北去。校旋亦闭歇,旧时朋侣星散。"

秋 考入北京大学文科国文门。进北京后,自字直民,号屈斋。同时,为照顾俞平伯读书,父母亲也移家北京,居东华门箭杆胡同,与北京大学后垣毗邻。

---

① 陈独秀(1879—1942),字仲甫,号实庵,安徽怀宁人,五四运动主要领导人,中共早期重要创始人,曾任北京大学文科学长。

1916年(丙辰,民国五年) 16岁

▲1月,北京汇文大学、通州华北协和大学、北京华北女子协和大学等学校合并为燕京大学,司徒雷登任校长。

▲1月,邵力子、叶楚伧在上海创办《民国日报》,后成为国民党机关报。

▲12月,蔡元培任北京大学校长。

1月

12日 生日。

4月

5日 上巳节。依俗游园踏青,并作《丙辰上巳公园》诗一首。

12日 浙江宣布独立。

秋 得与由预科升入文本科国文门的傅斯年[①]和由英文学门转入文本科国文门的许德珩[②]为同班同学。

本年 在北京大学教授黄侃[③]的指导下,在正课以外,开始

---

① 傅斯年(1896—1950),字孟真,山东聊城人,五四运动学生领袖之一,中央研究院历史语言研究所的创办者,曾任北京大学代校长。

② 许德珩(1890—1990),字楚苏,江西九江人,五四运动学生领袖之一,九三学社创始人。

③ 黄侃(1886—1935),章太炎大弟子,字季刚,湖北蕲春人,曾任北京大学教授。

读周邦彦的《清真词》，这为其后来研究《清真词》打下了良好的基础。

按，俞平伯自述："我小时候于词毫无了解，最大的困难为'读不断'。诗非五言定七言，词却不然了，满纸花红柳绿的字面，使人迷眩惊奇。有一些词似乎怎么读都成，也就是怎么读都不大成。这个困难似乎令人好笑，却是事实。"谈到他与《清真词》的因缘，他说："民国五年六年间方肄业于北京大学，黄季刚师在正课以外忽然高兴，讲了一点词，从周济《词辨》选录凡二十二首，称为'词辨选'，讲义至今尚存。季师盛称周氏选录之精，又推荐各书……"

1917年(丁巳,民国六年)　17 岁

▲2 月,《新青年》发表陈独秀《文学革命论》,正式举起文学革命的旗帜。

▲11 月,俄国十月社会主义革命取得胜利。

1 月

1 日　生日。阅胡适①发表在《新青年》第 2 卷第 5 号的《文学改良刍议》。

4 日　蔡元培②就任北京大学校长,聆听其就职演说并对学

---

① 胡适(1891—1962),字适之,安徽绩溪人,著名思想家、文学家、哲学家。
② 蔡元培(1868—1940),字鹤卿,号孑民,浙江绍兴人,曾任北京大学校长、大学院院长、中央研究院院长。

生的告诫："大学生当以研究学术为天职，不当以大学为升官发财之阶梯。"

15 日 陈独秀被蔡元培聘任为北京大学文科学长。《新青年》编辑部也随之由上海迁到北京，社址北池子箭杆胡同 9 号陈独秀家中，与俞平伯家为邻。

2 月

1 日 阅陈独秀发表在《新青年》第 2 卷第 5 号的《文学革命论》。

9 月

4 日 周作人①被聘为北京大学文科教授。后为俞平伯业师。

10 日 胡适被聘为北京大学文科教授。

月末 与由苏州返校、和傅斯年同宿西斋丙字十二号宿舍的顾颉刚②相识。

本月 蔡元培著《石头记索隐》由商务印书馆出版。后，胡适、俞平伯的新红学研究正与之形成对垒。

10 月

31 日 农历九月十六。与许引之之女许宝驯结婚，北京大学教授黄侃及同班同学许德珩、傅斯年等皆来致贺。许宝驯，字

---

① 周作人（1885—1967），笔名启明、知堂，浙江绍兴人，著名作家、翻译家。

② 顾颉刚（1893—1980），名诵坤，字铭坚，号颉刚，江苏苏州人，曾任燕京大学国学研究所研究员兼历史系教授、中国科学院历史研究所研究员。

长环,后由俞平伯改为莹环,晚年自号耐圃,长俞平伯四岁,浙江杭州人,在北京长大,自幼受到良好的家庭教育,能弹琴、度曲,还能作诗、绘工笔画,并善书法。婚后,因许宝驯会唱昆曲,俞平伯"偶闻音奏,摹其曲折,终不似也,后得问曲学于吴师瞿安"。

本月　在北京大学听章士钊①讲逻辑课。

按,1979 年 2 月,俞平伯在《致周颖南②》信中有"孤桐老人昔在北大讲授'逻辑'时,我曾受业,称之为师"。

11 月

7 日　俄国十月社会主义革命取得胜利的消息传来。

16 日　《北京大学日刊》创刊,刊载学校重要纪事,兼载文艺、学术稿件。

23 日　与傅斯年、顾颉刚、潘家洵③、徐彦之④、杨振声⑤等联名,为取览印刷品不便上校长蔡元培公呈。

12 月

6 日　《北京大学日刊》第 80 号图书馆告白:文科国文门二

---

① 章士钊(1881—1973),字行严,号孤桐,湖南长沙人,著名民主人士。

② 周颖南(1929—2014),福建仙游人,定居新加坡,社会活动家。

③ 潘家洵(1896—1989),字介泉,江苏吴县人,毕业于北京大学英文系,曾任北京大学英文系教授、中国社会科学院文学研究所研究员。

④ 徐彦之(1897—1940),字子俊,山东郓城人,英国伦敦大学研究生。

⑤ 杨振声(1890—1956),字金甫,又字今甫,山东蓬莱人,曾任清华大学教务长、文学院院长。

年级学生俞平伯、哲学门一年级潘淑①、德文班左凤周诸君下课后即到图书馆,有事接洽通知。

暑假期间　到天津舅父许引之家养病,后填词《临江仙》,"记六年夏在天津养苛事"。

秋　作《秋夕言怀》诗一首,诗云:"飒飒秋风至,凉气入庭帏。灯光照我读,废读起长思。思多难具说,对卷略陈辞。生小出吴会,雏发受书诗。颇自不悦学,督责荷母慈。十岁毕五经,未化钝拙姿。后更遭鼎革,十七来京师。野里无言仪,自愧贵家儿。入学经三载,远大岂遑期。身心究何益,惟有影衾知。繁华不足惜,所惜在芳时。先我何所继,后我何所贻。爱轻令慧照,感重心自衰。既怀四方志,莫使景光追。君子疾没世,戒之慎勿嬉。勉力信可真,长叹亦何为。"

按,1973年夏,俞平伯忆及此诗,"诗因不佳,其后编诗集时遂未收入,却据实而道,绝无掩饰,荏苒将六十年,未酬此诺,是诗不负我,而我之负诗多矣"。

冬　陪夫人到天津岳父家"住对月",闲时读《清真词》。

年内　选定自己的研究科目为小说,同班同学与俞平伯一样、志在研究小说者唯傅斯年一人,指导教师为周作人、胡适和刘半农②。

---

①　潘淑(1897—1988),即潘菽,江苏宜兴人,毕业于北京大学哲学系,曾留学美国,先后在加利福尼亚大学、印第安纳大学和芝加哥大学攻读心理学,并获得硕士和博士学位,曾任南京大学首任校长、中国科学院心理研究所所长。

②　刘半农(1891—1934),名复,晚号曲庵,江苏江阴人,《新青年》同人,曾任北京大学国文系教授。

1918 年(戊午,民国七年) 18 岁

▲5 月,鲁迅在《新青年》第 4 卷第 5 号发表《狂人日记》,为中国现代文学史上第一篇白话小说。

▲11 月,第一次世界大战结束。李大钊①发表《庶民的胜利》和《布尔什维主义的胜利》,歌颂十月社会主义革命。

▲12 月,周作人在《新青年》第 5 卷第 6 号发表《人的文学》。

▲12 月,《晨报》在北京创刊。

1 月

20 日 生日。

本月 李大钊被聘为北京大学图书馆主任。

2 月

1 日 参加北京大学文科国学门研究所第四次小说研究会,听周作人讲授"俄国之问题小说",并在会上认定自己的研究项目为"唐人小说六种"。

本月 陪送夫人至天津看望岳父许引之。

3 月

5 日 上午,与许宝驹同车由天津回北京。下午,赶往北京

---

① 李大钊(1889—1927),字守常,河北乐亭人,中国共产党创建者之一。

大学听黄侃的课。

按，3月5日至3月23日，俞平伯作《戊午年别后日记》，跋中忆及当年"所从受业诸先生皆学府先辈，文苑耆英也，同游诸君亦一时之隽也"。谈到自己的学时时，俞平伯说："其时虽肄业于中国文学门，而求学志向未定，一心以为有鸿鹄将至，对于古文词意殊不属……似于政法、东文深感兴趣。来往密切皆法科诸君。""戊午年为五四运动之前一年，记中载晤陈独秀、胡适，又言阅读《新青年》，盖新文学已在萌芽矣。吴瞿庵师方初入都，住北城二道桥，此余日后习曲因缘之一也。"

6 日 上午，上朱希祖①的"文学史"课，另有日文课。晚，翻译书稿。译稿送毛以亨②。

7 日 上午，同学毛以亨、吴子清来访。下午，上刘师培③的"中古文学"课。晚，翻译书稿，阅《新青年》杂志。

8 日 至北城二道桥访王抚五④、吴梅⑤。翻译书稿完成。

10 日 作《东风解冻赋》一篇，作品早佚。

11 日 上午，上周作人的"欧洲文学史"课，另有日文课。下午，至阅书报社与同学王幼屏检对稿件。

12 日 上黄侃的课。

13 日 作译稿序文。上"中国文学史"课和日文课。午后，

---

① 朱希祖（1879—1944），字逷先，浙江海盐人，曾任北京大学中国文学系主任，文学研究会发起人。

② 毛以亨（1895—1968），字公惺，浙江江山人，曾任北京大学阅书报社干事。

③ 刘师培（1884—1919），字申叔，号左盦，江苏仪征人，曾任北京大学文科教授。

④ 王抚五（1887—1949），名星拱，安徽怀宁人，曾任北京大学理学院主任兼北京大学总务长。

⑤ 吴梅（1884—1939），字瞿安，号霜厓，江苏苏州人，曾任北京大学国文系教授，是我国在高等学府教授昆曲之第一人。

在阅书报社与毛以亨、王幼屏将文稿检齐，于次日交给陈独秀。

14 日　上午，为许宝驹题云红照诗一首，此诗已不存。下午，与毛以亨至北城二道桥听王抚五讲老庄哲学。晚，翻译文稿一张。

15 日　上午，作文。下午，至北城二道桥参加北京大学文科国文门研究所小说科第四次研究会，听胡适讲"论短篇小说"，阐述创作短篇小说的见解。晚，翻译文稿一张。

16 日　上午，上钱玄同①的"文字学"课，另有"中国文学史"课。午后，至阅书报社晤毛以亨。下午，上刘师培的"中古文学"课。课后，与吴子清谈储蓄银行、消费公社事。晚，看不肖生著小说《留东外史》。翻译文稿二张。

17 日　夜，作新诗处女作《奈何》。

按，此诗原拟收入诗集《冬夜》，后被俞平伯删去。作为佚诗发表在《文教资料》双月刊 1992 年第 1 期。俞平伯曾在《做诗的一点经验》中说："从七年春天我尝试用白话作诗，同小孩学走路一样，语法调子都很招笑的。那时候新诗正在萌芽，不但没有法则也没有很多的模范；所以，我不知道什么作诗应守的戒律，但我很感谢欣幸这个机会，使我能离开一切拘牵，赤裸显出诗中的自我。"

18 日　上午，上周作人的"欧洲文学史"课，另有日文课。午后，由表兄王麟伯②介绍，与同校同学伍叔傥③相识。晤毛以亨、王幼屏。

---

①　钱玄同(1887—1939)，号疑古，浙江湖州人，《新青年》同人，著名语言文字学家、思想家。

②　王麟伯，名肇祥，浙江杭州人，时在北京大学就读。

③　伍叔傥(1897—1966)，名倜，又名偶，浙江瑞安人，毕业于北京大学文科，曾任中山大学、中央大学教授。

19 日 上"日文读本"课。翻译书稿六张。

20 日 上"中国文学史"课和"中古文学"课各两节。晚,阅骈文集《四六法海》。

21 日 将郑文焯校本《清真词》归还黄侃。至二道桥研究所听讲"老庄哲学"。晤陈独秀。晚,阅骈文集《四六法海》。

22 日 上午,至二道桥访王抚五。下午,至棉花七条访黄侃,未值。至法科与毛以亨、吴子清、华农晤谈。

23 日 上午,上"文字学"课、"中国文学史"课。至棉花七条访黄侃,商量补考之事。下午,乘车赴天津看望夫人。

29 日 下午,参加北京大学文科国文门研究所小说科第五次研究会,听刘半农讲"中国之下等小说"。

4 月

15 日 阅胡适发表在《新青年》第 4 卷第 4 号的《建设的文学革命论》。

5 月

15 日 新诗《春水》发表在《新青年》月刊第 4 卷第 5 号。

下旬 收顾颉刚 5 月 17 日自苏州寄来的信,谈及因发妻吴氏病逝,悲哀过甚,得了很厉害的神经衰弱的病。俞平伯曾劝告"以精神疗病",顾颉刚回应"病之不瘳,正在精神"。

8 月

本月 阅鲁迅发表在《新青年》月刊第 5 卷第 2 号的《我之节烈观》。

9 月

20 日 在北京大学开学式上聆听蔡元培的演说,"大学为纯粹研究学问之机关,不可视为养成资格之所,亦不可视为贩卖知识之所。学者当有研究学问之兴趣,尤当养成学问家之人格"。

10 月

16 日 以书信形式作论文《白话诗的三大条件》,据理驳斥那些非难白话诗的保守派,同时提出白话诗的三大条件,认为"雕琢是陈腐的,修饰是新鲜的。文词粗俗,万不能抒发高尚的理想"。此观点受到胡适的赞扬。

本月 北京大学学生傅斯年、罗家伦①、徐彦之等在进步教授的思想影响下,集合同好,筹备成立新潮社。俞平伯参加了筹备工作,并成为首批社员。

11 月

7 日 农历十月初四。长女俞成出生于北京。

19 日 新潮社正式成立。这是一个反对封建伦理和封建文学的新文化团体。俞平伯被推选为该社干事部书记,担任《新潮》杂志编辑部事务之记载、对外函件之往还等工作。

按,俞平伯在《回忆〈新潮〉》一文说:"1918 年下半年,北大文科、法科的部分进步学生组织了新潮社,创办《新潮》杂志,为《新

---

① 罗家伦(1897—1969),字志希,浙江绍兴人,五四运动学生领袖之一,曾任中央大学、清华大学校长。

青年》的友军。新潮社设在沙滩北大红楼东北角的一个小房间里,与北大图书馆毗邻……我们办刊物曾得到校方的资助。校长蔡元培亲自为我们的刊物题写'新潮'两字。""我参加'新潮'时仅十八岁,知识很浅。由于自己出身于旧家庭,所以对有关新旧道德的讨论比较注意,曾写一篇有关新道德的文章。"

12 月

15 日 作新诗《冬夜之公园》。

年初 致校长蔡元培信,谈拟再学社会学专业之事,并就此征求蔡元培意见。信中谓自己入学"已逾二年","自愧于学业一途了无根柢",因"社会学为近代最新之学说",而又苦于不知从何入手,因此极盼蔡元培指教。

夏 作《忆江南》词。

年内 作《京师旧游杂忆》诗三首,分别忆述了旧游北京什刹海、京西薛家山和明景泰帝陵三个地方。

本年 开始和任教于江苏省甪直县第五高等小学校的叶圣陶①书信往来。

1919 年(己未,民国八年) 19 岁

▲1 月,巴黎和会开幕。英、美、法三国首脑操纵和会拒绝中

---

① 叶圣陶(1894—1988),原名绍钧,字秉臣,江苏苏州人,著名作家、教育家、出版家和社会活动家。

国的正义要求,将德国在山东权益让与日本。

▲5月,五四运动爆发,北京学生3000余人举行爱国游行示威,抗议巴黎和会的强权和北洋军阀政府的卖国行径,揭开了中国新民主主义革命之序幕。

▲7月,胡适在《每周评论》发表《多研究些问题,少谈些主义》,随后展开"问题与主义"的论争。

▲10月,孙中山宣布改组中华革命党为中国国民党。

1月

1日 《新潮》月刊创刊,刊名为蔡元培所题,经费得到陈独秀的支持,答应"由学校担负"。胡适也曾称赞《新潮》"在内容和见解上两方面,都比他们的先生们办的《新青年》还成熟得多,内容也丰富得多,见解也成熟得多"。俞平伯认为"《新潮》和《新青年》同是进步期刊,都宣传新思想、新文化,宣传'赛先生'(即Science,科学)与'德先生'(即Democracy,民主),但在办刊方向上却稍有不同:(1)《新青年》偏重于政治、思想、理论论述;《新潮》则偏重于思想、文学方面,介绍一些外国文学。(2)《新青年》内部从一开始就分为左、右两派,斗争激烈,直至最后彻底分开;《新潮》的路线相比之下则稍'右'一些。"从此,俞平伯开始在《新潮》杂志发表文章。

9日 生日。

2月

1日 《冬夜之公园》发表在《新潮》月刊第1卷第2号。

按,俞平伯说:"我发表在《新潮》上的第一首新诗是《冬夜之公园》，描写当时北京的中央公园（现在的中山公园）。"他认为该诗染上了"很浓厚的旧空气，且作风太偏于纯粹写景一面，也不是新诗正当倾向，所以我后来很懊悔把未成熟的作品胡乱径行发表"。

5 日　作《打破中国神怪思想的一种主张——严禁阴历》。俞平伯说："我在北京已经过了四个新年。据我观察这四年来社会上一切情状，不但没有什么更动，更没有一点进步；只是些装神弄鬼的玩意儿，偏比以前闹得格外利害。"认为应"严禁阴历，——并且禁止阴阳合璧的历书"，以为这样便是"打破中国几千年来神怪思想的最简截最痛快的办法"。

3 月

1 日　《打破中国神怪思想的一种主张——严禁阴历》发表在《新潮》月刊第 1 卷第 3 号。

15 日　《白话诗的三大条件》发表在《新青年》月刊第 6 卷第 3 号。

23 日　闻北京大学平民教育讲演团成立，这是邓中夏①等人发起并领导的，"以增进平民知识、唤起平民之自觉心为宗旨"的新文化运动统一战线的组织。

4 月

1 日　第一篇白话小说《花匠》发表在《新潮》月刊第 1 卷第 4 号。按，《花匠》后被鲁迅选入《中国新文学大系·小说二集》。

---

①　邓中夏（1894—1933），湖南宜章人，毕业于北京大学国文门、哲学门，中国共产党早期创建人之一。

俞平伯在《回忆〈新潮〉》中指出《花匠》"说的是花匠修饰花卉,把花的自然的美完全破坏掉了,这是一篇反对束缚的文章……这里面实际却包含着反对封建、要求民主的思想"。俞平伯在1985年曾回忆说:"我的《花匠》……并不见佳,乃蒙鲁迅青眼入选,非常惭愧!五四时代力求解放,于今将七十载。"

同日 新诗《春水船》发表在《新潮》月刊第1卷第4号。胡适称赞"这种朴素真实的写景诗乃是诗体解放后最足使人乐观的一种现象"。

本月 报名参加吴梅于北京大学红楼教室所开课外歌曲班,仅习得《南吕宫》《绣带儿》两支曲子。

本月 加入北京大学平民教育讲演团,为第四讲演所之讲演员。

本月 陈独秀因事请假南归。随后,北大废除学长制,成立教授会。从此,陈独秀不再担任北大文科学长。

5月

1日 论文《我的道德谈》发表在《新潮》月刊第1卷第5号。此文是俞平伯看了鲁迅发表在《新青年》月刊1918年第5卷第2号的《我之节烈观》后所作。他批评"旧道德全是宗法时代的遗传,和现代的生活每每矛盾。非特不能达到人生向上的目的,而且使人堕落在九渊之下,感受许多痛苦。"他认为根本推翻虚伪的旧道德,"去建设自由的、活泼的、理性的、适应的真道德",是刻不容缓的事情。

4日 五四运动爆发。北京各校学生三千多人在天安门前举行集会和游行示威,提出"外争主权,内除国贼"的口号。俞平伯也投身运动中,参加北大学生会新闻组的活动,在罢课期间,他与同学走访商会会长,要求罢市,并向群众散发反帝爱国的传单。俞平伯后来回忆:"(五四运动时)我才二十岁,还是小孩子,对于这伟大、具有深长意义的青年运动,虽然也碰着一点点边缘,当时的认识却非常幼稚,且几乎没有认识,不过模糊地憧憬着光明,向往着民主而已。在现今看来,反帝反封建原是十分明确的,在那时却有'身在此山中,云深不知处'的感觉。"

6 月

23 日　本日始,至 9 月 10 日,北京大学放暑假。

本月　作新诗《"他们又来了"》。

9 月

1 日　按照学校的安排,俞平伯等毕业生进行毕业补考。俞平伯这一学年所学功课:近代文学史、文字学、语言学、词曲以及日文,各科成绩总平均分居全班第四。

10 月

12 日　上午,平民教育讲演团在北京大学理科校长室召开第二次大会,并欢送团员许德珩等赴法留学。俞平伯作为该团第四讲演所第三组组员出席会议,在选举中因仅得三票,未能当选讲演组书记,而由许宝驹当选。

25 日　作新诗《小伴》和《墙头》。

30 日　第二篇白话小说《炉景》发表在《新潮》月刊第 2 卷第 1 号。论文《社会上对于新诗的各种心理观》与新诗《"他们又来了"》亦发表在《新潮》月刊第 2 卷第 1 号。

本月　作新诗《送金甫到纽约》。俞平伯在诗中慨叹自己

"还蜷伏在灰色城圈里,尝那黄沙风底泥土滋味。"他感到"真正人世底光明,偏筑在永远的希望上"。他盼望能与杨金甫"携手在无尽的路途上,向无限的光明去"。

11 月

1 日　《小伴》和《墙头》发表在《国民》月刊第 2 卷第 1 号。

2 日　与许宝驹等以平民教育讲演团第四讲演所第三组讲演员的身份,在西城作讲演。俞平伯的讲题为《打破空想》。

5 日　作新诗《菊》。

7 日　作新诗《芦》和《草里的石头和飓屃》。

12 日　《北京大学日刊》刊出《教务处布告》:自本星期起,定于每星期五晚八点至十点,请杜威博士特别讲演"思想之派别"。俞平伯与江绍原①、汪敬熙②、黎锦熙③、罗家伦、毛准④、陈公博⑤等报名旁听者,均已获得哲学教授会许可。

14 日　农历九月廿二。次女俞欣出生于北京。

同日　晚,至法科大礼堂听杜威博士演讲"思想之派别"。

18 日　作新诗《风底话》。

19 日　晚,出席新潮社在北京大学第一院"文科事务室"召

---

①　江绍原(1898—1983),字澄甫,安徽旌德人,毕业于北京大学哲学系,后留学美国并回北大任教。

②　汪敬熙(1897—1968),字缉斋,山东济南人,新潮社主要成员,毕业于北京大学经济系。

③　黎锦熙(1897—1968),字劭西,湖南湘潭人,曾任北京大学、北京女子师范大学、燕京大学等校国文系教授。

④　毛准(1893—1988),字子水,浙江江山人,新潮社主要成员,毕业于北京大学数学系,曾赴德国留学,后回北大任教兼北大图书馆馆长。

⑤　陈公博(1892—1946),广东南海人,毕业于北京大学哲学系,中共一大代表。

开的全体社员大会,改选第二届社员。俞平伯因要出国留学,所以未留任。

12 月

1 日　《送金甫到纽约》《菊》《芦》发表在《新潮》月刊第 2 卷第 2 号。

17 日　晚,往香厂浣花春参加新潮社社友聚会,陈独秀、李大钊、周作人也应邀出席。

中旬　北京大学毕业,获文学学士学位。按常规,本应在暑假期间毕业,因为五四运动这一特殊情况,俞平伯至年底才离开北大。

20 日　在津浦道中得句。

24 日　在津浦道中作新诗《和你撒手》。

25 日　到达上海。在上海候船,准备去英国留学,寻找一条救国之路。

年内　父母亲移家至新买下的北京朝阳门内老君堂 79 号宅。宅内前院有一棵比屋还老的大榆树,大树密荫下的那三间北屋即是后来俞平伯的"古槐书屋"。

1920 年(庚申,民国九年)　20 岁

▲3 月,胡适白话诗集《尝试集》出版,这是中国现代文学史上的第一部白话诗集。

▲4 月,马克思、恩格斯《共产党宣言》(全译本)由上海社会主义研究社出版。

1 月

1 日　《草里的石头和飏屃》发表在《新青年》月刊第 7 卷第
2 号。

　　按,收入《冬夜》时题目改为《草里的石碑和飏屃》。

　　同日　在上海候船已七八日,船还没开,"静居很闷闷的",
遂作《一星期在上海的感想》。

　　同日　作新诗《歧路之前》。

　　同日　晚,参加上海德国总会公宴。

　　3 日　《寰球中国学生会周刊》消息,傅斯年、俞平伯来申,现
寓长浜路修德里 J 字 1312 号。

　　同日　晚,至上海新关码头上小火轮,许宝驹送上大船。

　　4 日　清晨,乘船离开上海,与傅斯年等一起赴英国留学。
在船上阅读英文书《大社会》。远航船启航后,俞平伯感到有些
孤单,想念在杭州的夫人,于是,作旧体诗《身影问答》,诗云:"身
逐晓风去,影从明镜留。形影总相依,其可慰君愁。""颜色信可
怜,余愁未易止。昨夜人双笑,今朝独对此。"

　　7 日　上午七时半船抵香港,上岸寄信,游山。下午四点船
离港入中国海。

　　11 日　在海行船上看《红楼梦》。给新潮社社友罗家伦等人
写信。

　　12 日　上午,船抵新加坡,与傅斯年等上岸游览。

　　13 日　上午,仍同傅斯年上岸寄信、理发、吃饭等。

　　14 日　在船上写信。夜,与傅斯年谈话。

　　15 日　上午,在船上补作去年 12 月 20 日在津浦车上未完
成的诗。

17 日　在船上写致新潮社信。夜九时,船始开行,离开新加坡。

18 日　在海行船上,致罗家伦信。夜,与傅斯年在船头上谈论新诗的美感问题。

19 日　船泊槟榔屿。在船上又一次给新潮社写信,谈对做诗的新见解。

按,俞平伯认为以前的诗太偏于描写,不是正当趋向。俞平伯说:"诗人的本责是要真挚活泼代表出人生,把自然界及人类的社会状况做背景;把主观的情绪想象做骨子;又要把这两个联合融调起来集中在一点,留给读者一个极深明的印象,引起读者极沉挚的同情。"此信发表在 1920 年 5 月 1 日《新潮》月刊第 2 卷第 4 号,题目为《俞平伯来信》。收入《俞平伯书信集》时,改题目为《致新潮社》。

同日　傅斯年在致蔡元培信中,也谈到了俞平伯:"船上的中国旅客,连平伯兄和我,共八人,也不算寂寞了。但在北大的环境住惯了的人,出来到别处,总觉得有点触目不快;所以每天总不过和平伯闲谈,看看不费力气的书就是了。在大学时还不满意,出来便又要想他,煞是可笑的事! 平伯和斯年海行很好,丝毫晕船也不觉得。"

24 日　在海行船上续写致新潮社信。晚,船泊科伦坡。

25 日　上午,以舢板上岸,雇汽车周游两小时。

26 日　在海行船上夜读《西游记》。

28 日　生日。夜,在海行船上与傅斯年谈话。

2 月

2 日　夜,与傅斯年在甲板上交谈。

9 日 在海行船上续看《红楼梦》，得以熟读《红楼梦》，并与傅斯年细谈《红楼梦》。俞平伯后在《〈红楼梦辨〉引论》中回忆说："孟真每以文学的眼光来批评他，时有妙论，我遂能深一层了解这书底意义、价值。但虽然如此，却还没有系统的研究底兴味。"

11 日 在海行船上阅《水浒传》。

20 日 庚申年春节。中夜，船小停，收到陈源①自英国伦敦来信。

21 日 海行船抵英国利物浦，历时四十九天，行程约三万五千华里。下午四时登岸，住西北旅馆。

22 日 下午，乘车抵达英国伦敦，由陈源等人接至中国留英学生会。

24 日 寄家信，发北京电报，由北大胡适收转。下午，由钱昌照②陪同至西南区寻找住处。

25 日 同傅斯年等再至西南区找住处。晚，至经济学校索取入学章程一份。

26 日 搬入新住处。

27 日 上午，傅斯年来访。晚，至傅斯年寓所看望。

28 日 应陈源邀请，与傅斯年等至中国楼吃饭。

29 日 晚，陈源来谈，借去《新青年》《新潮》等杂志。

3 月

1 日 始订阅英国新闻报纸。中午，与傅斯年在中国楼宴请

---

① 陈源(1896—1970)，字通伯，笔名西滢，江苏无锡人，曾任北京大学外文系教授。

② 钱昌照(1899—1988)，字乙藜，江苏常熟人，时在英国牛津大学及伦敦大学攻习政治经济学。

陈源及中国留英学生会诸君。

4日 因为英国金镑涨价,自费筹划尚有未周,决定回国。

5日 至日本邮船公司购回国船票,至中国领事馆取护照等。

6日 上午,在伦敦小住十三天后,乘日本邮船佐渡丸启程回国。在回国途中,将张惠言的《词选》读得很熟,这对其后来填词、讲词都很有帮助。

9日 在大西洋船上作新诗《去来辞》,感叹自己匆忙的来去,"空负了从前的意"。

13日 在地中海舟中作寄夫人五言律诗一首,诗云:"长忆偏无梦,中宵怅恻多。亭迢三万里,荏苒十旬过。离思闲时结,华年静里磨。绕梁相识未,其奈此生何。"

14日 晨,海行船抵达法国马赛,傅斯年从英国伦敦赶来送行。

20日 在海行船上,作绝句两首,寄夫人。

21日 船抵波赛,寄出致傅斯年明信片。

22日 在红海舟中,晚见新月,触景生情,遂填《祝英台近》(怒涛狂,眉月俏)一阕。

27日 本日至4月8日,在海行船上作新诗《仅有的伴侣》。

30日 夜梦醒来,作绝句两首。

4月

1日 第三篇白话小说《狗和褒章》,新诗《风底话》《别她》和随笔《一星期在上海的感想》发表在《新潮》月刊第2卷第3号。

按,俞平伯说:"从'五四'以来,新运动渐渐盛了;各地方响应我们的同志渐渐多了;好像新中国的建设总就是十年八年的事。但我在北京时候，同朋友谈话，讲到这事，总不全抱乐观，总有点怀疑，觉得无论做什么事都要有相当的代价。几个月的奋斗实在算不得一回重大牺牲。真正新运动的成功，又非有巨大牺牲不可……自我南行之后，和南方社会相接触。从上海一般人做观察点，更觉障碍多希望少。前途的战争是绝大的，不可免的。我们不抱有始终一致奋斗不辍的大决心，决不会有真正的成功。前途既这样淡黯，战场上的兵卒既不多又不尽可靠，理想的她何时实现！"

5 日　在海行船上填词《玉楼春·和清真韵寄环》。

9 日　在海行船上阅《儒林外史》，直至抵达上海。

19 日　下午，海行船抵达上海。

同日　浙江教育厅委任令第 62 号，委任俞平伯为省视学。

20 日　上午，至中华书局买《新青年》《新潮》等杂志。下午，乘车回到杭州岳父家，见由北京来杭州的父母亲和夫人。

按，1963 年，俞平伯整理《国外日记》时，写道："余方弱冠，初作欧游，往返程途六万许里，阅时则三月有半，而小住英伦只十二三日，在当时留学界中传为笑谈。岂所谓'十九年矣尚有童心'者欤，抑亦所谓'乘兴而来，兴尽而返'者耶。"

30 日　本日至 5 月 4 日，同父母亲、夫人以及舅父、姨母等一起，作绍兴山阴五日游，作七律《侍游兰亭》，新诗《题在绍兴柯岩照的相片》《忆游杂诗·山阴三日篇》八首，散文《山阴五日记游》等。

5 月

1 日　《去来辞》《仅有的伴侣》《和你撒手》发表在《新潮》月刊第 2 卷第 4 号"俞平伯诗"专栏。

7 月

本月　在杭州作新诗《绍兴西郭门头的半夜》。

8 月

2 日　自杭州动身经上海回北京探亲。

3 日　到上海法租界环龙路渔阳里二号访陈独秀,并晤张国焘。

4 日　上午,抵达南京。下午,至莫愁湖、秦淮河游览。

7 日　上午,抵达北京。

9 月

3 日　离开北京乘车回南方。

5 日　晚,抵达杭州。

上旬　经蒋梦麟①推荐,到杭州浙江第一师范学校教书。在此结识比自己大一岁而又低一年级的北京大学同学朱自清②。日后,朱自清将自己手订的新诗集《不可集》给俞平伯,两人共同探讨新诗的创作和发展,友谊也日渐加深。学生曹聚仁后撰文称俞平伯、朱自清、刘延陵、王淮君为浙江第一师范学校"后四大金刚"。

20 日　作新诗《送缉斋》。

按,缉斋,即汪敬熙,是俞平伯在北京大学读书时的同学、好友。

---

①　蒋梦麟(1886—1964),字兆贤,号孟邻,浙江余姚人,曾任南京政府教育部部长、北京大学校长。

②　朱自清(1898—1948),字佩弦,浙江绍兴人,著名作家。

41

29 日　在海宁看潮。

10 月

2 日　晨,乘车赴沪,至北四川路伊文思书馆取书、购书。晚,至法租界环龙路渔阳里二号访陈独秀,未遇。

3 日　返回杭州。

4 日　作成新诗《潮歌》。

22 日　致北京周作人信。

28 日　周作人在新潮社在京全体会员大会上,被接受加入新潮社,并当选为《新潮》编辑部主任编辑,顾颉刚、孙伏园①、毛准、陈达材②为编辑。

11 月

1 日　新诗《绍兴西郭门头的半夜》《题在绍兴柯岩照的相片》《送缉斋》发表在《新青年》月刊第 8 卷第 3 号。

同日　收到周作人 10 月 27 日来信,即复信。

4 日　作新诗《乐观》。俞平伯在诗中大胆地向运命挑战,指出"运命先生正笑哩! 他既不为你来的;你为甚么偏喜欢随他去呢?"

5 日　作《做诗的一点经验》。俞平伯说:"我很信好诗是没有物和我底分别的,是主观客观联合在笔下的。惭愧我没有这般的天才,只有心向着路上去学步,即以最近所做的而论,其中或还不免有旧诗词底作风。这是流露于不自觉的,我承认我自己底无力。"

---

①　孙伏园(1894—1966),浙江绍兴人,曾任北京《晨报副刊》《京报副刊》编辑。

②　陈达材,字彦儒,广东广州人,曾任新潮社编辑。

11 日　作新诗《在路上的恐怖》。

16 日　作《现行婚制底片面批评》。文章批评以"男统"为中心的封建名教,针对当时不合理的婚姻制度,主张"用恋爱来代替单纯的性欲,完全发展人性来救偏枯的弊病",并提出了五条具体办法。俞平伯认为实行的手段"只有改造社会制度和变更经济组织底状况。但根本底根本是多数人们真心底觉悟! 万万人想望着的事,自然总有一天会实现的"。

19 日　游杭州皋亭山,"山以春天底桃花著名,白梅亦盛"。俞平伯之游却非其时,但也不可无诗以记之。

12 月

1 日　《做诗的一点经验》发表在《新青年》月刊第 8 卷第 4 号。

6 日　作新诗《无名的哀诗》。该诗哀悼一个劳苦一生、寂寞死去的"抬轿子的人"。

12 日　《从经验上所得做"诗"的教训》发表在《浙江第一师范十日刊》第 5 期。此为俞平伯在浙江第一师范学校的演讲,由范尧深记录,经整理后发表。

13 日　作新诗《屡梦孟真醒来长叹作此寄之》。

同日　致周作人信。

14 日　作《诗底自由和普遍》,针对当时新诗的发展和社会上对新诗的种种误解,阐述了自己对作诗的信念。

15 日　应北京大学同学康白情①之嘱,为其新诗集《草儿》作序。

---

①　康白情(1896—1958),笔名愚庵,四川安岳人,毕业于北京大学,著名诗人。

同日　作《游皋亭山杂诗》六首。

16 日　本日至本月 22 日,偕夫人陪岳父赴苏州、无锡、上海游览。

17 日　下午,应陈冠山邀请,偕夫人陪岳父至全浙会馆,观昆剧。

按,五十年后,俞平伯填《望江南》词一首,记载此事。词云:"苏州好,水调旧家乡。只爱清歌谐笛韵,未谙红粉递登场,爨弄兴偏长。"

18 日　绕道到苏州平江中学母校故址干将坊巷让王庙旧地重游,忆及数年前聚读光景,旧感丛绕,不堪排宕。

27 日　在杭州作新诗《如醉梦的蹢躅》。

年内　许德邻编选的《分类白话诗选》出版,内收俞平伯新诗《春水船》《冬夜之公园》《春水》《风底话》《别她》五首。

年内　新诗社编选的《新诗集》出版,内收俞平伯新诗《冬夜之公园》《春水船》两首。

1921 年(辛酉,民国十年)　21 岁

▲1 月,文学研究会在北京成立。

▲7 月,郭沫若、郁达夫、田汉等组织的创造社成立。

▲7 月,中国共产党召开第一次全国代表大会,通过党纲。

▲10 月,郁达夫小说集《沉沦》出版,为中国现代文学史上第一部白话小说集。

1 月

1 日　《潮歌》《乐观》发表在《新青年》月刊第 8 卷第 5 号。

同日　寓所庭院里腊梅、山茶同开,作新诗《腊梅和山茶》。

2 日　作《〈腊梅和山茶〉跋》。

4 日　由郑振铎①、王统照②、茅盾③、叶圣陶、郭绍虞④、周作人、孙伏园、朱希祖、瞿世英⑤、蒋百里⑥、耿济之⑦、许地山⑧发起的我国最早的新文学团体文学研究会在北京中央公园来今雨轩成立,其宗旨是"为人生而艺术"。后经郑振铎介绍,俞平伯加入文学研究会,并成为骨干成员。

同日　作新诗《太湖放歌》,记半月前的太湖之游,并寄示北京的顾颉刚。

12 日　作新诗《哭声》,记 1920 年 12 月 18 日在苏州所见。

16 日　生日。作新诗《黄鹄》。

按,收入《冬夜》时,此诗的写作时间署为 1921 年 1 月 12 日。

---

①　郑振铎(1898—1958),笔名西谛,原籍福建长乐,著名作家、社会活动家,曾任文化部副部长。

②　王统照(1897—1957),字剑三,笔名息庐、容庐,山东诸城人,曾任山东大学教授。

③　茅盾(1896—1981),原名沈德鸿,字雁冰,浙江嘉兴人,著名作家、文学评论家、社会活动家。

④　郭绍虞(1893—1984),原名希汾,江苏苏州人,曾任燕京大学中文系教授。

⑤　瞿世英(1901—1976),原名瞿士英,字菊农,江苏武进人,毕业于燕京大学研究科,曾任清华大学、北京大学教授。

⑥　蒋百里(1882—1938),名方震,浙江海宁人,著名军事家。

⑦　耿济之(1899—1947),原名耿匡,上海人,著名翻译家。

⑧　许地山(1893—1941),名赞堃,笔名落花生,福建龙溪人,毕业于北京大学,曾任燕京大学文学院及宗教学院教授、香港大学文学院主任教授。

26 日　作新诗《莺儿吹醒的》。

本月　商务印书馆创办的《小说月报》从本月出版的第 12 卷第 1 号起改由茅盾主编,内容全面革新,并特约文学研究会发起人为主要撰稿人。此后,俞平伯也在该刊发表作品。

2 月

本月　由杭州回到北京。

3 月

1 日　在北京致周作人信,问候其病,并谈《新潮》杂志第 3 卷第 1 号的稿件问题。俞平伯分析了稿件匮乏的原因,希望周作人病好后,能给新潮社一个新生命。

12 日　在北京作新诗《北京底又一个早春》。

13 日　作新诗《风尘》,描述北京北河沿的小河在早春的风尘中已"不再有从前的样子",感叹"风尘果可厌么?""我岂不在风尘之间么?"

27 日　因听到罗素病危的消息,心中感到惋惜,遂作新诗《不知足的我们》,将罗素比作"一个光明底源泉",希望其能留给人世间更多的光明。

按,待罗素病好后,俞平伯才把此诗发表在本年 5 月 16 日《晨报》上,以记"个人底希望和欣幸"。

4 月

27 日　本日至 7 月间,受胡适的《红楼梦考证》和顾颉刚研究《红楼梦》的意兴的感染,开始和顾颉刚通信讨论《红楼梦》。

在"京事一切沉闷"的日子里,俞平伯以读论《红楼梦》的信为祛病的真药石,以剧谈《红楼梦》为消夏神方。不足四个月,信稿已订几大本。

28 日 作新诗《俳谐愤言》。

按,这是一首愤世嫉俗的诗,诗中揭露了统治者杀人分赃,作恶多端,而又口称"博施慈善,高谈道德,掩人之耳,蔽人之目"的伪善嘴脸,表达了俞平伯对受迫害的兄弟姐妹们的愚昧、盲心盲目而感到心急如焚的心情。此诗原拟收入《冬夜》,定稿时又被删去了。作为佚诗,发表在《文教资料》1992 年第 1 期。

5 月

1 日 《莺儿吹醒的》发表在《新青年》月刊第 9 卷第 1 号。

按,收入《冬夜》时,改题目为《鹞鹰吹醒了的》。

2 日 《北京底又一个早春》《风尘》发表在北京《晨报》。

4 日 致顾颉刚信,讨论《红楼梦》,提出后四十回的回目定是高鹗补的,理由有三:一、和第一回自叙的话都不合;二、史湘云的丢开;三、不合作文时的程序。顾颉刚觉得俞平伯的理由很充足,于 5 月 9 日将俞平伯的信寄给了胡适,于是俞平伯的观点又引起了胡适的重视。

7 日 作新诗《春里人底寂寥》。

10 日 《文学旬刊》作为《时事新报》副刊,在上海创刊。

12 日 作《〈不知足的我们〉序》。

13 日 作随笔《重来者底悲哀》。文章主要述说了重来北京后的沉闷之感,分析了中西国情的不同,指出"我们处置现今中国社会问题底方法'途辙',决不能整抄别人底文章来算自己的",认为知识的缺乏是现今中国社会上的流行病,影响到教育和婚制,"我总觉得社会改造底事业不可再缓了"。

15 日 《如醉梦的踯躅》第六节发表在北京《晨报》。

16 日 《〈不知足的我们〉序》发表在北京《晨报》。

19 日至 25 日 《重来者底悲哀》发表在北京《晨报》。

本月 开始预备功课,准备参加年内的留学考试。此时,俞平伯看 *The Grammar of Science*(《科学的语法》),把头脑也看得科学了,"幻想底趣味竟很薄弱了"。

6 月

9 日 作随笔《秋蝉底辨解》。

按,该文是对当日《晨报》发表的周作人的《新诗》一文的辩解。俞平伯不同意让辛苦开辟出来的新诗田荒芜,也不愿创业的人们"封锁诗国底疆土,博得垄断底权威"。"我们很相信天才是无限的,只让他好好的发挥出来,便将自然地涌现出诗国底花都了。前路很艰难,即使有人试过了,我们也不希望他拿这些话来短少年诗人底勇气。"俞平伯不赞成严酷、峭厉的批评,主张"诗国底容忍主义"。

12 日 《秋蝉底辨解》发表在北京《晨报》,署名一公。

同日 作新诗《破晓》。

14 日 《破晓》发表在北京《晨报》。

18 日 复顾颉刚信,谈及"剧谈《红楼》为消夏神方"。日来与顾颉刚来往函件甚多。

30 日 致顾颉刚信,谈及"将来如有闲暇,重印,重标点,重校《红楼梦》之不可缓,特恐我无此才力与时间耳。兄如有意,大可负荷此任也"。

7 月

上旬 为研究《红楼梦》,到清史馆去查阅有关《红楼梦》的资料。

12 日 由北京回到上海,看到了上海社会的堕落,将少年时代对上海所留的很可爱的印象完全打破了。

中旬 由上海回到杭州。

20 日 顾颉刚信中说:"把《红楼梦》重新校勘标点的事,非你莫属。"

21 日 作《吴声恋歌十解》,发表在《我们的七月》,未署名;后在《我们的六月》附录中,补署名平伯。

23 日 在杭州作《重来者底悲哀》。作品主要谈重来上海所感着的痛苦和失望。

8 月

1 日 本日至 16 日,《重来者底悲哀》发表在北京《晨报》。

同日 清晨,在杭州湖上遇雨之游,为居杭以来未有之乐。俞平伯认为"游不必有诗,但快游亦不可无诗"。

5 日 作小诗《孤山听雨》。

7 日 致顾颉刚信,谈拟徐徐着手作《红楼梦》多种版本校勘的工作。俞平伯认为若不办到这一步,以后工夫都像筑室沙上,无有是处。

8 日 致顾颉刚信,谈"想办一研究《红楼梦》的月刊",并拟出所刊的内容。

9 日 在杭州写讫《〈石头记〉底风格与作者底态度》。俞平伯想用这篇文章"祛除社会上对于《红楼梦》底谬见"。

按，朱自清读了此文手稿后，在 9 月 23 日致俞平伯信中言此文"平实而精到，许多人极易忽略而极重要的地方，文章里都一一拈出以见原书底真价值。——正可医从前一班红学家太看高了原书，反损了原书底价值的毛病"。

10 日　至镇江金山、焦山、北固山等处游览。两个月后，作短诗《忆游杂诗·京口三山篇》六篇。

17 日　《孤山听雨》发表在北京《晨报》，署名平。

9 月

14 日　偕夫人由杭州到苏州，乘船游寒山寺。"虽时值秋半，而因江南阴雨兼旬，故秋意已颇深矣。且是日雨意未消，游者阒然；瞻眺之余，顿感寥廓！人在废殿颓垣间，得闻清钟，尤动凄怆怀恋之思，低回不能自已。"

同日至 20 日　《生活底疑问》发表在《晨报》。文章谈了"要怎样活着"的问题，认为有价值的生活需要具备纯洁的心性、调和的生活和扩大同情心三要素。但是俞平伯也看到社会现实使有价值的生活总是没有希望，于是不得不提出最现实的活着的办法："能够怎样活着就怎样好了。"

下旬　用八枚铜元在书摊上买得清嘉庆乙丑年刊本《红楼复梦》一部。

30 日　在杭州作新诗《凄然》。

10 月

1 日　《诗底自由和普遍》《现行婚制底片面批评》《屡梦孟真

醒来长叹作此寄之》《无名的哀诗》《黄鹄》发表在《新潮》月刊第3卷第1号。

2日 用三角小洋在杭州城站书店买到《读〈红楼梦〉杂记》等六本书。

7日 《凄然》发表在北京《晨报》。

上旬 收朱自清10月3日自中国公学的来信。

13日 作新诗《网》。

18日 作新诗《安静的绵羊》。

20日 作新诗《风中》和《小劫》。

21日 作短诗《忆游杂诗·山阴三日篇》八首,记述1920年5月1日至3日的绍兴之游。

22日 作短诗《忆游杂诗·京口三山篇》六首,记述本年8月10日镇江之游。

按,俞平伯自1919年在北京大学和康白情谈诗时起,就有试作短诗的念头,以为短诗体裁用以写景最为佳妙,"因写景贵在能集中而使读者自得其趣"。中国的歌谣内每有一两句成文的,日本也有俳句,俞平伯认为"这种体裁极有创作底必要",因此,试为之。

23日 致朱自清信,谈自创记游短诗一事,并将新作《忆游杂诗》十四首寄给朱自清看。不久,又致朱自清信,谈创作短诗之难,"读者或以为一两句耳,何难之有;而不知神思之来,偏不难于千百句而难于一两句。"

24日 作新诗《心》。

26日 《风中》发表在《晨报副刊》。

28日 诗论《诗底进化的还原论》作讫。文章提出艺术本来是平民的,应回到平民中去;要作平民的诗,先要实现平民的生活；"好的诗底效用是能深刻地感到多数人向善的"；提出要推翻"诗底王国"，"恢复诗底共和国"等等。此文受托尔斯泰《艺术论》的影响很深，发表以后引起了反响。先是周作人在《诗底效用》一文中，对"好底效用是能深刻地感多数人向善的"这个观点提出了疑义；接着梁实秋[①]就写了《读〈诗底进化的还原论〉》，反对俞平伯以"向善"代替"美"为艺术的鹄的，主张"诗是贵族的"。

按，三十多年后，俞平伯忆及此文，认为"以现在看来，论点当然不妥当的，但老实说，在我的关于诗歌的各种论文随笔里，它要算比较进步的"，"但这篇文章，却被我丢开了，一直没有收到文集里面去"。

同日　作新诗《打铁》。

29 日　作新诗《挽歌》十首。诗中提出了一个社会现实问题："活人饿杀快，好田好地去埋死人。死人底骨头还没烂掉，活人已跟着死人跑了。""我们到底——爱活人呢？爱死人呢？爱死的胜于活着的呢？"他希望破除旧俗，出现"今人犁田昔人墓"的新景象。

同日　作新诗《起来》。

31 日　作新诗《欢愁底歌——呈长环》。

本月　作《〈忆游杂游〉序》。

本月　辞去浙江第一师范学校国文教员职，准备赴美留学。

11 月

2 日　作新诗《归路》。

按，俞平伯曾于 10 月 31 日梦中得句："独立山头闻杜宇，冷月三更无处归。"醒后"以为有鬼气"，于是兼采《楚辞·山鬼》之

---

①　梁实秋(1901—1987)，北京人，美国哈佛大学文学硕士，著名作家、翻译家。

意,足成此诗。

同日　作新诗《一勺水啊》。

3 日　夜,作新诗《别后的初夜——呈长环君于上海》。

7 日　作新诗《最后的烘炉》。

同日　作《与佩弦讨论"民众文学"》。这是俞平伯看了朱自清本年 10 月 10 日发表的《民众文学谈》之后而作的,对朱自清的观点提出了异议。俞平伯说:"(朱佩弦)以为文学底鹄的,以享受趣味,是以优美为文学批评的标准,所以很想保存多方面的风格,大有对于贵族底衰颓,有感慨不能自已的样子。至于我呢,则相信文学虽可以享乐,安慰,却决不是他底惟一使命,惟一使命是连合人间底关系,向着善底途路。"俞平伯希望朱自清"做提倡民众文学底健将",不做"保存故物底大功臣"。

9 日　在常熟忆及杭州的民间歌谣:"高山有好水,平地有好花;家家有好女,无钱莫想他。"遂将其译为白话诗《可笑》一首。俞平伯认为自作白话诗比民间歌谣"词句虽多至数倍,而温厚蕴藉之处恐不及原作十分之一"。

10 日　在常熟尚湖舟中,作新诗《不解与错误》。

11 日　夜,在苏州作新诗《愿你》。

12 日　《与佩弦讨论"民众文学"》发表在《时事新报·文学旬刊》第 19 号。

24 日　由上海回到杭州。在沪杭车中,作新诗《别与归》。

28 日　由杭州起程,回北京探亲。

12 月

1 日　抵达京寓,途中作《北归杂诗》十四篇。

5 日　在北京作新诗《回音》。

6 日 《北归杂诗》之《白》和《到家了》发表在《晨报副刊》。

9 日 在北京作新诗《所见》《客》二首。其中的《客》一首写道："我北归,我又要南归,归来底中间,把故乡掉了!"

11 日 在北京作新诗《夜归》。

12 日 致周作人信。

14 日 下午,访周作人。

16 日 新诗《所见》《客》二首发表在《晨报副刊》,题目为《小诗两首》。

19 日 离京赴杭。在津浦道中,作新诗《两年之后》。作品写出了两年前赴英国留学和此时赴杭将去美国留学,两次离家时,与父母亲之间难舍难离的怅惘心情。

按,在京期间,适逢《晨报副刊》开始连载署名巴人(即鲁迅)的小说《阿 Q 正传》(1921 年 12 月 4 日至 1922 年 2 月 12 日),每周或隔周刊登一次,俞平伯很喜欢阅读。回杭州后,俞平伯请北京的亲属把刊登《阿 Q 正传》的报纸陆续寄之。连载停止后,俞平伯还曾写信向朱自清询问。

21 日 《夜归》发表在《晨报副刊》。

28 日 在杭州因患目疾,遂作新诗《病中》四首。这次眼病,比较厉害,严重影响视力,"摸索底中间,只剩了几方尺的世界"。

31 日 朱自清、叶圣陶、许宝驹为俞平伯赴美国留学送行,并在杭州合影留念。

年初 受胡适之托,为其删定第四版本《尝试集》。

1922年(壬戌,民国十一年) 22岁

▲1月,《诗》月刊创刊,这是"五四"以来出现最早的一个新诗刊。

▲5月,第一次全国劳动大会和中国社会主义青年团第一次全国代表大会先后在广州召开。

1月

5日 生日。由上海回杭州,在沪杭道中,作新诗《胜利者》。

6日至8日 偕夫人至杭州南山小住。其间,作《山居杂诗》四首。

按,1928年5月29日,俞平伯在散文《冬晚的别》中,谈到《山居杂诗》的创作:"诗固然蹩脚得道地,但可以看出冬日山居的空寂和我们情怀的凄紧,至少今天我自己还明白。山居仅短短的三天,却能使我默会山林长住者的襟抱,雅人高致决非得已,吟风啸月,也无非'黄连树下弹琴'罢了。这是一面了。另一面呢,空寂的美名便是清旷,于清旷的山中暂息尘劳,(我上一天刚从上海来)耳目所接,神气所感,都有一种骤然被放下的异感,仿佛俄而直沉下去。依一般的说法,也只好说是惬意舒服之类罢。然而骨子里头,尽尽里头,确有一点点难过,这又是说不出的。若以北京语表之当曰'不是味儿'。"

8日至12日 作为赴美官费生,由杭州到上海办手续、候船,拟于19日乘坐中国邮船公司之中国号启程。后因香港水手罢工风潮,不能出港,遂延期动身。

10 日　《胜利者》发表在上海《时事新报·学灯》。

同日　在上海作新诗《愚底海》。

11 日　在上海作新诗《听了胡琴之后》。

12 日　由上海回杭州,在沪杭道中,作新诗《断鸢》。

15 日　与刘延陵①、叶圣陶、朱自清创办的《诗》月刊创刊,由上海中华书局印刷发行。

按,俞平伯在《五四忆往——谈〈诗〉杂志》中回忆说:"这杂志原定每半年一卷,每卷五期,却只出了一卷五期(1922 年 1 月到 5 月)。前三期编辑者为'中国新诗社',其实并没有真正组织起来,不过这么写着罢了。后面两期,改为文学研究会的定期刊物,还贴着会中的版权印花。实际上负编辑责任的是叶圣陶和刘延陵。这杂志办得很有生气,不知怎么,后来就停刊了。"在这段话中,俞平伯也有失忆之处。如,说《诗》月刊"只出了一卷五期(1922 年 1 月到 5 月)",实际上出了二卷七期。第 2 卷的第 1 号、第 2 号出版于 1923 年的 4 月 15 日和 5 月 15 日。又如,说《诗》月刊"前三期编辑者为'中国新诗社',……后面两期,改为文学研究会的定期刊物",实际上是从第 1 卷第 5 号改为"文学研究会定期刊物之一"的。贴着文学研究会版权印花的共有三期。至于"编辑者",除第 1 卷第 5 号的版权页上印着"文学研究会"外,其余六期的"编辑者"均署"中国新诗社"。

同日　在《诗》月刊创刊号上,俞平伯的新诗《小劫》《归路》《忆游杂诗·山阴三日篇》《忆游杂诗·京口三山篇》四篇十六首被排在卷首,另有《诗底进化的还原论》发表在该刊。

---

①　刘延陵(1894—1988),安徽旌德人,著名诗人。

19 日　陈学乾①作新诗《送平伯》，为俞平伯赴美留学送行。

21 日　在杭州作新诗《他》。

23 日　朱自清为俞平伯《冬夜》作序。

25 日　在杭州城头巷寓所作《〈冬夜〉自序》。序文中既谈了俞平伯做诗的信念，又谈了做人与做诗的关系。他说："我怀抱着两个做诗的信念：一个是自由，一个是真实。""我不愿顾念一切做诗底律令，我不愿受一切主义底拘牵，我不愿去摹仿，或者有意去创造那一诗派。我只愿随随便便的，活活泼泼的，借当代的语言，去表现出自我，在人类中间的我，为爱而活着的我。"俞平伯认为解决了怎样做人的问题，才可解决怎样做诗的问题。因为"诗以人生底圆满而始圆满，诗以人生底缺陷而终于缺陷。人生譬之是波浪，诗便是那船儿。诗底心正是人底心，诗底声音正是人底声音。'不失其赤子之心'的人，才是真正的诗人，不死不朽的诗人。即使他没有诗篇留着，或者竟没有做诗，依然是个无名的诗人；因为他占领了诗人底心。"俞平伯说："我虽主张努力创造民众化的诗，在实际上做诗，还不免沾染贵族的习气；这使我惭愧而不安的。"

下旬　致函已回苏州家乡休养的顾颉刚。

本月　在杭州作新诗《暮》《萍》。

2 月

3 日　在杭州湖上作新诗《我与诗》。

7 日　在杭州城头巷寓所作《〈冬夜〉付印题记》。

同日　作新诗《生所谓着的》。

---

① 陈学乾，浙江杭州人，诗人，时为晨光文学社社员。

同日 作新诗《偶成两首》。

9 日 在杭州作新诗《春底一回头时》。诗作成后,俞平伯曾给朱自清看,朱自清认为末节颇不易了解。俞平伯承认"这正是我表现力薄弱底一证"。

同日 作新诗《薄恋》。

上旬 收到顾颉刚2月2日苏州来信。

11 日 在杭州作新诗《春寒》,发表在本年3月15日《诗》月刊第1卷第3号。俞平伯希望此诗能与《春底一回头时》的诗意互补。

15 日 《诗》月刊第1卷第2号发表俞平伯的新诗《一勺水啊》《打铁》《引诱》《将别》《山东底晓》《两年之后》六首。同期发表的还有陈学乾的新诗《送平伯》。

18 日 复杨振声信。杨振声在1921年12月15日给俞平伯的信中说:"文学真美,并不在以此为知识与道德的器具,仍在其抒写情感调和人性方面为多。托尔斯泰晚年的小说及美术观念,实中了宗教的毒,远不如其中年产品。"俞平伯在回信中指出:美"是很含糊难确定的,说来说去,实际上不过是指为人们所喜悦的,故不足为文艺底鹄的。……文学应是人生底表现,更应是人生向上的表现。那些仅博人开心的,决非现代所急需的文学。但我以为文学应是 of life,不是 for life。托氏底议论、作品,我也极为赞美。"

26 日 周作人在《晨报副刊》发表《自己的园地之五·诗的效用》一文,对俞平伯在《诗底进化的还原论》中所说的"好的诗底效用是能深刻地感多数人向善的"这一判断诗的标准,略有怀疑的地方,遂从三个方面谈了自己的意见:(1)诗的效用,难以计算;(2)感人向善是诗底第二条件;(3)托尔斯泰论艺术的价值,是以能懂的人的多少为标准,而忽略了要真正理解艺术品,须有相当的一番训练这一点。

同日 在杭州作新诗《夜雨》六首。

本月 读了蔡元培所发表的《〈石头记索隐〉第六版自序——对于胡适之先生〈红楼梦考证〉之商榷》一文后,受到触动,又产生了讨论《红楼梦》的兴致,于是作《对于〈石头记索隐第六版自序〉的批评》。

按,胡适读了此文后,曾在本年 3 月 13 日的日记中写道:"平伯的驳论不很好;中有缺点,如云'宝玉逢魔乃后四十四回内的事。'(实乃二十五回中事)内中只有一段可取。"

2 月至 3 月间 在杭州作新诗《呜咽》。

3 月

4 日 儿歌《老鸹! 老鸹飞……》发表在上海《儿童世界》第 3 卷 第 9 期。

7 日 《对于〈石头记索隐第六版自序〉的批评》发表在上海《时事新报·学灯》,署名平。

上旬 第一部新诗集《冬夜》由上海亚东图书馆出版,内收 1918 至 1921 年所作新诗一百〇一首,分为四辑。朱自清为之作序,许敦谷①为之画封面。俞平伯说他印行这本诗集的目的:"一则因为诗坛空气太岑寂了,想借《冬夜》在实际上,做'秋蝉底辩解';二则愿意把我三年来在诗田里的收获,公开于民众之前。至于收获的是稻是麦,或者只是些野草,我却不便问了。只敬盼着读者底严正评判罢。"胡适在本月 15 日的日记中写道:"俞平

---

① 许敦谷(1892—1983),又名赞烊,字太谷,广东广州人,西洋画家。

伯的《冬夜》诗集出来了。平伯的诗不如白情的诗；但他得力于旧诗词的地方却不少。他的诗不很好懂，也许因为他太琢炼的原故，也许是因为我们不能细心体会的原故。"顾颉刚在本月23日致俞平伯信中说：所送《冬夜》收到，"你的诗我讽诵了一过，尤其使我不能忘的是《春里人底寂寥》的末一节。我有一回打了一个瞌睡，梦中凌乱无绪，醒来要描写那时情景，觉得无从写起。因此，我以为梦的不能描写，与真理的不能言说，同是一样，因为这些都是超出于思想文字之外。现在读你的诗，竟是描写出来了。文学家的异于常人就在此。"

15 日　《诗》月刊第 1 卷第 3 号发表俞平伯的新诗《春寒》和《夜雨》六首，另有俞平伯与杨振声讨论新诗的通信。

同日　在杭州作新诗《努力》。

同日　《夜雨》六首发表在《诗》月刊第 1 卷第 3 号。

18 日　俞平伯赠送周作人《冬夜》一册，请孙伏园转交。

21 日　在杭州作新诗《银痕》。

26 日之前　致朱自清信两封、明信片一张，另寄赠《冬夜》两本。信中附新诗《忆》六首，另有《凉波词》，此篇已佚。

26 日　在杭州作新诗《盛年》。

按，收入《西还》时，改题目为《盛年底欢容》。

27 日　在杭州城头巷寓所作《〈忆〉自序》。

29 日　在杭州作新诗《乐谱中之一行》。

31 日　自杭州复周作人长信。

按，此信后经修改补充，与周作人来信一同发表在本年 4 月 15 日《诗》月刊第 1 卷第 4 号。周作人在 3 月 27 日来信中，与俞平伯继续讨论《诗底进化的还原论》中的观点，说："我近来不满意于托尔斯泰之说，因为容易入于'劝善书'的一路。"俞平伯在复信中,针对周作人在《自己的园地之五·诗的效用》一文和 3 月 27 日来信中所谈的关于诗的见解,一一作了答复。俞平伯说:"我论诗虽侧重在效用一方面,但这效用,正是先生所谓自然的效用。""我对于批评文学的意见,诗自然包含着,还和前文里底态度一样,主张社会的效用与个性底发展同时并重。"

4月

1 日 新诗《题〈影鸾草〉》发表在《时事新报·文学旬刊》第 33 期。《影鸾草》系某人与其夫人赵娴清女士平居唱和之作以及女士死后,某人所作追忆之诗文的小册子。郑振铎《题〈影鸾草〉》序中语:"他们虽非诗人,而缠绵凄恻深情充溢,决非无病而呻之诗人所能及。"俞平伯在郑振铎处得读此书,为之感动。遂在册首题诗一首。

2 日 在杭州作新诗《夜雨》三首。

按,收入《西还》时,与前作合为九首。

3 日 《乐谱中之一行》发表在《时事新报·学灯》

4 日 在杭州作新诗《梦》。

12 日 在苏州作新诗《味》二首。

13 日以前 致朱自清信及明信片,并将近作与周作人论诗的文章一并寄给朱自清。另以近作《春寒》《〈忆〉序》《池上》三篇作品托叶圣陶转交朱自清。其中《池上》一篇已佚。

15 日 《诗》月刊第 1 卷第 4 号发表俞平伯的新诗《生所遇着的》《银痕》和《盛年》三首,另有俞平伯与周作人讨论新诗的通信。

中旬 从杭州去苏州,看望顾颉刚,与之商谈合作把 1921 年的通信整理成一部《红楼梦》辨证的书。顾颉刚因为自己太忙,劝俞平伯独立担当此事。俞平伯"答应回去后立刻起草,到五月底已经做成了一半"。

18日 在杭州作新诗《〈隔膜〉书后》,记述了读叶圣陶短篇小说集《隔膜》的感想。

21日 在杭州作新诗《儿语》四首。

同日 《努力》发表在《晨报副刊》。

23日 在杭州作新诗《晚风》。

24日 在杭州西湖作新诗《歌声》二首。

约26日至28日 与来访的朱自清欢叙,又同到湖楼观景,甚畅。朱自清说:"此次在杭,……湖楼三日,足偿舟车之劳而有余。人生有限,吾辈能及时团乐,亦大佳事。"

28日 收到郑振铎来信,信中说:"我们底泪流了,但人间是顽石,是美的悲惨的雕刻呀!"是夜,俞平伯梦见自己以俯首在不识者的墓前,慨然高歌《红楼梦·祭晴雯诔》中语:"天何如是之苍苍兮?……地何如是之茫茫兮?"热痛的泪一时倾泻,浪浪然不可止。醒后犹有余哀,却不知其所从来。俞平伯以为"因人间底冷酷,故泪改流向温馨的梦中"。

30日 在杭州作第二首以《梦》名篇的诗。

5月

1日 将一篇近作诗稿寄给叶圣陶看。

6日 收到叶圣陶回信。在叶圣陶的鼓励和启发下,于当夜将诗稿重行写定,并以叶圣陶所设譬喻命题为《如环的》。

11日 《时事新报》公开声明《文学旬刊》是文学研究会的定期刊物。俞平伯的《梦》发表在《文学旬刊》第37期。

同日 作《如环的》,以书代序。

13 日　作札记《唐六如与林黛玉》，指出《红楼梦》中的黛玉葬花，系受唐六如的暗示。俞平伯说："《红楼梦》虽是部奇书，却也不是劈空而来的奇书。他底有所因，有所本，并不足以损他底声价，反可以形成真的伟大。"

16 日　夜，作《〈读红楼梦杂记〉选粹》。俞平伯认为《读〈红楼梦〉杂记》的作者江顺怡对《红楼梦》的评论很有灼见，"开正当研究《红楼梦》底先路。他屏去一切的传说，从本书上着眼，汇观其大义；虽寥寥的几页书，已使我们十分敬佩了"。

18 日　《〈红楼梦〉底年表》作讫。

按，俞平伯说：这年表"原是草创的，既不完备，也不的确，只是一种综括研究的初步"。不久，俞平伯即发现了其中的若干错误，如曹雪芹的生卒年月必须改正；《红楼梦》的著作年代推测有误；更重要的是"编制法根本就欠妥善，把曹雪芹底生平跟书中贾家的事情搅在一起，未免体例太差。《红楼梦》至多是自传性质的小说，不能把它径作为作者的传记行状看"。鲁迅曾在 1924 年 6 月出版的《中国小说史略》中，撮要引述了俞平伯的《〈红楼梦〉底年表》。直至 1935 年 6 月印行的《中国小说史略》第 10 版，才删去了撮要引述的部分。

下旬　由杭州到苏州。

26 日　晨，在苏州作新诗《方式》。

27 日　下午，带着已经完成了一半的《红楼梦辨》手稿，到顾颉刚寓所访谈。

29 日　上午，与王伯祥[①]、叶圣陶一起到顾颉刚寓所聚谈。

同日　农历五月初二。儿子俞润民出生于浙江杭州城头巷

---

① 王伯祥（1890—1975），名钟麒，江苏苏州人，北京大学文学研究所研究员。

3号寓所。俞平伯常昵称其为"姑苏"。俞润民后毕业于辅仁大学化学系,一直在天津工作,2010 年去世。

30 日　上午,应顾颉刚邀请,与王伯祥、叶圣陶同游石湖,游石佛、治平两寺。下午,顾颉刚、王伯祥和叶圣陶送俞平伯乘马车去火车站,回杭州。在乘马车的途中,发生了《红楼梦辨》手稿失而复得的奇迹。顾颉刚在为《红楼梦辨》写的《序》文初稿中,略有记述。

6 月

7 日　作《评〈读诗底进化的还原论〉》。

按,此文为回答梁实秋在本年 5 月 27 至 29 日在《晨报副刊》发表的《读〈诗底进化的还原论〉》一文而作。

同日　夜,在杭州作新诗《竹箫声里的西湖》,记泛月西湖的情景。

上旬　与郑振铎、朱自清作杭州西湖三夜畅游。

按,俞平伯在《东游杂志》第八节中说:"与振铎、佩弦等泛月西湖上,吹弹未毕,继以高歌,以中夜时分,到三潭印月,步行曲桥上时闻犬吠声;其苦乐迥不相侔。"这一次的夜游西湖,引发了朱自清的创作灵感,长诗《毁灭》由此诞生。

13 日　夜,作新诗《倦》,记西湖夜泛。

16 日　作论文《高本戚本大体的比较》。

17 日　作论文《论续书底不可能》。

18 日　作论文《高作后四十回底批评》。

同日　作札记《记〈红楼复梦〉》。《红楼复梦》为高鹗本的续书,全书共有一百回。俞平伯认为《红楼复梦》全书"异常荒谬,不可言说"。唯书中的几条凡例,表现出作者底可怜可笑的胸襟,"可以作后来续《红楼梦》人底代表心理"。

19日 新诗《迷途的鸟底赞颂》十四首作讫。

同日 作论文《辨原本回目只有八十》,文中略述了自己的研究方法:"无论研究什么,必先要把所研究的材料选择一下,考察一下,方才没有筑室沙上的危险。否则题目先没有认清,白白费了许多心力,岂不冤枉呢?"此文收入《红楼梦研究》时,改题目为《辨后四十回底回目非原有》。

20日 作论文《〈红楼梦〉底地点问题》。

21日 《评〈读诗底进化的还原论〉》发表在《时事新报·文学旬刊》第41期,署名蘋初。

同日 作论文《论秦可卿之死》。

25日 论文《八十回后底〈红楼梦〉》作讫。文章论述了《红楼梦》八十回后应有的面目,虽然"《红楼梦》研究是学问界中底沧海一粟,无有甚深甚广的价值;我总认定搏兔得用狮子底全力,方才可免兔脱的危险。"又说:"我总时时觉得《红楼梦》一书底价值,很当得有人来做番洗刷底事业。我便是一个冲锋者啊!"

同日 作新诗《忏语》。

30日 作《小诗呈佩弦》。

按,这是赴美留学前夕所作的最后一首诗。

本月 俞平伯与朱自清、周作人、郑振铎、叶圣陶、刘延陵、郭绍虞、徐玉诺①八人的新诗合集《雪朝》,作为"文学研究会丛书"之一,由上海商务印书馆出版。其中第三集是俞平伯专集,收入本年1月5日至2月11日所作新诗十八首:《胜利者》《山居杂诗》《愚底海》《听了胡琴之后》《断鸢》《他》《暮》《萍》《我与诗》

---

① 徐玉诺(1894—1958),又名言信,笔名红蠖,河南鲁山人,诗人、作家。

《〈冬夜〉付印题记》《偶成两首》《春底一回头时》《薄恋》《春寒》。

7 月

1 日 《如环的》连同诗序发表在《时事新报·文学旬刊》第42期。

3 日 关于《红楼梦》的《札记十则》作讫。其中第九则谈《红楼梦》的语言"用的是当时的纯粹京语,其口吻之流利,叙述描写之活现,真是无以复加"。俞平伯认为"方言的,非欧化的作品,也自有他底价值,在现今文艺与民众隔绝的时候尤为需要"。俞平伯"反对用文艺来做推行国语统一底招牌"。俞平伯说:"文学仍以当时通行的言语为本,不是制造言语底工场。"在第十则中,他针对"有人以为《红楼梦》既是文艺,不应再有考证底工夫",说:"考证虽是近于科学的,历史的,但并无妨于文艺底领略,且岂但无妨,更可以引读者作深一层的领略。"

7 日 上午,自杭赴沪,在车站上遇朱自清,一路同行。午,抵达上海。下午,到美国领事馆办理护照。后与朱自清偕访郑振铎。晚,与顾颉刚、叶圣陶、朱自清同住孟渊旅馆。

8 日 下午,与顾颉刚、叶圣陶、朱自清偕往一品香,出席文学研究会召开的"南方会员年会",讨论会务,并为俞平伯赴美饯行。郑振铎、茅盾、朱自清、叶圣陶、顾颉刚、刘延陵、沈泽民①、胡愈之②、周建人③等出席。

同日 《〈红楼梦辨〉引论》作讫。俞平伯详谈自己进入"红

---

① 沈泽民(1900—1933),茅盾之弟,原名德济,浙江桐乡人,作家、烈士。

② 胡愈之(1896—1986),原名学愚,浙江上虞人,曾任商务印书馆《东方杂志》编辑。

③ 周建人(1888—1984),字乔峰,浙江绍兴人,著名社会活动家、生物学家。

学"之门和《红楼梦辨》成书的经过。俞平伯希望借由《红楼梦辨》的刊行,渐渐把读者的眼光"从高鹗的意思,回到曹雪芹的意思",使《红楼梦》的本来面目得以显露,开辟出一条还原的道路。至此,《红楼梦辨》全书完稿,共三卷十七篇。

9日 晨,郑振铎、潘家洵、刘延陵来访。下午,与顾颉刚、叶圣陶辞行,并将《红楼梦辨》手稿交给顾颉刚,请他代觅抄写人。晚,乘坐吴淞中国号船,作为浙江省视学,受浙江省教育厅委派赴美国考察教育。刘延陵、朱自清、郑振铎送行。当晚,在赴美船上作新诗《东行记踪寄环·一、吴淞江》。

11日 船泊日本长崎,俞平伯亲见无数男女工人在烈日下,挥汗为船上上煤。"煤屑飞扬,鼻为之窒,肤为之黑。作工者状如鬼魅,筋力疲惫,仍复力作;而船上员司及旅客,则凭阑闲眺,既恶其扰,又嫌其迟缓,似金钱之力远胜于人生矣。"俞平伯认为"此等情景,真是万恶底象征,不信人间应当可以如此"。由此,俞平伯"始信现代文明,一言以蔽之,罪恶而已,掠夺而已。吾辈身列头等舱,尚复嗟怨行役之苦,可谓'不知稼穑之艰难',亦可谓毫无心肝。苟稍有人心者,睹近代罪恶底源泉在于掠夺,则应当以全心力去从事社会运动,即懦怯的人,至少亦须去从事民间运动。高谭学术,安富尊荣,此等学者(?)人间何贵?换言之,不从制度上着手,不把根本上的罪孽铲除了,一切光明皆等于昙花一现。'九泉之下尚有天衢',世间之酷虐岂有穷极耶?兴思及此,一己之烦闷可平,而人世之悲哀愈烈,觉前路幽暗,如入修夜,永无破晓之新曦矣。"

同日 夜,在中国船上作新诗《东行记踪寄环·二、长崎湾》。另外,又作旧体诗《长崎湾泊舟》,收入《俞平伯旧体诗钞》时,补跋语云:"予前壬戌游美,往返经由,犹忆一次登岸独步,门巷憎憎,绿荫如画,惧其迷路,逡巡而返。二十余年后,万姓虫沙,岂皆遭命,宜乎前史有天道是耶非耶之叹也。"

13日 在日本长崎至横滨道中,作《东游杂志》十二节。

按,俞平伯说:"我作此杂记,本视为一种不署名的信札,不得以文艺论。"又说:"我数次海行,虽均心境恶劣,但平心论之,非海行之苦,乃离别之愁思所致。惟数十日间,与世界隔绝,孟真曾比之以'宫禁生活',确是海行最苦之事。至于晕船与起居底不习惯,都只是表面的痛苦。"俞平伯在中国号船上看到既有"欧美底贵族气息,金钱风味",又有"东方底乱七八糟的空气",于是联想到中西文化合璧,"大约都是这样的一回事。我愈觉得调和妥协是欺人之谈,是腐败底根源……以我个人底判断,似乎东西底根本人生观很难得有沟通之路。即其余零碎的小节,也是每一发须牵动全身。要说调和又谈何容易?我原不是以为调和是绝对的不可能,不过以为不能如此简单,容易,像一般人所想象的。"俞平伯有感于"船上每吃饭,必狂鸣大锣",活像耍猴子,因此,谓"我从前欧游,颇崇拜欧西之生活;此次美游,则心境迥异。觉得有许多地方,西方人正和我们同样的盲目可怜,又何必多所叹羡哉!"

14日 船泊日本横滨,停船半日,遂作东京之游,赴上野公园参观东京博览会,在其中的"满蒙馆"中,看到了日本侮辱中国的所作所为:日本名中国馆为"满蒙馆",后因中国人士的抗议,改名"聚芳园"。"尤可怪者,惟满蒙馆有特别赠品,《满蒙之现况》书一本,专说明满蒙天产之如何丰富,日本现在势力之如何广大,我国行政之如何腐败,促醒彼国一般人士底注意。此书以外,又有《满铁事业概况》一本,《满蒙馆出品物解说书》一本,又另赠彩画明信片两张,一张是满蒙馆之外景,一张是大连舟车联络图,画了许多有辫子的人。"

按,俞平伯认为:"此等侮辱固可恨,但其心思更可畏惧。日本之窥伺中国,已可谓无微不至。而我国人士除有一种盲目的排日气息以外,便不见有何等实际调查。此等光景,较之'盲人骑瞎马,夜半临深池',尤为奇险。我原不要鼓吹一种狭隘的国家思想,但邻邦既把那种侵略的态度,我们也不得不作自卫底准备。抵抗强暴,正是一种正义。在现今的状况下,我不相信消极的无抵抗,有实现底可能。"

同日 下午,在中国船上作新诗《东行记踪寄环·三、横滨》。

15 日 夜半,作新诗《东行记踪寄环·四、China 船上之一》。

19 日 下午,在海行船上阅读汤显祖的《牡丹亭》。

24 日 下午,船抵檀香山,与谭邦宪等一起登岸游览市容;又在船上作新诗《东行记踪寄环·五、Honolulu》。

此时,《东游杂志》又七节作讫。俞平伯在第十四节中阐述了对文学永久性的看法,俞平伯认为:"天下只有最简单、普遍的事情,是能永久。譬如《古诗十九首》,写的无非是男女之爱(性欲),富贵之羡慕(虚荣心及物质上的欲望),贪生怕死的心思(生存欲)。但千载以下尤有生气,不因时代之迁移而损其价值,正因此等欲望,为人人所同具,无间于古今中外也。至于写一种特殊的事实、心境的作品,从本身上看,或者声价是很高的。但时过境迁,此等文艺也成为陈迹,不足以摇荡人心。如《儒林外史》一书,现代人读之,有些已不感到兴趣。因书中人物,与现代人底生活相去太远,不容易得一种深切的了解。《红楼梦》便不然,因它是一部情场失意的书。《水浒》也不然,因它有浪漫的色彩。

李逵、宋江等人，虽世间不必真有其人，但似乎不可无其事。因为这些'英雄好汉'的生涯，很可以满足我们底好奇心。我并不是在这里批评这三部书本身底优劣，不过举例以明之。'信手拈来自成妙谛'，这真是句聪明不过的话。……我们不得以难易而判优劣。天下自有许多难能的事，但却并非即是可贵的。"俞平伯在第十五节中，谈了判断音乐的标准，同样"不能以繁简难易为衡，仍当以感染性为主。这自然不可拘执着，西方人喜欢的，未必东方人便喜欢。反之亦然。美底感染，确与民族区分有些关系。西方人所爱尚的，往往偏于机械的；东方人底好尚，则比较偏于自然的。西方人喜听繁音促节的音乐，东方人则以低度曼声为美。我们不能了解他们，犹他们之不能了解我们。这里边只有好恶，并没有是非可言。我们固然不可'夜郎自大'，但也不必处处'舍己从人'。多歧才是美底光景，我们何不执一以相熏呢？"俞平伯在第十八节中，提出了治理国家政治纷乱的方案。俞平伯说："我每作国外之游，必觉得国际间物质上压迫之列，而空谈文化，仿佛又是'远水不济近火'。我国近年政治底纷乱，实在根本上受害不浅。我们第一要求的，是较有秩序的社会。因为社会如无秩序，一切事业均无从着手。若不作物质精神双方并进的救济，便无从挽救中国底沉疴。""中国底病根，本宜标本兼治。若就目前论，治标尤急于治本。""我以为政治上、工商业上的人才，实是现时代中国底中坚人物。"治理国家政治纷乱，"最要紧的是联合（人才集中），更要紧的。是有主义的联合，不是私人的联合。我们不当忠于一个人，应当忠于一种主义"。俞平伯对"近来国内发生新的政治运动"，很欣喜，"希望他们能真实地做出一点事，不要随波逐流，蹈前车底覆辙，反为他人造机会"。

27日　下午，作新诗《东行记踪寄环·六、China船上之二》。

31日 凌晨,在船上作《东游杂志》一则。午前,船抵美国旧金山,康纪鸿①接赴大同晨报馆,晤康白情。另收到汪敬熙自美国华盛顿的来信。

月初 《红楼梦辨》一书完稿,共三卷十七篇。他希望此书能尽两种责任:"一是游人游山地向导,使读者从别方面知道《红楼梦》作者底生平,帮助读者对于作品作更进一层的了解。二是做一个扫除荆榛、荡瑕涤秽的人,使读者得恢复赏鉴底能力,认识《红楼梦》底庐山真面。"

本月 在赴美国的太平洋舟中,用苏州方言戏作山歌一首。

8月

2日至3日 《东游杂志》十二节发表在《时事新报·学灯》。

5日 夜,作新诗《东行记踪寄环·七、Berkeley之圆月》。

6日 上午,与谭邦宪、陈逵②等游旧金山金门公园。夜,与康纪鸿谈话。

7日 动身赴美国芝加哥,康纪鸿送行。

10日 《高作后四十回底批评》发表在《小说月报》第13卷第8号。

同日 午前,抵达芝加哥。换车赴华盛顿。

11日 抵达华盛顿巴尔的摩汪敬熙寓所,见到正在医学院读书的北京大学同学汪敬熙。晚饭后,与汪敬熙至霍普金斯大

---

① 康纪鸿(1893—1985),四川安岳人,曾任美国旧金山《大同报》总编辑。

② 陈逵(1902—1990),字弼猷,湖南攸县人,曾任北平大学女子文理学院、南开大学、浙江大学等校外语系教授。

学医学院的心理学实验室参观。

12 日　上午,与汪敬熙再至实验室参观。下午,同往公园游览。赠送汪敬熙《冬夜》一册。

13 日　与汪敬熙商谈入学之事。俞平伯拟学心理学。另收到康白情、罗家伦来信两封。

14 日　上午,发致罗家伦、顾颉刚信和康白情明信片。下午,寄赠康纪鸿、孟寿椿①、杨振声新诗集《冬夜》各一册。晚,在霍普金斯大学医学院实验室看汪敬熙解剖胎鼠。

15 日　夜,复顾颉刚信,谈《红楼梦》中大观园的地点问题。中夜,作新诗《别后》,抒发对夫人的思念之情。

16 日　下午,发致夫人许宝驯的信。

17 日　下午,成诗半首。晚,同汪敬熙散步交谈。

18 日　上午,复许宝驯信。下午,同汪敬熙闲谈。晚,应汪敬熙邀请,观剧。

19 日　上午,与汪敬熙交谈。晚,将《东行记踪寄环·三、横滨》一诗补充修改完成。

同日　本日至 20 日,《东游杂志》又七节发表在《时事新报·学灯》。

21 日　收到杨振声来信一封,明信片两张。下午,复杨振声信并写致浙江教育厅信。

22 日　上午,发致顾颉刚、叶圣陶、朱自清信。下午,同汪敬熙步至克里夫顿公园,坐树下谈话。夜,作新诗《Clifton Park 中之话——赠缉斋》。

23 日　收到罗家伦寄来诗一首。晚,在汪敬熙处阅读《小说

---

①　孟寿椿(1895—1954),重庆人,曾任新潮社经理。

月报》第 13 卷第 7 号。

24 日　阅报知北洋军阀政府总统黎元洪退位,国内扰攘。下午阅读《水浒》。夜,作新诗《八月二十四之夜》。

25 日　作新诗《好好的梦》。

27 日　上午,写成《东行纪游》诗之第四节。下午至夜,与汪敬熙作长谈。

28 日　上午,收到杭州许宝骙①明信片和郑振铎寄来《小说月报》一本。复杨振声信及家书数通。

31 日　下午,作《东行纪游》诗一节。复郑振铎信,谈近况。

本月　上海亚东图书馆版《新诗年选》收录愚庵的《俞平伯的诗》。

9 月

1 日　夜,复郑振铎、朱自清信。

2 日　《儿歌》发表在《儿童世界》第 3 卷第 9 号。

同日　上午,阅《努力周报》。下午,写致顾颉刚信。

4 日　下午及晚上,汪敬熙两次来访。

6 日　上午,收罗家伦、杨振声来信,即复信。同日,作新诗《呻吟》三首。

7 日　作新诗《Baltimore 底三部曲》。

8 日　收陈逵自美国旧金山来信。晚,作《忆》诗一首,写《文艺杂论》一段。

11 日　续写《文艺杂论》。

---

① 许宝骙(1909— 2001),原名许介君,字骙若,浙江杭州人,毕业于燕京大学哲学系,著名社会活动家,曾任《团结报》总编辑。

12 日　晚,汪敬熙来访谈。

16 日　晚,汪敬熙再次来访。

17 日　上午,发北京、杭州家信。下午,整理行李,购买车票。晚,同汪敬熙在中国餐馆吃饭,并作长谈。

18 日　下午,由巴尔的摩乘车至纽约,杨振声、赵太侔①来接。此日作短诗一首。

20 日　上午,收到北京家信和郑振铎、朱自清、许宝骙来信。晚晤赵太侔等。

21 日　下午,收到许宝驯和汪敬熙来信。晚,与杨振声在公园散步、长谈。

24 日　下午,与赵太侔乘公共汽车游览纽约市容。在逸仙楼吃晚饭,商谈选择入学专业之事。

25 日　下午,到哥伦比亚大学办理入学手续。收到汪敬熙来信,并附诗数首。夜,作新诗《到纽约后初次西寄》二首。

26 日　作新诗《车音》。夜,访赵太侔、冯友兰②。

27 日　收到汪敬熙转寄来的《雪朝》诗集,即复信。午饭时与杨振声谈诗。罗家伦来访。

28 日　上午,到哥伦比亚大学上课,"人甚多,女生尤多。以教员未到",课未上成。"见哥校学生对于一年级之蛮野举动,虽夙知有此风,而目睹良诧"。夜,与杨振声共读《雪朝》诗集中的周作人集。

---

①　赵太侔(1889—1968),原名畸,山东青州人,曾任山东大学校长。

②　冯友兰(1895—1990),字芝生,河南唐河人,毕业于北京大学哲学系,历任清华大学教授、秘书长、哲学系主任、文学院院长。

10 月

1 日 《读书杂志》"努力增刊"第 2 期发表胡适的《俞平伯的〈冬夜〉》。

2 日 读英国诗人雪莱的诗。

3 日 上午,上诗一堂,听不甚真,大意尚可把握。下午,上近代剧一堂,无所得。

8 日 上午,填《浣溪沙》词一首:"飒飒西风夜已凉,灯清人也倦思量。薄帷如纸月如霜。 为盼归鸿舒泪眼,飘然黄叶满江乡。遥知同此忆茫茫。"

同日 作新诗《呻吟》三首。

9 日 因患皮癣,多次治疗均未有明显效果,遂决定回国。发致夫人许宝驯信,并附近作《浣溪沙》词。

10 日 下午,到昌兴公司定"俄罗斯皇后号"船票。

11 日 上午,至领事馆领护照。

13 日 作新诗《药店底门口》。

14 日 致汪敬熙信。作新诗《呻吟》一首。

18 日 收到汪敬熙来信,即复信。

19 日 作新诗《太宽大的上帝》。下午,致傅斯年信。此时傅斯年仍在英国留学。

21 日 夜,作新诗《忆》和绝句各两首。

22 日 收到汪敬熙来信。作新诗《占有·游博物馆后所感》。夜,作旧体诗《海外寄内》二首,记述对夫人的思念之情。

23 日 晚,汪敬熙冒雨自华盛顿巴尔的摩来访。

24 日 下午,与汪敬熙在河边散步、交谈。夜,访冯友兰。

25 日 上午,收到康白情来信。中午,同人在中国餐馆为俞平伯饯行。夜,杨振声、汪敬熙帮助打点行李。

26 日　在逸仙楼宴请罗家伦。杨振声送俞平伯登上回国的列车。行前,作新诗《去思》,认为自己短暂的美国之行是"又轻薄地被玩弄了一次"。

按,俞平伯在美国期间,完成了《文艺杂论》的写作,对自己一年前在《诗底进化的还原论》中主张以"向善"为文艺的标准的观点进行了更正。

28 日　下午,阅读鲁迅与周作人合译的外国短篇小说选集《域外小说集》。

28 日至 30 日　在加拿大太平洋铁路车上,见窗外衰草金黄,忆及"前与佩弦在吴淞言拟作一诗,名《黄金的薄暮》,恍如昨日,却又一年了"。俞平伯慨叹:"一九二二年如此匆匆地过,不得不叹流光偷换矣。"遂作新诗《坎拿大道中杂诗》五首。

11 月

1 日　上午,抵达温哥华。午后,与薛绍清同将行李送到船上。然后,一起游公园。

同日　闻一多①与梁实秋的评论合集《〈冬夜〉〈草儿〉评论》作为清华文学社丛书第一种,由梁实秋出资自费出版。其中的《〈冬夜〉评论》为闻一多所作。闻一多认为"俞君不是没有天才,也不是没有学力",只是因为有"诗底进化的还原论"的思想,"死死地贴在平凡琐俗的境域里",才是《冬夜》失误的根本原因。并

---

①　闻一多(1899—1946),原名家骅,字友三,湖北浠水人,新月派诗人,曾任武汉大学文学院院长、青岛大学文学院院长、清华大学中国文学系教授、西南联合大学教授。

说"他那谬误的主义一天不改掉,虽有天才学力,他的成功还是疑问"。

2 日　凌晨,在旅馆中作新诗《没有我底分儿》。上午,登上俄皇后号船,中午,开航。

3 日　在船上阅读《儒林外史》。下午,阅读英国作家凯本德的《爱之成年》。俞平伯在日记中写道:"此次舟中与上次欧游归途心境不同。前凝盼船到上海,此则无所可否,船上固甚闷,但亦并不想如何也。心绪如斯颓暮,可惊之至。"

4 日　在海行船上阅读《牡丹亭》。

5 日　继续在海行船上。俞平伯在日记中写道:"听碧浪打窗,又是欧游景况。翻阅旧日记,为之怅然。昔游闲而焦烦,此次则沉闷,虽亦盼到吴淞而显得麻木,殆一次不如一次了。"

6 日　在海行船上作绝句《太平洋归舟》:"无际云寒泼墨鲜,长风撼海乱于烟。莫嫌后浪催前浪,颜色苍苍似往年。"

8 日　下午,在船上作新诗《假如你愿意》。

10 日　在海行船上作《〈西还〉书后》一篇。

按,至 1932 年 1 月 20 日,俞平伯又写了附记,并将此文收入《杂拌儿之二》。

11 日　在船上写致康白情信。

12 日　中夜,在海行船上吟成长诗《江南二月》。

按,此诗发表在上海亚东图书馆 1924 年 7 月版《我们的七月》,未署名;1925 年 6 月在《我们的六月》的附录中,补署名援试。收入《燕知草》时,加了跋语。

13 日　晨,在船上作新诗《晚眺》。

16 日　在船上作绝句:"家山傍到夕阳红,寒夜苍波色愈浓。清梦随人最多事,醒来犹自话喁喁。"

17 日　晨,在海行船上作新诗《飘泊者底愿望》二首。

18 日　夜,船泊吴淞口时,作新诗《西还前夜偶成》。

19 日　上午,船抵上海新关码头。下午,乘火车回杭州。由美国纽约回到杭州,共走了二十三天。许宝骙曾回忆说:俞平伯第二次出国"十一月中旬回到杭州。视察报告在海外时已大致写就,带回不少有关资料,余曾见之。兄西装革履,持一硬木手杖,有翩翩洋少之仪表。又购带五分钱小丛书多种,有莎翁戏剧故事及《福尔摩斯探案集》等,分赠余及七弟,皆大欢喜"。

20 日　偕夫人及表妹同游西湖月下老人祠。俞平伯说:"太平洋的风涛澎湃于耳边未远",而今已和家人乘舟"在一杯水的西湖中"清游",遂有一种轻松感。"非但不用我张罗,并且不用我说话,甚而至于不用我去想。其滋味有如开笼的飞鸟,脱网的游鱼,仰知天地的广大,俯觉吾身之自在。月余凝想中的好梦,果真捏在手心里,反空空的不自信起来。我惟有惘惘然,'我回来了'。"

22 日　晨,乘火车到苏州见父亲俞陛云。夜,与父亲长谈。

23 日　上午,乘火车赴北京。

24 日　夜,抵达北京家中。俞平伯的《国外日记》乙集止于此日。

本月　收到朱自清 11 月 7 日自台州来信,讨论人生哲学和对生活的态度问题。

12 月

11 日　在北京回想起偕夫人同游月下老人祠之事,遂作诗一首寄赠夫人。

春 受朱自清刹那主义思想的影响,俞平伯也产生了刹那主义思想的萌芽,常和朱自清说:"我们要求生活刹那间的充实。我们的生活要如灯火集中于一点,瀑流倾注于一刹那。"但何谓充实? 怎样方能充实呢? 就说不出了。

年底 在北京校对顾颉刚寄来的请人抄写的《红楼梦辨》书稿。

年内 北社编选的《新诗年选》(1919 年)由上海亚东图书馆出版,内收俞平伯新诗《冬夜之公园》《"他们又来了"》《菊》《风底话》四首。

1923 年(癸亥,民国十二年) 23 岁

▲2 月,"二七"惨案发生。

▲6 月,中国共产党第三次全国代表大会在广州举行,会议决定全体共产党员以个人名义加入国民党,以建立各民主阶级的统一战线。

▲6 月,《新青年》改出季刊,成为中国共产党的理论性机关刊物,迁往广州出版,瞿秋白任主编。《国际歌》中文词曲在创刊号首次刊出。

▲12 月,徐志摩、闻一多、梁实秋等在北京成立新月社。

1 月

1 日 《唐六如与林黛玉》发表在上海《时事新报·文学句刊》第 60 期。

16 日 作新诗《呓语》七首。

中旬 收到朱自清 1 月 13 日自台州来信,继续讨论生活态度问题。

24 日 生日。

25 日 就新诗集《冬夜》的再版问题,致上海亚东图书馆编辑汪原放①信。

按,《致汪君原放书》后为《冬夜》代序。

28 日 下午,访周作人。

月底 离开北京,经上海回杭州。

本月 在北京作新诗《吃语》第八首和第九首。

2 月

本月 《吃语》七首发表在本月和 3 月《小说月报》第 14 卷第 2 号和第 3 号。

3 月

上旬 收到顾颉刚 3 月 6 日来信及为《红楼梦辨》所作的《序》。

本月 郑振铎与叶圣陶在上海发起成立朴社,社员共十人,每人每月出资十元,集资出版书籍。俞平伯与王伯祥、顾颉刚、茅盾、胡愈之、周予同②等均为朴社成员。

---

① 汪原放(1897—1980),汪孟邹侄,安徽绩溪人,曾任《民国日报》、亚东图书馆编辑。

② 周予同(1898—1981),原名周蓬,浙江瑞安人,曾任商务印书馆编辑、复旦大学教授。

4 月

10 日　《文艺杂论》发表在《小说月报》第 14 卷第 4 号。

按,收入《剑鞘》时,改题目为《常识的文艺谈》,文字略有改动。

15 日　新诗《迷途的鸟底赞颂》《没有我底分儿》以及翻译法国波德莱尔的两首诗《醉着罢》《无论那儿出这世界之外罢》发表在《诗》杂志第 2 卷第 1 号。

中旬　收到朱自清 4 月 10 日自温州来信,继续讨论生活态度问题。

本月　《红楼梦辨》由上海亚东图书馆出版。除俞平伯的《引论》和顾颉刚的《序》外,全书分三卷,共收论作十七篇。上卷专论高鹗续书一事;中卷专就八十回立论,并述作者个人对八十回以后的揣测,附带讨论《红楼梦》的时间与地点问题;下卷是考证两种高本以外的续书,其余是杂论,作为附录。

5 月

2 日　新诗《竹箫声里的西湖》《Clifton Park 中之话——赠缉斋》发表在《时事新报·文学旬刊》第 72 期。

5 日　在杭州作新诗《忆》第十首。

9 日　作《黎明时旅客的谈话》,这是以问答形式为民权同盟浙江支部的刊物作的宣传文。

10 日　新诗《呓语》第八首和第九首发表在《小说月报》第 14 卷第 5 号。

12 日　文学研究会会刊《时事新报·文学旬刊》第 73 期,公布了该刊的十二个负责编辑人名单,俞平伯与王伯祥、叶圣陶、郑振铎、顾颉刚、沈雁冰、胡愈之等均名列其中。

15 日　《〈忆〉序》发表在《诗》月刊第 2 卷第 2 期。

同日　由汪敬熙翻译、俞平伯润饰的海涅诗两首发表在《诗》杂志第 2 卷第 2 号,题目为《译诗两首》。

31 日　作新诗《忆》之第三十五首。

本月　新诗集《冬夜》由上海亚东图书馆再版。因初版《自序》使读者产生很多误解,故删去,以《致汪君原放书》代序。

6 月

2 日　《黎明时旅客的谈话》发表在《时事新报·文学旬刊》第 75 期。

3 日　在杭州作新诗《呓语》第十一首和第十二首。

10 日　新诗《忆》第十首,发表在《小说月报》第 14 卷第 6 号。

按,收入《西还》时,改题目为《呓语〈十〉》。

26 日　为朱自清的长诗《毁灭》所作的评论文章《读〈毁灭〉》写讫。俞平伯开篇便谈到:"从诗史而观,所谓变迁,所谓革命,决不仅是——也不必定是推倒从前的坛站,打破从前的桎梏;最主要的是建竖新的旗帜,开辟新的疆土,超乎前人而与之代兴。"俞平伯认为朱自清的《毁灭》,即以技术而论,"在新诗坛上,亦占有很高的位置,我们可以说,这诗的风格意境音调是能在中国古代传统的一切诗词曲以外,另标一帜的"。

本月　在杭州作新诗《呓语》第十三首至第十七首,其中第十五首至第十七首写的是读《灰色马》译本的感想,曾写入《跋〈灰色马〉译本》一文中。

本月 接受上海大学校务长兼历史学教授邓中夏聘请,任上海大学中国文学系教授,讲授诗歌和小说,至秋季开学始上任。

7 月

1 日 为郑振铎翻译的小说《灰色马》作跋。文中谈到了对生活的态度,俞平伯说:"我前几天做了一个梦。梦儿初醒,迷迷胡胡地想着:我们对于生活,只有三个态度。如生活是顺着我们的,那么我们便享乐它;如生活是逆着我们的,那么我们便毁坏它;如享乐不得,毁坏不了底时候,那么我们便撇开它。当时自己觉得这种见解颇是明通。但醒清楚了一想,觉得话虽好听,总是梦话。天下有这般简单的事情,有这般简单的我吗? 对于生活,有这般单纯的爱与憎吗?"

12 日 《杂感》发表在《时事新报·文学旬刊》第 79 期,署名Y.P。文章介绍半年来国内出现的新文学的刊物,批评了有些人认为新文学刊物"量虽多而质不佳"的观点。

同日 在杭州作新诗《呓语》第十八首:《记七月十一夜之梦》。

中旬初 应邀陪瞿秋白①到烟霞洞访胡适。

27 日 晚,由杭州到上海,并受托将法国杜里舒著、江绍原所译《实生论大旨》手稿转交上海亚东图书馆的汪孟邹②。

下旬 收到瞿秋白上海来信并附其 7 月 23 日写讫的《现代中国所当有的"上海大学"》一文,征求俞平伯的意见。

---

① 瞿秋白(1899—1935),原名双,江苏常州人,中共早期领导人之一,烈士。
② 汪孟邹(1877—1953),原名炼,字孟邹,安徽绩溪人,曾任亚东图书馆董事。

30 日　《文学旬刊》更名《文学周刊》，并脱离《时事新报》而独立发行。此刊是 20 世纪 20 年代影响最大的副刊之一。

7 月末 8 月初　与朱自清结伴作南京四日游，其中夜游秦淮河的印象最深。尔后，二人分别作了不同风格的同题散文《桨声灯影里的秦淮河》。另外，俞平伯又作了《癸亥年偕佩弦秦淮泛舟》诗一首。

8 月

月初　回到北京探亲。

5 日　致周作人信，告知"下半年拟在上海大学教中国小说。此项科目材料之搜集颇觉麻烦"，希望周作人能见赐一份鲁迅所编的《中国小说史》讲义。

上旬　收到周作人 6 日来信。

10 日　《读〈毁灭〉》发表在《小说月报》第 14 卷第 8 号。

13 日　下午，与江绍原一同访周作人。

22 日　散文《桨声灯影里的秦淮河》在北京作讫。

9 月

2 日　致周作人信，向其辞行，并告知《小说史讲义》已从鲁迅处借阅，觉得条理很好。原书仍交孙伏园奉返。同时，谈到拟写长文，论述中国旧诗词之特色，并为此征询周作人的意见，有信可寄叶圣陶寓中。

3 日　离京，与江绍原同车回上海。

本月　到上海大学中国文学系任教，讲授《诗经》、小说等。

与陈望道①、田汉②、茅盾、瞿秋白等教授同事。时住上海闸北永兴路的小楼上,自署室名为"葺芷缭衡室"。

10 月

3 日 在上海作《葺芷缭衡室读诗杂记》,释《诗经》中的《周南·卷耳》一诗。此诗前人异说极多,俞平伯认为:"这都是中了《传》《笺》之毒,套上了一副有色眼镜,故目中天地尽变色了。"作者经过仔细分析、考证后,认为:"此诗作为民间恋歌读,……或有当诗人之恉乎? 这自然也是臆说,但自以为却不曾去硬转这难转的湾子,其迂曲或稍减于他说。"

6 日 作《读诗札记·召南·行露》。

10 日 新诗《呓语》第十一至第十七首,《〈灰色马〉跋》发表在《小说月报》第 14 卷第 10 号。

11 日 作《读诗札记·召南·野有死麕》。俞平伯认为:"《诗经》,前人不讲则已,一讲便糟,愈讲便愈糟:其故因诗人之心与迂儒之心相去太远耳。"他认为《野有死麕》诗并不难懂,"前两章写林中景象及士女之丰姿,三章则述为婚时女之密语,神情宛尔,绝妙好词"。"吾每读此等明白晓畅之好诗,其痛恨迂儒之心尤甚于读他诗。有意曲解,其弊甚于不知妄说。"

15 日 《葺芷缭衡室读诗杂记》发表在《时事新报·文学周刊》第 92 期,署名平。

同日 为从舅家借得铸版复制的"俞曲园携曾孙平伯合影"题跋,并用其曾祖父原韵赋一截句。诗云:"回头二十一年事,髫

---

① 陈望道(1891—1977),浙江义乌人,曾任复旦大学校长、上海大学教授。
② 田汉(1898—1968),本名田寿昌,湖南长沙人,著名剧作家。

髻鬖嬉影里收。心镜无痕慈照永,右台山麓满松楸。"

16 日　作《读诗札记·召南·小星》。俞平伯认为《小星》"文义清晰,实无多葛藤",只因"东汉初年卫宏作《毛诗》伪序,创千古未有之谬论;而郑玄因以作笺,推波助澜,愈说愈不成话。后人更茫然不省其根由,于是《小星》一诗遂为纳妾之口实;久而久之,'小星'在社会用语上几成妾之代词"。其根本之谬者在于"他们以《诗》为孔子六经之一,以为是有功能、有作用的东西。《诗》之功用何在? 美刺正变是也。"作者指出:"我们读诗,当以虚明无滓之心临之,斯为第一要义;考据和论辩反是第二义也。"他说:"天下事有求深反惑者","《诗》三百篇非必全是文艺,但能以文艺之眼光读《诗》,方有是处。且《国风》本系诸国民谣,不但不得当作经典读,且亦不得当为高等的诗歌读,直当作好的歌谣读可耳。明乎古今虽远而情感不殊,则迂曲悠谬之见不消而亦自消矣。"

同日　在上海作新诗《呓语》(十七)。

20 日　作《拟重印〈浮生六记〉序》。

22 日　《葺芷缭衡室读诗杂记》发表在《时事新报·文学周刊》第 93 期,署名平。

29 日　《拟重印〈浮生六记〉序》发表在《时事新报·文学周刊》第 94 期。

11 月

5 日　作《再说〈卷耳〉》,回答曹聚仁的《论〈卷耳〉诗旨——与平伯先生书》。

10 日　《呓语》(十七)发表在《小说月报》第 14 卷第 11 号。按,收入《杂拌儿之二》时,改为《呓语》(二十二)。

12 日　《茸芷缭衡室杂记》发表在《时事新报·文学》周刊第 96 期,署名环。

本月　作《茸芷缭衡室读诗札记·〈邶风·柏舟〉、〈邶风·谷风〉》。俞平伯由论《柏舟》一诗而谈及考辨与欣赏在研治《诗经》中的关系,他说:"文学本以欣赏为质。烦琐之考辨非所贵尚,此意稍有常识者皆审之矣。然视考辨为治诗之鹄的可非,而视考辨为治诗之阶段则不可非;不考辨可明的作品而亦故意考辨之非,非考辨不明的,不得已而考辨之不可非。前人素无异说,妄立名目,眩才扬己者可非;而辟荆榛,张壁垒,志在扫氛埃以示云天者不可非。考证论辨之事,在文坛上只是一种打扫工夫。……总之,治《诗经》者应当考辨与批评并用,方可言整理,方可言欣赏陶写,否则便是自欺欺人。"

本月　作《茸芷缭衡室读诗杂说——〈邶风·谷风〉》。俞平伯指出当今解《诗》之困难:"求之训故则苦纷歧;求之名物则苦茫昧;求之文义则苦含混。故在今日,吾人解析文句,希望能处处惬合作者之原义是一事,而能达到与否又是一事。"他以为:"内外相符的了知,只存在于创作时的一刹那。至于欣赏批评,横看可成岭,侧看可成峰,初不必处处吻合作者的'当时之感',方得谓为健全的欣赏与批评也。……作者之原意如何是一事,我们心中的作者之意如何又是一事。其吻合之程度,有疏有密,疏者谓之误谬,密者谓之正确。"他认为"说《诗》欲明大义,不可不先通训故"。从训故入手,"先祛成见,继通文义,则大义不说而亦自通矣"。

12 月

10 日　《再说〈卷耳〉》发表在《时事新报·文学周刊》第 100 期。

31 日前 作《〈陶然亭的雪〉小引》。

1924 年(甲子,民国十三年) 24 岁

▲1 月,国民党第一次全国代表大会在广州召开,确定"联俄、联共、扶助农工"。

▲5 月,北京政府外交总长顾维钧与苏俄代表加拉罕正式签订《中俄解决悬案大纲协定》,并互换照会,宣布北京政府与苏俄政府建交。

1 月

1 日 作《〈桨声灯影里的秦淮河〉跋》。

12 日 在上海作散文《雪》,追忆昔年三次到北京陶然亭欣赏雪景的情形。俞平伯说:"我虽生长在江南,而自曾北去以后,对于第二故乡的北京也真不能无所恋恋了。"尤其是北京冬晚黯淡的寒姿,"在我忆中至少可以匹敌江南春与秋的姝丽了,至少也可以使惯住江南的朋友们了解一点名说苦寒的北方,也有足以系人思念的冬之黄昏啊。"此文发表在《时事新报·文学周刊》百期纪念刊《星海》上册;收入《杂拌儿》时,改题目为《陶然亭的雪》,文字也有较大改动。

13 日 生日。

21 日 《梦》《到纽约后初次西寄》发表在《文学周报》第 106 期,署名平。

25 日 俞平伯与朱自清同题散文《桨声灯影里的秦淮河》发表在《东方杂志》第 21 卷第 2 号"二十周年纪念号"下册。

本月 与朱自清、周作人等八人的新诗合集《雪朝》由上海商务印书馆第四次印刷出版。

2月

3日 在上海作新诗《赠 M. G.》。

按,收入《杂拌儿之二》时,改题目为《呓语》十九。

11日 作旧体诗《偶忆吴苑西桥之风物诗以纪之》。

按,收入新诗集《忆》时,改题目为《吴苑西桥旧居门前》。

18日 《太湖放歌》发表在《文学周报》第 109 期,目次中署名平伯,正文中署名平。

27日 在杭州城头巷寓所作《〈浮生六记〉新序》。文中详细论述了对"文心之妙"的理解。他说:"文章事业的圆成本有一个通例,就是'求之不必得,不求可自得'。这个通例,于小品文字的创作尤为显明。我们莫妙于学行云流水,莫妙于学春鸟秋虫,固不是有所为,却也未必就是无所为。这两种说法同伤于武断。古人论文每每标一'机'字,概念的诠表虽病含混,我却赏其谈言微中。……我们与一切外物相遇,不可着意,着意则滞;不可绝缘,绝缘则离。"他认为文心之妙正在不离不着之间。

月初 辞去上海大学教职,回到杭州。

3月

6日 作旧体诗《海上秋鸥》一首。

7日 由杭赴沪,至亚东图书馆访汪原放,未晤,将《西还》诗集版权印花三千枚交付亚东图书馆。

8日 上午,访叶圣陶和王伯祥。下午,应朱自清邀请,乘新江天轮船赴宁波白马湖春晖中学,访朱自清。

9 日　抵达春晖中学校。旁听了朱自清的课,对其严肃认真的教学态度十分称颂。由朱自清引荐,与夏丏尊初次会晤,并应邀冒微雨到其家中进晚餐。

10 日　晚,应朱自清、夏丏尊邀请,为春晖中学学生讲演《诗底方便》。俞平伯首先谈了"诗是该写,还是该做"的问题。他认为"写和做本无优劣可言","一切事情的成功,本不必经过一条途辙的"。"纯粹写出的作品虽然有,但果真是极好的,写的就有和做的一样的精美。纯粹做成的作品是很少(因为每每是冒牌的文艺);即使是有,只要极好,也应当和写出的有一样的自然。真的创作,实是具备这两种方法,是一半儿做,一半儿写的。草率粗直的不是诗,装腔作态的也不是诗。写是适合诗底机,做是充实诗底力。若换上两个名词,一个是天分,一个是工夫。这实在可以推及一般文艺,并可推到其他的事情"。谈到诗的方便(诀窍)问题,他说:"诗实无方便可言","诗底写和做是内心的自然而然的两条出路",当然,前提是要具有"诗底素质"。他指出:做诗"从无方便中想个方便,是从做人下手。能做一个好好的人,享受丰富的生活,他即不会做诗而自己就是一首诗。即使不是,其价值岂不尤胜于名为做诗的人"。

11 日　与朱自清同赴宁波第四中学师范部。夏丏尊送行,并赠以春晖中学信纸一匣。在火车上,俞平伯请朱自清看新作诗剧《鬼劫》初稿,并同阅白采①的长诗《羸疾者的爱》。

12 日　上午,应第四中学师范部三年级学生邀请,讲"中国

---

①　白采(1894—1926),原名童汉章,一名昭海,字国华,江西高安人,诗人,曾在上海立达学院、厦门集美学校任教。

小说之概要"。下午,乘船返沪。

13 日 黎明,抵达上海金利源码头,随即返杭。

28 日 《诗底方便》发表在上海《民国日报·觉悟》副刊。

31 日 随岳父一家由杭州城头巷寓所移居西湖俞楼。

4 月

1 日至 14 日 作散文《湖楼小撷》。

12 日 作《批评〈羸疾者的爱〉的一封信》。文中称赞白采的长诗《羸疾者的爱》"是近来诗坛中杰作之一"。他认为诗无论长短,"若非自然,出于做作,便觉讨厌了"。他说做诗必须尊重爱惜"当时实感之遗痕","以事后畸零地追摹之迹易其本来面目,私意以为未然"。

17 日 诗剧《鬼劫》作讫。作品中写道"名缰和利锁"是"一担焚身的欲火",作者借用鬼的口说出:衣食住、名利、当世威权身后浮名这三关,是谁也看不破,谁也跳不过的。感叹人生如梦如幻,因此,主张"消受这一刹那","生前做个不长进的人,生后也只做个不长进的鬼。多少灵明爱欲,一醉万事全休"。

本月 第二部新诗集《西还》由上海亚东图书馆出版。全书分"夜雨之辑"和"别后之辑",共收诗八十五首:《夜雨》(九首)《生所遇着的》《呜咽》《努力》《盛年底欢容》《乐谱中之一行》《银痕》《味》(二首)《〈隔膜〉书后》《儿语》(四首)《晚风》《歌声》(二首)《梦》(二首)《如环的》《方式》《竹箫声里的西湖》《倦》《迷途的鸟底赞颂》(十四首)《忏语》《小诗呈佩弦》《别后》《东行记踪寄环》(七首)《Clifton Park 中之话》《八月二十四之夜》《好好的梦》《Baltimore 底三部曲》《到纽约后初次西寄》(二首)《车音》《呻吟》(七首)《药店底门口》《太宽大的上帝》《占有》《去思》《坎拿大道中杂诗》(五首)《没有我底分儿》《假如你愿意》《祈祷》《晚眺》《漂泊者底愿望》(二首)《西还前夜偶成》。另附录《呓语》十八首。

按，数年后，俞平伯说："它不带一点披挂以求知遇，果然不为世所知，殊有求仁无怨之概，我倒特别的喜爱它呢。"

本月 与朱自清、叶圣陶组织"我们社"，拟出版同人刊物。

5 月

10 日 复顾颉刚信，针对顾颉刚 5 月 6 日来信所谈对于一个女性的爱敬之心，嘱其"必须承认性的欲求，万不可掩饰"。并将近作《鬼劫》手稿寄示。

15 日 顾颉刚在复俞平伯信中，谈了对《鬼劫》的批评。顾颉刚说："我以为必认事真，然后生活始有趣味。兄《鬼劫》中一节话，我总不以为然。我以为灵明要执着，痴愚要怨诅，欢欢喜喜要惆怅，哭哭啼啼要伤神。如此始有真意，始可轰轰烈烈的做一场。"

20 日 复顾颉刚信，并应嘱为顾颉刚在居庸关的摄影题诗一首。诗云："连峰浓绿依眉妩，谁洒燕支荡夕曛。俯仰关山好颜色，钗钿堕处尽烟云。"

21 日 致顾颉刚信，谈拟在北京觅职，然后移家北上之事。他说："如京行实现，虽去湖山之美，颇有朋友之乐，足以相偿也。"另谈到"《鬼劫》此剧，本是发抒各方面的人生观，言非一途也"。

本月 清代沈复著、俞平伯校点的《浮生六记》，作为俞平伯所编"霜枫文艺小丛书"之一，由霜枫社出版，朴社印行。内收俞平伯作《重印〈浮生六记〉序》两篇和《〈浮生六记〉年表》。

6 月

21 日 作《析"爱"》。俞平伯依据"片时的感念","参以平素的观察力",以为爱之一名,依最普通的说法,有三个歧诠:一、恋爱的爱,二、仁爱的爱,三、喜爱的爱。作者着重论述了仁爱的积极意义,希望人们能够用行动去循名责实。

7 月

3 日 作新诗《呓语之二十》。

18 日 作新诗《呓语之十九——S去的时候》。

19 日 农历六月十八日。偕夫人及岳父一家泛舟西湖之上,共度杭州的传统节日。在五年的杭居生活中,俞平伯只赶上了这一个六月十八日之夜,因此,后作散文《西湖的六月十八夜》以记之。

28 日 作《风化的伤痕等于零》。

月末 由杭州动身回北京探亲,顺便寻找工作。

本月 俞平伯所编文艺丛刊《我们的七月》由上海亚东图书馆出版,编辑者署名 O. M.。此为同人刊物。内收俞平伯诗文作品十三篇,即《鬼劫》《湖楼小撷》《赠 M. G.》《江南二月》《吴声恋歌十解》《诗底新律》《瓶与酒》《酒》《葺芷缭衡室札记》《为 C. K. 题居庸关照片》《偶忆吴苑西桥之风物诗以纪之》《海上秋鸥》《浣溪沙·倦》。刊中所载作品均未署名,后因读者觉得不便,遂在次年出版的《我们的六月》的"附录"中,补上署名。并声明:"本刊所载文字,原 O. M. 同人共同负责,概不署名。而行世以来,常听见读者们的议论,觉得打这闷葫芦很不便,颇愿知道各作者的名字。我们虽不求名,亦不逃名,又何必如此吊诡呢?故从此期揭示了。"

7月和8月 《〈孟子〉解颐零札》四则发表在《东方杂志》第21卷第13号至第15号。俞平伯在前言中说:"我幼时读《孟子》,有些地方觉得很有趣,很可笑。现在翻检起来,旧味重温,遂写此六则。儿戏而已,勿嫌唐突先贤也。"实际只发表了四则。

8 月

3 日 应邀出席江绍原宴请,并拟在席上与周作人相见。因周作人未出席,因此未晤面。

同日 作旧体诗《偶忆湖楼之一夜》诗一首。

8 日 致周作人信,预约登门拜访。

9 日 收到周作人回信。

10 日 下午,访周作人并借得藏书《镡百姿》,带回家中阅览。

14 日 致周作人信,征询其对《我们的七月》的意见,并为第二期刊物向周作人约稿。

15 日 下午,与江绍原、孙伏园、李小峰①同访周作人。

中、下旬 收到朱自清8月13日和18日来信及转来的丰子恺②为新诗集《忆》所作的插图。

下旬初 由北京动身返回杭州。行前,致周作人信一封。

18 日 《〈浮生六记〉新序》发表在《时事新报·文学周刊》第

---

① 李小峰(1897—1971),江苏江阴人,毕业于北京大学哲学系,曾参与创办《新潮》月刊、《语丝》周刊,开办北新书局。

② 丰子恺(1898—1975),原名丰润,字子恺,浙江桐乡人,著名作家、画家和翻译家。

135 期。

26 日　自杭州西湖俞楼致周作人信,请其帮助在北京找工作。

本月　应嘱为陈万里的艺术摄影集《大风集》题词:"以一心映现万物,不以万物役一心,遂觉合不伤密,离不病疏。摄影得以艺名于中土将由此始。万里先生曰何如。"

9 月

月初　收到朱自清 8 月 31 日来信。

5 日　值江浙战争之时,作《"义战"》。俞平伯曾收到叶圣陶来信,说他很关心战报并不是有避祸之心,只缘胸中有正义梗着,看了报纸以后就不免生些闲气。俞平伯为叶圣陶的话所动,于是作《"义战"》一文,分析了战争与正义的三种关系,并解释"义战"的含义。

上旬　作旧体诗《湖楼之夜》诗二首。

上旬　收到周作人 9 月 5 日和 6 日来信。

14 日　《"义战"》发表在《时事新报·文学周刊》第 139 期,署名一公。

中旬　收到朱自清 9 月 16 日来信。

17 日　朱自清看了《"义战"》后,对俞平伯的态度深感不满,写下了批评意见:"前两日读《申报》时评及《自由谈》,总觉他们对于战事,好似外国人一般,偏有许多闲情逸致,说些不关痛痒的,或准幸灾乐祸的话,我深以为恨。昨阅平伯《"义战"》一文,不幸也有这种态度! 他文中颇有掉弄文笔之处,将两边一笔抹杀。抹杀原不要紧,但说话何徐徐尔! 他所立义与不义的标准,虽有可议,但也非全无理由,而态度亦闲闲出之,遂觉说风凉话一般,毫不恳切,只增反感而已。我以为这种态度,亦缘各人秉性和环境,不可勉强;但同情之薄,则无待言。其故由于后天者尤多。因如平伯,幼娇养,罕接人事,自私之心遂有加无已,为人说话,自然就不切实了。我呢,年来牵于家累,也几同感!所以'到民间去','到青年中去',现在我们真是十分紧要!若是真不能如此,我想亦有一法,便是'沉默'。虽有这种态度,而不向人言论,不以笔属文,庶不至引起人的反感,或使人转灰其进取之心;这是无论如何,现在的我们所能做的。"

按,二十多年后,俞平伯偶然看到朱自清自存的这份评语,非常惭愧,感叹像朱自清这样的诤友实在太少了。

25 日　下午,在湖楼寓所望见了雷峰塔全圮的过程,随即舣舟往观。

下旬　收到朱自清 9 月 22 日来信。

本月　上海朴社解体。俞平伯与顾颉刚在北京联络北大同学吴维清、范文澜①、潘家洵、冯友兰等人,继续组织朴社,每人每月交纳十元,集资印书。上海的叶圣陶、王伯祥仍为朴社成员。一年后,他们在北京大学附近开办了景山书社。

10 月

4 日　致顾颉刚信,讲述 9 月 25 日雷峰塔圮后的所见。

按,此信发表在本年 10 月 13 日《北京大学日刊》第 1541 号"通信"栏内。

下旬　收到朱自清 10 月 27 日自白马湖春晖中学的来信。

---

①　范文澜(1893—1969),字芸台,后改字仲澐,浙江绍兴人,毕业于北京大学文科国文门,曾任北平大学女子文理学院院长。

29 日　下午,率春晖中学的学生到杭州旅游的朱自清来访、畅谈。

31 日　下午,与朱自清在杭州碧梧轩饮酒、畅谈。

11 月

2 日　下午,将拟就的对于朴社的提议,给朱自清看,朱自清很感兴趣。

3 日　俞平伯与叶绍钧、周作人、孙伏园、瞿秋白、恽代英等数十人被上海图书馆协会编辑委员会推定为月刊名誉编辑。

15 日　晨,岳父许引之在杭州逝世,葬于杭州南山杨梅岭。

17 日　由周作人、孙伏园等创办的《语丝》周刊在北京创刊。尔后,俞平伯成为该刊的主要撰稿人之一。

下旬初　致朱自清信。

27 日　作长诗《芝田留梦行》。

下旬　收到朱自清 11 月 24 日自白马湖春晖中学的来信。

本月　严既澄①著、俞平伯为之作跋的诗集《初日楼少作》,作为俞平伯所编"霜枫文艺小丛书"第一辑中的一本,由霜枫社出版,朴社印行。

本月　李青崖译、法国莫泊桑原著的短篇小说集《髭须》,亦作为俞平伯所编"霜枫文艺小丛书"第一辑中的一本。

本月　俞平伯与叶圣陶的作品合集《剑鞘》,亦作为俞平伯所编"霜枫文艺小丛书"第一辑中的一本。书前有俞平伯作的序。书中收俞平伯的作品九篇,即《狗和褒章》《常识的文艺谈》

---

①　严既澄(1899—?),原名锲,广东四会人,北京大学英文系、哲学系旁听生,文学研究会会员,曾任杭州《三五日报》副刊编辑、上海商务印书馆编辑。

《读〈毁灭〉》《跋〈灰色马〉译本》《桨声灯影里的秦淮河》《雪》《瓶与酒》《酒》《茸芷缭衡室札记一则》。

12 月

4 日　作《记西湖雷峰塔发见的塔砖与藏经》。

上旬　收到周作人 11 月 28 日来信。信中介绍了创办《语丝》周刊和孙伏园辞去《晨报》职，将就任《京报》职之事，并为《语丝》周刊向俞平伯约稿。

13 日　《现代评论》创刊于北京。

中旬初　复周作人信。

中旬　携眷由杭州回到北京，从此，在北京东城老君堂七十九号宅定居。

25 日　下午，应周作人、孙伏园邀请，至开成饭店赴宴。江绍原、钱玄同、李小峰、章廷谦①在座。

初夏　作《湖楼初夏》诗一首。

第二季度内　俞平伯曾五次致函白采，为《我们》创刊号征求长诗《赢疾者的爱》的初刊权，以"至缄札累万言"，因白采"不愿传露"自己的诗篇，即使"必不得已第一次发表亦不欲假手他人"，故终未能如愿。

年内　托亲戚向上海亚东图书馆出卖的《读诗札记》书稿被退回。

---

① 章廷谦(1901—1981)，字矛尘，笔名川岛，浙江绍兴人，毕业于北京大学，曾参与创办《语丝》周刊的出版发行事务，后在杭州任《民国日报》编辑。

1925年(乙丑,民国十四年)　25岁

▲3月,孙中山在北京逝世,全国各地群众隆重悼念。

▲5月,上海发生"五卅惨案",全国掀起反帝国主义浪潮。

▲7月,中华民国国民政府在广州成立。

1月

2日　生日。致周作人信,预约造访。

4日　下午,至苦雨斋访周作人。

10日　《记西湖雷峰塔发见的塔砖与藏经》发表在《小说月报》第16卷第1号。

13日　致周作人信,请其帮忙向章廷谦索要《忆》之原稿及附图,以备出版之用。另谈"拟作《红楼梦》新论",稿未写出,已被《现代评论》记者预定去。

16日　论文《〈红楼梦辨〉的修正》作讫。文章指出《红楼梦辨》一书首先要修正的是"《红楼梦》为作者的自叙传"这一观点。他检讨自己在书中"不曾确定自叙传与自叙传的文学的区别","无异不分析历史与历史的小说的界线"。他希望"净扫以影射人事为中心观念的索隐派的'红学'"。他说:"我从前写这书时,眼光不自觉地陷于拘泥。那时最先引动我的兴趣的,是适之先生的初稿《红楼梦考证》;和我以谈论函札相启发的是顾刚。他们都以考据名癖的,我在他们之间不免渐受这种癖气的熏陶。"

同日　晚,与钱玄同、许钦文同访周作人,为周作人四十岁生日祝寿。

18 日　作《关于〈红楼梦〉——答王南岳君》。

20 日　《关于〈红楼梦〉——答王南岳君》发表在《京报副刊》。

26 日　《修正〈红楼梦辨〉的一个楔子》发表在《语丝》周刊第11 期。文章指出："明白和干脆是考证文字的两种美德。明白是能清,干脆是能断。这两种德性在文章上的具备绝非容易——或亦可说十分容易。""凡作考证文字,志在求得密符所考证事物之真。这种真实在概念上虽应该是一致和谐的,在吾人心目中则往往呈复杂淆混的殊异光景。""一致和谐的'真'不可得,所得的只是非一致和谐的'疑真'。处在这种状况下求文字的明白干脆",绝非容易。然而对于有俯拾即是的本领的"命世之英才"来说,也许又是十分容易的。俞平伯说:"我常听见人评我的文章太缴绕,而同时在我方病其太单简;又曾听见人批评《红楼梦辨》一书太不断,而同时在我方病其太不疑。人我两方的意见这般歧异,真令人有怅怅何之之感。'自悔其少作'这是我辈的常情。少作已经要不得了,而依照他们的估量偏又加上一重新的要不得。破笤帚可以掷在壁角落里完事。文字流布人间的,其掷却不如此的易易,奈何? 我对于《红楼梦辨》有点修正的意见,在另一周刊上发布其一部分,希望过失不致因愈改削而愈多,其他更何所求呢。"

29 日　《答延龄先生》发表在《京报副刊》第 45 号。

按,延龄有《给俞平伯先生的一封信》发表在《京报副刊》第44 号。

30 日　复朱自清信。

本月　在北京补作长诗《江南二月》的跋语。

本月　在北京作旧体诗《枕上忆杭州》二首。

2 月

2 日　晚,在东兴楼为即将赴武昌师范大学任教的杨振声饯行,周作人应邀出席。

7 日　《〈红楼梦辨〉的修正》发表在《现代评论》第 1 卷第 9 号。

10 日　北京《世界日报·明珠》文艺副刊创刊。

上旬　收到朱自清 1 月 30 日自白马湖春晖中学的来信,谈春晖中学发生风潮事,颇想脱离教育界,另谋职业,也想到北京去,请俞平伯为他留意。

20 日　作散文《芝田留梦记》。

按,俞平伯回忆说:"在杭州小住,便忽忽六年矣。城市的喧阗,湖山的清丽,或可以说尽情领略过了。其间也有无数的悲欢离合,如微尘一般的跳跃着在。于这一意义上,可以称我为杭州人了。最后的一年,索性移家湖上,也看六七度的圆月。至于朝晖暮霭,日日相逢,却不可数计。这种清趣自然也有值得羡慕之处。"

21 日　作《青年必读书》,回答《京报副刊》的征询。俞平伯说:"青年既非只一个人,亦非合用一个脾胃的;故可读的、应读的书虽多,却绝未发现任何书是大家必读的。我只得交白卷。若意在探听我的脾胃,我又不敢冒充名流学者,轻易填这张表,以己之爱读为人之必读,我觉得有点儿'难为情'。"

下旬初　由周作人介绍,燕京大学文学会邀请俞平伯作演讲。

26 日　复周作人信,接受燕京大学文学会的邀请,请周作人转告。

28 日　《青年必读书》发表在《京报副刊》。

3 月

3 日　作论文《文学的游离与其独在》。俞平伯着重论述了文学的特点，认为"游离与独在是文学的真实且主要的法相"。"一切事情的本体和它们的抄本（确切的影子）皆非文艺；必须它们在创作者的心灵中，酝酿过一番，熔铸过一番之后，而重新透射出来的（朦胧的残影），方才算数。"

10 日　作长诗《西关砖塔塔砖歌——为先舅氏汲侯许君作》。

按，初发表在《我们的六月》，署名屈斋。

上旬　收到朱自清 3 月 2 日自白马湖春晖中学来信，谈为《我们的六月》组稿之事，并再次谈及拟脱离教育界的想法。

23 日　随笔《怪异的印象》发表在《语丝》周刊第 19 期，署名一公。

本月　清代石玉昆著、俞平伯校点的《三侠五义》一百二十回本由上海亚东图书馆出版。书内有俞平伯写的校勘通则、所用标点示例以及《校读后记》。

本月　开始在北京外国语专门学校任中文教员，时间仅数月。

4 月

11 日　应顾颉刚邀请，在故宫景阳宫御书房参加点查书籍。

13 日　作《记在清宫所见朱元璋的谕旨》。

同日　作散文《西湖的六月十八夜》，追忆 1924 年在杭州西湖度过的六月十八夜的情景。

同日 下午,致周作人信,称赞其摘译发表在《语丝》周刊第22期的《〈徒然草〉抄》"殊美妙","译笔丰神亦殊隽洁也"。

中旬 收到朱自清4月12日来信,商谈有关《我们的六月》的出版事宜及为《我们的七月》补发署名问题。

中旬 致白采信,再次为《我们的六月》征求长诗《赢疾者的爱》。一因白采已将长诗付梓印单行本,只好将唱和程本海之诗《自己墓上的徘徊》交给《我们的六月》刊载。

20日 刘大杰①在《晨报副刊·艺林旬刊》发表《红楼梦的地点问题:并致俞君平伯》。

5 月

4日 致周作人明信片,谈读明张岱《琅嬛文集》的感想。俞平伯说:"看了数篇,殊喜其文笔峭拔,如在峡云栈雨间数千里无一息平夷也。此书颇似原刻本,其以未全为惜也。""行文非绝无毛病,然中绝无俗笔;此明人风姿绰越处。'雁宕小记'起首数语,语妙天下。非此不足把持游雁宕之完整印象。读此冥然有会矣。"

10日 《记在清宫所见朱元璋的谕旨》发表在《文学周报》第172期。

17日 《风化的伤痕等于零》发表在《文学周报》第173期,署名Y. P.。

22日或23日 收到周作人21日来信。

23日 《西湖的六月十八夜》发表在《现代评论》周刊第1卷第24号。

---

① 刘大杰(1904—1977),湖南岳阳人,曾任复旦大学中文系主任,著有《中国文学发展史》《红楼梦的思想与人物》等。

按，此文因错字太多，又重新发表在《我们的六月》。

24 日　晚，访周作人，借去永和砖一块。

26 日　与刘大杰讨论高鹗续《红楼梦》的通信二则发表在《晨报副刊》。

同日　作杂感《文训——新洗冤章第六十六》。

30 日　闻上海发生"五卅惨案"。

本月　应顾颉刚邀请，到末代皇帝溥仪妻所居之储秀宫点查物品。后作《杂记"储秀宫"》，记其所见。

6 月

8 日　《文训——新洗冤章第六十六》发表在《语丝》周刊第 30 期。

9 日　致顾颉刚信，讨论《诗经·野有死麕》。信中就顾颉刚与胡适对《野有死麕》卒章的讨论和将"帨"训为"门帘"等，谈了自己的意见，阐明了"帨"应释为"佩巾"的理由，认为《野有死麕》之"卒章三句乃是三层意思，绝非一意复说"。

15 日　《〈野有死麕〉之讨论》发表在《语丝》周刊第 31 期。

按，后被顾颉刚收入《古史辨》第三册下编，题目为《关于〈野有死麕〉之卒章》。

同日　作杂感《雪耻与御侮——这是一番闲话而已》。文章指出"被侮之责在人，我之耻小；自侮之责在我，我之耻大"，年来国耻大于外辱，所以，主张必先"克己"，"先扫灭自己身上作寒作热的霉菌，然后去驱逐室内的鼬鼠，门外的豺狼"。此文发表后，曾引起反响与争论，郑振铎代表叶圣陶、沈雁冰、王伯祥等人连续写了数篇文章，批评俞文的观点。

按，三年后，为了"存此以见吾拙"，俞平伯仍将此文收入了

《杂拌儿》文集。数十年后,俞平伯回忆这段经历说:"五卅"运动后,"我和振铎曾打过一场笔墨官司,……我那时的看法,认为必先自强,然后能御侮;振铎之意恰相反,他认为以群众的武力来抵抗强暴才是当务之急,切要之图。现在想起来,当然,他是对的。他已认清了中国的敌人是帝国主义,而我其时正在逐渐地沉没在资产阶级学者们的迷魂阵里。"

18 日 以书信的形式作《一息尚存,一息不懈》。

19 日 下午,访周作人,还永和砖,又借去凤凰及大吉砖。

20 日 《一息尚存,一息不懈》发表在《京报副刊》。

同日 以书信的形式作《咱们自己站起》。

21 日 应邀与顾颉刚到清宫点查懋勤、永和两宫书画二三十帧。

同日 为金镤孙所藏四幅美人画砖拓片作跋。俞平伯认为"砖上有这样美丽的画是很少看见的。原物既不在本国,故拓本更觉可贵了。"他说:"这些都是墓砖,与俑之功能相似。……此殉葬之遗意也。意固愚陋,而品物制作却精,……这实在比目今流行的纸扎童男女高明得多。"

22 日 《雪耻与御侮——这是一番闲话而已》发表在《语丝》周刊第 32 期。《咱们自己站起》发表在《京报副刊》。

24 日 下午,周作人、钱玄同、孙伏园、章廷谦等五人在北海公园长美轩宴客,俞平伯、林语堂①夫妇、江绍原、张申府②、顾颉刚、张凤举③等应邀出席。

---

① 林语堂(1895—1976),福建平和人,著名作家、翻译家。

② 张申府(1893—1986),名崧年,河北献县人,曾任北京大学、清华大学教授。

③ 张凤举(1895—1986),原名张黄,又字定璜,江西南昌人,曾任北平大学文学院院长。

28 日　作小调《自从一别到今朝十解》。

月末　顾颉刚建议增聘俞平伯为整理故宫书画顾问。顾颉刚认为："俞先生对于书画颇有兴趣,与刚相稔,知其甚可靠。与其同作,可以早日完功。"此建议得到了李玄伯①和沈兼士②的同意。俞平伯被清室善后委员会聘为顾问,与顾颉刚同作整理清宫书画的工作。

本月　朱自清所编文艺丛刊《我们的六月》由上海亚东图书馆出版,编辑者署名 O. M. 。

内收俞平伯诗文八篇,即《文学的游离与其独在》《两千年前玉门关外的一封情书》《析"爱"》《呓语》《西湖的六月十八夜》《芝田留梦记》《芝田留梦行》《西关砖塔塔砖歌》;亦收朱自清《〈忆〉跋》。

7 月

13 日　《美人画砖拓本》发表在《语丝》周刊第 35 期。

20 日　《质西谛君》发表在《语丝》周刊第 36 期。郑振铎在《文学周报》第 180 期发表《杂谭》,批评俞平伯的《雪耻与御侮》的观点。俞平伯撰文予以反驳:西谛君在《〈杂谭〉一文上终没有指斥我的名姓,只是某君某君地叫着。我觉得大可以不必,我若错了,他为我讳亦无益;我若不错,他硬派我有错亦不能。藏头露尾,遮遮掩掩的讲话,正是中国人的传统态度,不特西谛君所不取,即我亦有所不屑似的。故此文题为《质西谛君》"。

22 日　郑振铎作《答平伯君》,继续讨论"雪耻与御侮"的问

---

　①　李玄伯(1895—1974),河北高阳人,曾任北京大学法文系主任、故宫博物院秘书长。

　②　沈兼士(1887—1947),沈士远、沈尹默之弟,浙江湖州人,曾任北京大学文学院院长、北大研究所国学门主任、故宫博物院文献馆馆长。

题,并将文稿寄给俞平伯过目。

29 日 作《答西谛君》。

月末 复周作人信,告知已将郑振铎的《答平伯君》和自己的《答西谛君》二文送到李小峰处。俞平伯说:"此最后之一答矣。深悔多一番闲话,不如杜口为得。"

8 月

月初 收到周作人 8 月 1 日回信。

月初 请顾颉刚为之翻译《尚书·金縢篇》,以便作为下学期的国文科教材。

7 日 下午,应邀与钱玄同至周作人家访谈。

10 日 郑振铎作《答平伯君》与俞平伯作《答西谛君》发表在《语丝》周刊第 39 期。

中旬 作散文《梦游》。

21 日 访顾颉刚,与之讨论整理清宫书画一事。

同日 应嘱为顾颉刚搜集编选的《吴歌甲集》作序。

按,俞平伯在《序》中主张努力提倡方言文学。他认为:"国语没有统一以前,不会有纯粹的国语文学;如有,那无非冒牌罢了。"他说:作者于创作时,最方便的语言是母语,这种语言的神气自然是土头土脑,但是它与我们最亲切稔熟,没有隔膜。谈到诗与歌谣的关系,他说:"原始的诗与歌谣不分,这是事实。我却觉得即到现在,它们的分割也不是绝对的。即如此书中所收,名为山歌,尽有许多极好的诗。……没有诗意的诗又何尝少了。歌谣流行于民间,以土话写的;诗流行于上大夫间,用文言或国语写的。若打破这看不起乡下人的成见,我们立刻感到诗和歌原始的意味了。"

同日 致周作人信,并将自作《梦游》一文不署名寄给周作人,请其猜是明人作的,还是近人作的。

23日 《批评〈羸疾者的爱〉的一封信》发表在《文学周报》第187期。

按,收入《杂拌儿》时,改题目为《与白采书》。

同日 收到周作人来信,认为《梦游》一文"似系明人之作",并说钱玄同"亦云当系明季人,至迟亦当为清初也"。另外谈到想请俞平伯代教孔德学校中学国文课,每周两小时。未应。

26日 作《〈梦游〉跋》。

27日 下午,与朱自清同访周作人。

31日 与顾颉刚到清宫懋勤殿开始整理书画工作。

本月 北京清华学校增设大学部,成立国文系,俞平伯推荐朱自清到该校任教。

9 月

6日 《〈吴歌甲集〉序》发表在《国语周刊》第13期。

7日 晚,应周作人、孙伏园邀请,至北海公园长美轩赴宴。耿济之、耿勉之①、王统照、顾颉刚、孙福熙②等出席。

18日 下午,应周作人、张凤举、徐耀辰③邀请,至东兴楼赴

---

① 耿勉之,耿济之弟,俄语翻译。

② 孙福熙(1898—1962),孙伏园之弟,字春苔,浙江绍兴人,曾任上海北新书局编辑,主编《北新》半月刊、《贡献》杂志。

③ 徐耀辰(1895—1978),原名祖正,江苏昆山人,曾任北京大学教授、北京女子师范大学讲师。

宴。沈尹默^①、沈兼士、沈士远^②、江绍原等出席。

10 月

1 日　下午,往太和春参加《语丝》周刊聚会,得周作人赠送新出版的译作《陀螺》一册。

3 日　晚,在前门撷英居宴请周作人等。

6 日　作散文《杭州城站》。文章忆述在上海大学任教时,常常喜欢乘坐晚上七点多钟由上海北站开行的夜快车回杭州,"在上海作客的苦趣,形形色色,微尘般的压迫我",因此,更显出杭州家里的清暇恬适,对距家只有几分钟路的杭州城站也感到无比亲切,有"一种莫名其妙的欣欣然"。

23 日　作散文《清河坊》。文章述说了对杭州清河坊所留下的印象,指出人和其他"外缘"的关联,真的不可须臾离的其实"是人与人的系属,所谓人间便是"。"一言蔽之,人对于万有的趣味,都从人间趣味的本色投射出来的。这基本趣味假如消失了,则大地河山及它所有的兰因絮果毕落于渺茫了。"

24 日　《杂记"储秀宫"》发表在《文学周报》第 196 期,署名一公。

26 日　《杭州城站》发表在《语丝》周刊第 50 期。

本月　作《论〈商颂〉的年代》。俞平伯从情理和证据两方面推论,"以为说《商颂》是周诗,较为得体"。

---

①　沈尹默(1883—1971),原名君默,号秋明,浙江湖州人,著名诗人、书法家。

②　沈士远(1881—1957),沈尹默、沈兼士之兄,浙江湖州人,曾任北京大学、女子师范大学和燕京大学教授。

11 月

1 日 以短笺形式为《子恺漫画》作跋。文章论述了中国画融诗入画、画中有诗的特点,称赞丰子恺的画本就是他的诗。

4 日 作散文《我想》,"记十四年十月一日之梦"。

15 日 朴社办的景山书社开业,门市部设在北京大学二院对门,即景山东街 17 号。此店专售新文学书籍、刊物,为扩大新文学的影响尽义务。

23 日 《我想》发表在《语丝》周刊第 54 期。

本月 《北京大学研究所国学门周刊》发表容庚的《红楼梦的本子问题质胡适之俞平伯先生》。

按,后容庚陆续发表了《红楼梦的本子问题质胡适之俞平伯先生》一续、二续、三续。

12 月

本月 第三部新诗集、线装、俞平伯手写影印袖珍本《忆》由北京朴社出版。这是回忆童年生活的诗集,在当时"作这种尝试的,似乎还没有别人"。全书收诗三十六首,书前有《自序》,有夫人许宝驯的《题词》;书后有朱自清的《跋》;书中有丰子恺彩墨插图十八幅;孙福熙为之画封面。书末附录旧体诗词十五首:《京师旧游杂忆》(三首)《吴苑西桥旧居门前》《海上秋鸥》《偶忆湖楼之一夜》《过大取灯胡同感事》《题平湖秋月图》《君忆》(两首)《忆江南》(四首)和《临江仙·记六年夏在天津养疴事》。俞平伯说:"年来偶有用旧体诗写往事者,此亦忆之属也。"

秋　到燕京大学任教,讲授中国文学史等。

年内　曹聚仁编辑的《卷耳讨论集》由群众图书公司出版,内收俞平伯的《茸芷缭衡室读诗杂记》和《再说〈卷耳〉》两篇作品。

年内　俞平伯被聘为清华文学社的指导教师。

1926年(丙寅,民国十五年)　26岁

▲3月,北京发生"三一八"惨案。

▲7月,蒋介石就任国民革命军总司令职,革命军誓师北伐。

▲10月,上海工人在中共领导下举行第一次武装起义。

1 月

1日　致江绍原信,与之论"被"。

21日　生日。

24日　作新诗《呓语》第二十三至二十六首。

25日　《梦游》发表在《语丝》周刊第63期。

2 月

4日　为北京朴社单行出版王国维所著《人间词话》作序。俞平伯说:"作文艺批评,一在能体会,二在能超脱。必须身居局中,局中人知甘苦;又须身处局外,局外人有公论。"他说《人间词话》"论诗人之素养,以为'入乎其内,故能写之;出乎其外,故能观之'。吾于论文艺批评亦云然"。又说:"自来诗话虽多,能兼

此二妙者寥寥;此《人间词话》之真价也。虽只薄薄的三十页,而此中所蓄几全是深辨甘苦、惬心贵当之言,固非胸罗万卷者不能道。"

5 日 《洪水》第 1 卷第 10、11 号合刊发表凤田的《我对于〈忆〉》。

8 日 《清河坊》发表在《晨报副刊》。

11 日 致周作人信,告知家中存置有《春在堂全书》数部,请代售,一部作价 25 元。

24 日 《被》发表在《晨报副刊》。

3 月

18 日 下午,在北京发生"三一八惨案"。女师大学生刘和珍、杨德群、清华大学学生韦杰三以及北京大学学生等多人牺牲。

27 日 下午,与江绍原、钱玄同偕访周作人。

5 月

上旬 收到周作人 5 月 5 日来信,谈对散文小品的看法。

21 日 下午,与江绍原同访周作人。

6 月

2 日 晚至燕寿堂赴燕京大学吴雷川①宴请。

---

① 吴雷川(1870—1944),原名吴震春,浙江杭州人,曾任教育部次长、燕京大学校长。

6 日　收到周作人来信。晚应周作人邀请,至苦雨斋赴宴、夜谈,张凤举、江绍原在座。

8 日　昨今两日接连四五次电周作人,而均不值,故只得函约,邀周作人于明日下午七时半后在崇内大街德国饭店吃饭。

11 日　下午宴请周作人等。

15 日　应嘱为杨晶华的诗文集《北河沿畔》作跋。文章认为"序跋之类既异峻刻之批评,又非浮滥之赞誉,必语无溢美,方推合作"。俞平伯认为"大凡行文固贵沉着,亦要空灵。以杜工部之推李太白,犹以'清新俊逸'许之,可见此境非易,而少年之作尤宜具此朝气"。

26 日　下午至苦雨斋访周作人并作东,宴请周作人、钱玄同、张凤举、江绍原、章廷谦等。

28 日　下午至苦雨斋访周作人。

7 月

月初　收到周作人 6 月 30 日来信。

7 日　应嘱为张维祺①的小说《致死者》作序。

14 日　《〈致死者〉序》发表在《晨报副刊》。

20 日　下午,至苦雨斋访周作人。

8 月

14 日　七夕节。作旧体诗《七夕诗》一首。

---

①　张维祺,曾用名维祺、V.G.,最初发表于《小说月报》的小说《赌博》曾被茅盾收入上海良友图书公司出版的《中国新文学大系·小说一集》。

9 月

2 日　晚,至苦雨斋访周作人。

10 月

6 日　致周作人信,感谢其赠送新出版的译作《狂言十番》一册。忆书中《骨皮》"初译行时,曾在江南与数戚友搬演之,每作狂噱。今日重刊,阅之如见熟友"。俞平伯说拟于近数月中完成三四篇小文,以充实《我们》文艺丛刊。

9 日　晚应江绍原之约赴宴,周作人、钱玄同在座。

25 日　作《关于〈子恺漫画〉的几句话》。文章指出《子恺漫画》中以古诗作画的一些不妥之处。俞平伯说:"以诗作画是不容易的。作者不但须明画中甘苦,并须兼知诗中甘苦。至于就古诗作画,处处替他人设想,犹八股文之代圣人立言,尤觉束缚。断章取义原无不可。惟新造解释总要不比旧的坏,方过得去。若差得太多,就没有多大意味了。至于以人间实事为题,则从吾性之所至,无施而不可。"

30 日　午至苦雨斋访周作人。为北京朴社重刊明代张岱著《陶庵梦忆》,请周作人作序。

11 月

13 日　午,与江绍原访周作人。下午,同往市场参加《语丝》周刊聚会。

下旬　应嘱为朱自清修改拟古词《虞美人》(画楼残烛催人去),并填《浣溪沙》词一首赠送朱自清。两首词同被保存在朱自清的《敝帚集》稿本中。

12 月

7 日 致周作人信，《〈陶庵梦忆〉序》于《语丝》第 108 期上未见登出，盼能见赐原稿。

上旬 完成《陶庵梦忆》的校阅标点工作，并作《重刊〈陶庵梦忆〉跋》。

24 日或 25 日 收到周作人 23 日信，谈《重刊〈陶庵梦忆〉跋》大有陶庵气，已录副备览而将原本交与姜君，顺告知燕京大学之款大约仍需 30 日左右可取，如 31 日不去，则由其于 29 日或 30 日代为取来。

29 日 收到周作人来信，告知燕京大学支票本日可取，如不怕夜里的西北风，可于 30 日下午四点半到苦雨斋来。

30 日 下午至苦雨斋访周作人。

秋 填《倾杯赏芙蓉·咏落叶》南曲一首，刘凤叔为之谱曲。按，曲稿早佚，后经忆录，收入《俞平伯旧体诗钞》。

年内 作旧体诗《丙寅杂诗》七首。

本年 继续在燕京大学任讲师。

1927 年（丁卯，民国十六年） 27 岁

▲4 月，蒋介石在南京成立国民政府。

▲4 月，李大钊等 20 名共产党人和革命者在北京被奉系军阀杀害。

▲6月，王国维自沉于北京颐和园昆明湖。

▲7月，"第一次大革命"失败。

▲8月，中共中央召开紧急会议，清算陈独秀右倾投降主义路线，撤销其职务。

1月

11日　生日。

21日　复周作人信，谈朱自清匆匆出京，去宁波接家眷，"我亦不得一晤"。顺告丰子恺有信来，乡党图有四幅，得便时当带奉一览。

23日　午应现代评论社邀赴宴，得晤北京女子大学副校长朱胡彬夏①。

24日　复周作人信，告知出席现代评论社招饮之事，顺告知蔡元培处已有信去。

按，俞平伯1927年1月24日致周作人信："蔡处已有信去，我请他给现大洋，不知做得到否？"何事不详。

25日　作散文《春来》。俞平伯告诫人们："春天毕竟会来的，至少不因咱们不提起它而就此不来。"因此，"微吟是不可的，长叹也是不可的，这些将挡着幸运人儿的路。""只有跟着时光老人的脚迹，把以前的噩梦渐渐笼上一重乳白色的轻绡，更由朦胧而渺茫，由渺茫而竟消沉下去，那就好了！"

本月　《关于〈子恺漫画〉的几句话》发表在《一般》月刊第2卷第1号。

---

① 朱胡彬夏(1888—1931)，朱庭琪妻，江苏无锡人，曾为中华职业教育社发起人，后任北京女子大学副校长。

2 月

18 日 作旧体诗《丁卯新春十七日安巢舅氏生忌感赋》一首。

4 月

中旬 收到周作人 15 日来信,述说自己的寂寥之感。

18 日 国民政府在南京成立。

本月 明代张岱著、俞平伯标点的《陶庵梦忆》由北京朴社出版,内有俞平伯的《重刊〈陶庵梦忆〉跋》。

本月 与朱自清、周作人等八人的新诗合集《雪朝》由上海商务印书馆第五次印刷出版。

本月 作《父大人六十寿诗》数首,诗稿佚失。

按,1984 年底,作者忆录其中的第四首诗,收入《俞平伯旧体诗钞》。

5 月

上旬 收到周作人 8 日来信,并转来章廷谦自杭州寄来的快信。

6 月

30 日 钱玄同来访、畅谈。

本月 《读诗札记·召南·行露》《读诗札记·召南·小星》发表在《小说月报》第 17 卷号外"中国文学研究"专号上册。

本月 《茸芷缭衡室读诗札记·〈邶风·柏舟〉、〈邶风·谷风〉》发表在《燕京学报》第 1 号。

7 月

1 日 致周作人信,告知已辞去燕京大学教职,应傅斯年邀请,将赴广州中山大学任教。

15 日 汪精卫公开背叛孙中山的国共合作政策和反帝反封建的纲领,致使第一次大革命失败。

18 日 复周作人信,续谈赴南方的矛盾心情,说:"粤行尚无期,且彼方似亦风云紧急,更不知如何了。离开北京确也不甚愿意,前因孟真坚邀情不可却,遂辞燕大而去。现在只好等南方来信再说。"

22 日 收到周作人来信,谈江绍原也已受广州中山大学之聘。

8 月

1 日 至苦雨斋与周作人畅谈。

2 日 致周作人信,并附寄近作小诗。信中谈及:"暑中亦思作小文为遣,拟总名《病暑录》,下或有分题。如《语丝》改组后,有钱可取,亦可付《语丝》刊之。因做了讲师,长夏无俸,不得不卖文鬻字也。"

5 日 闻南昌起义爆发,起义部队向广东进发。

10 日 散文《眠月——呈未曾一面的亡友白采君》发表在《小说月报》第 18 卷第 8 号。

同日 散文《雪晚归船》发表在《小说月报》第 18 卷第 8 号。

本月 奉系军阀张作霖下令取缔排日活动和解散北京大学;而将北大、北师大等九所院校合并为京师大学校,任命教育总长刘哲为校长。

9 月

上、中旬之间 应聘赴广州中山大学,途经上海时,得知广州局势不稳,于是,改变主意,乘车返回北京,仍回燕京大学任教。

16 日 参考白采意见将《自从一别到今朝十解》删改成八首。

20 日 收到周作人来信,代马隅卿①索要小说讲义一份。

27 日 收到周作人来信,答应为俞平伯书写条幅。

同日 复周作人信,提到已故诗人白采著《绝俗楼我辈语》"殊不见佳,不能为之讳矣"。

28 日 复周作人信,请其帮忙在东城觅一日文教师,同时帮忙函询刘半农有关"敦煌发见之佛经俗文"的资料情况,以备讲课之需。

同日 把在燕京大学的讲稿写成论文《谈中国小说》。

29 日 至燕京大学国文系讲授中国小说。

10 月

4 日 让女儿带信给周作人,感谢其书赠条幅。信中慨叹时间飞逝,反顾自身,更觉一筹莫展。

21 日 收到周作人来信,信中代燕京大学的学生向其借《红楼梦辨》,同时希望其能设法推荐江绍原往清华研究院任职。

---

① 马隅卿(1893—1935),原名马廉,浙江鄞县人,曾任北京孔德学校总务长、北平师范大学教授,后接替鲁迅在北京大学讲授中国小说史。

22 日 应周作人邀请,至苦雨斋参加语丝社聚会,商谈《语丝》出版事宜,决定出至 156 期满三周年,即移交上海北新书局出版。

24 日 《语丝》周刊在北京被张作霖查禁。

30 日 发行《语丝》的北新书局也被查封。此时《语丝》第 154 期尚未印出,故当自第 154 期起移交上海接续出版。

31 日 作散文《月下老人祠下》。文章追忆 1922 年 11 月 20 日由美国返杭后,偕夫人与表妹"南湖荡桨","老人祠下共寻诗"的往事。

11 月

10 日 《月下老人祠下》发表在《小说月报》第 18 卷第 11 号。

15 日 作论文《〈长恨歌〉及〈长恨歌传〉的传疑》。

12 月

14 日 周作人在致江绍原信中,谈到俞平伯,说:"平伯在京,一如曩昔,闻佩弦说他仍很热心于拍曲,可以想见他的兴趣不减于当初。闻广州又出乱子,平伯之不去可谓有先见之明。"

16 日 收到周作人来信,谈江绍原在广州为朱骝先所逐,因此称俞平伯不去广州"当是有先见之明也"。

17 日 下午,访周作人。

25 日 收到周作人来信,答应为叶圣陶写稿,请俞平伯转告。

31 日 生日。

本月　《谈中国小说》(上)发表在《燕大月刊》第 1 卷第 3 期。

本年　继续在燕京大学讲授中国小说。对于广州中山大学的邀请,终未能应聘。

本年　应聘在北京女子文理学院任讲师。

1928 年(戊辰,民国十七年)　28 岁

▲2 月,《语丝》杂志在上海复刊。

▲6 月,张作霖专列在沈阳皇姑屯被日本关东军预埋的炸药炸毁,张作霖伤重死亡。

▲6 月,国立中央研究院成立。

▲12 月,中国著作者协会在上海成立。

1 月

3 日　收到周作人来信。

10 日　《葺芷缭衡室读诗杂说——〈邶风·谷风〉》发表在《小说月报》第 19 卷第 1 号。

11 日　作《十七年一月十一日小记》。

15 日　作《〈移棋相间法〉序》的"其一"部分。

20 日　在船板胡同福来午饭。

同日　致周作人信,转告叶圣陶催稿事。另谈到:"顷在市场购得一雍正刻袖珍本《琵琶记》,费三角而已,有毛批,乃批《三国演义》毛宗岗之父,尚不算十分低能,却不如圣叹也。"

23 日　收到周作人来信。

24 日　作《〈杂拌儿〉自序》,落款"于禁用白话之地"。

30 日　论文《雷峰塔考略》作讫。

同日　致周作人信,配眼镜处已为打听。

本月　《谈中国小说》(下)发表在《燕大月刊》第 1 卷第
4 期。

2 月

3 日　收到周作人昨夜写来的信,略谓有三个人想买《春在
堂全书》,希望能以实价分让。

5 日　作旧体诗《西关砖塔藏〈宝箧印陀罗尼经〉歌》。

8 日　复周作人信,一则感谢其赠送译著《黄蔷薇》和《贡献》
杂志;二则请其为散文集《杂拌儿》作序或跋。

10 日　收到周作人来信,答应为《杂拌儿》作序跋。

同日　受周作人委托,去看望江绍原,适值江绍原到协和医
院看病去了,遂留便条而返。

11 日　复周作人信,答应将家中所存《春在堂全书》数部转
卖需要书者。

14 日　收到周作人来信。

15 日　作《论〈水浒传〉七十回古本之有无》。

16 日　下午,应邀至苦雨斋访周作人。

18 日　连续两日与朱自清晤面。

19 日　收到周作人来信。周作人与钱玄同均建议将《杂记
"储秀宫"》一文收入《杂拌儿》文集。

20 日　应嘱为张凤举藏沈尹默书《秦妇吟》卷子题跋。

同日　晚复周作人信。

28 日　作《〈燕知草〉自序》。

同 日　收到周作人来信,并转来江绍原信。

本 月　《山阴五日记游》改定。

本 月　《谈中国小说》发表在《小说月报》第 19 卷第 2 号。

3 月

5 日　记《关于〈丰子恺漫画〉的几句话》(载《一般》1927 年第 2 卷第 1 期),兹节取录入,丰子恺第二画集所绘都是记人间言动者。

10 日　《新月》杂志第 1 卷第 1 号发表了胡适的《考证〈红楼梦〉的新材料》一文,文章指出:"俞平伯在《红楼梦辨》里特立专章,讨论可卿之死。但顾颉刚引了《红楼佚话》说有人见书中的焙茗,据他说,秦可卿与贾珍私通,被婢撞见,羞愤自缢死的。平伯深信此说,列举了许多证据,并且指出秦氏的丫鬟瑞珠触柱而死,可见撞见奸情的便是瑞珠。现在平伯的结论都被我的脂本证明了。"

19 日　收到周作人来信,并将刊载胡适关于《红楼梦》文章的《新月》杂志借给俞平伯使用。信中提及《西湖梦寻》如已不用,乞费心派人放在孔德学校。

25 日　收到周作人来信。当即回信,慨叹自己"除'执教鞭'以外,士农工商更无一事可为"。

28 日　收到周作人来信,信中忧杨振声之去向,闻李小峰之兄李仲丹在上海被暗杀。

31 日　作《〈与白采书〉跋语》。

本月 得与陈寅恪①相识,并共同讨论唐代韦庄的作品《秦妇吟》,对作品中留下的疑点交换了意见,并应嘱为陈寅恪楷写韦庄《秦妇吟》长卷,并作跋。

4 月

10 日 《论〈水浒传〉七十回古本之有无》发表在《小说月报》第 19 卷第 4 号。

12 日 收到周作人来信,信中告知前日在琉璃厂买到一本丁刻旧印《西湖梦寻》。

16 日 章衣萍②在《语丝》周刊第 4 卷第 16 期发表《俄译〈阿莲〉自序及我的自传》,篇末"附记"中说:"近来的《小说月报》还值得一看(虽然平伯君的《谈中国小说》末段使我十分糊涂)……"

同日 复周作人信,谈江绍原已搬到杭州下板儿巷 15 号顾柏年③宅居住,又转告开明书店来信催周作人写《杂拌儿》序之事。附及《语丝》似乎愈变愈坏,竟登出《北京,我的爱人!》这样的"佳作"来。

25 日 作致胡适的《关于〈红楼梦〉的一封短信》。

26 日 下午,致周作人信,请其将《关于〈红楼梦〉的一封短信》转给《贡献》杂志发表。

---

① 陈寅恪(1890—1969),字鹤寿,江西修水人,曾任清华学校国学研究院导师,后为清华大学中文、历史、哲学三系合聘教授。

② 章衣萍(1902—1945),又名洪熙,安徽绩溪人,毕业于北京大学,参与筹办《语丝》周刊,曾任暨南大学、成都大学教授。

③ 顾柏年(1870—1939),顾颉刚父亲,字子虬,江苏苏州人,曾任杭州运署科科长。

28日　收到周作人当日来信,得知周作人"患回归热,住了一个礼拜医院,现已回到家里了",拟于5月上旬写出《杂拌儿》序。当晚即复信问安。

5月

月初　收到周作人4月30日来信。

4日　收到周作人来信及附赠近照一张,系在孔德中学校穿"乙种常礼服"所照。

15日　《关于〈红楼梦〉的一封短信》发表在《贡献》旬刊第2卷第8期。

16日　收到周作人当日来信,告知《〈杂拌儿〉题记》已写就,将面交。

17日　到北京西城八道湾11号寓所访周作人,取回《〈杂拌儿〉题记》。另收到周作人昨晚来信。

18日　作《〈杂拌儿〉自题记》,说明文集中所收几篇文言作品,实是写着玩玩的,既不想藏之名山,也不想传之其人。若"定应当算落伍,也总由他罢"。另外,复周作人信。

22日　致周作人信,谈《〈杂拌儿〉自题记》修改的情形。

24日　收到周作人来信。

27日　作散文《坚匏别墅的碧桃与枫叶——呈佩弦兄》。

同日　作散文《出卖信纸》。文章记述了1922年4、5月间,俞平伯与表兄弟们在杭州城站出卖信纸的有趣往事。俞平伯说:"旧梦可笑的很多,却不知怎的,总喜欢挑有感伤味的去写,真是不很长进的习气。难道你感伤了他便肃然,一顽皮将使人不敬吗?我想,我是不至于,至少我也要这般说。——无非是感伤的材料,在忆中较突兀而已。"

29 日　作散文《冬晚的别》,记述 1922 年初在杭州与夫人短暂离别时的情景。

6 月

月初　至苦雨斋访周作人。

5 日　收到周作人来信,由读陶澍所编《陶靖节集》,想到批评家群起而抱陶渊明,以为他的一字一句都是思君爱国,认为这实在是陶渊明的"厄运"。

8 日　收到周作人来信,谈北京的时局。

22 日　收到周作人来信。

23 日　复周作人信,谈拟续作《燕知草》,于暑期中编出集子。

本月　国民政府改京师大学校为国立中华大学。

7 月

13 日　作散文《打橘子》,忆述在杭州与岳父一家同住时的生活情趣。

18 日　作散文《稚翠和她情人的故事》。

20 日　致周作人信,说明自己想教燕京大学的诗课,请周作人帮助询商,"可否将诗的功课恢复而把小说出顶? 自己觉得虽同样的教不好而于兴味上则诗较长耳"。

22 日　收到周作人来信,建议《燕知草》仍交开明书店出版。

26 日　收到周作人来信,告知燕京大学下学期的功课无变化,沈尹默仍讲诗,俞平伯仍讲小说。

同日　作散文《重来之"日"》,记述 24 日梦中重游杭州旧居的经过。

28 日 收到周作人来信。

8 月

1 日 收到周作人寄来的邀请信。

2 日 晚,应邀至苦雨斋,出席周作人的宴请和聚谈。

8 日 作《自从一别到今朝八解》跋。

13 日 收到周作人来信。

16 日 收到周作人来信。

20 日 复周作人信,谓《燕知草》拟从速完卷,请其为之题写序跋。

21 日 始作《重过西园码头》序。

按,此文收入《燕知草》时,署名赵心馀。俞平伯晚年说:"赵,造也;心馀,姓俞,可见其人子虚乌有,年少妄为,不足道也。"

同日 向亚东图书局讨来《西还》两本,此书店中存六百余本,再版之意渺茫,故索之。

22 日 收到周作人来信,答应为《燕知草》"说几句话"。当日,复周作人信。

25 日 夜,复周作人信,并附寄近作《重过西园码头》一文。

26 日 收到周作人来信并转来江绍原给俞平伯的信。

同日 作《〈重过西园码头〉序》。

30 日 收到周作人来信。

本月 叶圣陶将校对完毕的《杂拌儿》清样寄给俞平伯,用牛皮纸做封面,并在封面上写着:"八月六日校毕。先寄作者,俾知其情感思维,今成如是之式样矣。"此校样被一直保存至今。

本月 散文集《杂拌儿》(一名《梅什儿》)由上海开明书店出

版。除《自序》《自题记》和周作人的《〈杂拌儿〉题记》（代跋）外，共收作品三十二篇：《文学的游离与其独在》《析"爱"》《雪耻与御侮》《桨声灯影里的秦淮河》《陶然亭的雪》《记西湖雷峰塔发见的塔砖与藏经》《雷峰塔考略》《论商颂的年代》《修正〈红楼梦辨〉的一个楔子》《记在清宫所见朱元璋的谕旨》《杂记"储秀宫"》《山阴五日记游》《文训》《风化的伤痕等于零》《怪异的印象》《我想》《十七年一月十一日小记》《跋〈灰色马〉译本》《〈致死者〉序》《〈吴歌甲集〉序》《重刊〈浮生六记〉序》《重刊〈陶庵梦忆〉跋》《重印〈人间词话〉序》《关于〈子恺漫画〉的几句话》《〈北河沿畔〉跋》《〈初日楼少作〉跋》《〈忆〉自序》《〈燕知草〉自序》《以〈漫画〉初刊与子恺书》《与颉刚谈〈野有死麕〉》《与绍原论被》以及《与白采书附跋语》。钱玄同题封面，叶圣陶代校对。

本月 清华学校学改为国立清华大学，罗家伦任校长。

9 月

5 日 致周作人信，请其推荐自己用白话直译的小说，以作为燕京大学小说课的阅读书目。俞平伯说："小说一项本非素习，只因曾做了一部胡说的《红楼梦辨》，弄得成了专家的模样，岂不哀哉！"

6 日 收到周作人来信，邀至苦雨斋夜谈。当晚，复周作人信，并附寄《杂拌儿》两册，分别赠送周作人和钱玄同。

7 日 收到周作人来信，向俞平伯推荐他自己早年所译、发表在《新青年》第 9 卷第 5 号的小说《颠狗病》一篇。

8 日 收到周作人来信。

17 日 至苦雨斋访周作人，与钱玄同、周作人叙谈。

18 日 甘大文①因家叔俞同奎②之介绍，来访。

19 日 致周作人信，并附寄《燕知草》草目，希望周作人早些为《燕知草》写出序来。感谢周作人为《杂拌儿》作跋，认为"用处甚大，因开明方面，照例可以拿来作广告，在我方面亦可以免得书店中代作肉麻广告"。

25 日 致周作人信，近拟将《燕知草》努力编订起来。

27 日 收到周作人来信，并附寄刘半农来信。

28 日 中秋节。朱自清来访。

28 日或 29 日 复刘半农信。

29 日 复周作人信，顺告日前接江绍原来信，对《杂拌儿》以微词相褒。

10 月

2 日 收到周作人来信。

18 日 访周作人。

19 日 致周作人信，并附致废名③信，请其转寄。

21 日 收到周作人来信。

本月 应罗家伦校长之聘，到国立清华大学中国文学系任讲师。初到清华园，曾作旧体诗《始来清华园》一首。

---

① 甘大文，又名蛰仙，四川巴县人，北京大学研究所国学门研究生，曾任北京大学、北京师范大学讲师。

② 俞同奎(1876—1962)，俞平伯家叔，字星枢，号聚五，浙江德清人，曾任北京大学教务长。

③ 废名(1901—1967)，原名冯文炳，字蕴仲，笔名废名，湖北黄梅人，毕业于北京大学英文系，著名作家。

11 月

3 日　收到周作人来信,信中告知 7 日晚住清华园住宿,请转告朱自清为代办卧具。当晚即复信。

6 日　收到周作人来信。

7 日　下午与朱自清在清华大学招待来访的周作人和钱玄同。

13 日　应嘱为许志行①的短篇小说集《孤坟》作序。

22 日　收到周作人来信,请俞平伯代问朱自清是否愿意代沈尹默在燕京大学讲诗的课。

24 日　张凤举来访,极力邀请俞平伯到北平大学去教书,俞平伯"殊有不能摆脱之苦",只好答应,但是声明"中国文学史是无论如何不能教的"。

同日　收到周作人来信,告知《燕知草》跋已写就。当晚即复信,说明急盼阅读跋语的心情;又谈朱自清当日上午在燕京大学讲"歌谣之起原与发展",大有成为歌谣专家的趋势。

同日　致江绍原快信,代张凤举催促江绍原来北平大学文学院任教。

25 日　《文学周报》第 345 期发表钟敬文②的《杂拌儿》。

同日　复周作人信,告知已代为劝说朱自清到燕京大学兼课事,顺代沈启无编《冰雪小品》索序。

26 日　收到周作人来信,希望俞平伯能到北平大学任教。

---

①　许志行(1902—1983),俞平伯学生,原名潘祖生,江苏吴县人,毕业于浙江省立第一师范学校,曾任职于上海开明书店。

②　钟敬文(1903—2002),笔名静闻,广东海丰人,曾留学日本,先后在中山大学、浙江大学、北京师范大学等校任教。

本月 戏作《黄泉八咏》,只成其三,久佚。

本月 中华大学改为北平大学,原北京大学改称北大学院。

12 月

7 日 晚,清华大学中国文学系全体师生在工字厅举行"中国文学会"成立大会。中国文学会为学术团体,定期举办学术演讲。俞平伯也是中国文学会成员之一。

11 日 收到周作人来信,盼早日惠下《春在堂全书》。

下旬初 托废名转交周作人信一封。

25 日 收到周作人来信。遵嘱,将家存《春在堂全书》数部交给周作人派来的车夫,运回周宅,以实价转让需要此书者。

月末 收到周作人 29 日寄来的邀请信。

本月 《冬夜》由上海亚东图书馆第四次印刷出版。此书与1923 年 5 月版相同。

春 请陈寅恪为其所抄录诠释韵《俞曲园先生〈病中呓语〉》题写跋语。陈寅恪的跋语发表在 1932 年 3 月 5 日《清华周刊》第 37 卷第 2 期。

年内 托亲戚向上海商务印书馆出售《读诗札记》书稿,结果"又雁沉鱼杳"。

本年 继续在燕京大学教中国小说,并在北平大学女子学院任教。

1929 年(己巳,民国十八年) 29 岁

▲2 月,国民政府决定从 1929 年起,中国旧历新年正式改名春节。

▲3 月,蒋介石同桂系军阀李宗仁、白崇禧战争(史称蒋桂战争)爆发,桂系败退。

▲11 月,我国第一个无产阶级戏剧团体上海艺术剧社成立,首次提出"普罗列塔利亚戏剧"口号。

1 月

1 日　上午,应邀至周作人家饮酒、畅谈,共度元旦。沈士远、沈尹默、沈兼士、马幼渔①、马季明②、马隅卿、刘半农、钱玄同、张凤举、徐耀辰、黎世蘅③、林如稷④等在座,并于饭后合影留念。

6 日　中午,与周作人、许地山、郭绍虞、邓叔存⑤、张凤举等出席凡社聚会。

---

①　马幼渔(1878—1945),原名裕藻,浙江鄞县人,曾任北京大学国文系主任、北京女子师范大学国文系主任。

②　马季明(1882—1959),原名鉴,浙江鄞县人,曾任燕京大学国文系教授。

③　黎世蘅(1897—1977),字子鹤,安徽当涂人,毕业于日本京都大学,回国后任北京大学等校教授。

④　林如稷(1902—1976),四川资中人,毕业于法国巴黎大学,历任北平中法大学、四川大学、光华大学、华西大学教授。

⑤　邓叔存(1892—1973),邓石如五世孙,名以蛰,安徽怀宁人,早年曾赴日本留学,回国后曾任清华大学、北京大学教授。

按,凡社,系 20 世纪 20 年代在北京的郭绍虞、陈垣、金岳霖、许仕廉、冯友兰、熊佛西、黄子通①、许地山、徐耀辰等大学教授组成的一个团体,常有宴请、聚会活动。

8 日 收到周作人来信两封,获赠日本大礼纪念邮票一枚。

12 日 晚,周作人设家宴款待清华大学校长罗家伦,与朱自清、钱玄同、冯友兰、杨振声、徐耀辰、张凤举、刘廷芳②等应邀作陪。赠送周作人复制的曲园老人照片一张。

16 日 在清华园作《身后名》。

18 日 生日,三十初度。父亲俞陛云赋诗一首赠之。

同日 写《〈身后名〉附记》。

20 日 下午,访周作人。

21 日 应嘱为清华大学罗皑岚的长篇小说《苦果》作序,后发表于《燕大月刊》1929 年第 3—4 期。

按,1935 年 6 月,《苦果》作为"人生与文学社丛书"出版时,未收入此序。罗皑岚在《序》中说:"Y 先生作了一篇序","这序在那时付印中遗失了"。

31 日 收到周作人来信,顺告代领燕京大学薪金支票。

2 月

4 日 作《性(女)与不净》,抨击了封建社会遗留下来的歧视、欺侮女人的思想。

同日 复周作人信,并附寄新填词《浣溪沙·连日苦风立春

---

① 黄子通(1887—1979),原名理中,浙江嘉兴人,曾任燕京大学、湖南大学、武汉大学、北京大学教授。

② 刘廷芳(1891—1947),字亶生,浙江永嘉人,曾任北京大学教育系心理学教授。

晴和喜赋》候正，顺请择机保举亲戚程君任中学英文教员。

8日 收到周作人来信及附赠照片一张。

9日 午，周作人与张凤举、徐耀辰宴请马幼渔、马巽伯父子，与马叔平①、马隅卿、沈尹默、沈兼士等作陪。

16日 作《〈移棋相间法〉序》的"其二"部分。

23日 收到周作人来信，即复信，谈到自己虽蒙北平大学之奖励，依然未去任教，学生们忙于开会通电，亦无意于听课。

26日 收到周作人来信，谈到女子分院目前存在的困难，劝其维持现状，明日照旧登坛上课为佳。

本月 《〈长恨歌〉及〈长恨歌传〉的传疑》发表在《小说月报》第20卷第2号。

3月

3日 收到周作人来信，并转来北大学院院长陈百年②的信。陈百年拟为俞平伯凑足十小时的课，俟聘任委员会成立时，再聘为教授。

4日 上午，与杨晦③同访周作人。

5日 收到周作人来信，谈到张凤举欲留其在女子分院，请其自己决定去留。当即复周作人信，表示拒绝北平大学的教职，只讲授女子学院的词集课程。另附答复北大学院陈百年院长的信一封，请周作人转交。

---

① 马叔平（1881—1955），原名衡，浙江鄞县人，曾任北京大学研究所国学门考古学研究室主任、故宫博物院院长。

② 陈百年（1886—1983），原名大齐，浙江海盐人，曾任北京大学教务长、代校长。

③ 杨晦（1899—1983），原名兴栋，字慧修，辽宁辽阳人，毕业于北京大学哲学系，曾任北京孔德学校国文教员、西北联大中文系教授、北京大学中文系主任。

9日 下午,访周作人。

11日 收到周作人来信,告知陈百年院长想请俞平伯除担任那七小时授课外,再加词家专集两小时,合成九小时,以便将来聘为教授。

13日 在清华园作《没落之前》。文章针对普罗文学家称其为"快要没落的人"一事,谈了自己的感想。

14日 收到周作人来信。

16日 作《教育论》(上)。

18日 作《教育论》(下)。

按,俞平伯针对当时教育理论的偏颇,谈了自己认为理想的方策。他认为理想的教育方策是"放纵与节制的谐和",即"中庸"。"可惜这不算理论,更不算方法,只是一句空话罢了",因为"世间之谐和与中庸多半是不可能的"。他说古今中外的教育理论,"恐怕都是些饱食终日无所用心的人想出来的顽意儿。至于实际上去对付小孩子,只是这一桩,那一桩,头痛医头,脚痛医脚,除此似并无别法"。作者主张教育顺乎"自然",亦即是人性。他主张"无策之策,无法之法",不"去灌输某种定型的教训,直待问题发生,然后就事论事,一点一滴的纠正它,去泰,去甚,去其害马者"。

22日 下午,至孔德学校与周作人谈北大功课事,并赠送周作人铜印一方,印文曰"凤凰专斋",为朱文铁线印。

28日 下午,应嘱为周作人书条幅一张,录姜白石词《鹧鸪天·正月十一日观灯》《鹧鸪天·元夕有所梦》和诗《除夜自石湖归苕溪》中的第七首,并送到苦雨斋。

4 月

2 日　收到周作人来信。

5 日　上午,带着装裱好的《春在堂藏苦雨翁书札》第一册,访周作人,请其题词。《书札》收周作人 1924 年 8 月至 1928 年 11 月来信六十封。

同日　中午,周作人与徐耀辰招待凡社同人,与黄子通、郭绍虞、金岳霖①、邓叔存出席。

同日　下午,为《春在堂藏苦雨翁书札》第一册自题短跋。

13 日　收到周作人来信。

16 日　收到周作人来信,信末称其为"古槐书屋主人"。

19 日　下午,北平大学法学院学生武力接收北平大学女子学院占用的众议院,与当时正在上课的教员周作人、沈士远、陈逵、沈步洲②、杨伯琴、胡济、王仁辅③、溥侗④以及唐赵丽莲⑤、郝高梓等被拘禁近三小时。

20 日　上午,与周作人、陈逵、沈士远联名致函北平大学副

---

①　金岳霖(1895—1984),字龙荪,原籍浙江诸暨,出生于湖南长沙,美国哥伦比亚大学政治学博士,曾任清华大学、北京大学教授。

②　沈步洲(1888—?),江苏武进人,毕业于英国伯明翰大学,曾任北京大学预科学长、文科讲学、中国大学教授。

③　王仁辅,字士枢,江苏昆山人,美国哈佛大学理学士,历任北京交通大学、北京大学、北平大学教授。

④　溥侗(1876—1952),字厚斋,号西园,别署红豆馆主,北京人,爱新觉罗宗室,曾在京组织言乐社,后在清华大学、女子文理学院等校任课。

⑤　唐赵丽莲(1899—1989),女,广东新会人,出生于美国纽约,德国莱比锡音乐学院音乐硕士,回国后在广东女子师范学校、北京女子师范学校、国立女子大学、京师大学、北京大学、中国大学、华北大学等院校教授音乐和英语。

校长李书华①,质问有无办法,能否保障教员以后不被拘禁,最终无果。

同日 沈士远作东宴请北平大学女子学院被拘禁的教员。

27日 收到周作人来信,获赠大英国文字邮票一枚。

28日 复周作人信,并附寄近作《可惜 清华园海棠花下作》。

30日 拟窗课体,作《林黛玉喜散不喜聚论》。

按,俞平伯在《小叙》中说:"今日阴晦迟起,向校中借半日之闲,雨窗岑寂,忆及儿时从师受读,前窗绿竹一丛,后窗芭蕉三四株,书斋幽翳,每作文课,文虽陋,味颇永也,遂效其体。年时荏苒,故技荒疏,或弥劣于前矣。"俞平伯在文章中说:"窃以为《红楼》作者,描绘美人心性,喜着一涩字,如晴雯如龄官,黛玉其尤者耳;故其寄情也,似傲而诮,其赋性也,似慧而痴,用心弥深,于世弥惑,其趣愈下,其情愈可悯矣。"他认为书中的宝玉喜聚而恶散,黛玉天性喜散不喜聚,"性情之美自相映发,譬如泰华并峙各极其雄奇,江汉汇流交抒其苍浒,知人论世之君子将有以得之矣"。

本月 《红楼梦辨》由上海亚东图书馆再版。

5 月

10日 《没落之前》发表在《小说月报》第20卷第5号。

11日 晚,在东兴楼宴请傅斯年,周作人应邀出席。

18日 晚,应邀与傅斯年、朱自清、钱玄同、刘半农、马幼渔、

---

① 李书华(1890—1979),字润章,河北昌黎人,历任北京大学教授、中法大学服尔德学院院长、中华大学及北平大学副校长、教育部部长。

马叔平、马隅卿赴周作人家宴。

22 日　下午，与朱自清在清华园接待来访的周作人。

31 日　致周作人信，告知今日又观华世奎①法书"和平门"。

本月　去清华大学晤温源宁②，认为："彼对于工会似颇有意，不甚赞同我辈主张。"

本月　札记《家藏〈春在堂日记〉记概》发表在《北平北海图书馆月刊》第 2 卷第 5 号。

按，俞平伯评价曾祖父俞樾的《春在堂日记》"所记不外伦常日用之间，而学养性情往往流露，实抵得一部长篇的传记，有过之而无不及"。

本月　曹养吾编选的《中国近十年散文集》由上海全球书店出版，内收俞平伯的作品《西湖的六月十八夜》等两篇。

本月　《〈苦果〉序》发表在《燕大月刊》第 4 卷第 3—4 期。

6 月

1 日　闻南京国民政府在紫金山中山陵举行孙中山遗体安葬典礼。

2 日　收到周作人来信，获赠孙中山奉安邮票一枚。

4 日　收到周作人来信，请其代师大学生向朱自清索取《中国新文学研究纲要》二三份。

7 日　晚，在福生宴请周作人。

9 日　午，至欧美同学会，与周作人、傅斯年、马幼渔、马叔

---

①　华世奎（1864—1942），字启臣，号璧臣，祖籍江苏无锡，后迁避于天津，著名书法家。

②　温源宁（1899—1984），广东陆丰人，曾任北京大学西方语言文学系教授、清华大学西洋文学系教授、北平大学女子师范学院外国文学系讲师。

平、沈兼士等出席潘家洵宴请。

10 日 晚,至欧美同学会,与周作人、马幼渔、马叔平、马隅卿、潘家洵等出席傅斯年宴请。

15 日 致周作人信。

22 日 下午与朱自清同访周作人。

24 日 偕夫人小儿辈在公园柏树下饮茗谈心。

26 日 收到周作人来信,即复信。

29 日 收到周作人来信。

本月 国民政府下令取消大学区制。

7 月

5 日 下午,至东兴楼,与周作人、朱自清、徐耀辰等出席张凤举宴请。

9 日 收到周作人来信,即复信,告知近购得影印本《历代诗余》和《纳书楹曲谱》二书。

13 日 致周作人信。

25 日 赠送周作人俞陛云著《乐静词》一本。

8 月

5 日 收到周作人来信。即复信。

6 日 收到周作人来信,并附寄新作《〈女子学院毕业同学录〉序》,请其代交女子学院易淑瑛。即复信,说明自己未能为《女子学院毕业同学录》题词的原因是"对于女院资格关系更浅",“勉强为之,恐成滥调",顺告知请张樾丞①新镌一“古槐书屋"银章。

11 日　收到周作人来信,即复信。

17 日　下午访周作人。

24 日　收到周作人昨夜写来的信,转述从《科学月刊》第 6 期见到的江绍原讲俞曲园写废医论的一段话。即复信。

28 日　收到周作人来信,劝其到北大任教。即复信,决定暂听周作人的劝告,另想去师大教诗,请周作人帮助询问介绍。

30 日　收到周作人来信。

本月　北大学院重新恢复为北京大学。

9 月

2 日　收到周作人来信。

5 日　下午,访周作人。

上旬　新学年开学。

按,新学年即 1929 年至 1930 年度,在清华大学中国文学系被安排为三年级学生讲授《清真词》、戏曲和小说。因教学的需要,他已有意通释《清真词》全部作品。

11 日　晚,在福生宴请周作人。夜,致周作人信。

13 日　收到周作人昨夜写来的信,仍谈到北大“红楼"教书事。

15 日　收到周作人来信,仍商在北大和女院任教之事。

25 日　收到周作人昨夜写来的信,代马幼渔邀其赴马幼渔母亲宴。

---

　① 张樾丞(1883—1961),原名福荫,河北新河人,篆刻家。

27 日　马幼渔母亲七旬大庆，往钱粮胡同聚寿堂吃饭，适溥侗率兰闺雅集诸女弟子献技（昆曲）并请赏鉴。

本月　浦江清①由清华研究院国文门转入中国文学系任助教，与其相识并成为朋友。

10 月

9 日　收到周作人来信，谈文人与政治家的区别。即复信。

12 日　收到周作人来信，告知将于日内寄赠其与朱自清每人一部照印《清平山堂话本》。

13 日　收到周作人来信。

16 日　收到周作人来信及赠送《清平山堂话本》两部，其中一部转交朱自清。

26 日　晚与周作人等北大、孔德的熟人二十五六人为张凤举饯行。

本月　经周作人介绍，向日籍北京税务专门学校教员永持德一学习日语。

11 月

14 日　收到周作人来信，告知"魏建功②君等发起一'风物'周刊，……将于下月出版。"询问其所计划出版的刊物现在怎么样了，希望把它办起来，亦愿凑一脚色。即复信，谈创办刊物之事，强调

---

①　浦江清(1904—1957)，上海人，清华大学中文系教授，与朱自清合称"清华双清"，清华谷音社成员。

②　魏建功(1901—1980)，字天行，笔名山鬼，江苏如皋人，毕业于北京大学国文系，后留校任教。

并非无办刊之兴趣,特缺乏时间;又说"我们的 x 月"本想续出,因出版社不欲承印,以致搁浅,现在想合并二者,将来出一月刊。

21 日　夜致周作人信,顷晤马幼渔,确悉周作人次女若子夭折,专此奉唁。

12 月

1 日　收到周作人来信。

5 日　下午访周作人。

27 日　大雪。至燕京大学访周作人,未得晤。

28 日　至师大上任。

29 日　致周作人信,谈昨日去师大上任之事,新铸朱文名章,即在此笺印奉一览。

夏　为父亲俞陛云手抄《乐静词》六十二首。

秋　应聘到北京大学任教。

年内　标点的《三侠五义》一百二十回本由上海亚东图书馆再版。

年内　《浣溪沙·梦中得句醒后足成之》发表于《清华周刊》1929 年第 32 卷第 11、12 合期。

年内　为《燕知草》诗文集题七律一首,诗云:"换巢鸾凤去芳林,如画帘栊入梦心。微雨灯前宵漠漠,迟晖墙角昼情倍。端居谁分销余念,繁笑何须约独吟。一别桃鬟高几尺,悄无人处倚春深。"后因改用《换巢鸾凤》词调题《燕知草》,此诗遂未收入集中。1984 年年初,上海书店重印《燕知草》时,俞平伯将夫人许宝驯所书《题〈燕知草〉》诗补入书中,附在词调之后。

本年　继续在北平大学女子学院任教。

二十年代末　手书自填词《南柯子·用清真韵·咏秋海棠》,赠徐志摩[1]。

1930年(庚午,民国十九年)　30岁

▲3月,中国左翼作家联盟在上海成立。

▲5月至10月,蒋介石与阎锡山、冯玉祥在河南、安徽、山东、江苏混战,史称中原大战,最后蒋介石获胜。

1月

7日　生日。

上旬　收到周作人1月8日来信。

19日　午,周作人与徐耀辰在西四同和居招待几个城外的朋友,请其和陈逵作陪,客人系许仕廉[2]、黄子通、冯友兰、郭绍虞、熊佛西[3]、许地山。

28日　收到周作人来信,信中告知在护国寺一带庙会地摊上收得几个徽章,琉璃厂又有可观。即复信。

29日　受父亲俞陛云影响,试作《游仙诗》十五首,跋曰:"兹体始于辞赋,成于五言,而盛于七言,渊源弥长,作者云蔚;然或假以永怀,或求工于铺叙,寄情幻思或可引申。"

---

①　徐志摩(1897—1931),原名章垿,字槱森,浙江海宁人,诗人,参与发起成立新月社,后任北京大学英文系教授,兼任北京女子大学教授、南京中央大学教授。

②　许仕廉(1896—?),湖南湘潭人,曾任燕京大学社会学系主任。

③　熊佛西(1900—1965),原名福禧,字化侬,江西丰城人,曾任燕京大学教授、北京大学艺术学院戏剧系主任。

按,俞平伯称自己的作品"虽非列仙之趣,聊尽悠谬之想,遣有涯之生耳"。

31 日 收到周作人来信,信中告知又搜得民国符牌十许。

本月 夏丏尊创办、叶圣陶主编的《中学生》月刊创刊。

2 月

1 日 《萌芽月刊》第 1 卷第 2 期转载《没落之前》。

6 日 下午访周作人并赠所刻诗一本。

9 日 收到周作人来信,信中告知在琉璃厂买得一部明崇祯十七年八月刻《萨婆多部毗尼摩得勒伽》。

12 日 收到周作人来信,代董鲁庵①邀请其至师大附中文学会讲演。即复信。

13 日 收到周作人来信,即复信。

15 日左右 收到周作人 13 日来信,答应为其收藏的《苦雨翁书札》第二册写六行书,同时告知:拟整理其与钱玄同的信札,付诸装池,并拟请各自题字。当即复信,不同意装裱他的信札。

19 日左右 收到周作人 17 日回信,同意将其信札由原拟出"全集",改为"选本";选成后如"仍未以为可,实行亦可延期",只是不同意"根本取消"这个计划。

21 日 《小说随笔》作讫。

23 日 复周作人信,感谢其赠送新诗集《过去的生命》。

24 日 收到周作人来信,信中称《过去的生命》是"分行写之文耳,不是赋比兴之诗也"。

---

① 董鲁庵(1896—1953),又名于力,别号东岙,河北宛平人,曾任北京女子师范大学、河北省立天津女子师范学院、燕京大学国文系教授。

3 月

2 日 中国左翼作家联盟在上海成立。

同日 午,往会贤堂,应熊佛西、许地山招宴。周作人、马仕廉、冯友兰、陈逵等在座。

5 日左右 收到周作人 3 月 3 日和 3 月 4 日两封来信,代董鲁庵转告其去师大附中讲演的时间等。

6 日 下午访周作人。

上旬 应董鲁庵邀请,至师大附中演讲《贤明的——聪明的父母》。

4 月

6 日 午,往会贤堂参加凡社聚餐,周作人、熊佛西、许地山、马仕廉、黄子通、郭绍虞出席。

9 日 收到周作人 7 日来信,即复信,愿至苦雨斋参加参议院"蒙难"纪念之聚。

17 日左右 收到周作人 15 日来信,要求代请朱自清来参加"蒙难"纪念之聚。

19 日 下午,与江绍原、徐耀辰、朱自清、沈启无[①]、陈逵应邀至苦雨斋聚会,以此纪念去年此日被围困参议院事件。

26 日左右 收到周作人 24 日来信,为废名等创办的《骆驼草》周刊征稿。

---

① 沈启无(1902—1969),原名杨,字伯龙,江苏淮阴人,毕业于燕京大学中文系,曾任河北省立女子师范学院国文系主任、北平大学女子文理学院教授。

5 月

9 日　作《〈三国志演义〉与毛氏父子》。文章指出了郑振铎在《〈三国志演义〉的演化》一文中将评《三国》的毛氏父子的名和号混为一人的小错误。

12 日　废名、冯至①主编的《骆驼草》周刊在北平创刊。《身后名》发表在《骆驼草》创刊号。

19 日　《〈三国志演义〉与毛氏父子》发表在《骆驼草》周刊第 2 期。

25 日　午,往北海仿膳饭庄赴凡社之会,周作人、熊佛西、许地山、陈逵、徐耀辰出席。

6 月

5 日　下午,访周作人。

12 日　晚,周作人在苦雨斋宴请胡适,与马隅卿、江绍原、徐耀辰、马幼渔、钱玄同、刘半农等应邀作陪。

13 日　作《又是没落》。这是有感于普罗文学家于 6 月 3 日发表文章批评《骆驼草》的撰稿者,又在 12 日的文章中宣告周作人是"命定地趋于死亡的没落了",因此,作了此文。

16 日前　致周作人信。

19 日　沈士远、沈尹默、沈兼士在会贤堂摆宴为母亲祝寿。与周作人、黎子鹄、徐耀辰四人联名送沈府之礼。

23 日　《又是没落》发表在《骆驼草》周刊第 7 期。

———————————

①　冯至(1905—1993),原名承植,字君培,河北涿县人,毕业于北京大学德文系,曾任同济大学、西南联大教授。

下旬　致周作人信,谈成达教昆曲之事。

本月　线装诗文集《燕知草》由上海开明书店出版,分上、下两册。除《自序》、朱自清《序》和周作人的《跋》外,内收散文十六篇,诗词曲十三首,题材都是写杭州的。篇目为《换巢鸾凤》《江南二月附跋》《湖楼小撷》《芝田留梦记》《自从一别到今朝八解》《西关砖塔塔砖歌》《西关砖塔藏〈宝箧印陀罗尼经〉歌》《梦游附跋》《归鞭有谱》《西湖的六月十八夜》《城站》《清河坊》《眠月》《雪晚归船》《月下老人祠下》《坚匏别墅的碧桃与枫叶》《出卖信纸》《冬晚的别》《打橘子》《稚翠和她情人的故事》《重来之"日"》《重过西园码头》(残稿)。

7 月

3 日　收到周作人两封来信,并转来沈启无所拟明清小品文选目录。

4 日　下午,至苦雨斋访周作人。晚,同往北海仿膳饭庄参加凡社成员聚餐,徐耀辰、郭绍虞、黄子通、冯友兰、熊佛西出席。

14 日　《性(女)与不净》发表在《骆驼草》周刊第 10 号。

16 日　上午,收到周作人来信。下午,至苦雨斋访周作人。

24 日　以本年春天在师大附中演讲提纲为基础,写作完成《贤明的——聪明的父母》。文章详细阐述了慈与孝的关系,抨击了只讲"孝"不讲"慈"的做法。

25 日前　先后收到周作人 7 月 22 日和 24 日两封来信。

26 日　上午,与周作人、范文澜往北平大学女子学院评定国文试卷,工作至下午两点方才全部完成。

8 月

1 日 收到周作人 7 月 30 日来信并附赠日本友人在山口萩及久津两处拍摄的传说为杨贵妃墓的照片四张。即复信，表示对日本关于杨贵妃的传说很感兴趣，希望能从日本友人处得到更详尽的介绍。

4 日 《贤明的——聪明的父母》发表在《骆驼草》周刊第13 期。

上旬 收到周作人 8 月 6 日、8 月 8 日和 8 月 10 日的三封来信，即复信。

12 日左右 收到周作人 11 日回信，信中告知谈有关杨贵妃传说的信或可发表，只是希望"能为之加上一顶帽或一双靴，斯更善耳"。

15 日 访周作人。

16 日 晚，在时昌食堂宴请周作人和朱自清。

中旬 致周作人信。

22 日 收到周作人 20 日来信，即复信。

26 日 偕夫人至北海公园观荷花。兴之所至，填《蝶恋花》词一首并作小序。

本月 上海秋涛社主编陈思选辑的中学文学读本《小品文甲选》收录俞平伯散文《月下老人祠下》《桨声灯影里的秦淮河》。

9 月

2 日 收到周作人来信。

3 日 晚，周作人与徐耀辰在苦雨斋为即将赴德国留学的冯至饯行，与废名、梁遇春①、杨晦以及陈遂应邀作陪。

5日 作《从王渔洋讲到杨贵妃的坟》。文中引用了周作人7月30日和8月6日的两封来信，分析了杨贵妃在日本的种种传说，揣测：当时白居易"会不会以听了这种谣言，才去写《长恨歌》。所谓海山蓬莱，就隐隐约约指了日本？或者是《长恨歌》既传诵海外，有日本的俞平伯之流猜出《长恨歌》的夹缝文章而后造出该项流言来？这两个假定都有点可能。无论你采用何种，对于鄙说的估价总不无小补"。

6日 报载《教员工会宣言》，要求不日成立的新政府想办法迅速解决平津国立各院校教育经费问题。

7日 收到周作人来信，谢绝《燕大年刊》的约稿。即复信。

8日 致信周作人，托其说项女师大教职事。

9日 《世界日报》之"蔷薇"上忽对其大不敬。

10日 收到周作人8日和9日两封来信，即复信。

13日 应嘱为沈启无编的《冰雪小品》作跋。文章指出小品文自古被视为"旁行斜出文字之别名"。

按，俞平伯说："小品文的不幸，无异是中国文坛上的一种不幸，这似乎有点发夸大狂，且大有争夺正统的嫌疑，然而没有故意回避的必要。因为事实总是如此的：把表现自我的作家作物压下去，使它们成为旁岔伏流，同时却把谨遵功令的抬起来，有了它们，身前则身名俱泰，身后则垂范后人，天下才智之士何去何从，还有问题吗！中国文坛上的黯淡空气，多半是从这里来的。"俞平伯指出：小品文一直被自命道统者视为旁斜，而创作小

----

① 梁遇春(1906—1932)，笔名秋心，福建福州人，毕业于北京大学英文系，后留校任教。

品文的我们万不可"自居于旁于斜",要有"确实自信的见解和定力",要"勇猛精进地走"。要为小品文争得一个公正的席位。

15 日 《从王渔洋讲到杨贵妃的坟》发表在《骆驼草》周刊第 19 期。

18 日 中国左翼作家联盟北方分盟在北平宣告成立。

19 日前 分别收到周作人 13 日、16 日和 18 日三封来信，即复信，附《〈冰雪小品〉跋》。

22 日 《〈冰雪小品〉跋》发表在《骆驼草》周刊第 20 期。

按，收入《杂拌儿之二》时，题目为《〈近代散文钞〉跋》

同日 先后收到周作人 20 日和 21 日两封来信，信中言《语丝》缺本可以补奉。

23 日 上午，应周作人之招，至北平大学女子学院阅国文补考试卷。另赠送周作人自印信纸三匣。

24 日 作《〈红楼梦讨论集〉序》。

25 日 访周作人。

27 日 午，至熊佛西处参加凡社聚会，周作人、许地山、徐耀辰、冯友兰、黄子通、马仕廉出席。

30 日 作论文《"标语"》。此文可作《〈近代散文钞〉跋》的续篇，因"前跋殊有未尽之意，引而申之"，进一步阐述了搞文学创作要老实地说自己的话的观点。

同日 收到周作人用所惠丰子恺信封信纸写的信，即复信。

本月 将周作人 1928 年 11 月至 1930 年 9 月来信六十四封装裱成《春在堂藏苦雨翁书札》第二册，请周作人题词。周作人于本月 15 日作了题跋。

本月 《杂拌儿》由上海开明书店第三次印刷出版。

10 月

1 日 作《词课示例》引言,说明为配合在清华大学讲授作词之法,特作《词课示例》,将自填词十四首略附解释,"以供初学隅反之资"。

2 日 为周作人代取燕京大学 9 月份薪金,并送至苦雨斋。

3 日 致周作人信。

7 日 已先后收到周作人 3 日和 6 日两封来信,信中告知新取庐名"煅药庐",即复信。

9 日 下午,应嘱为寿石工①书写扇面。

13 日前 先后收到周作人 8 日、10 日和 11 日三封来信,复信两封。

13 日 《"标语"》发表在《骆驼草》周刊第 23 期。

14 日 收到周作人当日来信,请其接替因病请休假一年的冰心②,担任北平大学女子学院国文系二年级以上选修习作课授课老师。即复信,接受聘请。

16 日 收到周作人来信。晚至煅药庐访周作人,归而写致周作人信。

19 日 先后收到周作人 17 日的两封来信及书赠楹联一幅。即复信。

下旬 收到周作人 22 日和 26 日两封来信并沈启无转赠茶两罐,信中谈及与女大选修习作二者谈,似志愿作词者颇少,大都想作散文。复信两封,并赠送《燕知草》一部。

---

① 寿石工(1889—1950),原名玺,号珏庵,别署印丐,篆刻家、书法家。
② 冰心(1900—1999),原名谢婉莹,笔名冰心,福建长乐人,著名作家。

27 日　至女大上选修习作者,遵周作人嘱,教学生作散文。

31 日　收到周作人来信,谢赠《燕知草》,即复信。

月底　由老君堂 79 号寓所移家清华园南院 7 号居住,其东屋南有窗者一室,取室名"秋荔亭"。

11 月

3 日　《骆驼草》周刊终刊,共出版 26 期。俞平伯成为该刊的主要撰稿人。

4 日(左右)　收到周作人 2 日来信,商定同行赴天津之事。

7 日　应河北省立女子师范学院国文系主任沈启无邀请,下午与周作人同车赴天津。

8 日　上午,与周作人在天津女子学院分别作讲演。下午,受南开大学文学院文学研究会邀请,陪周作人往南开大学大礼堂作公开演说。

同日　送沈启无《燕知草》一部,并作五律一首,作为《燕知草》补遗,题写在书上。

9 日　与周作人同车返回北平。

12 日(左右)　收到周作人 10 日信,信中言朱肇洛①乞书

21 日　得周作人赠北平淳菁阁所印永明笺一匣。

22 日　在清华园作散文《梦记・一、让贤公寓里》。

同日　《清华周刊》个人新闻,俞平伯迁居清华。

23 日　收到周作人 21 日来信,即复信。

25 日　致周作人信,谈拟写说梦之文,询问有关的书籍,并

---

　①　朱肇洛(1909—?),名以书,笔名萧人,毕业于燕京大学,曾在辅仁大学中文系任教,后任《经世日报》文艺副刊编辑。

向周作人征集"佳梦"。

27 日 在《世界日报·明珠》文艺副刊发表一诗。

同日 在清华园作散文《梦记·二、关于〈燕知草〉》。

29 日 收到周作人 27 日回信,即复信。

12 月

3 日 在古槐书屋作散文《梦记·三、从书山上滚下来之后》。

10 日(左右) 收到周作人 9 日来信。

17 日 在清华园作散文《梦记·四、人力车夫》。

20 日 《清华周刊》第 34 卷第 8 期转载俞平伯《梦》。

21 日(左右) 收到周作人 20 日来信,提供近梦两则。

22 日 下午,访周作人。

23 日 致周作人信。

26 日 作新诗《吃语》第二十七至三十五首。

29 日(左右) 收周作人信。

30 日 晚,与朱自清、浦江清、叶石荪①、邹湘乔②等一起出席叶公超③邀宴。

31 日 中午,与朱自清借清华园西客厅宴客,共度新历除夕。

---

① 叶石荪(1893—1977),名麐,字石荪,四川兴文人,法国里昂大学文学博士,回国后历任清华大学、北京大学、山东大学、武汉大学、四川大学等校教授。

② 邹湘乔(1894—1978),名树春,号海乔,山东蓬莱人,曾任教于清华大学,擅书法。

③ 叶公超(1904—1981),原名崇智,广东番禺人,英国剑桥大学文学硕士,曾任清华大学外国语文系教授。

年底 北京大学学生创办《北大学生周刊》，与郑振铎、范文澜、许地山、李四光①、马叙伦②、张奚若③、许德珩被聘为顾问。

本年 在北京大学教共同必修课"中国诗名著选"，附实习。

本年 继续在清华大学讲"词选"课，并与朱自清、杨振声合开"高级作文"课，俞平伯专授"词习作"课。

本年 继续在北平大学女子学院任教。

1931 年（辛未，民国二十年）　31 岁

▲9 月，"九一八"事变爆发。

▲11 月，中华苏维埃共和国临时政府在江西瑞金成立，毛泽东当选为主席。

1 月

1 日 上午，踏雪访朱自清，未遇。中午，朱自清来访，饭后与其谈陈竹隐④事。

---

　　① 李四光（1889—1971），名仲揆，字仲拱，湖北黄冈人，英国伯明翰大学地质学硕士，回国后任北京大学地质系系主任。
　　② 马叙伦（1885—1970），字彝初，更字夷初，号石翁、寒香，晚号石屋老人，浙江杭州人，曾任北京大学教授，中国民主促进会主要缔造人和首位中央主席。
　　③ 张奚若（1889—1973），字熙若，自号耘，陕西大荔人，美国哥伦比亚大学政治学硕士，回国历任中央大学、清华大学和西南联大教授。
　　④ 陈竹隐（1903—1982），朱自清继室，四川成都人，清华谷音社成员，北京昆曲研习社社员。

3 日　晚，在清华园寓所宴请浦江清、冯友兰、邹湘乔、杨武之①等，并唱昆曲。俞平伯唱了《下山》及《惊梦》两段。

4 日　上午，作《梦记》。下午，阅爱理斯《梦的世界·引论》一章。晚，朱自清来吃晚饭，饭后同至朱自清处畅谈。

5 日　为周作人书"煨药庐"室名。

7 日　在清华园寓所设午宴招待来访的周作人和沈启无，朱自清应邀作陪。

8 日　晨，在清华园作散文《梦记·五、庙里》。

同日　许宝騄②来访并送来《声越诗词》一册。

同日　晚，至清华园西客厅，与朱自清、叶公超、叶石荪、顾随③、赵万里④、钱稻孙⑤、毕树棠⑥等一起出席浦江清邀宴。席间，大家由词而谈到昆曲、皮簧、新剧和新文学。

9 日　与表弟许宝騄一起翻译的美国作家爱伦·坡小说《长方箱》译讫，发表在本年《新月》月刊第 3 卷第 7 期，署名吾庐。

10 日　补记《梦记·五、庙里》跋语。

11 日　在清华园作散文《梦记·六、秦桧的死》。

同日　收到周作人 9 日来信。

12 日　上午至北大授课；下午至女大授课。郭则沄来访。

---

①　杨武之(1896—1973)，名克纯，安徽合肥人，曾任清华大学、西南联合大学数学系主任。

②　许宝騄(1910—1970)，字闲若，浙江杭州人，著名数学家。

③　顾随(1897—1960)，字羡季，别号驼庵，笔名苦水，河北清河人，毕业于北京大学英文系，曾任北京大学教授。

④　赵万里(1905—1980)，字斐云，浙江海宁人，曾任清华大学国学研究院助教，北京大学、清华大学、辅仁大学等校教授，北京图书馆研究员。

⑤　钱稻孙(1887—1962)，字介眉，浙江湖州人，曾任清华大学教授、图书馆馆长。

⑥　毕树棠 (1900—1983)，名庶滋，山东文登人，曾在清华大学图书馆工作。

13 日　收到周作人来信,转来沈启无留下的天津讲稿,请校改后寄还沈启无。

14 日　复叶圣陶信。

15 日　请叶公超审定《长方箱》译稿。

16 日　收到蒋慰堂自德国寄来的明信片。收到废名青岛来信。

同日　收到周作人来信,谈废名请帮忙求职之事。

18 日　下午,复表叔王歗猴、废名信。晚,应黄子通夫妇邀请,偕夫人赴宴。夜,作五言诗《赠黄子通》一首。

19 日　将《赠黄子通》一诗寄赠黄子通。

21 日(左右)　收到周作人 20 日晨来信,建议购买刘半农所辑《敦煌掇琐》一书。

25 日　填词《菩萨蛮》一首。应约至叶公超处商谈修改译稿《长方箱》。

同日　午,应邹湘乔招宴,清华同人均在座。

26 日　生日。收到周作人当日来信及赠送浙江绍兴古刻信笺一匣。

同日　许宝骙、郭学群①来访。

27 日　下午,访周作人。夜,填词《浣溪沙·和清真》一章。

28 日　收到叶石荪寄来近作词一章。晚,朱自清与顾颉刚来访。

29 日　上午,阅燕京大学试卷。下午,访朱自清。

30 日　收到周作人、顾颉刚来信。晚,叶石荪、邹湘乔来访,

---

①　郭学群(1902—1989),郭则沄长子,俞平伯外甥,字可选,号仙樵,福建侯官人,曾任上海图书馆副馆长。

畅谈诗词。

31 日　填词《浣溪沙·和梦窗》两章。

本月　与蒋梦麟等六人被增聘为北大学生月刊委员会顾问。

本月　曹聚仁编《散文甲选》由上海群众图书公司出版,内收其散文《山阴五日记游》一篇。

本月　《梦》(节载)发表于《中国学生》1931 年第 3 卷第 1 期。

2 月

1 日　填词《浣溪沙》三章。

2 日　下午,应马幼渔夫妇邀请,偕夫人赴宴。夜,填词《浣溪沙·和梦窗》(莫把归迟诉断鸿)一章。

3 日　晚,访朱自清。

4 日　在家宴请叶公超,饭后同赴叶公超处商校译稿。收到马季明来信。

6 日　访叶公超和叶石荪。

7 日　作文一节及《词课示例》之第六部分。下午,黄子通来访。

同日　收到周作人 5 日来信,答应奉送再版永明笺,即复信。

8 日　晚,应嘱为翁初白①写近作词两页。

9 日(左右)　收到周作人 8 日来信,委托其去看望卧病的江绍原。

---

①　翁初白,中国营造学社社员。

同日 上午，在北京大学授课时，与周作人晤谈。

10日 上午，至北京大学授课。下午，陪父亲俞陛云访陈伏庐[1]。

12日 上午至清华大学授课。下午，至燕京大学授课；课后访顾颉刚。

13日 上午，至北京大学授课。下午，许宝蘅[2]来访。

14日 下午，高步云[3]来唱昆曲，俞平伯唱了《亭会》《湖楼》两折，又与夫人合唱了《折阳》一折。

15日 下午，赴和平社曲集。

16日 下午，高步云来唱昆曲，俞平伯唱了《玩笺》一折，又与夫人唱了《茶叙》一折。

17日 春节。应嘱为高步云书写小条幅。另，填词《蝶恋花》一章，和辛稼轩元日立春韵。

18日 收到周作人来信，邀参加由欧洲归国的胡愈之接风宴，并告知在书摊上见到"曲园主人临攀云阁帖"之事。

19日 下午，至米粮库胡同访傅斯年。晚，周作人在煅药庐宴请胡愈之，与钱玄同、朱自清等应邀作陪。

20日 上午访江绍原。下午访许雨香[4]。

23日 至北大、女大两处授课。

---

① 陈汉第(1874—1949)，字仲恕，号伏庐，清季翰林，辛亥革命后历任国务院秘书长、清史馆编纂。

② 许宝蘅(1875—1961)，俞平伯姐夫，字季湘，晚号夬庐，浙江杭州人，清季举人，曾任军机章京、内阁承宣厅行走，后担任大总统府秘书、内务部秘书。

③ 高步云(1895—1984)，又名小泉，江苏太仓人，苏州昆剧传习所首任笛师，后入中央民族音乐研究所。

④ 许雨香(1881—1959)，名宝菡，浙江杭州人，俞平伯之姻弟，昆曲世家，于天津、北京、杭州屡结曲社，曾受聘为北京昆曲研习社导师。

25 日 上午至清华大学授课。

26 日 下午，至燕京大学授课。晤马季明。

27 日 至北京大学授课。

3 月

1 日 在火神庙得两小章，其一有印文"留春山馆主人"。

2 日 北大、女大两处授课。致周作人信，晨拟晤于"红楼"而未得。

5 日 收到周作人来信，并附废名的来信。

8 日 午后，偕夫人、儿子和许宝骎同游大钟寺。

9 日 上午至燕京大学授课。下午至女大授课。

10 日 上午，至北京大学授课。课后至东四大街大兴公寓看望江绍原。

11 日至 12 日 整理《移棋相间法》旧稿。

14 日 收到周作人来信，并转来废名所作诗二首。

15 日 整理《呓语》原稿。

16 日 《文艺新闻》周刊在上海创刊。

18 日 上午至清华大学授课。下午马季明来访，对俞平伯辞燕京大学教职，致挽留之意。

19 日 至清华大学、燕京大学两处授课。课后访顾颉刚。

23 日 至燕京大学、女大两处授课。

24 日 清华大学学生林庚①、安文倬来访。

25 日 上午至清华大学授课。下午为学生批改新诗及词。

---

① 林庚(1910—2006)，字静希，原籍福建闽侯，生于北京，毕业于清华大学中文系，历任厦门大学、燕京大学、北京大学教授。

同日　作《〈东京梦华录〉所载说话人的姓名问题》。俞平伯在《学文》第 1 期看到孙楷第[①]的文章，所引《东京梦华录》卷五"京瓦伎艺"一节，"句读与平常读法迥异"，"遂至所记名字悉误"。俞平伯根据自己的理解，做了标点，并说明了订正的理由。

26 日　晚，开始节抄脂砚斋评在自己的《红楼梦》书上。

28 日　续抄脂砚斋评《石头记》。

30 日　至女大授课，顺便代清华大学邀请熊佛西作讲演。

本月　以联络感情研究学术为宗旨的北京大学国文学会成立。俞平伯为国文学会会员。

4 月

2 日　至清华大学、燕京大学两处授课。晤黄子通。

3 日　上午，在北京大学为学生书写"缘溪"封面。下午至女大授课。课后至燕京大学邀请熊佛西到清华大学讲演。

4 日　下午偕夫人游玉泉山，至晚始归。

7 日　上午，与陈寅恪同游万寿山。晚，为《清华中国文学会月刊》写封面。

8 日　下午，偕夫人游翠微山，至八大处踏青。

9 日　偕夫人与陈寅恪、许宝骙同游沙河、汤山公园等。

同日　收到周作人来信。

10 日　与朱自清同游阳台山大觉寺。

11 日　作游记《阳台山大觉寺》。

同日　收到废名来信，即复信。下午，朱自清来访。

---

①　孙楷第(1898—1986)，字子书，河北沧县人，毕业于北京师范大学国文系，曾任北京大学教授。

12 日　晚,浦江清来访。

15 日　《〈东京梦华录〉所载说话人的姓名问题》发表在《清华中国文学会月刊》第 1 卷第 1 期

同日　《清华中国文学会月刊》创刊。

按,自第 2 卷第 1 期起,改名为《文学月刊》,1933 年终刊。俞平伯与朱自清、浦江清、郑振铎、林庚、安文倬等先后任编辑。

17 日　收到周作人当日来信,并附致南京沈士远信一封,由其代寄。晚,复周作人信。又致陈逵信。

18 日　废名来访。下午,偕夫人、女儿及许宝𬴂一起游达园和朗润园。

19 日　为纪念前参议院"蒙难"两周年,应邀至苦雨斋访周作人,废名在座。

20 日　致叶圣陶信,附文稿一篇。

23 日　至清华大学、燕京大学两处授课。晚,朱保雄、林庚来访,林庚以创作小说求正。

24 日　上午,至北大授课。下午,收到周作人来信,信中言在商务分馆见四部本《文选》一部,如欲得,可以捷足。

25 日　下午,在清华园校中散步,看到海棠、白丁香繁开,遂成诗二首。

28 日　下午,出席清华大学国文系茶话会。

5 月

1 日　收到周作人来信,承惠赐书籍。

5 日　端午节。与陈寅恪同游万牲园,观雨后牡丹。

6 日(左右)　收周作人信。

7 日　邀请周作人至清华大学,为国文学会作讲演。晚,应朱自清邀请,在叶公超处共进晚餐。

13 日 晚,朱自清的学生为朱自清举行送别宴会,俞平伯与浦江请参加。

按,朱自清致陈竹隐的信中说:"昨晚学生为我饯行,(其实真太早!)甚为欢乐。席间与他们猜拳,我的拳太坏,喝了不少的酒。饭后俞、浦两先生唱昆曲,学生亦唱小调。"

15 日 《梦记·一、让贤公寓里》《梦记·二、关于〈燕知草〉》发表在《清华中国文学会月刊》第 1 卷第 2 期。《清华中国文学会月刊》在介绍作品时说:"创作方面……平伯君之《梦记》造句隽永。按梦记一体,除英人德昆西偶一为之甚工外,近代散文家罕肯尝试。凡读过平伯君之诗文者,周皆信其向此方面开拓,能找到其天才所在也。"

21 日 作散文《中年》。俞平伯说:"我也是关怀生死颇切的人,直到近年方才渐渐淡漠起来,看看从前的文章,有些觉得已颇渺茫,有隔世之感。"这似乎"就是中年到了的缘故"。

同日 《北大日刊》刊载国文系为"毕业同学录"募捐名单,捐洋三元。北京大学教授募捐者共十七人,除马幼渔捐洋五元外,其他人均捐三元。

27 日 收到周作人来信,附随笔《中年》,即复信,邀 31 日来清华园寓中小叙。

31 日 中午,与钱玄同在清华园寓中宴请孙伏园,周作人因事未至。

6 月

上旬 收到周作人 5 月 31 日、6 月 4 日、8 日、9 日四封来信。

15 日 《梦记·三、从书山上滚下来之后》《梦记·四、人力车夫》《梦记·五、庙里》《梦记·六、秦桧的死》发表在《清华中国文学会月刊》第 1 卷第 3 期。

19 日 应胡适之嘱,为《脂砚斋评〈石头记〉》残本作跋。

按,俞平伯说"此余所见《石头记》之第一本也。脂砚斋似与作者同时,故每抚今追昔若不胜情。然此书之价值亦有可商榷者",他以三个例证说明《脂砚斋评〈石头记〉》"非脂评原书乃由后人过录"。

21 日(左右) 收到周作人 20 日来信。

26 日 收到周作人来信,信中谈到马幼渔拟请其担任研究所导师工作,而稍减少上课之事。

27 日 马幼渔来访。

28 日 复周作人信,谈受聘北京大学之事,说:"指导研究固盛事,但位高则危,惧其颠踬,故踌躇耳。"

29 日 与陈寅恪同游北戴河数日。

本月 辞去燕京大学教职,推荐沈启无接替。

本月 叶公超有燕尔之喜,与朱自清等清华同人奉贺。

7 月

上旬 收到周作人 7 日的两封来信,信中谈及金九经①有东魏正书石刻高湛墓志拓本嘱转呈。

中旬 收到周作人 12 日和 17 日的两封来信。前者谈金九经邀吃斋;后者谈朱自清与陈竹隐恋爱之事,认为他们已"渐近

---

① 金九经(1906—1950),自称担雪行者,朝鲜人,曾在北平大学讲授朝鲜文和日文。

自然"，结婚时可以此四字红纸书赠。

19日　参加骑河楼之会。

22日　复周作人信，告知已将其17日的信转朱自清一阅。信中说，朱自清"虽将去英伦，却尚少绅士结习，并无嫌忌。明年今日可预备大红纸书之，可耳"。

下旬　收到周作人23日和31日两封来信。后者谈到"今日阅报见《新月》九期广告，而内面新闻中则云：公安局已光临该店……而兄之《中年》一文亦列入反动而不得捧读了"。

本月　《中年》发表在《新月》月刊第3卷第9期。

8月

12日　收到周作人来信。

14日　参加熊佛西组织的集会。

15日　《游仙诗》十五首发表在《清华中国文学会月刊》第1卷第4期。

中旬　回杭州、苏州、上海探亲访友。

20日　七夕节。填词《踏莎行·辛未七夕寄环》。

30日　携邮册去苦雨斋。

下旬　朱自清启程赴欧洲游学。行前，作旧体诗《送朱佩弦兄游欧洲》二首。

9月

1日　致周作人信，承赐以捷克邮票。

9日　《北京大学日刊》刊载《国文学系课程指导书摘要》，其中"共同必修科目"内的"中国诗名著选（附实习）"，由其任教；

"分类必修及选修科目""中国文学"中的"词"和"小说",亦由其任教。

10 日 收到周作人当日来信。信中谈到北京大学文学院长胡适提议,经国文系主任马幼渔核准,拟请俞平伯担任新添之散文甲班的课程。另聘请徐志摩、废名、余上沅①分别讲授诗、小说和戏剧。即复信,不拟接任北京大学国文系新添之散文试作。

12 日(左右) 收到周作人信,谈及胡适本意散文、小说两项均由俞平伯担纲,经其斟酌改属散文项下。

15 日 复周作人信,"散文试作如老将肯出马,则必当勉力摇旗呐喊,以壮声威。否则,以小卒杂诸好汉之间,未免天鹅绒耳"。

18 日 "九一八"事变发生,东三省很快被日本侵略军占领,激起中国人民的强烈义愤。

按,俞平伯有感而作《我的救国论》,原拟发表在《东方杂志》。后在"一·二八"事变中被焚毁。俞平伯在 1932 年 11 月作的《广亡征!》一文中说,"《我的救国论》前在《东方》被燃烧弹烧了"。

19 日 复周作人 15 日信,谈近日正在写作《诗的秘密》一文,"脱稿尚须时日"。另谈拟编文集《杂拌儿之二》,拟请周作人题写书名。

按,20 世纪 30 年代,俞平伯曾拟为自己编一本文集,书名为《但恨多谬误集》。此书最终也没有编成。

21 日 上午,清华大学教职员公会召开临时紧急会议,推举

---

① 余上沅(1897—1970),湖北沙市人,曾任北平大学艺术学院戏剧系教授、国立戏剧专科学校校长。

教授十七人组成"国立清华大学教职员公会对日委员会"，要求每位会员除交本年会费一元外，再捐助薪金百分之一，作为委员会费用。

23日 下午，在北京大学第二院会议室选举校务会议的教授代表，文学院当选教授代表七人，俞平伯当选为候补代表。

同日 北京大学国文学系发出布告，公布新文艺试作一科暂分散文、诗、小说、戏剧四组，俞平伯与胡适、周作人担任散文指导教员。布告发出后，并未立即实施。

27日 收到周作人来信，信中谈及买了开明书店出版的重刻明人盛此公的《休庵影语》，有江南才子序文，末云："犹以为未足者，此公未见住北平之俞君，不然平伯必有一番高论云云。"

28日 应马幼渔邀请，至北京大学参加座谈会，胡适、徐志摩等出席。

同日 有感于国事，作《古槐梦遇》一则。

下旬 与胡适晤谈时事。

30日 晚，致胡适信，述忧国忧民之心，以为知识分子救国之道唯有出普及本单行周刊，从精神上开发民智，抵御外侮。希望"平素得大众之信仰"的胡适主持和引导此事。

10 月

3日 收到周作人来信。

14日 长篇论文《诗的神秘》写讫。

同日 收到周作人来信。

中旬 复周作人信两封。

24日 收到周作人来信，信中谈《杂拌儿之二》出书甚所盼望，题字所不敢辞，但似乎想提出要求，亦即交换条件：日后刊苦雨斋文抄时要请为一挥也。

28 日 《北京大学日刊》刊载《国文学系教授在校指导时间及地点表》,俞平伯安排于星期一下午一时至五时,星期二上午八时至十二时,在国文系教授会指导学生。

本月 给远在英国的朱自清寄信。

11 月

5 日 收到周作人来信。

8 日 下午,至苦雨斋访周作人,饮土葡萄酒,畅谈。

19 日 徐志摩乘飞机遇难,闻讯甚悲。

月末 收到周作人 28 日来信,"闻清华因请愿之故可以不上课,想兄又可有闲写一篇长文章了"。

12 月

1 日 复周作人信。

4 日 下午,北京大学教员诸公集会,大有投笔请缨之概。

6 日 收到周作人信,谈清华、北大、女大三校师生请愿之事。

8 日 午后,应周作人之约,参加与沈启无、魏建功四人的聚会小酌。

19 日 收到周作人来信,谈北大学生停课请愿之事,顺借其家藏"敬问起居 曲园通候笺"的原刻板。

21 日 作随笔《救国成为问题的条件》。

22 日 午后到公园踏雪。

25 日 报载北京大学将复课。

26 日 收到周作人来信。

本月 增补为清华大学评议会评议员。

夏 应嘱与朱自清合为大本先生书写扇面。俞平伯在扇面右侧题七律一首,诗曰:"穷朔风光值几钱,罗衣才脱又穿棉。欢愁自惜谁青眼,衣食长勤早白颠。草草铺排真一霎,匆匆聚散两茫然。百年如此有何益,抵得风凉时暂眠。"落款:"大本先生两政,俞平伯时同客清华园。"此诗久佚,未能收入集中。

本月 梅贻琦①任清华大学校长。

本年 继续在北京大学、清华大学任教;同时,在女大兼课。

1932年(壬申,民国二十一年) 32岁

▲1月,"一·二八"事变在上海发生。

▲5月,国民党采取不抵抗政策,与日军签订《上海停战协定》。

▲9月,林语堂等人在上海创办《论语》半月刊,提倡幽默和闲适的小品文。

▲12月,宋庆龄、蔡元培等发起的中国民权保障同盟在上海成立。

1月

1日 《中学生》月刊第21期在《贡献给今日的青年》总题目下,发表了五十二人短简。俞平伯参加了笔谈,他在短简中告诫

---

① 梅贻琦(1889—1962),字月涵,天津人,曾任清华大学校长。

青年们:要信自己的力量可以救中国,应当救中国。同时,要积极创造救国的条件,"不存此心,不得名为中国人"。

3 日　收到周作人来信。下午,外出向周作人拜年,并与废名、沈启无交谈。

11 日　《文艺新闻》第 44 号发表了署名"康靖"的文章《"诸家"的意见怎样》,批评《中学生》月刊登载的"52 位诸家'贡献给今日的青年'的意见",认为其中有三十几位的意见是在"欺骗及麻痹"青年。

同日　下午,访周作人,送去父亲俞陛云书赠的小联。

13 日　收到周作人来信,信中提出愿为《杂拌儿之二》作序以代替题写书名。

同日　晚,访浦江清,示以新作《演连珠》四则,浦江清认为"甚清俊"。

15 日　生日。复周作人信,同意请其为《杂拌儿之二》作序以代替题写书名,并附寄此书目录。

16 日　《救国成为问题的条件》发表在《大公报》"现代思潮"第 17 期。

17 日　作《读〈妇女解放新论〉书后》。

18 日(左右)　收到周作人 16 日信,信中告知沈启无仿照曲园公旧制"敬问起居曲园通候笺"印制了"茗缘室敬问起居信笺"奉赠。

19 日　作《呓语》第十九至三十五首的序。

按,收入《杂拌儿之二》时,写作时间改署"1932 年 1 月 24 日"。

同日　收到周作人来信。即复信。

20 日　将 1922 年在太平洋舟中所作《〈西还〉书后》一文找

出,略作修补。

22 日　收到周作人来信,信中转告马幼渔请其在下月作一次讲演。

23 日　复周作人信。

24 日　上午,访周作人,面谈有关文学讲演事。下午,写致周作人信。

25 日　上午,访周作人,得周作人赠送苦雨斋笺一匣。

28 日　"一·二八"事变在上海发生。

29 日　作《代拟吾庐约言草稿》。吾庐是俞平伯与志趣相同的两个表弟许宝骙、许宝䮖自然组成的一个小团体。他们共同约定了要好好活着的四个要点,即:自爱、平和、前进、闲适。他说他们的小团体"是一种思想的意志的结合,进德修业之谓;更是一种感情的兴趣的结合,藏修息游之谓。生命至脆也,吾身至小也,人世至艰也,宇宙至大也,区区的挣扎,明知是沧海的微沤,然而何必不自爱,又岂可不自爱呢"。

31 日　致周作人信,谈及"沪变甚亟出人意表外,闻涵芬楼一炬,尤可惜。我的《救国论》大约也毁于炸弹下了。此足为书生之一棒喝!"

2 月

2 日　收到周作人来信。

4 日　收到周作人来信,代沈兼士询问其是否可以到辅仁大学任教。即复信。

7 日　收到周作人来信,续谈沈兼士请其到辅仁大学去教新文学之事。即复信。

13 日　致周作人信,谈北京大学连维持费亦不能准发,生活拮据。

中旬 收到周作人 13 日、15 日和 18 日三封来信。

20 日 午,在德国饭店宴请周作人。

21 日 致周作人信。

22 日至 27 日 每隔两日即收到周作人来信,即复信。

29 日 《呓语》第二十三至三十五首发表在清华《文学月刊》第 2 卷第 3 期出版,该期的《卷头语》为俞平伯所作。

本月 将周作人 1930 年 9 月至 1932 年 2 月的来信七十四封装裱成《春在堂藏苦雨翁书札》第三册,请周作人题词。周作人于本月 15 日作了题跋。

3 月

1 日 作《致国民政府并二中全会快邮代电》,信中将去年"九一八"事变以来作者"所怀之疑虑数端"质直上陈。俞平伯说:"鄙人未隶任何党籍,供职国立学校,以不敢放弃国民之天责,故质直布其诚悃,如何措施,则在位者之责矣。"

7 日 《演连珠》二十四节发表在《大公报·文学》副刊第 218 期。编者按语指出:此"虽模仿古体,而感怀今事。驱遣旧辞,而绅绎新思。有心人读之,当能见其箴规之诚挚与理解之深彻,而毋徒取其词之工美也"。

按,收入《燕郊集》时,《演连珠》增补为三十四节。

上旬 收到叶圣陶 3 月 2 日自上海来信,谈"一·二八"事变一月来的感想。

按,俞平伯曾将此信节录发表在 1932 年 3 月 30 日出版的清华《文学月刊》第 2 卷第 4 期。

10 日 收到周作人来信,即复信,谈叶圣陶来信中介绍的上海局势。

13日 收到周作人来信。

14日 下午，应邀至苦雨斋访周作人，并将装裱后的《春在堂藏苦雨翁书札》三册带去。废名、沈启无在座，并均为之题跋。

15日 《北平清华大学教授俞平伯致国民政府并二中全会快邮代电》发表在天津《大公报》。

19日 收到周作人来信。

23日 在城内古槐书屋复周作人信。

27日 复周作人信。

31日 收到周作人来信。

本月 吴宓①欧游归来，宴客于清华园之西客厅，俞平伯应邀出席并即席赋诗，答谢主人的宴请。

4月

6日 下午，访周作人。

12日 收到周作人来信，即复信，谈对今年4月19日纪念活动的设想。

15日 下午，访周作人，随后往北京大学文学院三层楼第二教室演讲《诗体之变迁》。

18日 晚，应马幼渔之约，往西板桥拜访章太炎②，周作人、朱希祖、钱玄同、沈兼士、刘半农、胡适等俱在。

19日 下午，与周作人在苦雨斋举行"蒙难"三周年纪念，钱

---

① 吴宓（1894—1978），字雨僧、玉衡，笔名余生，陕西泾阳人，清华大学国学院创办人之一。

② 章太炎（1869—1936），俞樾弟子，原名章炳麟，字枚叔，号太炎，浙江余杭人，著名民主革命家、思想家。

玄同、江绍原、徐耀辰、废名等应邀参加。

22 日　收到周作人来信。

26 日　午,在淮扬春饭庄宴请周作人,许宝驹应邀作陪。

本月　《诗的神秘》发表在《清华周刊》第 37 卷第 6 期。

5 月

1 日　收到周作人来信。

5 日　收到周作人来信。

7 日　应马幼渔之招,前去聚会。周作人、叶公超、胡适、郑振铎、徐耀辰、许宝驹、刘文典①等在座。

8 日　午,周作人宴请梁宗岱②,俞平伯与沈尹默、徐耀辰、江绍原、许地山等应邀作陪。

10 日　午,同周作人、魏建功在德国饭店小酌。

12 日　收到周作人来信。

15 日　下午,周作人设家宴款待章太炎,俞平伯与马幼渔、钱玄同、朱希祖、沈兼士、魏建功等应邀作陪,并在庭院中合影留念。当晚,章太炎应嘱为俞平伯书写条幅,录《论语》"敏而好学,不耻下问"一节。

28 日　收到周作人来信。

6 月

24 日　收到周作人来信,即复信,谈新学年应聘清华和北大两校之事。

---

①　刘文典(1889—1958),字叔雅,安徽合肥人,曾任北京大学、清华大学教授。

②　梁宗岱(1903—1983),广东新会人,诗人,曾任北京大学法语系主任。

25 日 梁遇春病逝。俞平伯与蒋梦麟、周作人、胡适、叶公超、废名等人发起追悼会,拟于 7 月上旬举行。

26 日 收到周作人来信。

27 日 上午,至苦雨斋访周作人。

本月 据清华大学第四级年刊部出版的《国立清华大学年刊》载,俞平伯是本年刊部的顾问。

7 月

1 日 收到周作人当日来信。

2 日 上午,访周作人。中午与周作人同往北京饭店,为蒋梦麟宴请蔡元培作陪。

9 日 上午,至北京大学二院礼堂参加梁遇春追悼会。

18 日至 20 日 冒盛暑游戒坛。

22 日 收到周作人来信,即复信。

24 日 致周作人信。

27 日 收到周作人来信。

28 日 下午,至苦雨斋访周作人。傍晚值雷雨,不仅苦雨斋院子里积水,胡同里也积水,只好雇汽车回家。这一次,他真正体会了苦雨斋的滋味。

29 日 致周作人信。

8 月

2 日 收到周作人 7 月 31 日来信,即复信,谈不拟接受北大之聘。

7 日 收到周作人 5 日来信,即复信。

17 日 收到周作人 15 日来信。

下旬 与友人偕游青岛数日。其间,作《壬申东游二律句》《青岛杂诗》四首和《大明湖杂咏》四首。

　　按,其中的七首发表在本年 10 月 3 日《大公报·文学》副刊第 248 期。

28 日 傍晚,自青岛回到北平。收到周作人 26 日来信,当晚即访周作人。

31 日 收到周作人 29 日来信,即复信。

9 月

5 日 下午,访周作人。晚,致周作人信。

8 日 收到周作人来信。

同日 作散文《戒坛琐记》。

上旬 清华大学新学年开学,被聘为中国文学系教授,讲授南唐二主词、《清真词》和"词"习作课,另外讲授戏曲和小说。

15 日 收到周作人来信及寄赠其讲校的《中国新文学的源流》一本。即复信。

19 日 收到周作人 17 日来信,即复信。

22 日 收到周作人昨日和当日来信,即复信。

27 日 收到周作人 25 日来信。

本月 《近代散文钞》由北平人文书店出版,书名为俞平伯所题。

10 月

1 日 《戒坛琐记》发表在《新月》月刊第 4 卷第 3 期。

同日　收到周作人 9 月 29 日来信,即复信。

3 日　收到周作人来信,即复信。

5 日　收到沈启无赠送的《近代散文钞》上卷一册。

7 日　陪父母亲游陶然亭,归后作《陶然亭追和雪珊女史题壁韵》三首附小序和《陶然亭文昌阁求签诗纪事》一首。

13 日　应嘱读朱自清新作散文《给亡妇》。另收到周作人来信。

14 日　晚,与朱自清等出席清华中国文学会迎新大会,并在会上讲演《诗的歌与诵》。讲稿整理后,发表在 1933 年 1 月 1 日《东方杂志》第 30 卷第 1 号。

15 日　向朱自清谈读后感,认为:"《给亡妇》一文太浓,如作回忆口气当较淡。"

17 日　《陶然亭追和雪珊女史题壁韵》三首附小序和《陶然亭文昌阁求签诗纪事》一首发表在《大公报·文学》副刊第 250 期。

22 日　复周作人 18 日和 20 日两封来信。

26 日　收到周作人 24 日来信,即复信。

30 日　下午,访周作人。

11 月

1 日　旧体诗《失题》发表在《现代》杂志第 2 卷第 1 期,署名萍。文章《他是一块烘炉的赤铁》(《呓语》之三十四)发表在《东方杂志》第 29 卷第 5 号。

3 日　作《广亡征!》。俞平伯对"九一八"事变以来的不抵抗政策极为愤慨,在作品中历数国家将亡的各种征兆,以此向世人敲响警钟。

7 日　收到周作人来信,即复信。

8日 致朱自清信,谈北平将被变成文化城之事。朱自清在当天的日记中写道:"晚平伯以信来,中论文化城事,余签名。"

11日 在城内复周作人8日来信。

14日 在古槐书屋收到周作人来信,即复信,略谈在辅仁大学讲课之事。

16日 收到周作人来信,即复信。

17日 午后,访周作人。

18日 收到周作人来信。

21日 致周作人信。

下旬 收到周作人23日、24日和26日来信及为《杂拌儿之二》所作的序文手稿。

12 月

1日 《小说随笔》发表在《东方杂志》第29卷第7号。

2日 收到周作人来信,即复信。

4日 收到周作人来信。

8日 复周作人信。

11日 下午,访周作人。

中旬 收到周作人16日和19日来信。复周作人信并赠送故宫日历一份。

22日 收到周作人来信。

27日 将《词课示例》讲义一份寄赠周作人。

28日 收到周作人来信,即复信。

30日 应周作人邀请,至苦雨斋赴宴。

春 在清华园西院朱自清寓所作《郊园春望》诗一首,抒发思念老友之情。诗云："曾从秋荔分红叶，今日燕郊独看花。欲折一枝谁寄与，题诗应不到天涯。"

本年　仍在北京大学任教。

1933 年(癸酉，民国二十二年)　33 岁

▲1 月，中华苏维埃临时中央政府和工农红军军委发表宣言，表明愿在三条件下与全国军队停战议和，共同抗日。

▲2 月，国民政府行政院及中央古物保管委员会将北平故宫古物首批 2118 箱启运南京。

1 月

1 日　应东方杂志社征稿所作《新年的梦想》以及讲稿《诗的歌与诵》，发表在《东方杂志》第 30 卷第 1 号。

3 日　生日。

6 日　收到周作人来信，即复信。晚，朱自清来访谈。

11 日　收到周作人来信。

21 日　下午，访周作人。

26 日　春节。下午，朱自清来访谈；晚，邀宴浦江清，饭后打桥牌。

同日　作《闲言》。俞平伯说："闲话到底不好，闲言为是。言者何？自言也。'闲言'之作，自警也。宁为《隋唐》之罗成，不作《水浒》之花荣，此衲子在癸酉新春发下的第一个愿。"

29 日　收到周作人来信，即复信。

2 月

1 日 《广亡征!》发表在《论语》半月刊第 1 卷第 10 期。

8 日 中午,与朱自清、汪敬熙、陶希圣、周枚荪、冯友兰等出席顾颉刚招宴。

9 日 收到周作人来信。与叶公超同访周作人。

11 日 致周作人信。

20 日 致周作人信。

22 日 为《清华年刊》作散文《赋得早春》。俞平伯说:"文士叹老嗟悲",天长而地久,"简直近乎命定"。"寻行数墨地检查自己,与昨日之我又有什么不同呢? 往好里说,感伤的调子似乎已在那边减退了——不,不曾加多起来,这大概就是中年以来第二件成绩了。"

同日 收到朱自清寄来的散文《春》。

23 日 下午,与来访的朱自清谈对散文《春》的读后感。同时,也以新作《赋得早春》请朱自清阅正。朱自清认为"文太俏皮,但老到却老到"。俞平伯自己认为与《春》比几乎差了二十年。

24 日 收到周作人当日发来的信,即复信,并致朱自清信。

26 日 收到周作人来信。

本月 散文集《杂拌儿之二》由上海开明书店出版。内收作品二十九篇:《诗的神秘》《〈近代散文钞〉跋》《标语》《救国及其他成为问题的条件》《怕并序》《中年》《〈长恨歌〉及〈长恨歌传〉的传疑》《从王渔洋讲到杨贵妃的墓》《论〈水浒传〉七十回古本之有无》《〈三国志演义〉与毛氏父子》《谈中国小说》《小说随笔》《梦记》《阳台山大觉寺》《没落之前》《代拟吾庐约言草稿》《祭舅氏墓下文》《汉砚唐琴室遗诗絮影楼词序》《〈移棋相间法〉序》《〈孤坟〉序》《〈苦果〉序》《〈西还〉书后》《春在堂日记〉记概》《林黛玉喜散不喜聚论》《论清真〈荔枝香近〉第二有无脱误》《读〈妇女解放新论〉书后》《戒坛琐记》《〈尚书·金縢〉中的几个问题》《〈孟子〉解颐零札》。书后附录新诗《呓语》十七首。仍由钱玄同题封面,周作人作序。

本月 《冬夜》由上海亚东图书馆第六次印刷出版。

3月

3日 收到沈启无赠送的《近代散文钞》下卷一册。

6日 收到周作人4日来信,即复信。

9日 收到周作人来信。

同日 国立清华大学教授会为热河失守之事,致国民政府电,要求追查中央、地方的责任。

13日 复周作人10日来信,谈《广亡征!》拟续成第二篇,只恐怕无处可刊出,因为文中"既对当途不满,而肩膀又正"。

16日 收到周作人来信。

同日 《赋得早春》发表在《论语》半月刊第13期。

17日 下午,作为考试委员,至清华大学图书馆,与朱自清、陈寅恪、杨树达、刘文典、闻一多、吴宓、叶石荪、叶公超、黄晦闻出席清华大学研究院文科研究所中国文学部为萧涤非举行的毕业考试。

19日 收到周作人来信。随即访周作人,得周作人赠送明末弘赞上人著《四分戒本如释》一部六册。

20日 寄赠周作人《杂拌儿之二》一册。

21日 朱自清来访谈。

27 日至月末 作《古槐梦遇》第二至第十八则,收入散文集《古槐梦遇》。其中第九则说:"自昔岁记梦之后,梦醒之事亦与梦为缘,乃纠纷不可理。"

29 日 收到周作人当日来信,即复信。

31 日 下午,访周作人。

本月 与朱自清、周作人等八人的新诗合集《雪朝》由上海商务印书馆出版"国难后"的第一版。

4 月

4 日 收到周作人 2 日来信,即复信。

7 日 朱自清来访谈。

上旬 致朱自清信,"要求加薪,并须保留明年加薪之权利"。

12 日 将《春在堂藏苦雨翁书札》三册借给周作人。

15 日 北方左联刊物《文学杂志》在北平创刊。

16 日 收到周作人来信,即复信。

19 日 收到周作人 17 日来信,即复信。

21 日 《驳〈跋销释真空宝卷〉》作讫。此文对胡适《跋〈销释真空宝卷〉》中的错误分别予以驳正。

22 日 晚,与朱自清、顾颉刚、许地山、魏建功、郭绍虞、严既澄等至东兴楼,出席郑振铎、刘廷芳为扩大北平左联刊物《文学杂志》的影响而举行的宴饮聚会。

23 日 上午,访周作人。

24 日 致周作人信。

30 日 收到周作人来信,即复信。

5 月

4 日　收到周作人寄赠的永明砖拓本一纸。

5 日　下午,偕夫人与朱自清、浦江清、许宝騄等出席曲会。

6 日　上午,偕夫人访朱自清,一起谈论对昨日昆曲演唱会的评价。

8 日　收到周作人遣人送还的《春在堂藏苦雨翁书札》三册,并附信一封。即复信。

9 日　作《论作曲》。俞平伯从立意、遣词、合律和气味四个方面,论述了作曲的要求和它的特殊性。他认为能够作曲的才子必须是"好学深思而又不为学问思维所缚者也","不矜才,不炫学,意有所会,信手拈成,辄有妙悟,以之作曲,若是者谓之当家"。他说:遣词不外清、新、自然,典宜少用,以醒豁为上。若原系乡音之曲,则又须悉遵本音,勿羼入其他。谐谑适当,最增文字之机趣。

12 日　收到周作人 10 日来信。

14 日　上午,访周作人。

16 日　《没有题目的诗》发表在《论语》半月刊第 17 期,诗序中署名赵心馀。诗中针砭了国难期间,有人建议以北平为文化城,而又将古物南运;国土沦丧,不抵抗日寇,却还在"煮豆萁"等怪现状。

　　按,收入《俞平伯旧体诗钞》时,改题目为《续缪悠诗》。

18 日　复周作人 16 日来信。

21 日　收到周作人来信,即复信。

24 日　收到周作人来信。

25 日　收到周作人来信。

26 日　值"十一架日本飞机光顾北平之日",作《国难与娱乐》一文。

27 日　复周作人信。

28 日　访周作人。

31 日　晚,朱自清与清华大学文学院院长冯友兰来访,谈俞平伯的加薪问题。

6 月

1 日　应嘱为林庚的第一本新诗集《夜》作序。俞平伯说:"我的'诗店'及附设的问心处,在若干年前已贴上修理炉灶的纸条,经过若干年的风吹雨打,这纸条早已弄得不成样子了。静希忽来叩此久闭之门,颇出意外。"作者称赞林庚在新诗坛十分寂寞,新诗很不景气的情况下,能够黾勉耕耘,情有独钟,而且,他的诗"自有他的独到所在"。俞平伯认为"信口腔、随心令的时代是过去了,依样画葫芦的时代是过去了,眼面前的问题是怎样才能在新的道路上切切实实开步走。所以这一班少年的、英雄的冲锋队,总归是值得羡慕的。"

4 日　上午,访周作人。

5 日　下午,朱自清来访,告诉加薪事不成。晚,朱自清与清华大学校长梅贻琦、文学院长冯友兰冒雨来访,谈不能给俞平伯加薪的理由,俞平伯表示理解。

9 日　下午,朱自清来访,送来研究生萧涤非的论文。

上旬　收到周作人5日和9日来信。随后复信。

13 日　下午,作为考试委员,至清华大学图书馆,与朱自清、陈寅恪、杨树达、刘文典、闻一多、吴宓、钱稻孙、黄晦闻,出席清华大学研究院文科研究所中国文学部为萧涤非举行的论文考试。

16日　上午,朱自清来访,与俞平伯商谈大学一年级新生的阅读选文问题。

21日　上午,访周作人。午,在电报饭店宴请周作人。

22日　致叶圣陶信,谈及曾向清华大学辞聘,被校方挽留;又因朱自清任中文系主任,致未便固辞。同时谈及自己的近况:"'碌碌如恒,乏善足陈',此八字近之。从前易伤感,多愤懑,近则木木,进步退步竟不了了。——殆以不了了之耶?报上的事了了者十之一二,不了了者其八九,读之闷闷。"

25日　收到周作人23日来信,即复信。

30日　收到周作人28日来信,即复信。

残夏　为因穷困客死于北京的昆曲老笛师何经海作"募款启",号召同人募捐,以安排后事。

7月

1日　《驳〈跋销释真空宝卷〉》发表在《文学》月刊第1卷第1期。

2日　收到周作人来信,即复信。

9日　收到周作人来信。

13日　收到周作人11日来信,即复信。

15日　晚,为即将赴欧洲留学的浦江清饯行,邀请朱自清作陪。

17日　收到周作人15日来信。

19日　收到周作人来信,即复信。

22日　收到周作人来信。下午,访周作人。晚,与周作人同至功德林应沈启无招宴。

29日　下午,周作人与沈启无来访,并同至淮扬春晚饭。此前,收到周作人 27 日和 28 日两封来信。

31 日　《文学杂志》出第 3、4 期合刊。此后被查禁。

8 月

3 日　收到周作人来信。

5 日　与朱自清、闻一多阅清华大学国文试卷。

6 日　收到周作人 4 日来信,即复信。

12 日　收到周作人 10 日来信。

13 日　上午,访周作人。

14 日　朱自清来访。

19 日　晚,与周作人、沈启无同应陈介白邀请,至广和饭庄晚饭。

24 日　中午,熊佛西为许地山赴印度饯行,俞平伯与周作人、朱自清、郑振铎应邀作陪。

9 月

3 日　上午,收到周作人来信。下午,访周作人。

7 日　致周作人信。

9 日　本日至 10 月 15 日,偕夫人和儿子南归,会亲朋,游名胜,并在《癸酉年南归日记》中作了详细记载。

10 日　偕夫人和儿子游泰山。

12 日　乘舲风船游太湖边,略领水乡之趣。晚,乘车赴苏州。

13 日　《导光》期刊发表《俞平伯近作》。

15 日　乘马车游虎丘、西园。

16 日　与三姐俞琳同至苏州曲园老宅游息,顺便游城隍庙。

同日　《闲言》发表在《论语》半月刊第 25 期。

17 日　至宝积寺访旧。下午，与亲戚同游怡园，后又独自登北寺塔，眺望全城。他说："生长吴下十六年中未一往，今始如愿。"晚，请来笛师灯下唱昆曲。俞平伯唱《牡丹亭·拾画》，又与夫人唱《紫钗记·折柳》。

18 日　乘车赴上海。

20 日　下午，至开明书店访叶圣陶，并晤王伯祥、夏丏尊。晚，叶圣陶设家宴款待，徐调孚①、章锡琛作陪。

22 日　下午，与许宝騄至大千世界看"仙霓社"演出昆剧《荆钗记》及《紫钗记·折柳》。

24 日　下午及晚上，两次去大千世界看昆剧，分别为《玉簪记·偷诗》和《宋十回活捉》。

25 日　上午，赴嘉兴，寓香花桥亚东旅店。应旅店主人郑启澄之约，与陈延甫②夫妇等在旅店楼上唱昆曲，雨停后，又同游鸳鸯湖。客去后，校《认子》工谱。他说："春间失去后心常不足，重过故书，殊可喜也。"

26 日　上午，与陈延甫等在旅店楼上拍曲。下午，乘车赴杭州。

27 日　下午，偕夫人、儿子及表弟妹雇船至湖楼、广化寺访体圆和尚。

28 日　偕夫人、儿子及表弟妹乘汽车至灵隐山，登北高峰。

---

①　徐调孚(1901—1981)，笔名蒲梢，浙江平湖人，曾任《文学周报》《小说月报》《东方》编辑。

②　陈延甫，字葆珊，浙江嘉兴人，清华大学谷音社同期、公期主要笛师。

10 月

1 日 晚,许宝驹约唱昆曲,俞振飞^①吹笛。俞平伯仅度《折柳》"寄生草"一曲。

3 日 下午,在葛荫山庄亲戚家观昆剧《群英会》《醉酒》以及俞振飞的《奇双会》。

4 日 中秋节。晚,在葛荫山庄亲戚家唱昆曲《拾画》《惊梦》《折柳》等。

7 日 以划子游三潭印月。同游者均求签,俞平伯则否,他认为"卜以决疑,不疑何卜"。

8 日 乘汽车至八堡观潮。

9 日 上午,与许宝骙同游招贤寺、岳王庙。下午,偕同人三游灵隐。

10 日 乘船偕游富春江。

13 日 上午,与表妹同游西溪。傍晚,乘火车北归。

15 日 晚,抵达北平。

17 日 晚,朱自清来访。请朱自清阅近作《癸酉年南归日记》,朱自清认为:"游踪不少,文字甚清隽,然而写意哉。"

21 日 下午,朱自清来访。

22 日 上午,访周作人,赠送父亲诗集《小竹里馆诗》一本。午,与周作人同往北海漪澜堂,参加《大公报·文艺》副刊举办的午宴。杨振声、沈从文^②、废名、余上沅、朱光潜^③、郑振铎等出席。

---

① 俞振飞(1902—1993),名远威,上海人,俞粟庐子,北京昆曲研习社联合社员。

② 沈从文(1902—1988),原名沈岳焕,湖南凤凰人,张兆和夫婿,著名作家、文物学家。

③ 朱光潜(1897—1986),字孟实,安徽桐城人,著名美学家、文艺理论家、翻译家。

本月　赵景深①选编的《现代小品文选》上卷由上海北新书局出版,收入俞平伯散文《春晨》《西泠桥上卖甘蔗》《西湖的六月十八夜》《雪晚归船》四篇。

11 月

1 日　收到周作人来信,即复信。

2 日　作散文《进城》。

5 日　上午,访周作人。

7 日　预作《元旦试笔》。在新的一年即将到来之际,俞平伯看到中国的前途仍面临着"亡国"和"灭种"的危险,中国究竟向何处去,他感到渺茫,因此发出质问:"九万扶摇,吹往何处?"

11 日　收到周作人来信。

12 日　访周作人。

13 日　致周作人信。

16 日　收到周作人 14 日来信,即复信。

20 日　收到周作人来信。

22 日　论文《〈牡丹亭〉赞》写讫。

26 日　午,往丰泽园参加《大公报·文艺》副刊之聚会。周

---

①　赵景深(1902—1985),曾名旭初,笔名邹啸,四川宜宾人,曾任复旦大学中文系教授、上海昆曲研习社主任委员。

作人、杨振声、沈从文、朱自清、李健吾①、巴金②、郑振铎、梁思成③夫妇等出席。

12 月

2 日 收到周作人赠送的《苦茶庵笑话选》一册。

5 日 请朱自清阅近作《〈牡丹亭〉赞》，朱自清认为"颇有可取处"。

6 日 下午，与朱自清在清华园寓所招待来访的周作人与郑振铎。

7 日 晚，至淮扬春，应陈介白招宴，周作人、沈启无在座。

8 日 下午，偕夫人访朱自清。

10 日 罗芳洲选注的《现代中国小品散文选》两集由上海亚细亚书局出版，第一集收《花匠》《陶然亭的雪》，第二集收《眠月》《湖楼小撷》。

16 日 晚，至忠信堂，参加《大公报·文艺》副刊之聚会。周作人、杨振声、沈从文、朱自清、郑振铎等出席。

17 日 致周作人信。

22 日 于清华大学作《〈读诗札记〉自序》。

27 日 收到周作人 25 日来信，即复信。

---

① 李健吾（1906—1982），字仲刚，笔名刘西渭，山西运城人，毕业于清华大学，留校任教，后任暨南大学文学院教授、上海市戏剧专科学校教授、北京大学文学研究所研究员。
② 巴金（1904—2005），原名李尧棠，四川成都人，曾赴法国巴黎求学，回国后主持上海文化生活出版社编务，后任中国作家协会主席。
③ 梁思成（1901—1972），梁启超之子，籍贯广东新会，美国费城宾州大学建筑学硕士，曾任清华大学建筑系系主任。

春　作旧体诗《故都》二首。其中第二首写道:"吾亲为我昔移家,走读乾河易岁华。老去伶官还贴戏,南来闲汉例参衙。街坊几阅新朝贵,煤米都知旧账佳。今日寂寥何所似,故侯门冷散饥鸦。"诗中所写,皆纪实也。

　　年内　作《〈玉簪记〉寄弄首曲华字今谱不误说》。俞平伯用考证法,订正了十余年前行世的《集成曲谱》中的失误处。

　　年内　作《论研究保存昆曲之不易》。俞平伯认为提倡研究保存昆曲"但卑而勿高,但述而不作,日存今而已。就今日之可存者存之而已。今既存,则以之规往可也,以之开来亦无不可,提倡即在保存之中,非保存之外别有所谓提倡也"。

　　本年　作《古槐梦遇》第十九至六十则,收入散文集《古槐梦遇》。

1934 年(甲戌,民国二十三年)　34 岁

　　▲2 月,蒋介石在南昌发表《新生活运动之要义》,发起以"礼义廉耻"为中心精神的"新生活运动"。

　　▲3 月,溥仪在日本支持下称帝,"满洲国"改称"大满洲帝国"。

　　▲4 月,林语堂主编的《人间世》半月刊创刊。

　　▲10 月,中央红军第五次反"围剿"失利,开始战略性大转移——长征。

1 月

　　1 日　《元旦试笔》发表在《论语》半月刊第 32 期。

4 日　收到周作人 1 日来信,即复信,答应将《读诗札记·载驰》一篇交给吴承仕刊用。当时吴承仕拟创办《文史》杂志,因此,通过周作人向俞平伯约稿。

7 日　收到周作人来信。

13 日　《〈读诗札记〉自序》发表在天津《大公报·文艺》副刊第 33 期。

14 日　收到周作人来信。

15 日　周作人五十诞辰。俞平伯前往祝寿,同时,也作了"牛山体""和周作人《五秩自寿诗》"一首。

16 日　《故都》二首以及《国难与娱乐》发表在《论语》半月刊第 33 期。

18 日　收到周作人来信。

同日　下午,邀请朱自清来寓所听昆曲演唱。

21 日　午,至丰泽园,与周作人、胡适、闻一多、梁思成、杨振声、朱自清、叶公超、余上沅、巴金等出席《大公报·文艺》副刊之聚会。午饭后,随周作人至苦雨斋。晚,写致周作人信。

22 日　生日。

24 日　致周作人信。

28 日　论文《〈牡丹亭〉赞之四》写讫。

30 日　下午,访周作人。晚,写致周作人信。

2 月

2 日　午,至东兴楼应江绍原招宴,周作人、沈尹默、沈兼士、朱光潜等在座。

4 日　收到周作人来信,即复信。

6 日　收到周作人来信。

8 日　收到周作人来信。

中旬初　访废名。

10 日　作《〈三槐〉序》。

13 日　除夕。复周作人信，谈到叶公超"拟办刊物，仍新月班底"，俞平伯认为这将使故都文运日昌矣。

20 日　致周作人 13 日来信。

25 日　收到周作人来信。

同日　午，至丰泽园，与周作人、杨振声、沈从文、郑振铎、叶公超、闻一多、陈登科、卞之琳①、巴金等出席《大公报·文艺》副刊招宴。

26 日　复周作人信。

29 日　收到周作人来信。

本月　教昆曲的师傅陈延甫第二次由南方来北平，住在清华大学附近。从此，俞平伯、浦江清、唐佩金、汪健君②、陈盛可③、杨文辉④等昆曲爱好者，均从陈延甫拍曲。俞平伯在这一段时间内，几乎每日拍曲、唱曲，学习新曲段等。

3 月

5 日　在北大红楼复周作人 2 日来信。

6 日　致周作人信。

---

① 卞之琳（1910—2000），江苏南通人，毕业于北京大学英文系，新月派和现代派的代表诗人，曾任北京大学西语系教授。

② 汪健君（1903—1999），湖北武昌人，清华大学图书馆员，清华谷音社成员，北京昆曲研习社西郊小组召集人。

③ 陈盛可（1902—1989），名隆，湖南人，清华大学职员，清华谷音社成员。

④ 杨文辉（1903—1961），北京人，曲家。

8 日 下午,朱自清来访。

15 日 复周作人信,代叶圣陶和余冠英①向周作人求书条幅。

18 日 收到周作人 16 日来信,即复信。

23 日 收到周作人来信。

25 日 下午,访周作人。

30 日 致周作人信。

4 月

1 日 《〈牡丹亭〉赞》发表在《东方杂志》第 31 卷第 7 号。

4 日 下午,访周作人。

同日 朱自清来访。

5 日 作《秋荔亭记》。文章谈了清华园南院七号宅"南有窗者一室"被命名为"秋荔亭"的经过。

6 日 朱自清宴请卢冀野,俞平伯与郑振铎、叶石荪应邀作陪。

7 日 下午,朱自清来访。

9 日 午,在崇华食堂宴请周作人,饭后同往中兴茶楼饮茶。

13 日 午,朱自清夫妇在广和居宴请柳亚子②夫妇,俞平伯、周作人、钱玄同、杨振声应邀作陪。

14 日 致叶圣陶信,希望叶圣陶能为《读词偶得》作序。

15 日 《〈诗〉鄘风·载驰札记》发表在《文史》双月刊第 1 卷第 1 号。

---

① 余冠英(1906—1995),江苏扬州人,毕业于清华大学中国文学系,后留校任教,调中国社科院文学研究所任副所长。

② 柳亚子(1887—1958),原名柳弃疾,江苏吴江人,南社创始人。

193

16 日　致周作人信,谈拟于下周在北大作专题演讲之事。

17 日　与朱自清夫妇及陈寅恪等同游大觉寺,骑驴上管家岭观杏花,又游七王坟、金山及鹫峰寺。

19 日　收到周作人来信。

22 日　收到周作人 20 日来信,即复信。

26 日　收到周作人来信。

本月　《论作曲》发表在《人间世》半月刊第 1 卷第 2 期。

本月　姜亮夫编选的《现代游记选》由上海北新书局出版,内收俞平伯散文《陶然亭的雪》一篇。

5 月

1 日　由清华大学教授叶公超、闻一多主编的《学文》月刊在北平创刊。

6 日　上午,访周作人。中午,应学文社闻一多、余上沅、叶公超邀请,与周作人同往同和居赴宴,庆贺《学文》月刊创刊。

19 日　晚,朱自清来访。

20 日　上午,访周作人。

21 日　午,在崇文门大街韩记宴请周作人。

23 日　致叶圣陶信,谈为《中学生》杂志写稿事。

25 日　下午,作为考试委员,至清华大学图书馆,与朱自清、吴宓、雷海宗、张申府、陈寅恪、杨树达、刘文典、闻一多出席清华大学研究院文科研究所中国文学部为霍世休举行的毕业考试。

31 日　收到周作人来信,即复信。

本月　《秋荔亭记》发表在《人间世》半月刊第 1 卷第 4 期。

本月　林语堂编选的《论语文选》由上海时代图书公司出版,内收俞平伯的作品《广亡征!》一篇。

6 月

1 日 收到周作人来信,即复信,明言自己心弥昆曲之现状。

同日 游太庙。

2 日 致叶圣陶信。

3 日 收到周作人来信。

4 日 下午,访周作人。

5 日 下午,朱自清来访。

7 日 致周作人信。

8 日 上午,偕夫人访朱自清。

10 日 晚,偕夫人至清华大学工字厅参加谷音社首次曲集。演唱昆剧《琵琶记》和《长生殿》中的各一折,还有《思凡》《下山》等。俞平伯说:"其时犹未有谷音社之正式组织,而对外已用谷音社名义,以冀稍得学校之补助。"

12 日 收到周作人来信。

18 日 上午,至苦雨斋访周作人,因病未见。

21 日 收到周作人来信,即复信。

24 日 收到周作人来信,即复信。

25 日 致叶圣陶信,谈读龙榆生①赠送之《词学季刊》共四期的感想。

27 日 上午,访周作人。

同日 《古槐梦遇》第六十一至七十则发表在天津《大公报·文艺》副刊第 79 期。

---

① 龙榆生((1902—1966),本名沐勋,字榆生,号忍寒,江西万载人,与夏承焘、唐圭璋并称,是 20 世纪最负盛名的词学大师之一,主编过《词学季刊》。

29 日 下午,与朱自清、闻一多商谈大学一年级国文事。

本月 俞锡璇①从燕京大学毕业,俞陛云夫妇前往参加毕业礼,并书"新知励学,旧德持躬,箴师女史,秀启吾宗"十六字以志嘉勉。俞平伯则应俞锡璇嘱,录两首词:"归,猎猎薰风卷绣旗。拦教住,重举送行杯。""眠,月影穿窗白玉钱。无人弄,移过枕函边。"

7 月

2 日 下午,访周作人。

14 日 刘半农病逝,闻讯甚悲。

本月 论文《诗的歌与诵》由北平国立清华大学出版事务所出版。

按,《诗的歌与诵》发表于《清华学报》1934 年第 9 卷第 3 期。

8 月

月初 收到叶圣陶赠送《十三经索引》一部。

7 日 致叶圣陶信。

本月 收到周作人 8 日自日本寄来的明信片。

本月 应陶亢德②之嘱,为《论语》半月刊创刊两周年书近作《无题》诗一首。

本月 《读诗札记》作为"文艺小丛书之二",由北平人文书

---

① 俞锡璇(1912—1988),俞同奎长女,俞平伯堂妹,浙江德清人,燕京大学理学士,美国俄勒冈大学营养学硕士,历任北京协和医院营养部主任、辅仁大学教授、成都华西协和大学教授、北京医科大学教授。

② 陶亢德(1908—1983),字哲庵,浙江绍兴人,曾任《生活》周刊、《论语》杂志、《人间世》、《宇宙风》半月刊编辑。

店出版。此书为十年前在上海大学的讲义,经过修改补充而成。

8 月至 9 月 《读词偶得·周邦彦词〈玉楼春〉》发表在《人间世》半月刊第 1 卷第 10 期和第 11 期。

9 月

3 日 上午,访周作人。

月初 应叶圣陶嘱托,为开明书店出版《二十五史》题辞,曰:"俗语说,一部二十四史从何说起,可见读史真不容易。现在开明版《二十五史》只有九本,于经济、便利两点得空前之成功。从此,二十四史不妨大说特说矣。"

6 日 致叶圣陶信,谈出版《读词偶得》一书之事。

9 日 下午,往西单报子街聚贤堂,参加尤炳圻①的婚礼。饭后与周作人同回苦雨斋谈话。

上旬 清华大学新学年开学。俞平伯在清华大学中国文学系与朱自清、浦江清、杨树达等分教大学一年级国文;与闻一多、刘文典分教大学二年级国学要籍,讲授《论语》;另为大学二、三年级选修科目和研究部讲授名家词和指导"词"的研究。

11 日 午,应沈启无、陈介白②邀请,至淮扬春赴宴,周作人、废名在座。

14 日 《"义战"》发表在上海《文学》第 139 期,署名一公。

15 日 《大公报·图书》副刊在"新书简讯"中介绍了俞平伯的《读诗札记》,说:"俞氏云:'治《诗经》者应当考辨与批评并用,

① 尤炳圻(1912—1984),字平白,江苏无锡人,毕业于清华大学外国语文学系。

② 陈介白,河南西平人,毕业于燕京大学中文系,曾任教于北京大学、北京师范大学、南开大学等校。

方可言整理,方可言欣赏陶写,否则便是自欺欺人。'俞氏此书既考辨与批评并用,而又不失之太穿太凿,治《诗经》学者所不当废者也。"

16 日　《无题》发表在《论语》半月刊第 49 期。

同日　上午,访周作人。中午,应邀与周作人同往废名处午饭。

17 日　致周作人信。

21 日　致叶圣陶信,谈《读词偶得》编撰之事。又致周作人信。

22 日　午,往丰泽园,参加《大公报·文艺》副刊之聚会。周作人、杨振声、沈从文、朱自清、闻一多、梁实秋、余上沅、郑振铎等出席。

同日　《〈读词偶得〉缘起》发表在天津《大公报·文艺》副刊第 104 期。

23 日　收到周作人来信,即复信。

27 日　收到周作人来信。

30 日　致叶圣陶信,谈《读词偶得》附录词选已选定。又,复周作人信。

本月　偕夫人至清华大学同方部礼堂,出席江浙同乡会迎新大会,并与夫人清唱昆曲一折助兴。

本月　选好《读词偶得》附录词作品一百〇八首,另作选词《凡例》一篇,一并交清华大学印讲义。

10 月

4 日　收到周作人来信。

7 日　下午,至苦雨斋访周作人。

8 日　致周作人信。

12 日　作散文《人力车》。俞平伯认为就中国的国情,人力车才是中国之车,"汽车者,洋车也"。他说:"我主张有人力车,免得满街皆'汽'而举国为奴。"

14 日　上午,至苦雨斋访周作人,与周作人同往北京大学第二院大礼堂,参加刘半农追悼会,并送挽联一幅,云:"百灵庙远驼铃寂;二复居寒凤鬶孤。"中午,在外交部街王家饭店宴请周作人、废名、沈启无。

18 日　收到周作人当日来信。

19 日　上午,访周作人。

21 日　收到周作人来信,即复信。

23 日　收到周作人来信,即复信。

24 日　《古槐梦遇》第七十一至七十八则发表在天津《大公报·文艺》副刊第 113 期。

25 日　《〈二十五史〉题辞》发表在天津《大公报》。

27 日　致叶圣陶信,谈由开明书店出版《古槐梦遇》之事。

28 日　收到周作人来信。下午,访周作人。

月末　由清华园南院 7 号迁居到清华园新南院 4 号一所西式的砖房居住,电灯、冷热自来水、电话等设备,一概齐全。且与陈岱孙①、闻一多、潘光旦②、萧公权③等为邻。

---

①　陈岱孙(1900—1997),福建闽侯人,曾任清大学经济系主任兼清华大学法学院院长。

②　潘光旦(1899—1967),原名保同,字仲昂,江苏宝山人,曾任清华大学教务长、图书馆馆长。

③　萧公权(1897—1981),原名笃平,自号迹园,江西泰和人,美国康奈尔大学哲学博士,回国后在南开大学、东北大学、燕京大学、清华大学、四川大学等校任教。

11 月

1 日 致叶圣陶信,并将《读词偶得》稿寄去。信中谈到请叶圣陶题写书名之事。

2 日 晨,应邀与周作人同往保定育德中学。下午,由育德中学校长、学监陪同,游览废园、莲花池等处。

3 日 上午,同周作人在育德中学演讲。下午,与周作人乘火车往定县平民教育促进会,看望孙伏园。

同日 天津《大公报·文艺》副刊第 116 期发表周作人的《〈古槐梦遇〉序》,俞平伯的《古槐梦遇》第七十九至八十五则。

4 日 与周作人、孙伏园下乡参观访问,了解定县平民教育的场所和新的教学法。晚,在平民教育促进会参加文艺部的茶话会。

5 日 上午,参观中山靖王坟,并与周作人在墓碑前合影。下午,与周作人乘车回北平。

8 日 周作人为俞平伯抄《〈古槐梦遇〉序》一份。

9 日 《古槐梦遇》第八十六至一〇一则作讫。

同日 作《槐屋梦寻》十二则。

11 日 下午,访周作人,借去蔼理斯著《性的心理研究》二册。

12 日 作《槐痕》小引。

16 日 《人力车》发表在《论语》半月刊第 53 期。

23 日 午在清华园寓所招待来访的周作人与徐耀辰。

本月 《读词偶得》由上海开明书店出版。叶圣陶题封面。书中收入《释温飞卿词五首》《释韦端己词五首》《释南唐中主词二首》《释南唐后主词五首》《释周美成词七首》,附词选一百〇八首。书前有作者自撰的《缘起》。

12 月

2 日 致叶圣陶信,谈去定县的感想。

7 日 晚,应许寿裳、李季谷之请,往淮阳春饭庄赴宴。周作人、朱自清、郑振铎、朱光潜、徐耀辰、马隅卿、傅斯年以及熊佛西夫妇等均在座。

8 日 《古槐梦遇》第八十六至九十则发表在天津《大公报·文艺》副刊第 126 期。

9 日 上午,访周作人并赠送《读词偶得》一册。

19 日 朱自清来访。

21 日 下午,周作人应邀赴清华大学国文系参加谈话会。俞平伯与朱自清负责招待。

24 日 致江绍原信,谈《商颂·玄鸟》篇。

按,该信和江绍原的信一同发表在本年 12 月 30 日《华北日报》。

31 日 作《岁莫赋》,并寄示叶圣陶。

同日 下午,访周作人。

春夏之交 俞平伯与清华大学爱好昆曲的同人浦江清、华粹深①、汪健君、唐佩金、杨文辉②等,为使昆曲继续流传下去,有意结集谷音社。

夏 与清华大学爱好昆曲的同人为使昆曲继续流传下去,

---

① 华粹深(1909—1981),名懿,北京人,满族,毕业于清华大学中文系,清华谷音社成员,曾任北京大学副教授、南开大学教授。

② 杨文辉,北京人,清华谷音社成员。

提议结集谷音社。

暑假期间　游北戴河。往返共三日。

暑假期间　《清华暑期周刊》刊登《教授印象记》，有俞平伯。

秋　作《〈古槐梦遇〉后记》。

年内　俞平伯当选为清华大学中国文学会 1934 届职员，负责出版工作。职员中另有朱自清负责学术，陶光①任文书，董同龢任总务。

本年　继续在北京大学任教。

1935 年(乙亥,民国二十四年)　35 岁

▲6 月,瞿秋白在福建长汀就义,时年 36 岁。

▲12 月,北平学生在中国共产党领导下举行抗日爱国示威游行,并在全国掀起抗日救亡运动的新高潮。

▲12 月,中共中央在陕北安定县瓦窑堡召开政治局扩大会议,制定出符合中国国情的抗日民族统一战线新策略。

1 月

12 日　生日。

16 日　随笔《这鬼!》发表在《论语》半月刊第 57 期。俞平伯由《晨报》报道蛰居陋巷的赛金花,仍不忘自己青春美貌、体面华贵之时,并以此自慰的情景,联想到"人怎么那么喜欢哄骗

---

① 陶光(1913—1961),原名光第,字重华,北京人,毕业于清华大学中文系,俞平伯弟子,清华谷音社成员。

他自己"。俞平伯认为不敢正视现实,无非是自欺欺人之鬼在作怪。

同日　据《华北日报》报道:清华大学国文系毕业论文题目及研究导师均已公布,华粹深的论文《词调之变迁》和陶光第的论文《清真词之源流》均由俞平伯指导。

26日　致叶圣陶信。

31日　作《〈三槐〉序》。

按,"三槐"即《古槐梦遇》《槐屋梦寻》《槐痕》。其时,"三槐"中只有《古槐梦遇》写讫,其余"二槐"差得尚多;作者拟俟"二槐"成后,合出一书,曰《三槐》,而分为三辑。

本月　孙席珍选编的《现代中国散文选》上卷由北平人文书店出版,内收俞平伯散文《西湖的六月十八夜》《清河坊》《西泠桥上卖甘蔗》《雪晚归船》《中年》《代拟吾庐约言草稿》六篇。

2月

5日　作《槐痕》五则。

17日　乙亥正月十四日,偕夫人至清华大学工字厅,参加谷音社第二次曲集。演唱了昆剧《紫钗记》《单刀会》和《玉簪记》中的各一折。

18日　与朱自清夫妇、浦江清应邀赴燕京大学,出席郭绍虞的宴请,并为燕京大学中文系同仁唱昆曲。

28日　下午,作为考试委员,至清华大学图书馆,与朱自清、胡适、郭绍虞、冯友兰、雷海宗、陈寅恪、刘文典、闻一多出席清华大学研究院文科研究所中国文学部为霍世休举行的论文考试。

本月　作《〈古槐梦遇〉拾遗》第七十则和第九十九则。

3 月

5 日 致叶圣陶信,谈拟编成《三槐》一书之事。

17 日 与清华大学友人浦江清、唐佩金、汪健君、陈盛可、杨文辉、华粹深、许宝騄等在清华园寓所召开谷音社成立会。定两日后的农历二月十五花朝日为谷音社成立之日。社员有十四人,后来加入者有二十人。另延请校外曲友和校内提倡昆曲者十人,为名誉社员。聘请吴梅先生为导师。俞平伯被推选为社长,并撰写了《谷音社社约》《同期细则》和《介绍陈延甫指导昆曲酬例》等。他在《谷音社社约引言》中,说明了结社的目的在于"发豪情于宫徵,飞逸兴于管弦"。

19 日 谷音社成立。

24 日 出席在朱光潜家举行的朗诵会。会上朗诵的大多数是新诗,俞平伯认为新诗的生命在一定程度上依赖于朗诵,正如音乐作品要靠演奏一样。不过这中间仍然有共同的东西,这是需要探讨的实质性问题。

25 日 与朱自清谈同意由下月起,让大学一年级学生阅读《胡适文选》,并谈及昨日的朗诵会。

28 日 致叶圣陶信,谈及自己的近况:"还是这样,说不上怎么忙,亦说不上闲。想作之文多,而真作之文少。"

本月 《〈古槐梦遇〉拾遗》发表在《人间世》半月刊第 2 卷第 24 期。

本月 阿英编选的《现代十六家小品》由上海光明书局出版,其中第二卷为"俞平伯小品",收作品七篇:《重刊〈浮生六记〉序》《〈近代散文钞〉跋》《陶然亭的雪》《西湖的六月十八夜》《阳台山大觉寺》《芝田留梦记》《眠月》。

本月　《读词偶得》由上海开明书店再版。

4月

3日　《槐痕》发表在天津《益世报·文学》副刊第5期。

5日　《〈三槐〉序》发表在《文饭小品》月刊第3期。

中旬　与朱自清等拟办学术刊物《中国文学与语言掠影》，请黎锦熙协助与立达书局接洽出版事宜。

20日　复周作人信。

21日　复周作人信，谓："文债太多，实无办法，并有急债须偿，则尤苦矣。"

30日　请朱自清阅新作《古诗解》，朱自清认为："写得好，但不及《读词偶得》。"

本月　吴梅将《桃花扇·哭主》折中《胜如花》二支曲订成歌谱后，寄赠俞平伯和谷音社。

5月

月初　由俞平伯起草请立达书局出版学术杂志的合同。此事后未谈成。

8日　《槐痕》第六至八则发表在天津《益世报·文学》副刊第10期。

12日　访废名，畅谈文章事，并将一篇谈《古诗十九首》其中之五首的文稿《茸芷缭衡室古诗札记》，托废名转交周作人阅正。

13日　致周作人信，请周作人帮助清华大学国文系毕业生安文倬在中学觅职。

18日　作《秦汉改月论》。该文实为《古诗"明月皎夜光"辨》

的附录。

22日　散文《无题》发表在天津《益世报·文学》副刊。

25日　致周作人信。

30日　下午,作为考试委员,至清华大学图书馆,与朱自清、罗庸①、郭绍虞、冯友兰、陈寅恪、杨树达②、刘文典、浦江清、王力③等出席清华大学研究院文科研究所中国文学部为崔殿魁举行的毕业考试。

31日　在清华园寓所,与来访的周作人畅谈。

6月

2日　在古槐书屋收到周作人来信,即复信。

8日　晚,郑振铎设家宴,款待赵家璧④,俞平伯与萧乾⑤、毕树棠、朱自清等应邀作陪。

11日　朱自清设家宴,款待赵家璧,俞平伯与闻一多、顾一

---

①　罗庸(1900—1950),扬州八怪之一罗聘后人,字膺中,号习坎,原籍江苏江都,毕业于北京大学研究所国学门,曾在教育部任职,同时兼任北京大学讲师,北京女师大、北京师范大学教授。

②　杨树达(1885—1956),字遇夫,号积微,湖南长沙人,曾任北京师范大学、清华大学、湖南大学等校教授。

③　王力(1900—1986),字了一,广西博西人,毕业于清华大学国学研究院,曾任清华大学教授。

④　赵家璧(1908—1997),笔名筱延,上海人,毕业于光华大学英国文学系,曾任良友图书印刷公司编辑、晨光出版公司经理兼总编辑。

⑤　萧乾(1910—1999),北京人,毕业于燕京大学新闻系,曾任《大公报》记者,后任中央文史馆馆长。

樵①、浦江清、毕树棠、陈铨②等应邀作陪。

18 日 访废名，将《〈牡丹亭〉赞之四》一册托废名转交周作人。

19 日 复周作人信。已收到周作人来信和明信片各一。

20 日 下午，作为考试委员，至清华大学图书馆，与朱自清、罗庸、郭绍虞、冯友兰、陈寅恪、杨树达、刘文典、闻一多、浦江清等出席清华大学研究院文科研究所中国文学部为崔殿魁举行的论文考试。

本月 《槐屋梦寻》十二则发表在《人间世》半月刊第 3 卷第 29 期。

本月 随笔集《没字的书》作为"中学生杂志丛刊"之一，由上海开明书店出版。内收俞平伯随笔《进城》一篇。

7 月

15 日 鲁迅编选的《中国新文学大系·小说二集》由上海良友图书印刷公司出版，内收俞平伯小说《花匠》一篇。

8 月

30 日 周作人编选的《中国新文学大系·散文一集》由上海良友图书印刷公司出版，内收俞平伯散文五篇：《桨声灯影里的秦淮河》《西湖的六月十八夜》《清河坊》《与绍原论被》《重过西园码头》。

---

① 顾一樵（1902—2002），名毓琇，江苏无锡人，美国麻省理工学院科学博士，曾任中央大学校长、政治大学校长。

② 陈铨（1903—1969），字涛西，四川富顺人，与钱锺书、张荫麟、李长之并称"清华四才子"。

本月　阿英编校的《现代小品文钞》由上海光明书局出版，书内所收俞平伯的作品与《现代十六家小品》相同。

本月　"中国文学珍本丛书"第一辑五十种由上海杂志公司总发行。主编施蛰存①，俞平伯与周作人、胡适、朱自清、郑振铎、叶圣陶、沈启无、废名等二十人为编选委员。

9 月

26 日　俞平伯宴客，朱自清等应邀出席。

28 日　偕夫人参加在清华大学举行的谷音社昆曲演唱会，朱自清等出席。

10 月

14 日　作《秋荔亭墨耍之一·象战于野》。

同日　朱自清来访。

15 日　朱自清编选的《中国新文学大系·诗集》由上海良友图书印刷公司出版，内收俞平伯新诗二十七首：《孤山听雨》、《凄然》、《小劫》、《欢愁底歌》、《愿你》、《北归杂诗》（第十四首）、《暮》、《夜雨》（第八首）、《乐谱中之一行》、《儿语》、《晚风》、《小诗呈佩弦》、《东行记踪寄环·三、横滨》、《到纽约后初次西寄》（二首）、《假如你愿意》、《呓语》（三首）、《忆》（八首）。

同日　胡适编选的《中国新文学大系·建设理论集》由上海良友图书印刷公司出版，内收俞平伯作品《社会上对于新诗的各种心理观》一篇。

---

①　施蛰存（1905—2003），原名德普，浙江杭州人，主编文学月刊《现代》，曾任云南大学、厦门大学、华东师范大学教授。

同日　郑振铎编选的《中国新文学大系·文学论争集》由上海良友图书印刷公司出版,内收俞平伯作品《白话诗的三大条件》一篇。

　　16日　《湖上三忆词》(双调望江南)发表在《越风》半月刊第1期。

　　18日　作《元人〈秋兴散套依纳书楹谱〉跋》。

　　25日　朱自清来访,为校刊《清华学报》约稿,俞平伯允之。

　　本月　《槐屋梦寻》第十三至二十一则发表在《人间世》半月刊第3卷第38期。

11月

　　3日　《元人〈秋兴散套依纳书楹谱〉跋》发表在天津《大公报·文艺》副刊。

　　10日　收到周作人赠送《苦茶随笔》一册。

　　17日　组织谷音社在清华大学举行第四次曲集,邀请曲家俞振飞莅临并清唱数曲。

　　27日　致周作人信,为续写《槐屋梦寻》,向周作人借阅《笑赞》一书。

　　28日　复周作人信,称赞其《郝氏说〈诗〉》一文。俞平伯说自己"尝以为妇人最宜学道,于政治亦宜,以其能体卑也,未有不敬,弥近于生活之谓耳,唯纯艺术恐终为男子之业,闺阁纵有殊才亦逊一筹",周作人的文章使他改变了这种看法。

　　本月　《槐屋梦寻》第二十二至二十九则发表在《人间世》半月刊第3卷第39期。

12 月

1 日　《秋荔亭墨耍之一·象战于野》发表在《宇宙风》第6 期。

9 日　"一二·九"学生抗日救亡运动在北平爆发。

10 日　北平学联发布了《北平市各大中学联合罢课宣言》。

11 日　北平市各大中学举行总罢课。

14 日　致周作人信,谈学生罢课,教师无事,俞平伯得以续写《槐屋梦寻》。

23 日　复周作人信,谈对《秋蝉》一文颇感兴趣,拟将长文搁下,专心改写此篇。他说:"现在约略可知者,深秋蝉吟殆只有一种寒蜇是也。蟪蛄吟候,讫于八月。招隐士中与岁莫连文者,疑非蝉而是'拉拉姑',古诗所谓'凛凛岁云莫,蝼蛄夕鸣悲'是。"

26 日　访周作人,将"和周作人自寿诗"手稿请周作人阅正。从周作人的沉吟中,感到第五、六句不妥。次日改写。此诗后收入《俞平伯旧体诗钞》,题目改为《寿诗和人韵》。

27 日　致周作人信,谈拟出城,在清华园蛰居旬日,"了些文债"。

30 日　在《晨报》上读到周作人发表的《本色》一文。并收到周作人来信。

31 日　复周作人信,称赞他的《本色》一文。认为今世文章距华绮且甚远,而本色的好文章更不可想望。他颇有编初学文选之意。

本月　写记民歌《十二月想思红绣鞋词》,发表在 1936 年《论语》半月刊第 79 期新年号。

春 作《槐屋梦寻》第十三至四十二则。

夏 在清华大学参加谷音社举行的第三次曲集。

夏 作《槐屋梦寻》第四十八至五十八则,文稿后散佚。

年内 人间世社编选的《人间小品》甲集、乙集作为"人间世丛书",由上海良友图书印刷公司出版。其中甲集收俞平伯作品两篇:《秋荔亭随笔·〈左传遇〉残稿》和《〈古槐梦遇〉拾零》;乙集收俞平伯作品《秋荔亭记》一篇。

本年 《〈牡丹亭〉赞之四》发表在武汉大学《文哲季刊》第4卷第3期。

本年 继续在清华大学国文系任教。

1936年(丙子,民国二十五年)　36岁

▲5月,日本开始对华北大规模增兵。

▲5月,沈钧儒、邹韬奋等在上海发起成立"全国各界救国联合会"。

▲10月,鲁迅在上海逝世。

▲12月,"西安事变"发生。

1月

2日 生日。

3日 收到周作人1日来信,即复信,谓《九月鸣蝉解》已完稿,拟以清本候正。《槐屋梦寻》亦已写至第七十则。《九月鸣蝉解》一文已佚,当时是否发表过,发表在何处均待查。

同日 收到废名来信。

5日 平津各校遵照南京政府教育部训令，宣布提前放寒假。

同日 《槐屋梦寻》第三十至三十九则发表在天津《大公报·文艺》第72期。

同日 下午，与谷音社同人许宝骙、汪健君、浦江清、陈盛可、陶光及笛师陈延甫进城，至华粹深寓所参加与言咏社曲友联合曲叙。晚在清华园寓所请浦江清吃晚饭并拍吴梅新谱《桃花扇·哭主》《胜如花》曲子。

8日 邀请浦江清、汪健君、许宝骙在家中商议谷音社与城内言咏社联合办曲会事。会后一起唱昆曲。

上旬 致周作人信，谈元旦北平内一区强迫民居一律悬旗之事；又谈东北局势等。

18日 晚，偕夫人与许宝骙、浦江清在东安市场吉祥剧院听昆弋班戏。

19日 下午，偕夫人与汪健君、浦江清、陈盛可同至马大人胡同许宝骙寓所唱昆曲。

23日 除夕。复周作人信，并附寄新作诗词《浣溪沙·和梦窗》和《许六书来云有罗浮之游不无京国之想却寄二诗》，求正。

27日 论文《古诗"明月皎夜光"辨》写讫。

29日 正月初六。朱自清来访，拜年。

本月 散文集《古槐梦遇》由上海世界书局出版，内收随笔一百〇一则。书前有周作人的《序》、废名的《小引》和俞平伯自己的《〈三槐〉序》；魏建功为之题封面。

2月

8日 清华大学复课。

18 日　朱自清来访。

19 日　致周作人信,并附寄《古槐梦遇》三册,一册赠送周作人,另两册请周作人赠送友人。

同日　下午,出席清华大学教授会,讨论补行上学期考试问题。学生包围教授会,并有数人闯入会场,要求通过免除补考。各教授见此情形,深愧德望未孚,遂决定全体引咎辞职。俞平伯也在《国立清华大学教授辞职宣言》上签名。

中旬　作《丙子新正二律句》。

23 日　晚,清华大学校长梅贻琦在工字厅邀请全体教授开谈话会,讨论如何复教问题。俞平伯出席谈话会。

25 日　清华大学风潮由梅贻琦校长解决。

26 日　经梅贻琦校长敦劝,清华大学全体教授复职授课。

3 月

5 日　《丙子新正二律句》发表在《逸经》文史半月刊第 1 期。

8 日　下午,参加谷音社举行的昆曲演唱会。

9 日　《槐屋梦寻》第四十至四十二则发表在天津《大公报·文艺》第 107 期。

23 日　致周作人信,并附寄为周作人的女儿题写的小册子。

4 月

4 日　复周作人信。

23 日　顾随来访,请俞平伯为其《积木词》作序。

24 日　复周作人信,并附近作小诗一首。信中谈到编《燕郊集》之事。俞平伯原拟为自己编一本书名为《但恨多谬误》的文集,因将稿子全部收入了《燕郊集》而成书无期。但他仍愿意"留此一嘉名备他年之用"。

25 日 作《〈长方箱〉译后跋》。俞平伯忆及五年前与表弟许宝骙、许宝骙共同翻译小说《长方箱》的经过,为了存念,遂决定将其收入《燕郊集》,"以为他年卜邻之券"。

本月 钱公侠、施瑛选编的《书信》由上海启明书局出版,内收俞平伯书信两封,即《与白采书》《与绍原论袯》。

5 月

6 日 应嘱为北京大学学友顾随的新著《积木词》作序,发表在本年《词学季刊》第 2 卷第 2 号。俞平伯在文中谈了词的兴起和发展过程、词的作用、词的意义以及艺术特色等,他说:"词之兴,托地甚卑,小道而已,积渐可观。及其致也,则亦一归之于温柔敦厚,遂骎骎乎与诗教比隆,方将夺诗人之席而与君代兴。向之幽微灵秀、宛折绵缠之境,诗所不能骤致者,无不可假词以达之,如驾轻车而就熟路然。"他说:凡词皆有两种区别,"或深思之,或浅尝之,不浅尝不得其真,不深思不得其美。""文章之出于意匠惨淡经营中者固系常情,而其若有神助者,亦非例外也。"

11 日 应嘱为许宝骙收藏的谷音社社友手抄《临川四梦谱》作跋。许宝骙将出国远行,行前选《临川四梦》通行之剧若干折,请谷音社社友分书之,以做海舶消遣之资。俞平伯为其抄了《紫钗记·七夕》一折,并作此跋。

21 日 致周作人信,谈拟为朱光潜所编杂志投稿之事。

26 日至 27 日 应浦江清之约,偕夫人夜游妙峰山。

28 日 吴梅应嘱为俞平伯校正《紫钗记·七夕》曲谱。

29 日 复周作人信。

本月 孔另境编的《现代作家书简》由上海生活书店出版，内收俞平伯1933年6月至1935年3月致叶圣陶信十五封。俞平伯说：此事"事前既无所知，事后亦不关照，可谓大奇，深感作书之难矣，非下笔有千秋之想者不办耳"。

6月

2日 批阅清华大学国文系毕业生张骏骥的毕业论文《滦州影戏述要》，给予成绩82分。

7日 下午，谷音社在清华大学礼堂同方部举行第五次公开曲集，邀请社会各界人士前来观摩听曲。会上，俞平伯清唱《罢宴》一曲。此次曲集共演唱昆曲十二支。

14日 章太炎在苏州逝世，闻讯甚悲。

30日 《〈积木词〉序》发表在《词学季刊》第3卷第2号。

本月 俞平伯著、许宝骥手书的《古槐书屋词》线装写刻本刊行，收词三十四首。

7月

24日 偕夫人至苏州蒲林巷之百嘉室访吴梅。

25日 应吴梅邀请，偕夫人与苏州曲家宴饮小集，俞平伯唱了《牡丹亭》中的《拾画》《惊梦》二折，俞夫人唱《游园》和《长生殿》中的《絮阁》二折。其时，吴梅已因喉症不能唱曲。

27日 由南方回到北平。

28日 与来访的朱自清在古槐书屋畅谈。

30日 下午，作为考试委员，至清华大学图书馆，与朱自清、陈寅恪、杨树达、刘文典、闻一多、王力、浦江清、冯友兰、雷海宗等出席清华大学研究院文科研究所中国文学部为何格恩举行的毕业考试。

本月　《古诗"明月皎夜光"辨》发表在《清华学报》第 11 卷第 3 期。同时,《清华学报》为之印制单行本。

8 月

2 日　至玉华台,与梁宗岱、张荫麟、冯友兰、李健吾、钱稻孙、邵循正、萧涤非等应邀出席朱自清的宴请。

21 日　致周作人信,谈北平大学女子文理学院编辑的《新苗》杂志向其征稿之事。

本月　散文集《燕郊集》作为"良友文学丛书第二十八种"由上海良友图书印刷公司出版精装本,内收作品三十二篇:《读〈毁灭〉》《贤明的——聪明的父母》《身后名》《性(女)与不净》《教育论(上)》《教育论(下)》《春来》《赋得早春》《演连珠》《广亡征!》《国难与娱乐》《进城》《元旦试笔》《秋荔亭记》《人力车》《闲言》《驳〈跋销释真空宝卷〉》《〈东京梦华录〉所载说话人的姓名问题》《词课示例》《论作曲》《〈玉簪记〉寄弄首曲华字谱不误说》《论研究保存昆曲之不易》《为何经海募款启》《谷音社社约引言》《〈秋兴散套依纳书楹谱〉跋》《〈脂砚斋评石头记〉残本跋》《〈葺芷缭衡室读诗札记〉序》《〈三槐〉序》《〈积木词〉序》《癸酉年南归日记》《许闲若藏同人手钞〈临川四梦谱〉跋》和译作《长方箱》。

按,以燕郊署集,秋荔名亭,皆源于 20 世纪 30 年代在清华园所作绝句:"曾从秋荔分红叶,今日燕郊独看花。"

本月　以后所作《演连珠》均佚。

本月　笑我编的《现代书信文选》由上海仿古书店出版,内收俞平伯书信两封,即《与子恺书》和《与白采书》。

9 月

4 日 为清华大学大一国文考试监考,在考场,赋五言诗二首,其一:"蝉鬓艳阳红,纱衣绿透风。芳春何所似,应似可怜侬。"其二:"可以远眺望,可以永啸歌。芜庭已种柳,茅屋未牵萝。"随后,又陆续成诗四首,合为《秋日郊居杂咏》六首,发表在1937 年 2 月 16 日《宇宙风》第 35 期。

6 日 章太炎追悼会在北平举行,俞平伯因大学学生监考,未能往。

7 日 收到周作人来信,并附力厂批评俞平伯的文章。

8 日 复周作人信,并附寄《燕郊集》三册,一册赠送周作人,另两册请周作人分赠友人。信中谈到:"得阅力厂之文,虽蒙校正而无甚创解,拟不置答。但因此颇有想把该文写完了,然亦非二三月不办也。"

上旬 清华大学新学年开学。俞平伯在清华大学中国文学系与朱自清、浦江清、许维遹、余冠英、李嘉言共同担任大学一年级国文"读本作文"课程;另与闻一多、杨树达、刘文典共同担任大学二年级"国学要籍"课程;同时担任选修课程"散曲",讲授曲之概论及小令散套选本。同时,在清华大学研究院文科研究所中国文学部负责指导"词"的研究。

10 至 11 日 阅作文卷六十本,并将一些纰谬之处作了摘记。

11 日 下午,访朱自清。

13 日 上午,进城至苦雨斋访周作人。

15 日 自该日起,请陈延甫每日到家中教拍曲、唱曲。首日学唱了昆曲《哭宴》。另,陈震旦由顾颉刚介绍来访。

同日 晚，访浦江清。

16 日和 18 日 跟陈延甫学拍昆曲《烂柯山·泼水》。

17 日 下午，作为考试委员，至清华大学图书馆，与朱自清、陈寅恪、杨树达、刘文典、闻一多、王力、浦江清、冯友兰、郑奠①等出席清华大学研究院文科研究所中国文学部为何格恩举行的论文考试。

18 日 清华大学西乐助教张肖虎②来访。

19 日 续作五言诗一首，记燕东园郑振铎寓所绉秋馆即景。同日，王明之、萧公权来访。

20 日 上午，偕夫人访萧公权。

21 日 上午，跟陈延甫学唱昆曲《玉簪记·茶叙》一折，夫人同唱。下午，与浦江清同访王力。

24 日 收到钱稻孙赠送的日本产出云名笺。下午，浦薛凤③夫妇来访。

25 日 复周作人信，谈近作一篇论《西厢记·长亭》的文章，因篇幅太长，恐不适用于《世界日报·明珠》副刊。

同日 上午，跟陈延甫学理昆曲《风筝误·惊丑》。下午，废名来访。与废名同访朱自清、浦江清，并晤钱稻孙。

26 日 为夫人所绘花卉四页题《清真词》四首。

27 日 上午，应邀至苦雨斋访周作人，并与林庚谈编《世界日报·明珠》副刊事。

---

① 郑奠(1896—1968)，字石君，浙江诸暨人，毕业于北京大学中文系，曾任北京大学、北京师范大学、浙江大学教授。

② 张肖虎(1914—1997)，祖籍江苏武进，出生在天津，毕业于清华大学，曾任北京师范大学教授。

③ 浦薛凤(1900—1997)，号逖生，江苏常熟人，曾任清华大学政治系主任。

28 日　下午,晤朱自清。

29 日　下午,浦江清、汪健君来访。

同日　阅《六祖坛经》。

10 月

1 日　周作人接编《世界日报·明珠》副刊,由林庚具体编辑,至年底共出了 92 期。其间,俞平伯、废名均为该刊撰稿。

2 日　《秋荔亭随笔》二则发表在《世界日报·明珠》副刊。

同日　下午,作为考试委员,至清华大学图书馆,与朱自清、陈寅恪、杨树达、刘文典、闻一多、王力、浦江清、冯友兰、郑奠等出席清华大学研究院文科研究所中国文学部为张恒寿①举行的毕业考试。

同日　本日至 3 日,作《谈清真"醉桃源"和废名》。

3 日　《秋荔亭随笔》一则发表在《世界日报·明珠》副刊。

同日　下午,谷音社部分社友来寓所小集,选唱昆曲《西厢记》《玉簪记》《荆钗记》中的《赏秋》《佳期》《茶叙》《琴挑》《秋江》《男祭》等折。

4 日　晨,与浦江清、陈延甫进城,至许潜庵②寓所,参加曲集。上下午共唱曲子十四支,即《赐福》《拾画》《叫画》《玩笺》《借饷》《藏舟》《盘夫》《议亲》《茶叙》《琴挑》《痴梦》《佳期》《游园》《折柳》。晚,听父亲俞陛云讲《论语》"吾日三省吾身"章旨。

5 日　下午,与浦江清一起跟陈延甫学唱昆曲《烂柯山·泼

①　张恒寿(1902—1991),山西阳泉人,毕业于清华大学中文研究院,曾任河北师范学院教授。

②　许潜庵(1888—1976),名士箴,亦作时珍,江苏海门人,铁路建筑工程师,潜庐曲社社主人,曾任北京昆曲研习社社务委员兼副主任委员。

水》。另,应邀偕夫人出席沈履(茀斋)夫妇的茶话会。晚,致废名信。

同日 学生陈昌年来访,俞平伯以《古槐书屋词》一册相赠。

7日 晨,作《槐屋梦寻》二则。午,应邀出席顾颉刚宴请,席间晤蒋慰堂。晚,与浦江清参加一年级生导师会议,分配到负责指导的学生十一人。

8日 授课之余,绘制《红楼梦》第六十三回"寿怡红群芳开夜宴"座位图。

9日 中午,在清华园寓所宴请周作人、废名、林庚和沈启无。

10日 上午,与夫人一起跟陈延甫学唱昆曲《琵琶记·规奴》。

11日 上午,至苦雨斋访周作人。中午,与废名、林庚、沈启无等同至西安门外香积园,出席周作人的宴请。

12日 下午,跟陈延甫学唱昆曲《琵琶记·描容》。

同日 本日连13日,作《我也谈谈韩愈》。

13日 《秋荔亭随笔》两则《写信封之繁简》和《沈三白之印》,发表在《世界日报·明珠》副刊。

同日 收到许宝𬪩9月23日伦敦来信,即复信。

14日 《谈清真"醉桃源"和废名》发表在本日和15日《世界日报·明珠》副刊。

同日 作《从韩愈想到其他》。文章谈到对已成偶像之古人,"自当以偶像观,以偶像论","而独不可以之自喻。若以之自喻,则人将有滑稽之感觉矣"。

15日 下午课后,作为考试委员,至清华大学图书馆,与朱自清、陈寅恪、杨树达、刘文典、闻一多、王力、浦江清、冯友兰、钱稻孙、罗常培^①出席清华大学研究院文科研究所中国文学部为许世瑛^②举行的毕业考试。

同日 晚,与浦江清同访汪健君。

16日 致周作人信,并附寄文稿两篇。

17日 学生许世瑛来辞行。

18日 作《〈槐屋梦寻〉补小引》。

同日 下午,偕夫人至石驸马大街陆宅,参加珠蓥社成立会,唱昆曲《西楼记·楼会》。

19日 鲁迅在上海逝世。

同日 下午,访浦江清。

20日 《秋荔亭随笔·拍子以倍计》发表在《世界日报·明珠》副刊。

21日 上午,跟陈延甫学拍《坠钗记·冥勘》。下午,整治《白罗衫·看状》曲谱。

24日 《我也谈谈韩愈》发表在《世界日报·明珠》副刊第24期。

同日 下午,至清华大学工字厅参加谷音社曲集,唱昆曲《扫花》《三醉》《藏舟》《絮阁》《看状》《冥勘》《问病》《痴梦》《泼水》等。

25日 中午,应邀至东安市场森隆饭店,出席林庚招宴。周作人、章廷谦、废名、徐耀辰在座。

26日 作随笔一则。下午,学生孙作云来访。

---

① 罗常培(1899—1958),字莘田,号恬庵,北京人,毕业于北京大学中文系,曾任西安西北大学、北京大学教授,中国科学院语言研究所所长。

② 许世瑛(1910—1972),许寿裳长子,字诗英,浙江绍兴人,毕业于清华大学研究院,曾任台湾大学、台湾师范大学、淡江大学、辅仁大学教授。

27 日 上午,作随笔一则。下午,偕夫人和儿子游香山观红叶。归后,为夫人所画红叶图题诗。

同日 晚,与浦江清、汪健君商谈谷音社事。

28 日 晨,作诗三章,并写寄周作人。上午,跟陈延甫整治《琵琶记》中的《请郎》《花烛》曲谱。

30 日 《从韩愈想到其他》发表在《世界日报·明珠》副刊。

同日 跟陈延甫理《请郎》《花烛》曲谱。晚,访汪健君。

31 日 《〈槐屋梦寻〉补小引》发表在《世界日报·明珠》副刊第 31 期。

按,据俞平伯晚年回忆,《槐屋梦寻》当时已作了一百则,并编成书稿准备付梓,因抗战爆发,遂被搁置。书稿也早佚。

11 月

1 日 《红叶诗之一》发表在《世界日报·明珠》副刊第 32 期。

2 日 下午,在寓所与陈延甫、汪健君、浦江清共同理曲。

3 日 晚,在家宴请杨荫浏①、郭绍虞。二人均拟加入谷音社,因此,俞平伯将冯友兰、朱自清、汪健君、浦江清、陈延甫请来,与客人一起唱昆曲。

4 日 跟陈延甫学唱昆曲《北樵》;抄《请郎》《花烛》曲谱。

5 日 作随笔《一日记所见》,记述清华大学十年前曾下半旗追悼牺牲的烈士,十年后又见下半旗,在同地以另一种更庄严之仪式追念此杀烈士之人,让人费解。俞平伯说:这哪里还有是非、好恶可谈。

---

① 杨荫浏(1899—1984),字亮卿,号二壮,又号清如,江苏无锡人,音乐教育家。

同日 晚,杨荫浏来访,送来光绪七年旧抄本《曲谱》四册。

6 日 跟陈延甫学唱昆曲《疑谶》。

7 日 《红叶诗之二》发表在《世界日报·明珠》副刊第38 期。

同日 整理《请郎》《花烛》曲谱并校阅杨荫浏送来之《曲谱》。

8 日 上午,至苦雨斋访周作人。以周作人外出,坐等之时续写《槐屋梦寻》。

9 日 上午,华粹深来访。下午,与王力在清华寓所观看杨荫浏《曲谱》音注。浦江清夫妇来访。夜,偕夫人应冯友兰招宴,席间晤罗家伦。

10 日 课前访朱自清。晚,杨荫浏、浦江清来访。

11 日 《一日记所见》发表在《世界日报·明珠》副刊。

同日 学拍昆曲《西楼记·错梦》。

13 日 学拍昆曲《西楼记·错梦》。

14 日 陶光、华粹深来访。

15 日 上午,废名来访。午,应废名邀请,至崇文门德国饭店午餐。下午,至石驸马大街王宅,参加珠蕤社曲集,唱昆曲《琵琶记·描容》。

16 日 随笔《对对子》发表在《世界日报·明珠》副刊第47 期。

同日 下午,与陈延甫、许季珣①唱昆曲《阻约》《盘夫》。

18 日 上午,跟陈延甫学拍昆曲《太白醉写》中的《吟诗》《脱

---

① 许季珣(1905—1995),即许宝䯄,许宝驯四妹,寓居北京,室名纫秋馆,曾任北京昆曲研习社社务委员。

靴》折。下午,访朱自清。朱自清作为清华大学教职员代表,当晚即赴绥东前线慰劳抗日将士。

19 日 《秋荔亭随笔》两则《看人上吊》和《集成语对联二则》,发表在《世界日报·明珠》副刊第 50 期。

同日 清华大学学生罢课,到校后方知。于是与浦江清在寓所唱昆曲《登程》《南浦》。晚,整理《槐屋梦寻》书稿。

20 日 补作《槐屋梦寻》六则。下午,汪健君、陈盛可来访。晚,偕夫人访浦江清。

21 日 上午,校阅《邯郸记》中的《云阳》《法场》曲谱。下午,杨荫浏来访。

22 日 上午,在古槐书屋开始写作《独语》。下午,返回清华园,应邀出席朱自清的生日宴会。

23 日 清华大学学生复课。开始继续授课。下午,陈延甫、郭绍虞、汪健君来理曲。晚,复许宝骃信。

24 日 傍晚,汪健君、陈延甫、浦江清在西长安街庆林春宴请王瞻岩,俞平伯应邀作陪。

25 日 续治《云阳》《法场》曲谱。晚,与汪健君一起跟陈延甫习曲。

26 日 复周作人信,仍请废名转交。

同日 抄《女弹》曲谱。

27 日 作杂感《罢课休课停课》。

按,俞平伯感慨本月 25 日各校学生以"援绥"事罢课后,各新闻报道为"休课""停课",惟独不说"罢课"。俞平伯"疑彼秉笔诸公深明春秋大义,于定夺之间辞多微隐也。不然,何不用通行之语而辄变其文耶?"他指出:在用字上作文章,"其无救于国甚明"。

29日 下午,偕夫人与汪健君、陈延甫至燕京大学朗润园郭绍虞寓所,参加谷音社曲叙,唱昆曲《游园》《闻铃》《和番》《藏舟》《琴挑》《南浦》等折。晚,与汪健君、陈延甫至前门中和园,观看俞振飞演《醉妃》。

30日 林庚来访。赵守愚夫人来访,请俞平伯帮助改诗。

12 月

1日 《罢课休课停课》发表在《世界日报·明珠》副刊第62期。

同日 晚,作为一年级生导师,约请所分管的学生开茶话会。

2日 购得钞本《纳书楹西厢谱》。

5日 下午,访赵守愚夫人。晚,应邀出席浦薛凤招饮。

6日 午,进城至东安市场北门森隆饭店,应邀出席林庚宴请,废名在座。

7日 整理《独语》十三则。

8日 下午,作散文《无题》,谈醒与睡和生与死的问题。

9日 下午,作杂文《我的十年计画》。

12日 西安事变发生。

同日 上午,清华大学的学生一部分进城游行,余下的学生仍上课。下午,在清华大学参加谷音社曲集,唱昆曲《茶叙》《阻约》《拾画》《询图》《观图》《望乡》等折。

13日 上午,至苦雨斋访周作人,始知西安事变事。下午,至南长街工宅,参加珠紫社曲集。

14日 收到许宝骒11月23日来信,即复信。

15日 下午,至工字厅出席清华大学教授会临时会议,讨论西安事变问题。晚,应邀出席王力招饮。

16日 《无题》发表在《世界日报·明珠》副刊第 76 期。

同日 跟陈延甫学拍昆曲《盗甲》。晚,访陈寅恪。随后,至后工字厅,出席清华大学教授会临时会议,继续讨论西安事变问题。

17日 下午,作为考试委员,与朱自清等出席清华大学研究院文科研究所中国文学部为张清常举行的毕业考试。

18日 下午,废名来访。

20日 《我的十年计画》发表在《世界日报·明珠》副刊第 81 期。

同日 上午,进城至苦雨斋访周作人。中午,在同和居宴请周作人,废名、沈启无、林庚等应邀作陪。下午,与周作人同至宣南广惠寺,吊江绍原母亲之丧。

21日 晚,抄《昭君》曲谱。

25日 上午,跟陈延甫学唱昆曲《玩笺》。下午,校《金盆》《捞月》曲谱。

26日 抄校《昭君》曲谱。

27日 抄校《昭君》曲谱。

28日 汪健君、杨荫浏分别来访。同日,在清华大学新南院之北大道旁借到三间屋,为谷音社习锣鼓使用。

29日 杨文辉来访。谷音社社友四人来访。

30日 林庚来访,谈《世界日报·明珠》副刊停刊之事。与汪健君一起跟陈延甫学理曲。

31日 傍晚,与汪健君、杨文辉共习《折柳》锣鼓。

春夏间 俞平伯向清华大学借得路旁小屋三间,为谷音社练习锣鼓之用。

暑假期间　偕夫人回苏杭探亲。

本年　《十二月想思红绣鞋词》发表在《论语》半月刊第 79 期"新年号"。

1937 年(丁丑,民国二十六年)　37 岁

▲5 月,《文学杂志》月刊创刊于北京。

▲7 月,卢沟桥事变发生,抗日战争全面爆发。

▲8 月,日军大举进攻上海,淞沪之战爆发。

▲8 月,中国工农红军改编为国民革命军第八路军,开赴山西抗日。

1 月

1 日　上午,至清华大学工字厅,出席梅贻琦校长的茶话会。下午,在工字厅参加谷音社曲集,唱昆曲《楼会》《拆书》《玩笺》《错梦》《絮阁》《折柳》《卸甲》等折。傍晚,进城至苦雨斋访周作人,为鲁瑞老人贺八十大寿。

2 日　收到许宝骒来信,即复信。

3 日　致周作人信。另,整理谷音社曲目,共计八十五折。

4 日　上午,访朱自清。据校方通知,此日为复课之期,而学生方面则曰:否。教员的休息室已成为学生们的纠察总部。复课终未成功。下午,与谷音社同人一起跟陈延甫习锣鼓。

同日　致周作人信,谈未能如期复课之事。另附新作《演连珠》一节候正。

8 日　跟陈延甫学治《刺虎》曲谱。另，复周作人信。晚，在清华园寓所宴请赵鸣歧、浦薛凤夫妇、浦江清、朱自清、王力、邵心恒等。

11 日　写昆曲《采莲》曲谱。晚，习锣鼓。

13 日　上午，在清华大学监考散曲。

15 日　在清华大学监考一年级国文。废名来访，长谈。校昆曲《别巾》曲谱。

16 日　上午，在工字厅阅卷。下午，进城至苦雨斋访周作人。

17 日　午，至遂安伯胡同陈宅，参加珠蓉社曲集。

18 日　开始在谷音社新借之室习锣鼓。

20 日　生日。

21 日　已为谷音社整理曲谱三种，即《采莲》《别巾》《痴诉》。

22 日　跟陈延甫学拍昆曲《思春》。晚，偕夫人应邀出席王明之招饮。

23 日　抄《盗甲》曲谱。

24 日　跟陈延甫学理曲。收到叶圣陶来信，谈印曲谱事。

25 日　披阅《北西厢弦索谱》。

26 日　收到许宝骃寄赠的《阿利思奇境记》。

同日　访杨荫浏。

27 日　收到许宝骃来信，即复信。

同日　学生陈昌年来访。

28 日　以陈师曾①画送到陈寅恪处鉴定真伪。

29 日　跟陈延甫学拍昆曲《思春》。抄《山亭》曲谱。

---

①　陈师曾(1876—1923)，陈三立长子，陈寅恪兄，原名衡恪，江西修水人，画家、篆刻家、美术教育家。

228

30 日　续抄《山亭》曲谱

2 月

1 日　续抄《山亭》曲谱。

5 日　上午,访朱自清。下午,进城,访周作人。

7 日　偕夫人访叶公超夫妇。至苦雨斋访周作人,晤沈启无、林庚。

9 日　收到许宝騄来信,即复信。

13 日　正月初三,致周作人信,并附赠近作诗。

同日　晚,在吉祥剧院看杨小楼①演戏。

14 日　下午,偕夫人至景山东街许宅,参加珠紫社曲集,唱昆曲《定情》。晚,应邀出席叶公超招饮。

15 日　林庚来访。华粹深、陶光来访。

16 日　《宇宙风》第 35 期刊登了俞平伯的大照片和诗稿手迹。

17 日　复叶圣陶信。傍晚,赵鸣歧来访。

18 日　抄《疑谶》曲谱。晚,与谷音社友谈社内事。

19 日　上午,访朱自清。下午,朱自清来访。晚,偕夫人在吉祥剧院看杨小楼演戏。

20 日　下午,在清华大学工字厅参加谷音社曲集,唱昆曲《赐福》《看状》《哭像》《规奴》《夜奔》《刺虎》《点香》等折。傍晚,访张豫生夫人。晚,沈履夫妇、朱自清夫妇来访。

24 日　跟陈延甫学唱昆曲《昭君》。

28 日　至春华楼,应邀出席马幼渔招饮。

---

①　杨小楼(1878—1938),名三元,安徽怀宁人,京剧武生演员。

3 月

1 日　上午,访朱自清。

3 日　跟陈延甫学理曲。访杨荫浏。

4 日　抄《疑谶》曲谱。晚,访朱自清,晤浦江清。

5 日　下午,废名来访。访汪健君。

8 日　上午,开始复至女子文理学院授课。下午,在寓所与陈延甫、谷音社友唱曲。林庚来访。

9 日　傍晚,与汪健君、陈延甫进城,至余戟门寓所,参加珠簃社曲集。

10 日　为清华大学教职员公会写挽绥远阵亡将士联,联长五米。

同日　致许宝骙信。

11 日　下午,至清华大学工字厅,出席教授会。

14 日　上午,进城至苦雨斋访周作人。下午,至黄兽医胡同陆宅,参加珠簃社曲集,唱昆曲《赶车》。

15 日　在寓所与陈延甫、谷音社友唱昆曲。

17 日　上午,与浦江清同唱昆曲《别任》《梅岭》等。午,至燕京大学朗润园郭绍虞寓所参加朴社会议,共同处理朴社终结事宜。

18 日　晚,在寓所与谷音社友唱昆曲。

19 日　上午,跟陈延甫学拍昆曲《训子》《刀会》。

21 日　复周作人信,谈读王韬著《春秋历日》之感想。

22 日　下午,出席清华大学国文系会议。

23 日　收到许宝骙来信,次日复信。

25 日　写《采莲》曲谱跋。

27 日 写《点香》曲谱跋。下午,在清华园寓所举行谷音社曲集,唱昆曲《上寿》《疑谶》《昭君》《问探》《问病》《刺虎》《别任》《梅岭》《茶叙》等。

28 日 上午,进城至苦雨斋访周作人,遇废名。

29 日 晨,访朱自清。后,朱自清来访。下午,跟陈延甫学拍昆曲《十面》。

同日 致周作人信。阅周作人著《瓜豆集》。

30 日 上午,华粹深来访。晚,写《山亭》曲谱跋。

31 日 为夫人许宝驯所写《芦林》曲谱写短跋。

4 月

4 日 上午,与朱自清、陈延甫一起习金鼓。午,与汪健君、浦江清在清华大学工字厅宴请滑苕白①及社中其他名誉社员。下午,在清华大学同方部参加谷音社公开曲集,唱昆曲《茶叙》《夜奔》《寻梦》《惊变》《琴挑》《湖楼》《刺虎》《寄柬》等折。

上、中旬 侍双亲并偕夫人同游青岛,作五言长诗《丁丑青岛纪游诗》。

27 日 朱自清来访,为俞平伯父亲俞陛云七十华诞贺寿。

本月 《秦汉改月论》发表在《清华学报》第 12 卷第 2 期。

5 月

1 日 《文学杂志》月刊创刊于北京,朱光潜主编,俞平伯与周作人、朱自清、杨振声、沈从文、林徽因等为编委会成员。

---

① 滑苕白,天津人,昆曲家。

同日 下午,杨荫浏陪无锡天韵社社友华雁臣来访并唱昆曲,浦江清也来参加。

2 日 上午,至清华北院访谭其骧①、浦江清、朱自清。另,致许宝騄信。

5 日 跟陈延甫学唱昆曲《夜读》《亭会》。

9 日 上午,至苦雨斋访周作人。晚,至章宅吊章元善②之父章式之之丧。

11 日 傍晚,浦江清夫妇及其岳父张琢成来访。

12 日 据《朱自清日记》记载:在下午的校务评议会上,通过了俞平伯的休假一年的研究计划。

同日 跟陈延甫学唱昆曲《芦林》。

14 日 接到清华大学通知,批准在国内休假研究一年的申请。此为清华大学教授任教五年后均可享受的待遇。

同日 上午,跟陈延甫学唱昆曲《受吐》。

15 日 偕夫人及亲戚同游妙峰山。

16 日 下午,至中山公园来今雨轩,参加珠萦社曲集。

17 日 朱自清来访,请其阅近作《青岛纪游诗》。次日,朱自清来信赞赏此诗。

18 日 作《周词订律》书评。《周词订律》为杨易霖著。

同日 晚,至工字厅,应邀出席清华大学国文系毕业生招饮。

19 日 将《周词订律》书评清稿交朱自清。此文发表在本年

---

① 谭其骧(1911—1992),字季龙,浙江嘉兴人,清华大学教授,清华谷音社成员,俞平伯挚友。

② 章元善(1892—1987),江苏苏州人,早年入清华学堂,赴美留学,归国后在华洋义赈会任副总干事,参与创办欧美同学会。

232

7 月《清华学报》第 12 卷第 3 期;收入《论诗词曲杂著》时,题目为《〈周词订律〉评》。

21 日　下午,废名来访,"谈道并示以打坐时种种动止"。

22 日　上午,与朱自清进城,至承华园贺刘文典银婚。

同日　下午,在清华大学工字厅参加谷音社曲集,唱昆曲《拾画》《三醉》《诉庙》《闻铃》《种情》《山亭》等。

23 日　上午,至苦雨斋访周作人。

24 日　下午,阅大学一年级课卷。

26 日　至清华园北院,访谭其骧、浦江清,得到浦江清岳父赠画。下午,至燕京大学观画展。偕夫人应邀出席燕京大学历史系教授洪业[①]举行的茶话会。

28 日　下午,进城吊章式之之丧。晚,至清华园三院参加中国文学会聚谈。会后与浦江清同至朱自清寓所畅谈。

29 日　下午,与汪健君同至燕东园许季珂寓所,参加谷音社友曲叙,唱昆曲《惊梦》《错梦》《痴梦》《乔醋》《三醉》《下山》《醉妃》《定情》等。

31 日　下午,跟陈延甫学理《下山》曲。

本月　上海大光书局出版林荫南编《模范小品文读本》,收录俞平伯的《清河坊》。编者按:"平伯的诗和散文,病在太喜欢说道理。一篇佳妙的文章,往往因为作者的太喜欢发议论,弄得呆板、笨拙、讨厌。本篇却是一篇极佳妙的文章。"

---

①　洪业(1893—1980),名正继,字鹿岑,号煨莲,福建福州人,曾任燕京大学历史系主任、图书馆馆长。

6月

1日 下午,为大学一年级散曲期末考试监考。晚,应邀出席王力招饮。

2日 学拍昆曲《访普》。

3日 晚,谷音社在新会所集会。

4日 为大学一年级国文考试监考。

5日 为大学一年级考《左传》《论语》监考。阅大学一年级国文试卷。傍晚,应邀进城赴徐耀辰招宴。

7日 上午,至女子文理学院授课。晚,至清华大学工字厅,参加国文系教授答宴毕业生。饭后,与浦江清访汪健君。

10日 熊庆来①来访,约往云南大学任教。下午,访浦江清。

11日 下午,回访熊庆来,未值。访陈寅恪。废名来访,与之长谈。

15日 谭其骧来访。浦江清夫妇来访。

16日 开始续抄曲谱。下午,朱自清来访。晚,再访熊庆来。

17日 下午,林庚、冯友兰分别来访。

18日 晚,应邀出席梅贻琦校长主持的茶话会。

19日 下午,进城,应邀出席周作人招宴。

20日 下午,偕夫人至北池子袁宅,参加珠蓂社曲集,唱昆曲《藏舟》。

---

① 熊庆来(1893—1969),字迪之,云南弥勒人,曾任清华大学教授、云南大学校长。

22日　上午,访陈寅恪。中午,应邀出席熊庆来招宴,"同座俱将赴滇南者"。

23日　跟陈延甫学唱昆曲《盘夫》。

25日　朱自清来访。

27日　上午,进城至苦雨斋访周作人。

29日　至图书馆查《姑苏志》,写《别巾》曲谱跋。晚,至清华大学工字厅出席刘寿民招宴。

7 月

1日　散文《无题》发表在《文学杂志》月刊第1卷第3期。文章阐述了"道可受兮不可传""道可闻兮不可见"的观点,正与庄子的道"可传而不可受,可得而不可见"的论点相反。他说:"作之时尚未阅《庄子》,故未有成见。兹既有成见,自不可改。吾固非庄生之徒。"

同日　写《访普》曲谱跋。晚,至谷音社参加曲社活动。

2日　晨,在清华园寓所与谷音社所招暑期讲习班学员谈话。

3日　下午,在清华大学工字厅参加谷音社曲集,唱昆曲《赐福》《拾画》《下山》《盘夫》《游园》《秋江》《骂曹》《望乡》等。

4日　上午,进城至苦雨斋访周作人。下午,访废名。晚,在墨蝶林宴请周作人、徐耀辰、废名、沈启无和林庚。

6日　访朱自清。晚,谷音社暑期讲习班开学。陈延甫任笛师,俞平伯与浦江清任指导,教男组拍昆曲《赐福》。

7日　抄《上寿》《赐福》曲谱。应嘱为冯友兰书写扇面。晚,与夫人至谷音社,参加暑期班女组拍曲。夜,与朱自清露廊茗坐。

8日　受钱稻孙之托,为日本目加田书写条幅。下午,汪健君、孙毓华分别来访。傍晚,访冯友兰。

9 日 上午,孙毓华陪章柳泉夫妇来访。

10 日 上午,偕夫人和孩子进城看望父母亲。

11 日 晨,由城内返回清华大学,在寓所抄谱。夫人和孩子留在城中。晚,在朱自清处便饭。夜访浦江清。

13 日 续写《情勾》曲谱跋。许世瑛来访。

14 日 《情勾》曲谱跋写毕。晚,至清华大学工字厅参加谈话会。

15 日 仍抄曲谱。访朱自清,未值。随后,朱自清夫妇来访。傍晚,访王明之。

18 日 上午,陶光、华粹深到古槐书屋来访。午前,至苦雨斋访周作人。下午,徐耀辰、许宝骙分别来访。

19 日 中午,应废名邀请,至北海仿膳饭庄聚餐,周作人、徐耀辰、沈启无、钱玄同、林庚均在座。

20 日 至苦雨斋访周作人,请周作人至同和居小酌、清谈。

22 日 中午,偕夫人出城回清华园寓所。陈延甫、汪健君来访。晚,浦江清、朱自清、谭其骧来访,坐露台看月。

26 日 将《槐屋梦寻》清稿寄给上海世界书局。

27 日 上午,至苦雨斋访周作人。

28 日 清华大学师生离开北平,迁徙湖南长沙。俞平伯适值全薪休假期间,又因父母亲年高多病,未能随同南迁。

8 月

1 日 散文《无题》发表在《文学杂志》月刊第 1 卷第 4 期,论述了文章"求则得之,舍则失之"的道理,认为是颠扑不破的。

同日 至苦雨斋访周作人。

2日　　下午,废名来访,偕往骆驼书屋访徐耀辰,遇江绍原。

3日　　下午,至清华同学会,询问学校的消息。

5日　　应嘱为学生陶光书写扇面。

6日　　访许宝騄并晤谭其骧。

7日　　上午,偕夫人乘车出城,回清华大学新南院寓所取衣物,途中见到"海淀街遍悬日本旗"。北平沦陷后的情景,对其刺激甚深。

8日　　续抄昆曲谱。应嘱为陈延甫书写扇面。

9日　　偕夫人乘车出城,回清华大学新南院寓所整理物件。为学生傅英豪写证明书,帮助他向校方申请贷款。

10日　　华粹深、陶光、陈舜瑶来访。废名来谈道打坐。

11日　　下午,朱自清来访,谈随清华大学师生南下之事。据《朱自清日记》记载:俞平伯劝朱自清留在北平等待观察一段时间,"认为目前南去并不明智,南方局势亦不平静。现难以找到工作。而且对人们说来,北平在不久的将来将是最安全处"。

12日　　七夕节。跟陈延甫学唱昆曲《草地》。下午,访废名。

13日　　阅熊十力所著《新唯识论》。

14日　　取回学校发还的飞机捐。下午,仍理曲谱。

16日　　出城至清华大学,访冯友兰、潘光旦等。又与汪健君偕至谷音社。午后,与钱稻孙同行进城。

17日　　下午,徐耀辰来访。

22日　　访朱自清,不遇。至苦雨斋访周作人。

23日　　废名来访。

24日　　访朱自清,不遇。

25日　　收到周作人来信,即复信。抄《埋玉》曲谱。

26日　　冒微雨访周作人,借得清代王韬著《瀛壖杂志》《弢园文录外编》《海陬冶游录》等书。

27 日 汪健君偕赵鹤岩来访。

28 日 偕夫人游北海公园。

29 日 访徐耀辰,并邀请周作人至德国饭店进餐。

30 日 上午,偕夫人乘车出城,至清华大学新南院寓所整理书籍。

9 月

2 日 致周作人信,感谢其惠赠《骆驼草》合订本,谓:"暇时翻读亦殊觉其充实","唯自己的文章却不敢正眼去瞅它,以犹是民八式,在各家中当坐红椅子。当日何竟不惭,亦可怪已。"

同日 访赵鹤岩、华粹深。

3 日 下午,林庚来辞行,其将赴厦门。

5 日 至苦雨斋访周作人。傍晚,听说日军将入驻清华大学新南院,心中无比悲哀,慨叹居住数年的寓所,从此不可复居矣。

6 日 上午,偕夫人乘车出城,至清华大学新南院寓所整理所有物件,准备搬入城内居住。是日日记中写道:"自庚午秋晚移砚西郊,于兹七载,遭逢离乱,一旦弃之,仍返住槐屋,触类如故,真如一梦也。"

同日 致周作人信。

7 日 下午,将清华大学新南院寓所的行李运回城内老君堂宅。从此,又回到以古槐书屋闻名的城内寓所居住。

8 日 女儿俞成、俞欣考取济南齐鲁大学。下午,访朱自清,不遇。致许宝骒信。

10 日 朱自清来访。

14 日 开始订阅英文《时事日报》。

同日 收到王歗缑上海来信。收到浦江清松江来信。

15 日　下午,偕夫人访朱自清。傍晚,谭其骧来访。

16 日　跟陈延甫学唱昆曲《冥勘》。至此日,谷音社曲谱已抄毕,俞平伯抄了二十二折,其余为许宝驯、许宝騄、华粹深、杨荫浏所抄;尚欠题跋、考订、校勘等。

17 日　废名、汪健君分别来访。

20 日　下午,访朱自清。

21 日　朱自清来辞行,其次日即将南行赴长沙。汪健君来访。

同日　为女儿俞成、俞欣赴济南齐鲁大学送行。

24 日　赵鹤岩来访。

25 日　收到朱自清自天津来信。

26 日　与许宝騄夫妇同游北海公园。

29 日　跟陈延甫学唱昆曲《冥判》。下午,陪父母亲游公园。

月末　收到朱自清 9 月 28 日自青岛来信。

10 月

1 日　华粹深、陶光、许世瑛来访。

3 日　访熊庆来,未遇。访谭其骧。又至苦雨斋访周作人。

4 日　废名、许宝騄分别来访。访汪健君。

5 日　跟陈延甫学唱昆剧《琵琶记》中的《称庆》《规奴》二折。

6 日　应邀至徐耀辰处,与废名、徐耀辰晤谈。

7 日　下午,访周作人,钱玄同、徐耀辰、废名在座。

8 日　跟陈延甫学唱昆曲《思乡》《冥判》。

9 日　赵鹤岩来访。

10 日　跟陈延甫学唱昆曲《三醉》《番儿》。下午,废名来谈道。

11 日　收到周作人来信。

12 日　重阳节。上午,至雍和宫西仓访废名,并与废名、徐耀辰同游雍和宫。下午,陪父母亲游景山。

13 日　开始阅《大般涅槃经》。

14 日　下午,徐北汀来访。

15 日　跟陈延甫学唱昆曲《女弹》《询图》。

16 日　访赵鹤岩。收到女儿自济南来信,知其即将南下。

18 日　至苦雨斋访周作人,借得《维摩诘经》《大藏严论》等书。

19 日　农历九月十六。俞平伯夫妇结婚二十周年纪念日,在家中摄影数张以志纪念。另,跟陈延甫学唱昆曲《红梨》《访素》《赶车》等折。

21 日　跟陈延甫学唱昆曲《扫秦》。

22 日　中午,应钱稻孙邀请,至同和居赴宴。在座者皆清华大学旧日同人。

同日　访周作人,续借经论书。

23 日　跟陈延甫学唱昆曲《梅岭》《泼水》。

24 日　上午,萧公权来访。华粹深、陶光来访。废名、汪健君来访。

25 日　跟陈延甫学唱昆曲《窥醉》。

26 日　应嘱为陶光、华粹深书写小横幅。

27 日　回访萧公权。

29 日　跟陈延甫学拍昆曲《夜乐》。收到朱自清 16 日自长沙临时大学写来的信,即复信。

30 日　下午,徐耀辰来访。

11 月

1 日 下午,应邀参加徐耀辰的宴请。周作人、废名、沈启无均在座。

2 日 填词《南楼令·和夏闰庵丈》,并缮写两份,分送萧公权和周作人。

3 日 收到浦江清 10 月 20 日松江来信。

4 日 上午,跟陈延甫学拍昆曲《北饯》。中午,应邀至忠信堂参加张清常订婚仪式。下午,至苦雨斋访周作人,陪周作人至钱稻孙处小叙,晤尤炳圻。

6 日 跟陈延甫学唱昆曲《哭宴》。傍晚,废名来访。

7 日 写贺张清常新婚诗幅。

8 日 跟陈延甫学唱昆曲《北饯》。

9 日 整理所习曲目,已有一百四十四折。傍晚,萧公权来辞行。

10 日 跟陈延甫学拍曲《花婆》《功宴》。

11 日 下午,跟陈延甫唱昆曲《访素》《赶车》《草地》及《询图》等。

13 日 下午,应邀至忠信堂参加张清常婚礼。

14 日 跟陈延甫学拍昆曲《功宴》。自此日停阅英文《时事日报》。

15 日 下午,华粹深、陶光、许世瑛来访。常风来访。

17 日 下午,汪健君来访。

19 日 跟陈延甫学理昆曲《亭会》。收到朱自清 3 日自长沙来信。

21 日 跟陈延甫学拍昆曲《谏父》。

26 日 徐北汀来访。

27 日 午,访钱稻孙,与其同至燕京大学临湖轩,应吴文藻、梅贻宝之约,同座皆清华大学旧日同人。

28 日 收到朱自清 11 日来信,并转来长沙临时大学清华办事处《致俞平伯》信。

29 日 收到王献唯 21 日上海来信。

12 月

1 日 下午,跟陈延甫学唱昆曲《窥醉》《亭会》《花婆》。

2 日 得知废名以母丧将南归。下午,访废名,未值。

3 日 收到王伯祥 11 月 17 日自上海来信,告知开明书店已移至汉口。

同日 收到周作人来信。

4 日 复周作人信。

8 日 徐北汀来访。同时,收到朱自清 10 月 29 日长沙来信。

11 日 下午,至苦雨斋访周作人。

12 日 下午,汪健君来访。

13 日 南京沦陷,俞平伯闻讯作寄题莫愁湖一联:"依稀兰桨曾游,只而今草长莺飞,'寒艳不招春妒';叹息胜棋难再,又何论龙盘虎踞,'伤心付与秋烟'。"

19 日 下午,徐耀辰来访。

20 日 收到许宝骎 11 月 28 日自伦敦来信。

28 日 下午,徐北汀来访。

30 日 下午,景山书社人来,告知前寄苏州之书已退回。书店业务已结束。

31 日 下午,杨文辉来访。晚,收到浦薛凤 6 日自长沙来信。

1938年(戊寅,民国二十七年) 38岁

▲3月,中华文艺界抗敌协会在武汉成立。

▲4月,鲁迅艺术学校在延安成立,后改名鲁迅艺术学院。

▲4月,国立西南联合大学在昆明成立。

▲5月,毛泽东发表《论持久战》。

▲10月,武汉三镇失陷,武汉会战结束。

1月

2日 下午,至苦雨斋访周作人。

4日 华粹深、陶光、许世瑛来访。

6日 下午,钱稻孙来访。

同日 复浦薛凤信,托其照顾转入西南联大读书的两个女儿,并寄示近作七律一首。诗云:"泽中鸿雁几辛酸,逆旅长安菽水难。少日谁知堪北房,屏居今喜尚南冠。原来绯绿逢场戏,只在青黄反手间。岂必虫沙酬故劫,清霜不媚谢庭兰。"

按,此诗后收入《俞平伯旧体诗钞》,题目为《京寓偶成》,文字小有改动。

7日 访徐耀辰、杨文辉。

9日 生日。

11日 至苦雨斋访周作人。

13日 下午,访连阔如。

15日 下午,汪健君来访。

18日 收到朱自清、浦江清1937年12月26日自南岳来信。

20日　收到朱自清1937年12月11日自南岳来信。即复朱自清、浦江清信。

22日　至苦雨斋访周作人。

24日　下午,汪健君、杨文辉来习金鼓。

27日　傍晚,收到周作人来信及附寄近作诗二首,俞平伯当即作唱和诗二首。

28日　复周作人信,并附寄唱和诗二首。

29日　访连阔如。

2月

6日　午,在墨蝶林宴请蔡孟劬,向其了解西南临时大学的情况。

8日　下午,偕妻访朱自清夫人陈竹隐。

10日　访汪健君。

12日　下午,访陈延甫、连阔如。

14日　元宵节。收到朱自清1月24日自南岳来信。夜,游公园观冰灯等。

15日　访钱稻孙及浦薛凤夫人。至苦雨斋访周作人,并在同和居宴请周作人。

16日　复朱自清信。

17日　跟陈延甫学唱昆曲《望乡》《北樵》。徐耀辰来访。书写清代吴毂人所作《春水绿波赋》卷子,赠送许宝𫘦。

18日　本日始,写《七夕赋》

22日　将《七夕赋》卷子写毕。

19日　跟陈延甫学唱昆曲《访普》《冥判》,并略习金鼓。

20日　购买《福尔摩斯小说》《彊村词》及《词辨》。应蔡孟劬邀请,至北池子蔡宅赴宴。

21 日　至苦雨斋访周作人先生。

23 日　跟陈延甫学唱昆曲《拾金》。

25 日　跟陈延甫学唱昆曲《云阳》。

26 日　上午,访徐耀辰。

27 日　应嘱为徐北汀所临《溪山清远图》题诗二首。诗中表达了俞平伯对国土沦丧的凄惋之情。

3 月

2 日　跟陈延甫学唱昆曲《辞朝》。

3 日　下午,沈启无来访。

4 日　至苦雨斋访周作人。

7 日　下午,汪健君来访。

8 日　下午,张子高来访,俞平伯以春在堂墨一笏相赠。

9 日　书写父亲俞陛云《旧都杂诗》十三首。

10 日　致周作人信。

13 日　补写《旧都杂诗》跋语。

15 日　下午,至苦雨斋访周作人,赠以《旧都杂诗》诗卷。

16 日　收到朱自清 2 月 26 日自南宁来信,并附近作绝句四首。同时收到浦江清 2 月 22 日自九龙来信。

18 日　下午,跟陈延甫学唱昆曲《称庆》《南浦》。收到张子高来信,告知临时大学将迁蒙自。

19 日　下午,华粹深、陶光、许世瑛来访。

20 日　跟陈延甫学唱《折柳》。这是最后一次学曲,陈延甫于 22 日南归。俞平伯称赞陈延甫:"其人未多学问而持身朴拙,至饶古意。能剧三百余折,余等所肄习仅三之一而弱。陈于吹笛以外,鼓板金奏尤熟而老,口讲指画原原本本,且于曲文之音读曾有所受,有些殆明清以来三百余年相传之旧读,尤为难得。"

21 日 下午,均游东庙。

22 日 下午,均游东庙。

22 日 填《忆江南》词一首。词曰:"行云梦,风搅晚枝愁。青眼迟开浑是柳,黄花多瘁却宜秋。何计说淹留。"此词收入《古槐书屋词》时,词牌写为《望江南》,词句也有改动。

28 日 下午,汪健君来访。晚,应嘱为徐北汀作楹帖,集史达祖、吴文英、姜白石、王沂孙四家词句,曰:"画里移舟,同惜天涯为旅。梅边吹笛,不知春在谁家。"

29 日 下午,郭绍虞来访。

4 月

1 日 下午,陪父母亲游北海公园。

4 日 西南联合大学组建于昆明。

同日 收到上海世界书局退回的《槐屋梦寻》书稿。

7 日 下午,游景山。

8 日 下午,陈竹隐来访,以朱自清、浦江清元日游南岳联句相示。

13 日 自南方归来的刘寿民来访。

15 日 晚,收到陈延甫 3 月 31 日自上海来信。

16 日 下午,汪健君来访。

18 日 收到朱自清 3 月末自昆明来信。

19 日 访徐耀辰。

23 日 至苦雨斋访周作人。

24 日 陪父母亲游公园观牡丹。下午,汪健君来访。

26日 收到萧公权3月30日自成都来信,并附近作《玉楼春》词八章。

27日 晚,赋《鹧鸪天》词一首,寄赠萧公权。

28日 午,陪父亲游公园,观牡丹和孔雀开屏。

30日 收到汪健君自天津来信。俞平伯托汪健君在天津代订《华北明星报》。

5月

1日 陈竹隐按照朱自清的吩咐,将部分书箱送至古槐书屋寄存。晚,赵鹤岩来辞行,将赴香港。

4日 傍晚,收到周作人来信,即复信。

15日 游太庙,至北海公园,复游白塔寺,上塔院见安钦活佛。

17日 下午,华粹深、陶光来访。

19日 下午,访郭绍虞,未值。晚,访周作人,以古槐书屋制笺一匣相赠。

20日 晚,收到周作人来信。

21日 复周作人信,请他为前刻《古槐书屋词》补作序。

22日 傍晚,汪健君来访。

23日 收到周作人来信。

24日 应嘱为许世瑛书写小横幅。

25日 收到周作人来信并附文稿两篇。

26日 复周作人信。

28日 陪父母亲游北海公园。

6月

5日　致周作人信,附新作《演连珠》二节求正。

14日　夜,续作《演连珠》一节。

23日　致许宝騄信。

26日　华粹深、许世瑛来访。

28日　中午,应周作人邀请,至北海仿膳饭庄聚餐,徐耀辰、沈启无、钱玄同在座。席间,大家共同作书简,分别寄给在南方的废名和林庚。

30日　收到萧公权自成都来信。

7月

3日　汪健君来访。收到朱自清6月13日自蒙自来信。

4日　复成都萧公权信。

8日　由吴迪生介绍,天津《庸报》记者汪介夫来访。

12日　午,周作人宴请由西南联大返回北平的叶公超,与徐耀辰、常风等应邀作陪。

20日　午,应张子高邀请,冒雨至西四同和居午饭。饭后访周作人,因苦雨斋内外院积水甚深,未能入内。

22日　收到周作人来信,代黎子鹤邀请俞平伯去教诗词。俞平伯当即回信婉辞。

8月

2日　下午,汪健君来访,送来张豫生夫人的小册子,请题字。

3 日　黎明,作《偶柬谷音社诸友四绝句》,以寄谷音社同人。

4 日　应嘱为张豫生夫人的小册子题字。

7 日　收到许宝骤 7 月 18 日来信。

8 日　应嘱为汪健君题写《红牙盦簪集》册页,书录近作《偶柬谷音社诸友四绝句》。

10 日　下午,汪健君来访。

11 日　下午,访周作人,未值。后在钱稻孙处晤周作人。顺访浦薛凤夫人。

16 日　上午,访任致远。

18 日　下午,汪健君来访。

19 日　至苦雨斋访周作人。

21 日　汪健君来访。

27 日　上午,自南方归来的郭绍虞来访。午,偕夫人访张豫生夫人。

29 日　作五律一首。

31 日　续作诗一首。收到周作人转来林庚的上海来信。

9 月

2 日　下午,陪父母亲游北海公园。

4 日　华粹深、许世瑛来访。

5 日　收到朱自清 8 月 18 日自西南联大蒙自分校来信,告知将移家昆明。

7 日　下午,访张子高。至苦雨斋访周作人。

10 日　致信在西南联大的清华大学校长梅贻琦,说明因侍奉父母,加上自身体弱,"近复多病","只身作万里之游"赴西南联大任教有困难,拟请假一年,"俾得从容料理"好家事,再作打算。

13 日 与叶公超等应邀至苦雨斋赴宴。得到周作人赠送的《词辨》一本,系清代周济著、谭献评本。

14 日 致周作人信,谈"近怀殊不佳,赋诗言志而工力太差,志复不达,如何如何!"

下旬 本月下旬至 10 月间,俞平伯在周作人的苦雨斋,曾见到胡适自伦敦寄来的、敦促周作人离开北平南下的白话诗,他由此对胡适表示"钦迟无极"。

11 月

23 日 复周作人信。

暑假期间 俞平伯休假一年期满之时,收到清华大学自西南联大蒙自分校发来的聘书。

本年 被私立中国大学国学系聘为教授,讲授《论语》和《清真词》。校址在北平西单北大木仓胡同路北清代郑王府旧址。

1939 年(己卯,民国二十八年) 39 岁

▲9 月,第二次世界大战正式爆发。

1 月

7 日 收到周作人来信,请俞平伯接替其课,到燕京大学国文系讲授"现代散文"。此时,周作人已有意接任伪职。俞平伯立即回信婉辞,理由有三,"一则功课非素习,以前从未教过(清

华欲开现代散文班,玄公来商,曾辞却),亦难于发挥。二则接先生之席极感难继,恐生徒不满意。三则自去年事变后,即畏涉远西郊"。"玄公"指朱自清。

11 日　收到郭绍虞来信,请其到燕京大学教课。即复信婉辞。

同日　收到周作人来信,续谈到燕大代课事。即复信辞谢。

17 日　惊闻钱玄同逝世。

26 日　与许介君访周作人。

27 日　生日。

本月　周作人接任了伪北京大学图书馆馆长的职务。

按,此后,俞平伯与周作人之间的交往逐渐变得稀疏了。

5 月

4 日　陕甘宁边区西北青年救国联合会定 5 月 4 日为中国青年节,纪念五四运动二十周年。

9 月

本月　收到朱自清 9 月 6 日自云南来信。

10 月

30 日　访周作人。

按,11 月 1 日,周作人写毕《春在堂杂文》,这恐怕不是简单的机缘巧合,也许他们于 10 月 30 日的谈话,俞樾是主要话题。

本年　《西湖的六月十八夜》由日本的土井彦一郎译成日

文,收入日本东京白水社《西湖の夜——白話文學二十篇》。

本年　继续在中国大学国学系任教。

1940年(庚辰,民国二十九年)　40岁

▲3月,蔡元培在香港病逝;伪国民政府在南京成立,汪精卫任代理主席。

▲9月,国民政府颁布命令,正式定重庆为陪都。

1月

16日　生日。

7月

10日　复周作人信,谓读其新作《七夕》一文,深感"寄慨遥深,雒诵辄唤奈何耳"。

8月

10日　七夕节。偕夫人至北京北池子北口景山前街许潜庵的潜庐,参加潜庐曲社庆贺许雨香六秩曲叙,王季烈①、庞敦

---

① 王季烈(1873—1952),字晋余,号君九,又号螾庐,江苏苏州人,清光绪三十年(1904)进士,官学部郎中,昆曲家。

敏^①、袁敏宣^②、徐伯轩^③、滑苕白、杜振武^④、许承甫^⑤、许平甫^⑥。

9 月

24 日　应嘱为赵肖甫所辑《红楼梦讨论集》作序。俞平伯在序中分析了索隐派与考证派的异同。《红楼梦讨论集》除收入胡适和顾颉刚以及顾颉刚与俞平伯讨论《红楼梦》的笔札外,还收入了俞平伯《红楼梦辨》中的三篇论文:《辨原本回目只有八十》《后三十回的〈红楼梦〉》《论秦可卿之死》。

10 月

本月　《燕郊集》普及本由上海良友复兴图书印刷公司出版。

12 月

4 日　收到周作人来信,并附废名自黄梅寄来的信。

5 日　复周作人信。信中批评华连圃注释的《花间集》,有的注释有误。俞平伯认为:"书非注不明,而注又大难,总不免引《说文》说秋字,即仇注杜诗有时亦如此,况其他耶。"

---

①　庞敦敏(1890—1956),江苏苏州人,曾留学日本,北京昆曲研习社社员。

②　袁敏宣(1909—1974),女,名昉,祖籍江苏常州,生于北京,俞振飞女弟子,在京不时参加珠萦社、潜庐曲社及清华谷音社活动,曾任北京昆曲研习社社务委员。

③　徐伯轩(1916—1967),笔名北萱,原籍江苏宜兴,北京人,程砚秋秘书,曾任中国戏专教师。

④　杜振武,天津人,昆曲家。

⑤　许承甫(1915—1996),名宣儒,浙江杭州人,许雨香次子,北京潜庐曲社成员,北京昆曲研习社社员。

⑥　许平甫,许雨香次女,北京潜庐曲社社员。

19 日　周作人被汪伪南京政府任命为伪华北政务委员会常务委员兼教育总署督办。

21 日　致周作人信。

上半年　收到陈寅恪赠送的在昆明自印《〈秦妇吟〉校笺》单行本一册。

秋　儿子俞润民考入辅仁大学化学系。

年内　邀请毕树棠到中国大学国学系讲授"欧洲文艺思潮"。当时毕树棠居住在北平东城炒面胡同，与俞平伯为近邻，经常晤谈，互倾积惊，抗战时期竟成莫逆。

本年　《丁丑青岛纪游诗》发表在天津《庸报》。

本年　《文学的游离与其独在》由日本的吉村永吉译成日文，收入日本东京东成社《现代支那文艺论集》。

本年　继续在中国大学国学系任教。

1941 年（辛巳，民国三十年）　41 岁

▲5 月，中共中央机关报《解放日报》创刊。

▲12 月，日本发动太平洋战争，国民政府对日、德、意宣战。侵沪日军占领上海公共租界，上海"孤岛"局面结束，完全处于日军控制之中。

1 月

1 日　《〈红楼梦讨论集〉序》发表在《责善》半月刊第 1 卷第

21 期。

5 日　生日。

6 日　收到周作人来信。次日即复信。

本月　诗词《薄恋》发表在《国民杂志》创刊号。

4 月

17 日　徐北汀在稷园（中央公园）水榭举办个人画展，为期五天。

19 日　《立言画刊》周刊第 134 期辟有"徐北汀画展专刊"，刊登了俞平伯的《辛巳三月题北汀画展》。文中扼要地介绍了徐北汀的绘画经历，对其山水画给予了高度评价。

5 月

20 日　收到周作人来信，即复信。

24 日　至东总布胡同弘通观四号许宝骙寓所，参加曲会。

下旬　得到周作人赠送影印巾箱本《琵琶记》一部。此前，俞平伯曾为此书作校记。本年 5 月 31 日周作人在《题影印〈琵琶记〉》一文中说："今春间书客以影印巾箱本《琵琶记》见示，喜而留之，词曲均不懂，何能赏识此书，实只喜其以罗纹纸所印耳。……平伯过访借去，云欲一校，未几以校记相示，乃知有如许好处，具如别纸。不佞翻看过罗纹纸，便已满足矣，若在平伯，可以有好些用处，乃即以进上。时在端午节之前，姑以此代替枇杷，而既不可以食，亦并不可以弹，殆真所谓秀才人情者欤。"

7月

10日 《孟子解颐零札》发表在《东方杂志》第二十一卷第十三号。

9月

6日 作《移棋相间法》序三。

8日 复周作人信。

10月

7日 致周作人明信片,谈读了周作人所送《四书训解》后,觉得"此书见解不拘门户,极为明通,读之得益良多"。尤其对《论语·雍也》篇"子谓仲弓曰"一章稍有所会,拟写一短文。

秋 收到朱自清寄赠的律诗《寄怀平伯北平》三首。此为朱自清1941年9月在成都家中所作,诗中记述了两人之间二十余年的友谊。

12月

31日 访周作人,适值周将外出,未能相见。

本年 继续在中国大学国学系任教,为名誉教授。

1942 年(壬午,民国三十一年) 42 岁

▲1 月,中、美、英、苏四国领衔,26 个国家签名的《联合国家共同宣言》发表,世界反法西斯同盟正式形成。

▲5 月,陈独秀逝世。

▲5 月,中共中央宣传部在延安召开文艺座谈会,毛泽东两次到会讲话,后以《在延安文艺座谈会上的讲话》为题发表。

1 月

1 日 致周作人信,贺新年。

24 日 生日。

4 月

5 日 作《〈左传〉震夷伯之庙一条非左氏旧文说》。

5 月

1 日 《与友人论宫调书》发表在《万人文库》旬刊第 12 册"五月文园"。

31 日 《万人文库》旬刊"文园"专刊编辑真夫、夏简、小松氏等来访,赠每人一本考据《论语》的近作《久要不忘平生之言解》,并同他们合影。

6 月

1 日 《再与友人书》发表在《万人文库》旬刊第 15 册"六月文园"。同期发表有夏简的《记俞平伯先生的一夕谈》。

6 日 作《再与汪健君书》。

8 月

1 日 《秋荔亭日记——夜游妙峰》《与汪健君书论正声变调》发表在《万人文库》旬刊第 21 册"八月文园"。

4 日 惊闻许地山逝世。

26 日 应嘱为郭则沄著《红楼真梦传奇》作序。

9 月

1 日 《再与汪健君书》发表在《万人文库》旬刊第 24 册"九月文园"。

13 日 出席在北京饭店举行的伪华北作家协会成立大会及第一次全体会员大会,并被选为伪华北作家协会评议员会中的评议员。

18 日 致周作人信。

10 月

25 日 结婚二十五周年纪念日,偕夫人至王季烈寓所,参加蠎庐曲会。过东庙买菊花,赠夫人,并作银婚诗《壬午九月既望赠内子五章》。

按,此诗曾寄示在西南联大的朱自清等友人。朱自清评价此诗"淡远秾丽兼擅其美,是在忧患中语,读之感慨"。

11 月

1 日　《〈红楼真梦传奇〉序》发表在《万人文库》旬刊第 30 册"十一月文园"。

年内　应邀与北大艺文研习会昆曲组同人合影留念。

本年　除在中国大学任教外,还在家里辅导几个学生,以微薄的收入维持困顿的生活。

1943 年(癸未,民国三十二年)　43 岁

▲11 月,罗斯福、丘吉尔、蒋介石三国首脑举行开罗会议,讨论对日作战及战后大计。后发表《开罗宣言》,宣称:三国必战到日本无条件投降为止。

1 月

6 日　周作人五十九岁初度。俞平伯拟至周宅祝寿,打电话询问,值周作人将出门,遂未果行。

10 日　致周作人信。

13 日　生日。

2月

4 日 致周作人信,问候鲁瑞老人的病况。

19 日 元宵节。作札记《音乐悦乐同音说》。

同日 应汪健君之嘱,为之题《红牙盍簪集》,录新作札记《音乐悦乐同音说》全文,并在跋中说:"昆腔虽非先代雅音,犹饶温厚和平之趣,以今乐由古乐一语论之,当亦贤圣所不废乎。"

4月

6 日 应嘱为中国大学学生顾视的诗集《画影篇》题词:"大作诗意清新,欣佩无似。鄙人自愧其少作未能有所攻错,进千虑之一得尤歉然也。读《画影篇》后书此。"

按,手迹收入艺术与生活出版社 1943 年 5 月 1 日出版的《画影篇》中。

本月 收到朱自清 4 月 16 日自昆明来信。因俞平伯已答应代朱自清出售藏书,故朱自清特列出不拟出售的书目,请俞平伯售书时留意。

5月

本月 《文章自修说读》发表在《国民杂志》月刊第 3 卷第 5 期,"尝试拟作文章四论,曰文无定法,曰文成法立,曰声入心通,曰得心应手"。

6月

20 日 论文《词曲同异浅说》发表在《华北作家月报》第 6

期。编后记中说:"能得到……药堂先生、俞平伯先生两位大家的鸿文,这是革新号的光荣。"

7 月

1 日　由周作人任社长,尤炳圻、傅芸子、陈绵任编辑的《艺文杂志》月刊在北平创刊。《音乐悦乐同音说》发表在《艺文杂志》月刊第 1 卷第 1 期。

同日　尤炳圻来访,并在俞宅老榆树旁为俞平伯摄影。

12 日　上午,应邀出席在六国饭店召开的《艺文杂志》出版纪念会。

8 月

1 日　《独语》十三则发表在《艺文杂志》第 1 卷第 2 期。

本月　《风入松》词发表在《同声月刊》第 3 卷第 6 期。

本月　龙榆生往老君堂访俞陛云、俞平伯,获赠手写刊本俞陛云《乐静词》,俞陛云女弟子蒋慧为绘《彊村授砚图》,俞平伯为之题《减字浣溪沙·为榆生题彊村授砚图》词:"白发天南旧史臣,弘文不起砚田贫。师门风义石交亲。　历眼海桑如转毂。生花词笔又传薪,还教芳瀚溯前尘。"

9 月

1 日　尤炳圻摄俞平伯照片刊登在《艺文杂志》月刊第 1 卷第 3 期,本期编辑如是描述俞平伯:"平伯先生对于艺文修养之深,趣味之广,博雅冲淡,都可以说得是中国文人的典型的硕果的存在罢。"

同日 《古槐随笔》六则:《贺日食月食》《猫名笑话》《明刘元卿贤弈编"猫说"》《丁香》《元遗山瞿宗吉论诗》《南浦西山》,发表在《艺文杂志》月刊第 1 卷第 3 期。

本月 收到朱自清 9 月 1 日来信。

本月 改作《说清真"醉桃源"词》。

本月 《谈〈西厢记·哭宴〉》发表在沈启无主编的《文学集刊》第 1 辑。

10 月

本月 《减字浣溪沙·为榆生题彊村授砚图》词发表在《同声月刊》第 3 卷第 8 期。

本月 《风雨谈》第 6 期刊登穆穆的《俞平伯先生》。作者提及"俞平伯先生已经搁笔不再从事创作了,他有时整理一点考据的东西,有时研究一点国学,因为他知道,他对于新学再求进步,也不像后人的意识形态了"。

11 月

1 日 《说清真"醉桃源"词》发表在《艺文杂志》第 1 卷第 5 期。

12 月

1 日 《侨秋荔亭谈〈坚瓠集〉随笔》五则,即《老头儿亦有幸有不幸》《官场现形记故事之一》《苏曼殊诗亦有沿袭》《下驴》《别巾剧中之施槃》,发表在《艺文杂志》月刊第 1 卷第 6 期。

下旬 收到朱自清 11 月 22 日自昆明来信,建议俞平伯不要为伪杂志写稿。俞平伯接受了朱自清的建议。另,按朱自清的嘱托,将代他售书所得款分期转寄至扬州家中。

20 日　国民政府颁布《新年及春节节约办法》,禁止印寄贺年卡。

29 日　访周作人,未值。

30 日　复周作人明信片。

本月　《〈左传〉震夷伯之庙一条非左氏旧文说》发表在《中德学志》第 5 卷第 4 期。

春　参加伪华北作家协会第一次"华北文艺奖金"审查委员会会议,并担任诗歌方面的主审委员。

本年　受聘任中国大学国学系主任。在俞平伯主持系务工作期间,为使古今中外文学得以平衡发展与研究,他提议将国学系改为文学系。

本年　聘请清华大学学生常风①到中国大学文学系任教。

1944 年(甲申,民国三十三年)　44 岁

▲9 月,中共提出建立联合统帅部和成立联合政府的建议。

1 月

1 日　《侨秋荔亭随笔》三则,即《判官穿绿袍》《还有福王》

---

①　常风(1910—2002),原名凤瑑,字镂青,山西榆次人,毕业于清华大学外国文学系,曾任教于北京大学、山西大学。

《倒毡传代转席》,发表在《艺文杂志》月刊第 2 卷第 1 期。

同日 上海中华日报社《文坛史料》发表迅俟的《俞平伯的散文》。

2 日 生日。

24 日 致周作人信,为许宝骃商谈领取北京大学退职金之事。

本月 《续谈〈西厢记·哭宴〉》发表在《文学集刊》第 2 辑。

2 月

15 日 本日至 6 月 15 日,赵肖甫辑录的俞平伯与顾颉刚讨论《红楼梦》的书简,连载于《学术界》月刊第 2 卷第 1 期至第 5 期。

3 月

13 日 应嘱为王守惠①创作、张肖虎谱曲的歌剧《木兰从军》作序。俞平伯在序中说:"余与守惠,郊园共学,知其于文章经籍以外兼精音乐,谷音曲社既立,即约其来游,佳日相逢,寻常视之。今则万事如云烟而守惠之墓行将宿草,栖迟陋巷,重省遗编,见《木兰》一剧犹在焉,诚不胜其叹惋之情。"

4 月

1 日 俞平伯"临枯树赋"书法作品作为插页,刊登在《万象》杂志第 10 期,署名槐居士平。

---

① 王守惠(1915—1943),天津人,毕业于清华大学中国文学系,曾在天津任中学教员。

6 月

1 日 俞平伯手书"重修真定隆兴寺碑文"摄影刊登在《艺文杂志》月刊第 2 卷第 6 期。

22 日 致周作人信。

本月 收到朱自清 6 月 5 日自昆明来信。

8 月

本月 《〈木兰从军〉序》收入天津印《王守惠先生纪念刊》。

10 月

16 日 在古槐书屋接待从上海到北平办事顺便来访的唐弢。唐弢介绍了上海的情形,俞平伯向他谈了几位在北平的熟人的近况,并应唐弢之请,为之书近作诗《红梨》《什刹后海观荷》《眉绿》,诗中表明了俞平伯索居荒城、一片清白的心迹。

18 日 下午,到西总布胡同回访唐弢,未遇。

秋 依春在堂壬寅年韵,作诗一首,呈父母亲。

本年 继续在中国大学文学系任教。

1945 年(乙酉,民国三十四年) 45 岁

▲4 月,中国共产党第七次全国代表大会在延安举行,毛泽东作《论联合政府》的报告。

▲4月，联合国成立大会在美国旧金山举行。

▲8月，日本天皇发表《终战诏书》，宣布无条件投降。

▲9月，日本政府在美国战舰"密苏里"号上向美、中、英、苏等盟国签署并递交投降书，第二次世界大战结束。

1 月

21 日　生日。

9 月

24 日　五言长诗《遥夜闺思引》写讫。

按，此诗始作于1942年至1943年间，其时燕冀沦陷已久，俞平伯"寄迹危邦，避人荒径"，独写"聊忏幽忧"的长诗，以述十年徒掷之悔。

10 月

31 日　札记《〈文赋〉之段落》发表在天津《民国日报》副刊。

本月　收到朱自清9月15日自昆明来信。

11 月

9 日　为自写第一本《遥夜闺思引》赠许宝𫘤作跋语。

中旬　为自写第二本《遥夜闺思引》赠胡静娟作跋语。

28 日　为自写第三本《遥夜闺思引》赠毕树棠作跋语。

同日　晚，清华大学负责先头接管、复员工作的陈福田在东来顺宴请来自昆明的梅贻琦校长，俞平伯与张伯谨、孙锡三、孙瑞芹、陈岱孙、施嘉炀、毕正宣等应邀出席作陪。俞平伯将近作长诗《遥夜闺思引》手稿、书信及《谢灵运诗集》托梅贻琦带至昆明,转交朱自清。

本月 经过书信往还,接受吴小如①为门弟子。吴小如则以小楷清写俞平伯新作五言长诗《遥夜闺思引》为贽敬。

本月 《周美成〈瑞龙吟〉词浅说》发表在《乡土杂志》第1卷第1期。

12 月

2 日 为吴小如写赠本《遥夜闺思引》作跋语。

4 日 以吴小如写本《遥夜闺思引》赠夫人再作跋语。

6 日 周作人因汉奸案被国民党政府逮捕,押在北平炮局胡同监狱。

同日 至7日,《王勃〈滕王阁诗序〉〈古文观止〉本纠误》发表在天津《大公报·综合》副刊第3、4期。

18 日 应嘱为华粹深自留抄本《遥夜闺思引》作跋语。

20 日 为自写第四本《遥夜闺思引》赠朱自清作跋语。

22 日 在北平广播电台讲《读书的意义》。俞平伯认为"读书的真意义,于扩充知识以外兼可涵养性情,修持道德,原不仅为功名富贵做敲门砖"。他认为解决社会生计问题,使人安心向学和改革教育考试铨叙各制度,已"成为民族复兴国运重光的大业之一支了"。

24 日 《清真词浅释·瑞龙吟》发表在天津《民国日报·文艺》副刊第7期。

---

① 吴小如(1922—2014),本名同宝,笔名少若、莎斋,安徽泾县人,吴玉如长子,毕业于北京大学中文系,曾任北京大学历史系、中文系教授,中央文史研究馆馆员。

28 日　致北京大学校长胡适信,恳请远在美国的胡适设法为入狱待判的周作人"薄其罪责,使就炳烛之余光,遂其未竟之著译"。

冬　教育部在北平设"临时大学补习班",俞平伯被聘到北大红楼临时大学补习班第二分班即文学院,选授《清真词》,为时一学期多。

年内　经许德珩介绍,加入九三学社。

本年　继续在中国大学文学系任教。

1946 年(丙戌,民国三十五年)　46 岁

▲1 月,政治协商会议在重庆开幕,国共双方正式签署《停战协定》。

▲5 月,九三学社在重庆正式成立;国民政府还都南京。

▲6 月,蒋介石悍然撕毁停战协定,大举进攻中原解放区。

▲7 月,闻一多在昆明被暗杀。

▲7 月,胡适回到北平,任北京大学校长。

1 月

7 日　《清真词浅释·琐窗寒》发表在天津《民国日报·文艺》副刊第 9 期。

10 日　生日。

14 日　《读书的意义》发表在天津《大公报·综合》副刊第 31 期。

18 日　《跋吴小如写本〈遥夜闺思引〉二则》发表在天津《大

公报・综合》副刊第 33 期。

20 日 T. T. M(蔡天梅)编述的《活地狱》一书,由北平纪事报社出版,扉页为俞平伯所题。

21 日 《跋〈遥夜闺思引〉》发表在天津《大公报・综合》副刊第 34 期。

22 日 《跋〈遥夜闺思引〉》(其四)发表在天津《大公报・综合》副刊第 35 期。

本月 收到朱自清 1945 年 12 月 24 日自昆明来信,信中谈了对《遥夜闺思引》的读后感,认为"全诗规模甚大。'所思渺西海'一语殆属关键所在,亦即所谓本事,就此而论,确极缠绵悱恻之致。篇中随处表见身世及怀抱,难在于本事打成一片。……诗第二段最为明豁,叙事宛切到家。首段以海天为背景为象征,亦与本事融合到恰好处。三四段反复零乱,似《离骚》,似《金荃》。然五言长篇如此者绝无仅有,此两段索解人似最难。""此诗自是工力甚深之作,但如三四段办法,在全用五言且多律句之情形下,是否与用参差句法者(如《离骚》《金荃》)收效相同,似仍可讨论也。"

本月 复朱自清信。

2 月

1 日 为书赠儿子俞润民的《遥夜闺思引》作跋语。

13 日 为毕树棠写赠本《遥夜闺思引》作跋语。

本月 收到朱自清 1 月 25 日和 2 月 13 日来信。

3 月

9 日 为胡静娟写赠本《遥夜闺思引》作跋语。

中旬　填《沁园春》词二章，戏答胡静娟表妹题赠。

24 日　下午，至中山公园水榭参加中华文艺协会北平分会成立大会，并与沈兼士、杨振声、顾颉刚、彭子冈五人当选为监事。

30 日　作《〈遥夜闺思引〉自序》。

3 月至 4 月间　收到朱自清 3 月 18 日来信。

4 月

下旬　作札记《读词偶得·史邦卿词三首》，分析了《祝英台近》(柳枝愁，桃叶恨)《祝英台近·咏蔷薇》《玉蝴蝶》(晚雨未摧宫树)三首词。

仲春　作《戚眷招饮病不欲赴诗以谢之》诗一首。

5 月

27 日　周作人等十二人被解送到南京，关押在老虎桥监狱。

下旬　应吴玉如①邀请，赴天津，为天津工商学院文科学生讲《诗余闲评》，由吴小如笔录。在津期间，受到吴玉如盛情款待，为表谢意，于回北平前夕赋诗为赠，诗题为《薄游津门，假寓清斋，承尊公厚款，口占律句求教》。

本月　收到朱自清 4 月 26 日来信。

本月　本月至 6 月间，收到朱自清 5 月 16 日来信。

---

　　①　吴玉如(1898—1982)，字家琭，晚年自署迂叟，安徽泾县人，曾任津沽大学中文系系主任。

6 月

18 日　与沈兼士、董洗凡①、张怀、顾随、陈雪屏②、邓叔存等十五位大学教授为周作人案联名出具证明致国民党政府首都高等法院,列举 1943 年在东京举行的大东亚文学家大会上,日本文学报国会代表片冈铁兵指斥周作人之语,说明周作人在任伪职期间"曾有维护文教、消极抵抗之实绩",希望高等法院根据确凿证据,"减其罪戾,俾就炳烛之余光,完其未竟之著译,于除奸惩伪中兼寓为国惜才,保存善类之微意,则于情于理实为两尽"。

本月　收到朱自清 5 月 27 日和 6 月 8 日来信。

7 月

1 日　为胡静娟写赠本《遥夜闺思引》再作跋语。

30 日　至北京大学访胡适,未晤。

31 日　致胡适信,建议邀请废名到北京大学任教。

本月　收到朱自清 6 月 30 日来信。

8 月

3 日　为自写第五本《遥夜闺思引》赠杨振声作跋语。

14 日　作《〈松梅风雨〉观后记》。

16 日　以分析周邦彦《应天长·寒食》和《满江红》(昼日移

---

①　董洗凡(1900—?),又名人骥,河北完县人,曾任私立中法大学、北平大学女子文理学院、私立北平辅仁大学教授,同济大学校长。

②　陈雪屏(1901—?),江苏宜兴人,毕业于北京大学哲学系,曾任教于东北大学、北京师范大学、北京大学理学院,国民政府代教育部长。

荫,揽衣起)二词所写的札记《读词偶得》,发表在天津《民国日报·图书》副刊第 11 期。

30 日 以分析周邦彦《解连环》(怨怀无托)一词所写的札记《读词偶得》,发表在天津《民国日报·图书》副刊第 12 期。

31 日 《〈松梅风雨〉观后记》发表在天津《大公报·综合》副刊第 115 期。

本月 收到朱自清 7 月 25 日自成都来信。

本月 九三学社中央迁到北平。从此,俞平伯积极参加九三学社的工作和活动。

9 月

19 日 作《〈"义战"〉评跋》第一、二部分。

本月 收到朱自清 9 月 7 日自重庆来信。

10 月

8 日 朱自清来访。朱自清是 10 月 7 日由重庆回到北平的。

10 日 复员后的北京大学正式开学。北平临时大学补习班结束。俞平伯转任北京大学文学院教授。

12 日 午,设宴为朱自清洗尘。

17 日 朱自清来访,并取回寄存杂物。

20 日 下午,朱自清来访。

月末 收到朱自清 10 月 29 日来信。

11 月

9 日　以吴小如写草体巾箱本《遥夜闺思引》赠许宝驹作跋语。

16 日　国民党政府南京首都高等法院特种刑事判决"周作人共同通谋敌国、图谋反抗本国,处有期徒刑十四年,褫夺公权十年,全部财产除酌留家属必须生活费外没收"。

下旬　收到朱自清 11 月 21 日来信。

12 月

1 日　《古槐书屋清真词浅释·庆宫春》发表在《论语》半月刊复刊后第 118 期。俞平伯在《浅释》中指出:"夫美既在含蓄,分析则大不含蓄矣。沉吟讽诵,庶会文心,蛇足之诮,吾岂免夫。"

8 日　《诗余闲评》发表在天津《大公报·星期文艺》第 9 期。按,后收入 1947 年 8 月版《读词偶得》,"以代本书之导论"。

16 日　《古槐书屋清真词浅释·尉迟杯、满庭芳》发表在《论语》半月刊复刊后第 119 期。后收入《清真词释》。

19 日　收到朱自清 12 月 18 日来信。

20 日　与来访的朱自清畅谈。

30 日　生日。

1947 年(丁亥,民国三十六年)　47 岁

▲4 月,蒋介石宣布改组"国民政府",并任主席。

▲7 月,中国人民解放军由战略防御转入战略进攻。

1 月

1 日　作《释杜诗〈月夜〉》。

10 日　分析周邦彦《阮郎归》(菖蒲叶老水平沙)的《读词偶得》发表在天津《民国日报·图书》副刊第 25 期。

19 日　《释杜诗〈月夜〉》发表在天津《大公报·星期文艺》第 15 期

26 日　朱自清来访。

28 日　诗《丙戌八月十九日作》发表在《京沪周刊》第 1 卷第 38 期"饮河社诗页"。

按,抗战时期,章士钊与潘伯鹰都曾身居重庆,借着诗词往来的缘分,创办饮河社,想要以笔记民生,以诗作堡垒。诗社以章士钊为中心,以潘伯鹰主编的《饮河集》诗刊为园地,一时间叶恭绰、沈尹默、马一浮、叶圣陶、陈寅恪、俞平伯、朱自清、钱锺书、谢稚柳、郭绍虞、萧涤非、施蛰存等诸多文艺界名流均汇聚于此,佳作纷呈。

2 月

1 日　作《为〈中外文丛〉拟创刊词》。

同日　作毕树棠写赠本《遥夜闺思引》跋语后记。

月初　收到朱自清 1 月 31 日来信。

12 日　《为〈中外文丛〉拟创刊词》发表在天津《大公报·大公园地》第 149 期。

按,据俞平伯讲,文章是经朱自清首肯后才发表的。"'丛刊'因事未能发行,此文姑作闲话观之。"

中旬　收到朱自清 2 月 13 日来信。

20 日　以分析周邦彦《忆旧游》(记愁横浅黛)《应天长·寒食》《满江红》(昼日移荫,揽衣起)和《解连环》(怨怀无托)等所写的札记《清真词浅释》,发表在《国文月刊》第 52 期。

22 日　与朱自清、许德珩、汤用彤①、向达②等九三学社十二位同人就北平市政府发动警宪夜入民宅,以清查户口为名,肆行搜捕事件,提出抗议,并拟定《保障人权宣言》。

本月　修改《忆清华园谷音社旧事》稿。

3 月

8 日　《保障人权宣言》发表在《观察》第 2 卷第 2 期。

16 日　《忆清华园谷音社旧事》发表在《论语》半月刊第 125 期"癖好专号"。

按,此稿原应赵景深之约,为其主编的《戏曲》月刊而作,后因刊物停办,遂发表在《论语》杂志。

17 日　《〈遥夜闺思引〉跋文五篇》发表在天津《民国日报·文艺》副刊。

中旬　收到朱自清 3 月 17 日来信。

22 日　《词录　调寄祝英台近》词一首,发表在天津《民国日报·民园》副刊。

24 日　《读词偶得·史邦卿词三首》发表在天津《民国日报·文艺》副刊。

31 日　以分析《尉迟杯》(隋堤路)《满庭芳》(风老莺雏)《庆

---

① 汤用彤(1893—1964),字锡予,祖籍湖北黄梅,生于甘肃渭源,哈佛大学哲学硕士,回国后历任东南大学、南开大学、北京大学、西南联大教授。

② 向达(1900—1966),字觉明,湖南溆浦人,曾任浙江大学、西南联大、北京大学教授,兼掌北大图书馆。

宫春》(云接平冈)三词而写的札记《周美成词浅释》,发表在天津《民国日报·文艺》副刊。

下旬 收到朱自清 3 月 26 日来信。

4 月

1 日 为《读词偶得》修订再版本作跋。

3 日 应嘱为叶圣陶在日记中录写的《遥夜闺思引》长诗作跋语。

4 日 摘录 1936 年 5 月 26 日至 27 日与友人夜游妙峰的日记,题为《夜游妙峰》。

5 日前 收到朱自清 4 月 2 日来信。

5 日 朱自清来访。

7 日 札记《读词偶得·史邦卿〈绮罗香春雨〉》发表在天津《民国日报·文艺》副刊。

14 日 以分析《还京乐》(禁烟近)《扫地花》(晓阴翳日)《意难忘》(衣染莺黄)《阮郎归》(菖蒲叶老水平沙)四首词而写的札记《周美成词浅释》,发表在天津《民国日报·文艺》副刊。同期另发表有《夜游妙峰》。

21 日 《三十六年新版〈读词偶得〉跋》发表在天津《民国日报·文艺》副刊。

28 日 《叶圣陶兄写〈遥夜闺思引〉跋》发表在天津《民国日报·文艺》副刊。

本月 《谈“中学生与文艺”》发表在《中学生》第 186 期。

本月 曹明贤著、俞平伯题签的《而立集》初版。

5 月

2 日　下午,朱自清来访。

7 日　朱自清来访,为俞平伯父亲八十华诞贺寿。

12 日　以分析《满庭芳　夏日溧水无想山作》一词而写的札记《周美成词浅释》,发表在天津《民国日报·文艺》副刊。

19 日　以分析《齐天乐》(绿芜凋尽台城路)《早梅芳近》(花竹深)两首词而写的札记《周美成词浅释》,发表在天津《民国日报·文艺》副刊。

22 日　俞平伯与国立北京大学教授三十一人联合发出《北京大学教授宣言》,对各地青年学生反饥饿反内战以及要求教育改革的运动,表示同情和支持。

26 日　《周美成词浅释·醉桃源》发表在天津《民国日报·文艺》副刊。

30 日　北京大学、清华大学两校教授 102 人签名,在上海《大公报》发表《告学生与政府书》,对大、中学学生反饥饿反内战的运动表示同情。俞平伯是签名者之一。

下旬　收到朱自清 5 月 23 日来信。

6 月

1 日　《夜游妙峰》发表在《论语》半月刊第 130 期。

按,俞平伯在篇末说:"此十二年前旧记也,从日记摘出其词致简,聊可窥胜游之一二,今则村居寥落,生计凋零,如拈梦华之丛琐,观河上之清明,承平遗韵渺若云烟矣。"

上旬　收到朱自清 6 月 2 日来信。

9日　《为润民写〈遥夜闺思引〉后记》发表在天津《民国日报·文艺》副刊。

10日　《周美成词浅释》发表在《国文月刊》第56期。

12日　午,应邀出席陈寅恪在清华园的宴请,朱自清、浦江清等作陪。

同日　下午,作为清华大学特聘考试委员,与朱自清、陈寅恪、浦江清等参加清华大学研究院文科研究所中国文学部为萧成资举行的毕业考试。

16日　《随笔两则》发表在《论语》半月刊第131期。俞平伯在《近怀》一则中,提出"我不乐观,然而也不悲观"。因为"本心之明究未尝息也。如尘埋宝珠,云遮皓月,染退则净复其初,无增减也。更何处可著悲观耶?"

同日　札记《超然台记评》发表在天津《民国日报·文艺》副刊。

同日　《拟〈中外文丛〉发刊词》发表在《论语》半月刊第131期。

27日　天津《民国日报·图书》副刊发表毕树棠的《题〈遥夜闺思引〉》。

7月

1日　随笔《吃在这个年头》发表在《论语》半月刊第132期。俞平伯指出:"人当徘徊瞻眺于有吃与没吃之间,必无暇再研讨爱吃与不爱吃之雅。"有人"在把窝头撑起了一半胃壁的时候,仍不免要做着一碗清蒸鲥鱼的梦,或一盘炒虾仁的梦",如今,就是这样的美梦也被碰得粉碎了。

5日　朱自清来访。

6 日　在北平居士林演讲《今世如何需要佛法》,由阿姮女士记录,经修改后,发表在本年 7 月《世间解》月刊第 1 期。俞平伯分析了我们的时代为什么需要佛法,又将孔子的学说与佛法进行了比较,分析了西洋文明的破绽,说明用孔子的方法来补救是可以的,但用孔子的力量来救世,却是不够的。

14 日　札记《谈闺阁词翰》发表在天津《民国日报・文艺》副刊。俞平伯认为:"求工于文不难,有格调为难,格调不难,见个性为难,个性尚矣,风趣尤难。"泛观女子文辞,堪示其个性与风趣者盖寡,而传世尤稀。"盖能难,知亦不易,士夫犹然,矧在闺阁。"他还慨叹历史上闺阁遣悲怀哀永逝的诗文传世甚少。称赞他大姐佩瑗追怀郭则沄姐夫绝句八章,不仅"兰嫒伸眉,红颜破涕",而且"为艺苑文林留补天之石华"。

15 日　为自写第六本《遥夜闺思引》作跋语。

25 日　作《读〈红楼梦〉随笔二则》。

8 月

1 日　杂文《闲谈革命》发表在《论语》半月刊第 134 期。

8 日　《读〈红楼梦〉随笔二则》发表在《华北日报・俗文学》副刊第 6 期。

11 日　自写第六本《遥夜闺思引》跋发表在天津《民国日报・文艺》副刊。

16 日　《民主与佛学》发表在《时代批评》第 4 卷第 89 期。

同日　《现代文摘》周刊第 8 期转载《闲话革命》。

本月　《读词偶得》修订本由上海开明书店出版。书中增加了《诗余闲评》《三十六年新版跋语》以及《释史邦卿词四首》,删去了释周美成《清真词》部分,将其编入了《清真词释》中。当时,开明书店介绍《读词偶得》一书说："俞先生邃于词,兴利倚声,都成佳什。此书取古名家词而解释之,……不依傍成说,亦不措意于语原典故之末,惟体味作者当时性情境界,说明其如是抒写之所以,与所谓'诠释'之作全异其趣。其说由浅而深,初学者循序展玩,不特悟词为何物,抑且怀词人之心矣。"

9 月

1 日　《谈闺阁词翰》发表《论语》半月刊第 136 期。

上旬　收到朱自清 9 月 4 日来信。信中谈及俞平伯的作品《客归》,认为"意新语工,读之慨然"。根据朱自清的评价,估计《客归》是诗,此作今已失存。

10 日　《音乐悦乐古同音说》发表在《国文月刊》第 59 期。

16 日　《读〈红楼梦〉随笔二则》发表在《论语》半月刊第137 期。

本月　论文《由群经之起讫谈〈论语〉〈孟子〉之起讫》发表在《学原》月刊第 1 卷第 5 期。

本月　《谈宗教的精神》发表在《世间解》月刊第 3 期,文章说:"古代的宗教难再生,它的精神实在应该复活的(自然我不指它的仪式),它的崇高的奉事精神即我们对光明的祈求,然而我们不如古人远矣。空空的祈求光明,光明不因之而来;诅咒黑暗,黑暗不因之而去。殉道者的生平,即一切志士仁人的榜样也。"

10 月

21 日　《读〈坚瓠集〉小说》发表在天津《民国日报·民园》副刊。

29 日　结婚三十周年纪念日。作《丁亥九秋赠内子五章》。

本月　作《题〈遥夜闺思引〉杂咏》六首。

11 月

16 日　与到北大作演讲的朱自清相见并谈诗。据《朱自清日记》记载:俞平伯认为"中国诗之重复性,盖律诗之仄起正格与平起正格须循环诵读故也。又周邦彦《应天长》中有:'长记那回时,邂逅相逢,郊外驻油壁'之句,暗示四种意思,即:意外相逢之喜悦;女子在车内;男子在马上;女子为妓女。(苏小歌)"

中旬　收到胡适 16 日夜写来的信。信中感谢俞平伯寄诗给他读,并谈了绝句必须与民歌接近,才可以有新韵生命的问题。

23 日　《秋荔亭随笔》"写信封之繁简"发表在天津《民国日报·民园》副刊。

25 日　《秋荔亭随笔》"对对子"发表在天津《民国日报·民园》副刊。

27 日　《秋荔亭随笔》"沈三白之印""看人上吊""集成语对联二则"发表在天津《民国日报·民园》副刊。

28 日　《秋荔亭随笔》一则发表在天津《民国日报·民园》副刊。

29 日　《秋荔亭随笔》二则发表在天津《民国日报·民园》副刊。

12 月

1 日　《美成词释·秋蕊香(乳鸭池塘水暖)》发表在天津《民国日报·文艺》副刊第 104 期。

15 日　天津《民国日报·文艺》副刊第 106 期发表少若的《温知随录——〈读词偶得〉》。

月底　作《走马灯和牌九的哑谜儿》。

本月　《读词偶得》修订本由上海开明书店再版。

秋　应黄裳①要求,书赠其诗笺两幅,录近作诗《归驭》和旧作诗《梦吴下旧居》。

本年　继续在北京大学文学院任教。

1948 年(戊子,民国三十七年)　48 岁

▲6 月,北平各大学教授数百人联名发表声明,抗议美国扶植日本,表示宁愿饿死,也拒绝领取"美援"面粉。

▲9 月,辽沈战役打响;11 月结束,东北解放。

▲11 月,淮海战役打响;次年 1 月结束,淮海地区解放。

▲12 月,平津战役爆发;次年 1 月结束,平津及华北解放。

1 月

1 日　《走马灯和牌九的哑谜儿》发表在天津《民国日报·民园》副刊,又发表在《论语》半月刊第 144 期"新年特大号"。

同日　作《为暴春霆题其先德"林屋山民馈米图"》。

同日　作《戊子元旦试笔(谈孟子)》。俞平伯重温儿时所读《孟子》的话:"民为贵,社稷次之,君为轻",而感叹"咱们空空以

---

①　黄裳(1919—2012),原名容鼎昌,山东益都人,满族,曾任《文汇报》编委。

'民'立'国',而试问这三十六年做些什么,……无非变着法儿在这'苦脑子'的老百姓身上打主意罢了。说'吃烈士',总不如吃老百姓之尤为全美。"又说孟子主张"五亩之宅树之以桑",说明他"已注意到土地分配问题","他并且明白,不解决土地问题,则一切仁政都是空话"。俞平伯陈古意在讽今,说明今所遭遇的苦难,都是孟子早已注意到的问题。俞平伯说:"圣人尚且不成,何况你我闲人闲话。但我想,现在并痛快的闲话似乎也不大作兴说,这是鄙人心情寂寞的另一方面,抚今思昔诚不禁感慨系之耳。"

4 日 《戚眷招饮病不欲赴诗以谢之》诗发表在《京沪周刊》第 1 卷第 52 期。

上旬 收到朱自清 1 月 3 日来信。

12 日 《为暴春霆题其先德"林屋山民馈米图"》发表在天津《民国日报·文艺》副刊第 110 期。

16 日 《美成词释·秋蕊香(乳鸭池塘水暖)》发表在《论语》半月刊第 145 期。

18 日 生日。札记《古诗说》,释"涉江采芙蓉"一诗,发表在《华北日报·文学》周刊第 4 期。

中旬 收到朱自清 1 月 17 日来信。

26 日 《杜诗蒙诵》发表在天津《民国日报·文艺》副刊第 112 期。俞平伯在前言中署"槐居士平伯识于无眠爱夜两当二乐轩之北窗下"。这是他第一次使用"无眠爱夜两当二乐轩"这个室名。他说:因室名太长,刻个图章太贵,做斋匾蜗居又容它不下,因此,只是说说而已。

2 月

1 日 《为暴春霆题其先德"林屋山民馈米图"》发表在《论

语》半月刊第 146 期。

月初 收到朱自清 2 月 1 日来信,内附近作诗《夜不成寐,忆业雅〈老境〉一文,感而有作,即以示之》。

月初 作《佩弦寄示不寐书怀近作,以律句酬之》诗一首。这是俞平伯与朱自清之间最后的唱和诗。

13 日 《佩弦寄示不寐书怀近作,以律句酬之》诗发表在天津《民国日报·民园》副刊。

上旬 将近作《佩弦寄示不寐书怀近作,以律句酬之》诗一首,寄赠上海的叶圣陶。

3 月

1 日 《戊子元旦试笔〈谈孟子〉》发表在《论语》半月刊第 148 期。

6 日 《〈遥夜闺思引〉自序》发表在天津《民国日报·民园》副刊,署名古槐居士平生。

9 日 作《论〈读词偶得〉与王君书——温飞卿〈菩萨蛮〉》。

上旬 收到朱自清 3 月 6 日来信。

19 日 随笔《槐屋诗谈·白石诗》发表在天津《民国日报·民园》副刊。

21 日 《元遗山瞿宗吉论诗》发表在天津《民国日报·民园》副刊。

22 日 《论〈读词偶得〉与王君书——温飞卿〈菩萨蛮〉》发表在天津《民国日报·文艺》副刊第 119 期。

本月 以自写第六本为底本的五言长诗《遥夜闺思引》线装单行本,由北平彩华印刷局影印出版。长诗前有作者的《自序》。许宝骙题封面。

本月　俞平伯题签、顾秋心译《童年回忆录》由百新书店出版。

3月末4月初　收到朱自清3月30日来信。

4月

3日　作《影印〈遥夜闺思引〉第六写本跋》。

月初　应嘱为高步云与吴熙曾、周方立合著的昆剧《新编彝陵梦》作序。俞平伯谓此剧"套数体格一仍旧规,曲词用文言而参以白话,宾白悉如今人语,剧情则采近年抗日战争,虽仍用生旦登场,而关系家国之兴衰,洵能于小见大,因微知著矣。其曲白科介之分配,得雅俗之宜,亦与余平素见解有暗合之处,故乐为之书"。

9日　《影印〈遥夜闺思引〉第六写本跋》发表在天津《民国日报·民园》副刊。

23日　俞平伯与北京大学、清华大学、北京师范大学、燕京大学四校教授李广田[①]、吴晗[②]、吴恩裕、金岳霖、许宝騄、游国恩[③]、冯至、费仲南、费孝通[④]、钱伟长[⑤]等九十人联名在《观察》周刊第4卷第10期发表《九十教授的质询文》,对国民党北平市党

---

①　李广田(1906—1968),号洗岑,山东邹平人,毕业于北京大学外语系,与北大学友卞之琳、何其芳合出诗集《汉园集》,曾任云南大学校长。

②　吴晗(1900—1969),字伯辰,浙江义乌人,毕业于清华大学历史系,曾任西南联合大学、清华大学教授。

③　游国恩(1899—1978),字泽承,江西临川人,毕业于北京大学,曾任山东大学、华中大学、西南联大、北京大学教授。

④　费孝通(1910—2005),江苏苏州人,英国伦敦大学经济政治学院博士,曾任清华大学、中央民族学院教授。

⑤　钱伟长(1912—2010),江苏无锡人,加拿大多伦多大学应用数学博士,清华大学教授。

部主任委员吴铸人 4 月 19 日在"总理纪念周"中警告教授们不要再演第二次闻一多事件的报告,予以驳斥与质询。

同日 《〈新编彝陵梦〉序》发表在《华北日报·俗文学》周刊第 43 期。

25 日 下午,朱自清夫妇来访,为俞平伯父亲贺寿。

28 日 《新刊〈清真词释〉自序》写讫。序中交代了本书结撰的缘由,认为"两宋多少词人,我独选美成的作释,就这点论,不妨说'受之于师'。""师"即指北京大学的黄侃教授。序中指出过去自己喜欢写长文章,但"近来觉得文章太长了没有什么意思,还是短一点的好"。"究竟文字应该写得长否也很难讲。按理说,好即无所谓长短,不好亦无所谓短长。长短不是真的问题;但亦和文章的成败有关。简而有中,无贵乎繁;长而多宜,不拘乎短。若简不免疏,繁而寡要则两失之矣。"

30 日 下午,作为清华大学特聘考试委员,赴清华大学新林院 52 号陈寅恪宅,与朱自清、陈寅恪、浦江清、许维遹、陈梦家、余冠英、李广田、冯友兰、雷海宗、游国恩出席清华大学文科研究所中国文学部为王信忠举行的毕业考试。

5 月

1 日 《九十教授对吴铸人谈话之驳斥及质询》发表在《北大半月刊》第 4 期。

同日 作《近闻偶谈》。俞平伯"觉得近来幽默的文字越过越难写了"。那是因为"事实胜于雄辩","事实胜于幽默","盖天下顶幽默的无过于事实也"。

2 日 《王子安〈滕王阁钱别序〉讲疏》发表在《华北日报·文学》周刊第 18 期。

16 日　《近闻偶谈》发表在《论语》半月刊第 153 期。

21 日　论文《"寿怡红群芳开夜宴"图说》写讫。俞平伯慨叹"《红楼》一书今只残篇,续貂庸音难传神理,凡情谬赏芳华,多情或伤憔悴,而良工苦心埋没多矣,真人间一大缺陷也"。

24 日　《新刊〈清真词释〉自序》发表在天津《民国日报·文艺》副刊第 127 期。

本月　为纪念张自忠将军牺牲八周年,题《诔辞》:"昔卢沟之变,余方留滞旧京,有诗句云'河桥一星火,亲见燎原大',盖纪实也。及八载沦亡,一朝闻捷。张上将军捍患殉国之勋载诸青史,而燕冀人民尤当永怀无穷也。"

6 月

4 日　应《论语》杂志编辑之约,作散文《无眠爱夜》。

5 日　作《关于"曹雪芹的生年"——致本刊编者书》。俞平伯在文章中提出了批评欣赏《红楼梦》这部作品的问题。他说:"《红楼梦》直到今天,还不失为中国顶好的一本小说,任何新著怕无法超过,其价值始终未经估定。这和'索隐'和'考证'俱无关,而属于批评欣赏的范围,王静安先生早年曾有论述,却还不够,更有何人发此弘愿乎?"他还谈到他早年的"《红楼梦辨》一书,近来很有人要找,我想任其找不着也好,因这书可存的只有一部分,如考证八十回的回目非原有,后三十回的推测,其他多失之拘泥,讹谬传流,大非好事"。

11 日　《关于"曹雪芹的生年"——致本刊编者书》发表在天津《民国日报·图书》副刊第 95 期。

中旬　收到朱自清 6 月 12 日来信。

16 日　《无眠爱夜》发表在《论语》半月刊第 155 期"睡的专号"。

24 日　《谈睡》发表在天津《民国日报·民园》副刊。

29 日　俞平伯与北平各院校著名教授朱光潜、沈从文、吴晗、李广田、浦江清、袁翰青、陈寅恪、许德珩、费孝通、杨振声、雷洁琼①、潘光旦、钱伟长等一百〇四人联名在北平《新民报》发表宣言,抗议国民党轰炸开封古城,严正斥责国民党大打内战的罪行。

7 月

上旬　收到朱自清 7 月 2 日来信。

20 日　《随笔二则》:《大九州的梦》《我生的那一年》,发表在《中建》半月刊第 3 卷第 4 期。俞平伯在《大九州的梦》中提出在国家多难的时日,"我们得正视这悲壮且有点儿悲惨的定命。我们对于先民,对于来者又应感有一种沉沉的负荷,类似所谓责任心者"。他认为写文章也应有这种心情,不仅为着兴趣。

23 日　出席北平《中建》半月刊编辑部在清华大学工字厅召开的"知识分子今天的任务"座谈会,并作发言。俞平伯认为"知识分子今天的任务"当有时代的意义,即所谓"天下兴亡,匹夫有责"。同时,他还认为古代知识分子的"气节",虽然是一种封建的遗留,还是可以保留的。

按,该发言后发表在本年 8 月 5 日《中建》半月刊第 3 卷第 5 期。

30 日　教育部学术审议委员会第三届第五次常务委员会在南京举行。本届常会核定俞平伯、臧王淦、李汝祺、余逊等四人合于教授资格;周祖谟一人合于副教授资格;熊正文等四人合于

---

① 雷洁琼(1905—2011),女,祖籍广东台山,美国南加州大学社会学硕士,曾在燕京大学、东吴大学、北京大学等校任教,中国民主促进会的创始人和卓越领导人。

讲师资格;郭成才等六人合于助教资格。他们多数抗战时期在沦陷的北平高校任教,需要核定任职资格。

本月 《清真词释》由上海开明书店出版,封面为自题签。叶圣陶为该书作校对。全书分三卷,释清真词二十七首,上卷系旧作,中卷为近作,下卷为最近之作。书末的广告词说:"周美成词,素以音律著称,琢句精工,情旨敦厚,格调浑成,尤具风趣,为北宋一大家。俞平伯先生对词学有深切的研究,而于周词尤有独到之见。……剥蕉抽茧,独具匠心,解释详明,不蔓不支。"

8 月

10 日 作随笔《智人愚人聪明人》。文章指出教育的目的在开通民智。民智开通,聪明人增多,愚人减少,然而国运"反而后退"。俞平伯认为知识进步了,"可惜其他的不跟着走",所以出现了"以万能的近代知识扇着原始的欲焰,吐射万丈的光芒,来煎熬这人类的命运"的现象。

11 日 到医院看望重病的朱自清。

12 日 闻朱自清病逝,无比悲痛。

13 日 作为北京大学教授代表参加在北大医院举行的朱自清大殓,并送灵到阜城门外广济寺下院。

17 日 国民党政府发布所谓清除"匪谍"的命令。

18 日 接受《平明日报》记者、朱自清的学生萧离专访。详细介绍了与朱自清相识、相交的全过程。尔后,萧离根据采访材料写成《俞平伯先生所认识的朱自清先生》。

19 日 反动当局非法组织的"特种刑事法庭"开始拘传被列入黑名单的学生,诬称他们是"危害国家"的"共匪嫌疑分子"。北京大学学生被列入黑名单的有七十一人,其中四十三人被拘捕,二十八人被传讯。

21日 俞平伯与孙楷第、闻家骃①、袁翰青、许德珩等五十六人联名写了《北平北大师院二校教授对于当局拘传学生抗议书》,对政府"不依照正当法律程序,而随便包围学校、搜捕学生"的做法,提出强烈抗议。

22日 《杜诗蒙诵》发表在《华北日报·文学》周刊第 34 期。

24日 作散文《诤友(朱佩弦兄遗念)》。俞平伯从自己与朱自清的交往中,深深感到"直谅之友胜于多闻之友,而辅仁之谊较如切如磋为更难"。他说:"古诗十九首,我俩都爱读,我有些臆测为他所赞许。他却搜集了许多旧说,允许我利用这些材料。我尝创议二人合编一《古诗说》,他亦欣然,我只写了几个单篇,故迄无成书也。"

25日 作散文《忆白马湖宁波旧游——朱佩弦兄遗念》。

26日 《俞平伯先生所认识的朱自清先生》发表在《平明日报》。

同日 上午,至清华大学同方部参加朱自清追悼会,并送挽辞:"三益愧君多,讲舍殷勤,独溯流尘悲往事;卅年怜我久,家山寥落,谁损微力慰人群。"此时,朱自清治丧委员会决定整理出版《朱自清全集》,俞平伯与浦江清、叶圣陶、郑振铎、吴晗、李广田、王瑶②、余冠英、徐调孚、季镇淮③、陈竹隐被推为《朱自清全集》编辑委员会成员。

---

① 闻家骃(1905—1997),闻一多胞弟,原名闻籍,湖北浠水人,曾任西南联大、北京大学教授。

② 王瑶(1914—1989),字昭深,山西平遥人,毕业于清华大学研究院,曾任北京大学教授。

③ 季镇淮(1913—1997),字子韦,又字来之,江苏淮安人,毕业于西南联大中文系,曾任北京大学教授。

27 日　致叶圣陶信,倾诉朱自清逝世后的悲痛心情,云近日"来索稿者纷纷,以情怀伊郁,记忆迷茫,实无法应付"。又说"弟近来非常沉默,而一般的气压又很低,将来真不知如何也"。

按,该信后发表在 1981 年 3 月 7 日《文艺报》半月刊第 5 期。

本月　《"寿怡红群芳开夜宴"图说》发表在《文学杂志》月刊第 3 卷第 3 期。

本月　以自写第一本为底本的五言长诗《遥夜闺恩引》线装单行本,由北平彩华印刷局影印出版,许宝驯题封面。内收俞平伯为各种抄本《遥夜闺思引》所作的跋语十七篇。此书比本年 3 月影印出版的《遥夜闺思引》增加了《沁园春·戏答静娟表妹题赠》二章和《题〈遥夜闺思引〉杂咏》六首。

9 月

1 日　《文潮》月刊编委谢冰莹来访,请俞平伯将近作朱自清挽辞录出,俞平伯欣然应命。

按,谢冰莹在《自清先生二三事》一文中说:"俞平伯先生对于好友之死,感到莫大的痛心,他不能写文,甚至任何人提起朱先生,他就难过,当笔者会见平伯先生时,他除了不断地叹气说'自清死的太早,连五十寿诞也不能过,这真是文坛的损失'外,什么话也没有。"

同日　《智人愚人聪明人》发表在《论语》半月刊第 160 期。

3 日　《甲子年游宁波日记——朱佩弦兄遗念》发表在天津《民国日报·民园》副刊。

5 日　《净友(朱佩弦兄遗念)》发表在《中建》半月刊第 3 卷第 7 期。

9 日　《诔辞》收入出版的《张上将自忠纪念集》。

10 日　写《跋〈遥夜闺思引〉写本赠朱佩弦君》后记。

12 日　《跋〈遥夜闺思引〉写本赠朱佩弦君》发表在《华北日报·文学》周刊第 37 期"朱自清先生纪念专号"。

16 日　《甲子年游宁波日记——朱佩弦兄遗念》发表在《论语》半月刊第 161 期。

18 日　《智人愚人聪明人》发表在天津《民国日报·民园》副刊。

19 日　作《〈"义战"〉评跋——朱佩弦兄遗念》的第三部分。

23 日　应北平怀仁学会法国神父善秉仁的邀请,俞平伯与杨振声、梁实秋、李长之①、朱光潜、沈从文、常风、冯至、章廷谦等学界人士到王府井安福楼赴宴,并在宴会厅门前合影留念。

24 日　北京大学八十二名教授发表停教宣言。

25 日至 27 日　停教三天,抗议因改革币制而冻结薪给,要求借薪津两月,以维持家人的生活。俞平伯参加了这一斗争。

28 日　《〈"义战"〉评跋——朱佩弦兄遗念》发表在天津《民国日报·民园》副刊。

按,俞平伯忆及 1924 年 9 月 17 日朱自清批评《"义战"》一文的往事,感叹朱自清"他责备我和责备他自己一般的认真,像这样的朋友更从那儿去找呢! 我以后恐永不复闻我的过失了"。

10 月

1 日　《文潮月刊》第 5 卷第 6 期刊登俞平伯悼念朱自清条幅。俞平伯还将朱自清生前写赠的《怀平伯》诗三首手迹一并发

---

①　李长之(1910—1978 年),山东东营人,毕业于清华大学,曾任北京师范大学教授。

表在杂志上。

5 日　本日至 9 日，《"寿怡红群芳开夜宴"图说》发表在天津《民国日报·民园》副刊。

16 日　《关于〈"义战"〉一文——朱佩弦兄遗念》发表在《论语》半月刊第 163 期。

31 日　天津《大公报·星期文艺》第 105 期发表少若的《清真词释》。

本月　《忆白马湖宁波旧游——朱佩弦兄遗念》发表在《文学杂志》月刊第 3 卷第 5 期。

本月　《文学杂志》第 3 卷第 5 期发表朱自清《寄俞平伯》。

11 月

4 日　俞平伯与北平各院校教授金岳霖、朱光潜、许德珩、袁翰青、雷洁琼、钱伟长、费青①、李广田等四十七人联名在北平《新民报》发表《我们对于政府压迫民盟的看法》，反对"政府突然宣布民主同盟为非法团体"，准备用"'处置后方共党临时办法'加以处理"的做法。

8 日　作随笔《忠君与爱国》，指出当政者将封建的"忠君"思想变其名曰"爱国"，而后打着"爱国"的旗号，行卖国之事。八年抗战中出现的汉奸，叫喊自己比"不汉奸还爱国"便是明证。俞平伯认为"近代政治有些观念，似非纲常名教所能范围"。旧的纲常逐渐趋于幻灭，"新的什么也未曾建立，故'是非不明'，是非既然不明，那一切的政刑都失了根据"。

---

①　费青，江苏吴江人，《晨报》编辑，曾任暨南大学、云南大学、西南联大、复旦大学教授。

20 日 《忠君与爱国》发表在《中建》半月刊北平版第 1 卷第 9 期。

24 日 出席北京大学教授会,正式通过校务会议不迁校的决议。

26 日 挽傅芸子①诗二首发表在《华北日报·俗文学》周刊第 74 期。

28 日 《〈遥夜闺思引〉跋语三篇》发表在《华北日报·文学》周刊第 47 期。

12 月

13 日 《丁丑胶海纪行一百八十五韵》发表在天津《民国日报》。

14 日 晨,访胡适。

同日 俞平伯开始续记日记,他说:"越十载,燕冀被兵坐困,危城中度门戢影,泚笔书之。"

15 日 胡适乘专机南飞。

18 日 下午,暴春霆来访,送来影印本《〈遥夜闺思引〉跋语》。

19 日 晨,访梅贻琦校长,得知清华园电话自 16 日晨即断,遂无信息。

21 日 上午,至北京大学授课。

22 日 连日来均有兵士及眷属来借居。下午,以校中发给之"国立北京大学教授宿舍"木牌揭橥门首。

---

① 傅芸子(1902—1948),原名宝坤,字韫之,北京人,满族,《华北日报·俗文学》周刊的创始人、主编。

23 日　上午,至北京大学讲授杜甫诗,顺访许宝騄。

28 日　至北京大学授课。

29 日　夜梦得联语云:"有白云秋水兴怀何可废也;乃明德达人所感尚其念之。"

30 日　在北京大学领取薪金五百元,"仅合棒子面 50 斤也"。

本年　继续在北京大学任教,讲授杜甫诗。

本年　北平昆曲学会成立,俞平伯与许雨香、傅芸子、傅惜华等被聘为顾问。

1949 年(己丑,民国三十八年)　49 岁

▲7 月,中华全国文学艺术工作者第一次代表大会在北平举行,大会标志着中国现代文学阶段的终结,也是中国当代文学的开端。

▲10 月,中华人民共和国成立,北京三十万人在天安门集会,隆重举行开国大典。

1 月

1 日　暴春霆来访。

2 日　中午,至袁翰青寓所,参加九三学社聚餐。

3 日　夜,作纪实诗一首,记述北平围城期间的真实境况。诗曰:"风举寒威健,如弓月又西;安危今莫问,去住昔皆迷。炮殷闻初寐,军巡杂幼啼。愁颜亦相慰,摇烛定中凄。"

4 日 至北京大学授课。

5 日 翻阅陈寅恪著《〈秦妇吟〉校笺》,认为:"考证精确,其文字审定尚有可商处,昔与寅恪常谈论此诗。"他说:"陈今已南去,兵烽间重读尤惘然也。"

6 日 生日。

8 日 至北京大学授课。

13 日 上午,至北京大学讲授杜甫诗。

14 日 暴春霆来访。

16 日 九三学社同人发表宣言,拥护中共提出的和平八项主张,呼吁军队出城。俞平伯是签名者之一。午后,访许德珩。

17 日 下午,暴春霆来访。

18 日 系学生期末考试日。至北京大学监考。因"学生以时局警急罢考",监考作罢。

19 日 访许德珩。

20 日 作纪实诗一首,诗曰:"曙色徐徐至,残蟾脉脉留。衰慵如酒困,冰雪为春忧。旧腊年将换,新烽月再周。东关今荡析,蒿目尽边愁。"末联自注云:"朝阳门外大拆民房修筑碉堡,闻九城关厢共拆房万六千间云。"

22 日 晚,傅作义发表和平协议文告。

25 日 上午,至府学胡同出席北大沙滩区教授联谊会干事会,会后商议发表宣言,表明对全面和平的意见。

26 日 与北平文化界民主人士北京大学、北京师大等校教授许德珩、袁翰青、费青、闻家驷、储安平等三十二人发表对全面和平的书面意见,一致拥护中国共产党主席毛泽东于本月 14 日提出的和平八项主张。

同日 周作人被保释出老虎桥监狱,住到上海尤炳圻家中。

同日 下午,至北京大学参加教授会例会,顺访费青。受费青启发,当晚开始作纪时事长诗《寒夕凤城行》。

28 日 戊子除夕。续作《寒夕凤城行》。下午,应嘱为费青书写长诗初稿。

31 日 北平宣告和平解放。

本月 《读词偶得》由上海开明书店第三次印刷出版。《清真词释》由上海开明书店再版。

2 月

1 日 北京大学外国语系讲师李宜燮来访。俞平伯以长诗《遥夜闺思引》二册相赠。

5 日 与郑秉璧偕访许宝騄。

8 日 林庚来访。

12 日 元宵节,七言长诗《寒夕凤城行》作讫。

按,"文革"中,诗稿佚失。1984 年 10 月,俞平伯将忆录的残稿收入《俞平伯旧体诗钞》。

同日 晚,参加九三学社在宣内薛愚寓所举行的聚餐,许德珩夫妇、袁翰青、杨人楩①等二十人到会,中共代表徐冰、张宗麟出席,畅谈至午夜。

15 日 常风来访。下午,游国恩应邀来访,并对长诗《寒夕凤城行》十分欣赏。

16 日 下午,中共文管会人员石会之来访。

17 日 上午,访中共代表徐冰,又至医院看望毕树棠。

---

① 杨人楩(1903—1973),字萝蔓,湖南醴陵人,英国牛津大学学士,曾任北京大学教授。

18日 下午,吴晗、翦伯赞①、胡愈之、沈兹九②来访。

19日 下午,应费孝通、吴晗邀请,至骑河楼参加清华同学会茶叙,到者数十人。

20日 下午,至北京饭店,出席中共领导对文教同人的宴请。归后作纪事诗三章,记述了参加中共盛宴时的兴奋和欣喜的心情。

21日 下午,至北京大学访废名,并出席沙滩区北大联谊会。

22日 废名、费青先后来访。

24日 应嘱为费青书写条幅,录近作长诗《寒夕凤城行》。

26日 访费青并晤费孝通、李广田。

27日 下午,应邀至前女子文理学院,参加中共谭政、陶铸召开的大中学校同人座谈会。商谈东北野战军招收的南下工作团事。

28日 北平市军管会接管北京大学。下午,许宝驹来访、畅谈。

3 月

3日 上午,至北京大学讲授杜甫诗。下午,应邀至北京饭店,参加华北政府文化艺术委员会及华北文艺界协会召开的座谈会,到会者百余人。座谈会上,听周扬介绍了解放区的文艺运

---

① 翦伯赞(1898—1968),湖南常德人,曾任北京大学教授。
② 沈兹九(1898—1989),胡愈之夫人,浙江德清人,中国妇女解放运动的宣传教育家和活动家。

动状况;俞平伯也作了简短发言。同时,初识久闻大名的郭沫若①。与阔别二十余年的老朋友茅盾、田汉等重逢。

4日 下午,至北京大学,出席中国语文学系系会,讨论改订课程事。

20日 上午,叶圣陶夫妇来访。俞平伯将新作长诗《寒夕凤城行》手稿交给叶圣陶阅正。

22日 至北京饭店,出席华北解放区和国统区的进步作家、艺术家联席会议,商讨召开中华全国文学艺术工作者代表大会的筹备工作。会上组成了由郭沫若任主任,茅盾、周扬任副主任的三十七人筹委会,俞平伯被推选为全国文艺工作者代表大会筹委会成员。

24日 出席中华全国文学艺术工作者代表大会筹委会召开的第一次会议。

4月

6日 下午,至北京饭店,出席中华全国文艺界协会筹委会第二次会议,讨论文协各部门人事调整问题。又参加了华北文艺界协会暨华北文化艺术工作委员会谈话会,晚餐时,与叶圣陶、柳亚子、卞之琳、臧克家②等同席。

8日 北平文化界人士三百余人联名发表宣言,声讨南京反动政府盗运文物。俞平伯为签名者之一。

---

① 郭沫若(1892—1978),原名开贞,字鼎堂,号尚武,四川乐山人,毕业于日本九州帝国大学,参与创立创造社,曾任中华全国文学艺术会主席、政务院副总理兼文化教育委员会主任、中国科学院哲学社会科学部主任、历史研究所第一所所长等职。

② 臧克家(1905—2004),山东潍坊人,毕业于山东大学,著名诗人,曾任《诗刊》主编。

同日 中国文化界三百余人联名发表宣言,响应召开世界拥护和平大会。俞平伯为签名者之一。

24 日 午,许宝驹、许宝骙兄弟设家宴款待宾客,俞平伯与柳亚子夫妇、李任潮、朱蕴山、王泽民、谭平山等三十余人出席。柳亚子为此作了答谢诗,俞平伯也作了和诗,诗稿佚失。

本月 赠送柳亚子《遥夜闺思引》影印本一册,并在扉页上写道:"亚子先生吟教 己丑三月后学俞平伯敬赠。"

5 月

3 日 为纪念"五四"运动三十周年,接受《人民日报》记者柏生的访问。

4 日 纪念"五四"专题文章《回顾与前瞻》发表在《人民日报》。俞平伯认为"五四"运动和全国大解放,"这两个划时代的转变,实只是一桩事情的延长引伸","五四"时期所倡导的科学和民主、新民主主义以至于共产主义,"现在被中共同志们艰苦卓绝地给做成了"。他认为今后"革命的前途,犹艰难而遥远",但是"光明在前,咱们从今不怕再迷失路途了"。

5 日 下午,北京大学最高行政机构——北京大学校务委员会宣告成立,由教授代表十九人和讲师、助教及学生代表各两人组成。俞平伯为校务委员会委员。

6 日 晚,出席北京大学校务委员会第一次会议。

17 日 作《新文学写作的一些问题》,发表在本年 6 月 1 日《华北文艺》第 5 期。俞平伯就"如何能写出为工农兵服务的文学"这个问题,阐述了自己的看法。

中旬 俞平伯夫妇将所藏章太炎、戴子高、孙仲容致俞曲园书札册页,请柳亚子过目并题诗。柳亚子于本年 5 月 23 日为其题诗五首。

本月 以自写第六本为底本的长诗《遥夜闺思引》由北平彩华印刷局影印再版。

6 月

1 日 《新文学写作的一些问题》发表在《华北文艺》第 5 期。

5 日 上午，至北京大学孑民纪念堂，参加北平各大学中文系课程改革谈话会。周扬、杨振声、顾随、杨晦、李广田、林庚、废名等六十人出席。

30 日 中华全国文学艺术工作者代表大会举行预备会议，通过了由九十九人组成的大会主席团，俞平伯为主席团成员。

7 月

1 日 晚，与文代会代表一起，应邀至先农坛体育场，冒雨参加中国共产党建党二十八周年庆祝集会，聆听了朱德总司令的致辞和毛泽东主席的讲话，观看了文艺节目，至凌晨两点方散会。

2 日 本日至 19 日，中华全国文学艺术工作者代表大会在北平召开，俞平伯作为"平津代表第二团"成员出席大会。会议期间，他与胡风、艾青①、李广田、柳亚子、柯仲平②、田间③、冯乃超④、何其芳⑤、臧克家、冯至等十五人任文艺作品评选委员会诗歌组委员。

---

① 艾青(1910—1996)，原名蒋正涵，号海澄，浙江金华人，著名诗人。

② 柯仲平(1902—1964)，云南宝宁人，曾任西北文联主席。

③ 田间（1916—1985)，原名童天鉴，安徽无为人，著名诗人。

④ 冯乃超(1901—1983)，笔名冯子韬，原籍广东南海，曾任中山大学副校长。

⑤ 何其芳(1912—1977)，原名何永芳，四川万县人，著名诗人、文学评论家。

6日　在中华全国文学艺术工作者代表大会第五天的会议上,听周恩来报告和毛泽东讲话。

同日　作新诗《七月一日红旗的雨》。

7日　下午,与全国文代会全体代表冒雨参加"七七事变"十二周年纪念大会。

9日　在全国文代会第八天的大会上,俞平伯朗诵了近作新诗《七月一日红旗的雨》,以代替发言。

11日　《七月一日红旗的雨》发表在《人民日报》。

14日　晚,与文代会全体代表应邀出席中共中央华北局、华北人民政府、华北军区、中共北平市委会、北平市人民政府等单位举行的鸡尾酒会。

16日　作为发起人之一,出席中苏友好协会发起人大会。

17日　下午,至北平东总布胡同22号,参加文代会诗歌工作者座谈会,交流工作经验,商谈成立诗歌工作者的组织及出版全国性诗刊等问题。

19日　中华全国文学艺术界联合会正式成立。俞平伯当选为中华全国文学艺术界联合会全国委员会委员。

21日　下午,至北京饭店,出席中共中央委员会、中国人民革命军事委员会联合招待文代会全体代表的宴会,朱德、周恩来、陆定一、聂荣臻祝贺大会胜利成功。

23日至24日　至中法大学大礼堂,参加中华全国文学工作者协会成立大会,当选为中华全国文学工作者协会全国委员会委员、常委,并在24日上午的会上发言,俞平伯说:"多年来没有写新诗了,从这次大会中认识到,旧诗虽然不能说没有他的群众,但比起新诗来,真是不能相提并论的。新诗便于朗读,是为人民服务最好的文学形式,今后愿在这方面向大家学习。"

24 日　中华全国文学工作者协会诗歌工作者联谊会在北平成立。俞平伯、李广田、苏金伞、绿原、林庚等九人当选为候补理事。

本月　《回顾与前瞻》收入上海新华书店《"五四"卅周年纪念专辑》。

8 月

19 日　阅《人民日报》上的《美国与中国的关系》白皮书摘要。

28 日　阅《人民日报》上的《美国与中国的关系》白皮书前言。

9 月

3 日　作《美国发表"白皮书"后记所感》。

25 日　全国文联的机关刊物《文艺报》在北平创刊,《美国发表"白皮书"后记所感》即发表于创刊号。

10 月

1 日　中华人民共和国宣告成立,并在天安门广场举行三十万人的开国大典。

2 日至 3 日　中国人民保卫世界和平大会成立大会在北京举行。俞平伯等一百四十人当选为中国人民保卫世界和平委员会委员。

10 日　下午,在文联会议厅参加中华全国文学工作者协会主办的座谈会,听苏联作家协会总书记法捷耶夫谈文艺问题。

14 日　往太仆寺街尤炳圻住所，访从上海回到北平暂居于此的周作人，并赠送所著书二册。

11 月

27 日　与林庚、钟敬文、黄药眠①、魏建功、浦江清、赵万里等出席文化部文物局局长郑振铎召开的古典文学作品整理出版问题座谈会。

12 月

本月　诗号角社改组，成立大众诗歌社，出版《大众诗歌》月刊。俞平伯、萧三、王统照、冯至、臧克家、艾青、林庚等出席成立大会。

　　按，诗号角社成立于1948年夏，由北京大学和北京师范大学的进步学生发起。

1950 年（庚寅）　50 岁

▲6 月，朝鲜战争爆发。

▲10 月，中国人民志愿军赴朝，参加抗美援朝战争。

1 月

1 日　填词《浪淘沙令》，热情歌颂新中国成立后的第一个新

---

①　黄药眠(1903—1987)，广东梅县人，创造社社员，曾任北京师范大学教授。

年。词云:"开国古幽燕,佳景空前。红灯绛帜影翩跹。亿兆人民同仰看,圆月新年。　　回首井冈山,革命艰难。海东残寇尚冥顽。大陆春生欧亚共,晴雪新年。"

16 日　《浪淘沙令》发表于《人民日报》。

25 日　生日。

本月　《文汇报》记者黄裳来访,并向其约稿。在黄裳的建议下,俞平伯开始改写旧作《红楼梦辨》中的部分章节。

2 月

7 日　下午,与郑振铎、老舍[①]同访叶圣陶,晤宋云彬[②],并同在叶宅饮酒畅谈。

25 日　《文艺报》半月刊第 1 卷第 11 期在"中苏兄弟同盟万岁"总题目下,发表了茅盾、周扬、老舍、俞平伯等十三人的笔谈,其中俞平伯谈了《深厚的友谊》一段。

4 月

9 日　作札记《漫谈〈孔雀东南飞〉古诗的技巧》。俞平伯认为古诗《孔雀东南飞》用了有含义的起兴,剪裁非常精简,用笔在虚实之间。他说:"写实不一定纪事,情意得实,亦写实之类也。意不违则意自明,情不诧则情可思,悲喜无端,使读者油然善感,而文章之能事差毕矣。"作者认为此诗的思想与技巧哪个重要是很难说的,说"思想重于技巧,虽似合理,但无技巧,思想失其所凭依。

---

①　老舍(1899—1966),原名舒庆春,字舍予,北京人,著名作家。

②　宋云彬(1897—1979),浙江海宁人,曾任《民国日报》、开明书店、《野草》编辑,后任浙江省文联主席、省文史馆馆长。

技巧跟思想既不可分,我们实亦不能说思想重于技巧也"。

16日 《漫谈〈孔雀东南飞〉古诗的技巧》发表在《光明日报·学术》副刊第4期。

25日 作随笔《祝京市文代会》,为自己能参加北京市文学艺术工作者代表大会而感到愉悦。俞平伯在谈到中国以往的文艺时说:"我常怀着一个妄念,觉得所有货真价实的文艺,没有不是开明的,前进的,为人民的。反过来说,假如它不开明,不前进,不为人民,那必是冒牌。不过却有一层,即为真实的文艺,成份亦有种种差别,程度有深浅之别,表现有明暗之异,个性有强弱之分,所以我们必须用马列主义的观点批判地去接受它,一面找出在那时代的意义,同时也还它一个本来面目。这工作说来容易,做却很难。"他感到文艺工作者肩上担子的沉重。

28日 出席北京市文学艺术工作者代表大会。

6月

1日 《祝京市文代会》发表在《人民日报》。

11日 上午,与张梓生①同访宋云彬。

19日 端午节,作旧体诗《庚寅端阳重读佩弦兄遗文》诗一首。

7月

10日 论文《民间的词》作讫。

13日 作短文《图穷匕见的美帝国主义》。

---

① 张梓生(1892—1967),字君朔,浙江绍兴人,曾任《东方杂志》《申报·自由谈》编辑。

25 日 《图穷匕见的美帝国主义》发表在《文艺报》半月刊第 2 卷第 9 期"反对美国侵略台湾朝鲜"大标题下。同时发表文章的还有郭沫若、茅盾、叶圣陶等十三人。

本月 中央文化部艺术局着手编辑"中国古典文艺丛书"，系统整理自汉乐府迄明清俗文学的中国古典文艺作品，其中包括《乐府诗选》《唐诗新选》《杜甫诗选》《白居易诗选》《宋元话本选》《元曲新选》《明清俗曲选》《红楼梦》《三国志演义》《水浒》。俞平伯与郑振铎、魏建功、浦江清、钱锺书①等参加古籍整理工作。

8 月

1 日 作《〈红楼梦〉脂砚斋本戚蓼生本程伟元本文字上的一点比较》。

7 日 《〈红楼梦〉脂砚斋本戚蓼生本程伟元本文字上的一点比较》发表于《文汇报·磁力》副刊。

31 日 作《〈红楼梦〉第一回校勘的一些材料》。

9 月

5 日至 6 日 《〈红楼梦〉第一回校勘的一些材料》发表于《文汇报·磁力》副刊。

16 日 作《一年来的感想》。俞平伯谈了建国一年来的感想："一年的光阴很容易过去，对中国的前途却有了划时代的转变，就中国的历史看可以说是空前的。"他着重谈了自己的本职

---

① 钱锺书(1910—1998)，字默存，号槐聚，江苏无锡人，著名作家。1952 年调入北京大学文学研究所任研究员，与俞平伯同事。

工作——教育工作的普及与提高的关系,他认为当今"直接教育工农,积极诚意地开发民智,直接使人民站起来","这个影响会大得无法形容,也无法预测的"。

21日 论文《〈红楼梦〉正名》作讫。

10月

1日 《一年来的感想》发表在新华书店发行的庆祝中华人民共和国开国一周年联合特刊《胜利一周年》。

8日 《〈红楼梦〉正名》发表在《文汇报·磁力》副刊。

12日 父亲俞陛云逝世,为之悲恸万分。因与棠棣出版社有成约,准备出版《红楼梦研究》,所以,不得不勉力删改旧稿。

24日 作《前八十回〈红楼梦〉原稿残缺的情形》。

25日 中国人民志愿军赴朝鲜作战,中国人民广泛开展抗美援朝运动。

11月

2日 致信黄裳,信中说:"《红楼梦辨》拟改版,名《红楼梦研究》。……先君于上月十二日逝世。弟本无心做文,但与出版方面既有成约,不得不勉力删改旧稿也。"

5日 上午,叶圣陶、宋云彬、傅彬然来访,为俞平伯父亲丧吊唁。

16日 出席在京的文学工作者举行的抗美援朝座谈会,会上通过了《在京文学工作者宣言》,俞平伯为签名者之一。

28日 本日至30日,出席九三学社全国工作会议预备会,分组讨论周恩来总理的时事报告。

12 月

1 日　本日至 5 日，出席九三学社全国工作会议。会后分工担任九三学社宣传委员会委员。

本月　作《〈红楼梦研究〉自序》。俞平伯总结了《红楼梦辨》中存在的错误，大约可分两部分：一、本来的错误；二、因发现新材料而证明出来的错误。"如中卷第八篇《红楼梦年表》曹雪芹底生卒年月必须改正不成问题，但原来的编制法根本就欠妥善，把曹雪芹底生平跟书中贾家的事情搅在一起，未免体例太差。《红楼梦》至多，是自传性质的小说，不能把它径作为作者的传记行状看啊。第二个例：我在有正戚本评注中发见有所谓'后三十回的红楼梦'，却想不到这就是散佚的原稿，误认为较早的续书。那时候材料实在不够，我的看法或者可以原谅的，不过无论如何后来发见两个脂砚斋评本，已把我的错误给证明了。"他谈了《红楼梦》研究中的困难：一、材料的不足；二、《红楼梦》本身的疑问甚多。如据脂砚斋甲戌本之文，书名有五个：《石头记》《情僧录》《红楼梦》《风月宝鉴》《金陵十二钗》；作者的姓名也是五个：空空道人改名为情僧、孔梅溪、吴玉峰、曹雪芹、脂砚斋。"一部书为什么要这许多名字？这些异名……代表些什么意义？……都是雪芹底化身吗？还确实有其人？"并由此断定《红楼梦》是"第一奇书"。

本年　继续任北京大学教授。

1951 年(辛卯) 51 岁

▲1 月,由文化部领导、全国文联协办的中央文学研究所举行开学典礼。后改名为"文学讲习所",为现今鲁迅文学院前身。

▲11 月,北京文艺界召开整风学习动员大会。

1 月

1 日 出席九三学社举行的社员新年联欢大会,听了许德珩主席作的《1951 年我们的任务》的报告。

15 日 生日。

3 月

1 日 札记《古诗辞例举隅·重复句例》发表在《光明日报》。

2 日 《度辽》发表在《光明日报》,赞抗美援朝。

20 日 《新邦》发表在《光明日报》,歌颂新中国建设新貌。

30 日 札记《古诗辞例举隅·全篇顺叙、倒叙例》发表在《光明日报》。

4 月

8 日 下午,出席九三学社北京市分社在北京饭店举行的成立大会,当选为北京市分社理事。

22 日 上午,九三学社举行盛大集会,签名拥护世界和平理事会关于缔结和平公约的宣言及以和平方式解决日本问题的决议,并座谈纪念"五四",俞平伯出席了大会,并作发言。俞平伯说:"五四运动的任务是反帝反封建,是民主与科学。但五四并没有完成它的任务,我们现在要继续完成它。我自己是搞文学的,但我爱护科学也追求民主。……我们要加强对于五四运动的认识与学习,为民主与科学而继续奋斗。"

5 月

4 日 下午,出席九三学社为纪念"五四"运动三十二周年并庆祝本社成立五周年举行的庆祝大会。

6 日 《说汉乐府诗"羽林郎"》发表在《人民日报·人民文艺》副刊第 99 期。

15 日 作《杜律〈登兖州城楼〉》,发表在本年《进步青年》第236 期。

6 月

17 日 下午,出席九三学社召集北京市社员讨论《武训传》及有关思想问题座谈会。

30 日 上午,出席九三学社北京市分社庆祝中国共产党建党三十周年庆祝会。

8 月

18 日 《前八十回〈红楼梦〉原稿残缺的情形》发表在《光明日报·学术》副刊第 43 期。

同日 作《说杜甫〈自京赴奉先县咏怀〉诗》。

31 日 农历七月廿九日。作《新秋晦夕》诗一首。

9 月

15 日 《说杜甫律诗〈题张氏隐居〉》发表在《语文教学》月刊第 2 期,文后附《古诗辞例举隅·诗以不合事实为佳例》一则。

本月 北京大学十二位著名教授响应党的号召,发起北大教员政治学习运动,由此开始,在各高等学校教师中开展了一个比较集中的思想改造的学习运动。

10 月

1 日 《九三社讯》第 6 期在"庆祝中华人民共和国开国两周年"总标题下,发表了俞平伯的《爱国精神的新生》。

同日 作《一九五一年国庆日纪事杂咏五章》。

21 日 下午,出席九三学社庆祝《毛泽东选集》出版暨庆祝中国人民志愿军出国作战一周年集会,并作发言,题目为《一面团结,一面斗争》。

11 月

4 日 下午,出席九三学社北京市分社举行的第一次"爱国主义教育语文教学座谈会",会后作《语言文学教学与爱国思想》一文,主张在语言文学教学中,要向学生灌输爱国主义思想。

15 日 《九三社讯》第 7 期发表《一九五一年国庆日纪事杂咏五章》《一面团结,一面斗争》。

同日 《说杜甫〈自京赴奉先县咏怀〉诗》发表在《语文教学》月刊第 4 期。

24 日 北京文艺界召开整风学习动员大会,胡乔木、周扬、丁玲分别讲话。

12 月

15 日 《关于杜诗〈题张氏隐居〉——复何霭人君》发表在《语文教学》月刊第 5 期。

16 日 出席九三学社北京市分社北京大学第一支社成立大会。

24 日 九三学社中央常务理事会会议决议，动员全体九三社员开展"三反"运动。

本年 《民间的词》收入《民间文艺集刊》第 1 辑。编者特为此文加了"编者按"："词的起源如何，其与劳动人民文学的血肉联系如何等，今天还都是值得探讨的问题。（我们现在所读到的词，大都是统治阶级的'正统文艺'，或者商业都市的'游乐文艺'——露骨点说，就是供上层阶级消遣的'倡优文艺'。）对于这些问题，我们希望能够由手俞先生这篇文章而引起进一步的研究。"

本年 继续任北京大学教授。

1952 年（壬辰） 52 岁

▲5 月，全国文联召开文艺座谈会，纪念《延安文艺座谈会讲话》发表十周年。

▲9 月，毛泽东发表题词"百花齐放，推陈出新"。

1 月

4 日　生日。

5 日　中国人民政治协商会议全国委员会发出《号召各界人士反贪污、反浪费和反官僚主义的思想改造学习的通知》以及《关于开展各界人士思想改造学习运动的决定》。

10 日　《文艺报》半月刊第 1 号发表社论《文艺界应展开反贪污、反浪费、反官僚主义的斗争》。

15 日　《语言文学教学与爱国思想》发表在《语文教学》月刊第 6 期。

2 月

9 日　孙女俞华栋出生于天津。

3 月

18 日　自我检讨《三反运动教育了我》写讫。

21 日　《三反运动教育了我》发表在《文汇报》"用批评和自我批评的方法开展思想改造运动"专栏。

5 月

11 日　出席九三学社北京市分社举行的第五次理事会议。

18 日　陪母亲游公园,归后作《壬辰孟夏侍母游公园》诗一首。

7 月

27 日 出席九三学社中央常务理事会召开的谈话会,听取本社工作报告,商讨召开全国工作会议等问题。

9 月

10 日 本日至 20 日,作为九三学社中央直接邀请的代表在京出席九三学社第二届全国工作会议扩大会议,并于 16 日上午的座谈会上发言。

本月 《红楼梦辨》的修订增补本《红楼梦研究》作为"中国古典文学研究丛刊"之一,由棠棣出版社出版,上海长风书店发行。除俞平伯的《自序》和文怀沙的《跋》外。全书收论作十六篇,分为三部分,另有附录两篇。第一部分:《论续书底不可能》《辨后四十回底回目非原有》《高鹗续书底依据》《后四十回底批评》《高本戚本大体的比较》;第二部分:《作者底态度》《〈红楼梦〉底风格》《〈红楼梦〉地点问题底商讨》《八十回后的〈红楼梦〉》《论秦可卿之死》《所谓"旧时真本红楼梦"》;第三部分:《前八十回〈红楼梦〉原稿残缺的情形》《后三十回的〈红楼梦〉》《"寿怡红群芳开夜宴"图说》《〈红楼梦〉正名》《〈红楼梦〉第一回校勘的一些材料》。附录为《〈红楼梦〉脂本(甲戌)戚本程乙本文字上的一点比较》及《读〈红楼梦〉随笔二则》。

10 月

本月 人民文学出版社开始有计划地进行古典文学名著的校勘和重印出版的工作。俞平伯承担了《红楼梦》八十回本的整理校勘工作。

12 月

21 日　与夫人举办家庭曲会,并乘兴填《鹧鸪天》词一首,赋呈客人们。俞平伯在注释中说,填此词,意在怀念"听春""味欤""和平""谷音""珠蒙""潜庐""藕香"曲社诸友。叶圣陶等老友应邀出席曲会。

22 日　将所填记家庭曲会之词《思佳客》(即《鹧鸪天》)书赠王伯祥。

春　参观在北京大学图书馆举行的本校浪费展览会以及在北大北楼举行的北京市各高等学校浪费展览会。

春　在北京大学中文系师生大会上,作自我检讨,淡了自己对"三反"运动思想认识的过程。

秋　作旧体诗《未名之谣》。

年内　应嘱为王伯祥的《书巢图》题《浣溪沙》词一首。

1953 年(癸巳)　53 岁

▲2 月,北京大学文学研究所成立。

▲8 月,全国文协改组为中国作家协会。

1 月

22 日　生日。

2 月

22 日 北京大学文学研究所成立,郑振铎任所长,何其芳任副所长。俞平伯自北京大学中国文学系调至文学研究所古典文学研究室任研究员。

3 月

25 日 《中学语文教学和古典文学》发表在《人民日报》第3版。

4 月

23 日 作《屈原作品选述》。

5 月

15 日 《文艺报》半月刊第9号在"新书刊"栏目发表了"静之"介绍俞平伯的《红楼梦研究》一书的文章,指出:"过去所有红学家都戴了有色眼镜,做了许多索隐,全是牵强附会,捕风捉影。《红楼梦研究》一书做了细密的考证、校勘,扫除了过去'红学'的一切梦呓,这是很大的功绩。"

6 月

5 日 作《〈红楼梦〉的著作年代》。俞平伯经过考证,认为《红楼梦》的著作年代应为公元 1743 至 1752 这十年间。俞平伯说:"自一九二三年《红楼梦辨》出版以后,我一直反对那'刻舟求剑''胶柱鼓瑟'的考据法,因而我对这旧版自己十分不满。书中贾家的事虽偶有些跟曹家相合或相关,却决不能处处比附。像那《红楼梦年表》将二者混为一谈实在可笑,⋯⋯即如近人以曹頫来附合这书中的贾政,我以为也没啥道理,不见得比'索隐派'高明得多少。把《红楼梦》当作灯虎儿猜,固不对,但把它当作历史看,又何尝对呢。书中云云自不免借个人的经历、事实做根据,非完全架空之谈;不过若用这'胶刻'的方法来求它,便是另一种的附会,跟索隐派在伯仲之间了。"俞平伯认为:"以事实为蓝本而扩大渲染之,原是一般小说家惯用的手法,中外通行,不独《红楼梦》如此。"

15 日　《屈原作品选述》发表于《文汇报》。

9 月

13 日　《红楼梦旧钞各本所存批注略表》作讫,并总结甲戌、己卯、庚辰、甲辰、有正各本批注的情况,作后记说明,一并附录于《脂砚斋红楼梦辑评》一书中。

23 日　本日至 10 月 6 日,全国文学艺术工作者第二次代表大会在北京举行。俞平伯出席会议,并当选为中华全国文学艺术界联合会第二届全国委员会委员。

10 月

1 日　参加国庆游行,忆及"五四"时参加请愿游行的情景,弹指三十余年,变化如此之大,欣喜之情不能抑止,遂将旧作改为《一九五三年国庆日纪事》诗五首。

14 日至 18 日　《〈红楼梦〉的著作年代》发表在上海《新民报·晚刊》。

30日 《辑录脂砚斋本〈红楼梦〉评注的经过》写讫。俞平伯最初是接受启功①的建议，开始做辑录脂砚斋本《红楼梦》评注的工作的。俞平伯谓自己做这初步汇抄整理脂砚斋本《红楼梦》评注的工作，只为"做将来人进一步研究的阶梯"。俞平伯说："我做这辑评工作，在校本八十回着手之际，刊行以前。"《红楼梦》八十回校本"虽由各脂本汇校而成，却不附批，只是个'白文本'。既出脂本而不见脂评，有人不免遗憾。因此便想趁机会把脂评辑出来"。初版时用"比较完全，较易得的""有正书局石印的戚蓼生序本"作为正文。增订本则采纳葛真的建议，改用《红楼梦八十回校本》出正文。俞平伯认为："脂砚斋虽至今尚不能断定为何人，但'脂评'里有部分的批注，看它的情形口吻，大概是作者自己做的。又就各脂本看，批注常常与正文相混，纠缠难辨。大都是批语误入正文，却也有正文误入批语的。揣测起来，大约作者当时就这样夹连批注写下去；所以各脂本都有这样的情况，而愈早的本子混糅得愈利害。"

本月 当选为中国文学艺术界联合会第二届全国委员会委员及中国作家协会第二届理事会理事。

11 月

7日 改定《未名之谣》。

21日 札记《西城门外天齐庙》发表在《北京日报·文化生活》副刊；又发表在香港《大公报》。

本月 《红楼梦研究》第六版由棠棣出版社出版。总印数已达两万五千册。

---

① 启功（1912—2005），字元白，北京人，著名书法家、学者。

12 月

19 日　由王佩璋代写的《〈红楼梦〉简说》发表在天津《大公报·文化生活》副刊第 67 期。文章对《红楼梦》的思想性、艺术性、局限性作了简要的解释和分析,解答了读者对《红楼梦》的不理解和所产生的疑问。

26 日至 30 日　《〈红楼梦〉简说》发表在香港《文汇报》。

秋　文学研究所安排新分配的北京大学中文系毕业生王佩璋作俞平伯的助手,协助俞平伯从事《红楼梦》研究、校勘工作。

秋　应《人民中国》杂志之约,作《〈红楼梦〉简论》。

秋　从郑振铎处借来两大包旧本《红楼梦》,"其中有从山西新得的乾隆甲辰梦觉主人序本,原封未动,连这原来的标签还在上面"。这些珍贵的资料,为俞平伯校勘《红楼梦》提供了方便。

年内　应香港《大公报》编辑潘际坰①约稿,开始陆续写作《读〈红楼梦〉随笔》。

年内　北京作家出版社出版了 1949 年后的第一个排印本《红楼梦》,由汪静之②整理。俞平伯与启功等曾先后参与此版本的校阅工作。

---

①　潘际坰(1919—2000),笔名唐琼,江苏淮阴人,毕业于浙江大学。
②　汪静之(1902—1996),安徽绩溪人,与潘漠华、应修人、冯雪峰创立湖畔诗社。

1954 年(甲午)　54 岁

▲9 月,第一届全国人民代表大会第一次会议在北京开幕。

▲10 月,有关俞平伯《红楼梦》研究的批判运动拉开序幕。

1 月

1 日和 3 日　《读〈红楼梦〉随笔·〈红楼梦〉的传统性》发表在香港《大公报·新野》副刊。文章开篇便指出:"《红楼梦》一名《石头记》,书只八十回没有写完,却不失为中国第一流长篇小说。它综合了古典文学,特别是古小说的特长,加上作者独特的才华,创辟的见解,发为沉博绝丽的文章。用口语来写小说到这样高的境界,可以说是空前的。"又说:"《红楼梦》以'才子佳人'做书中主角,受《西厢》的影响很深。"它的"色""空"观念来自《金瓶梅》。"它的汪洋恣肆的笔墨,奇幻变换的章法,得力于《庄子》很深。"同时,也受到了《水浒》《西游记》《左传》《史记》《离骚》《楚辞》的影响。俞平伯认为《红楼梦》是"融合众家之长,自成一家之言"。

4 日至 7 日　《读〈红楼梦〉随笔·〈红楼梦〉的独创性》发表在香港《大公报·新野》副刊。俞平伯认为《红楼梦》开创性的特点是"充分表现了北京语的特长"。俞平伯说《红楼梦》的前两回"是全书的关键、提纲,一把总钥匙。把这总钥匙找着了再去看全书,便好得多了,没有太多的问题。"俞平伯认为《红楼梦》书中,现实的、理想的、批判的三种成分"每互相纠缠着,却在基本的观念下统一起来的。虽虚,并非空中楼阁;虽实,亦不可认为本传年表。虽褒,他几时当真歌颂;虽贬,他又何尝无情暴露。"对于书中的女性,大半用他的意中人作模型,自然褒胜于贬;对于贾家最高统治者的男性,则深恶痛绝之,不留余地。俞平伯认为:"凡此种种,可见作者的态度,相当地客观,也很公平的。他自然不曾背叛他所属的阶级,却已相当脱离了阶级的偏向,批判虽然不够,却已有了初步的尝试。我们不脱离历史的观点来看,对《红楼梦》的价值容易得到公平的估计,也就得到更高的估计。"

7 日至 12 日 《读〈红楼梦〉随笔·曹雪芹著书的情况》发表在香港《大公报·新野》副刊。文章谈到"《红楼梦》的著作权总得归给曹雪芹"。"既作了绝世的文章,以人情论,他也不愿埋没他的辛苦",但由于当时的违碍太多,"使得他不愿直认,只在本书开首隐约其词,说什么'披阅十载增删五次'"。俞平伯说:我始终认为《红楼梦》八十回文字"出于一人之笔"。俞平伯认为《红楼梦》的不幸,作者的不幸,"第一是书没写完;其次,续书的庸妄;再其次,索隐的荒唐;再其次,考证的不能解决问题,其中尤以书的未完为先天的缺陷,无法弥补"。

10 日 应中央音乐学院民族音乐研究所副所长杨荫浏邀请,至中山公园北京市文化俱乐部参加古乐座谈会。

12 日 生日。

13 日至 14 日 《读〈红楼梦〉随笔·〈红楼梦〉与其他古典文艺》发表在香港《大公报·新野》副刊。文章指出《红楼梦》主要受了《庄子》《楚辞》《西厢记》《金瓶梅》四部古典文艺作品的影响。他说:"我总觉得《红楼梦》所以成为中国自有文字以来第一部的奇书,不仅仅在它的'独创'上,而且在它的并众长为一长,合众妙为一妙,'集大成'这一点上。"

15 日 《读〈红楼梦〉随笔·宁国公的四个儿子》发表在香港《大公报·新野》副刊。

16 日 《读〈红楼梦〉随笔·大观园地点问题》（上）发表在香港《大公报·新野》副刊。文章指出"大观园在当时事实上确有过一个影儿"，"作者把这一点点的影踪，扩大了多少倍，用笔墨渲染，幻出一个天上人间的蜃楼乐园来。这是文学上可有应有的手腕。它却不曾预备后人来做考证的呵"。"作者明说荒唐言，我们未免太认真了。假如在北京城的某街某巷能够找出大观园的遗迹来，在我个人自感很大的兴味，但恐怕事实上不许我们有这样乐观的想法呵。"

同日 香港《新晚报》发表白屋的《会见两位著名作家——俞平伯与张恨水》。

17 日 《读〈红楼梦〉随笔·大观园地点问题》（下）发表在香港《大公报·新野》副刊。

18 日 《读〈红楼梦〉随笔·天齐庙与东岳庙》发表在香港《大公报·新野》副刊。

19 日至 21 日 《读〈红楼梦〉随笔·陆游诗与范成大诗》发表在香港《大公报·新野》副刊。

22 日至 23 日 《读〈红楼梦〉随笔·姬子》发表在香港《大公报·新野》副刊。

24 日至 25 日 《读〈红楼梦〉随笔·贾政》发表在香港《大公报·新野》副刊。文章从胡适在《〈红楼梦〉考证》和《考证〈红楼梦〉的新材料》中，以为宝玉即曹雪芹自寓，推论曹雪芹的父亲曹頫便该是书中人贾政。作者认为这样看法"未免太呆板"。他举了六个例子，说明《红楼梦》"对贾政有贬无褒，退多少步说，亦贬多于褒"。"若贾政是事实上的曹雪芹的父亲，似乎不应该这样写。"

25 日 应《文汇报》编辑部特约,由王佩璋代写的《我们怎样读〈红楼梦〉?》发表在《文汇报·文化广场》副刊。

按,王佩璋在《我代俞平伯先生写了哪几篇文章》中说:"《我们怎样读〈红楼梦〉?》一文我的意见很少,其结构内容都是俞先生指出的,写成后又经俞先生增删改定的。"

26 日至 27 日 《读〈红楼梦〉随笔·贾赦》发表在香港《大公报·新野》副刊。

27 日 《一九五三年国庆日纪事》发表在香港《大公报》。

28 日至 30 日 《读〈红楼梦〉随笔·送宫花与金陵十二钗》发表在香港《大公报·新野》副刊。文章指出《脂砚斋重评石头记》甲戌本首的《红楼梦旨义》,指出了《红楼梦》许多异名在书中的点睛之笔,"惟对于金陵十二钗说得很拖沓,尚不得要领"。作者认为《脂砚斋重评石头记》"第七回'送宫花贾琏戏熙凤',即金陵十二钗之点睛也"。

30 日至 31 日 《读〈红楼梦〉随笔·宝玉为什么净喝稀的》发表在香港《大公报·新野》副刊。

31 日 本日至 2 月 2 日,《怎样阅读〈红楼梦〉》发表在香港《文汇报》。

同日 应邀参加中央音乐学院民族音乐研究所举办的第二次中国古代音乐史座谈会。

本月 俞平伯将新填词《临江仙·题石头记》(惆怅西堂人远)书赠王伯祥。

2 月

1 日 《读〈红楼梦〉随笔·曹雪芹卒于一七六三年》发表在香港《大公报·新野》副刊。俞平伯明确表示不同意"有人认为曹雪芹死于乾隆二十八年癸未"的说法,主张依据"脂评","说曹雪芹卒于一七六三年;再用敦诚的诗'四十年华'往上推,即生于一七二三年。这样说法就不会出大错。因为诗上的'四十年华'也不宜十分呆看的"。

2 日和 6 日 《读〈红楼梦〉随笔·刘老老吃茄子》发表在香港《大公报·新野》副刊。文章指出曹雪芹写这一段,意在"讽刺贵族生活的不近情理的奢侈"。俞平伯说:"《红楼梦》原是非常现实的,而有时好像不现实。惟其貌似违反现实,更表现了高度的现实性。"

7 日 《读〈红楼梦〉随笔·临江仙题词》发表在香港《大公报·新野》副刊。

8 日 《读〈红楼梦〉随笔·香芋》发表在香港《大公报·新野》副刊。

9 日至 10 日 《读〈红楼梦〉随笔·贾瑞之病与秦可卿之病》发表在香港《大公报·新野》副刊。

10 日至 13 日 《读〈红楼梦〉随笔·记郑西谛藏旧抄〈红楼梦〉残本两回》发表在香港《大公报·新野》副刊。

14 日 《读〈红楼梦〉随笔·增之一分则太长》发表在香港《大公报·新野》副刊。俞平伯说:"从前有好文章一字不能增减之说,我不大相信,认为过甚其词,说说罢了的。近校《石头记》,常常发见增减了一字即成笑话,方知古人之言非欺我者。"

15 日 《读〈红楼梦〉随笔·减之一分则太短》发表在香港《大公报·新野》副刊。

16 日至 17 日 《读〈红楼梦〉随笔·〈红楼梦〉下半部的开始》发表在香港《大公报·新野》副刊。俞平伯通过分析、考证,认为《红楼梦》下半部始自第五十五回。

18 日至 19 日 《读〈红楼梦〉随笔・秦可卿死封龙禁尉》发表在香港《大公报・新野》副刊。俞平伯说:龙禁尉在满清时代,并没有这样的官名,捐官已是谎话。且秦氏至死也没有被封。这是"这一段书上的特笔"。《红楼梦》"作者虽把'淫丧天香楼,的文字删去了,却另外用一种笔法来写这回书"。他指出:"看《红楼梦》一书,现实荒唐每相交错,说现实,便极现实,说荒唐又极荒唐;如用'胶刻'的方法来考证它,即处处发生障碍。"

20 日 《读〈红楼梦〉随笔・菂官药官药官》发表在香港《大公报・新野》副刊。俞平伯考证藕官有一个情侣,亚东排本作"药官";程甲本、道光本、光绪本俱作"药";脂庚辰本正作"菂"。作者说:"这'菂'字很好,'菂'是莲子,与'藕'配合。"其他两字皆误。作者指出:"校理唐宋以来小说戏曲的人每将俗字改写正体,这虽是对的,但也必须特加小心。你认为错字的,它也未必准错。即使是错字,你也不一定能够知道它究竟是哪一个字的错。"如果不弄清楚就去改,就会越改越错。

21 日至 23 日 《读〈红楼梦〉随笔・宝玉喝汤》发表在香港《大公报・新野》副刊。文章指出:"整理古书工作的基础应该是校勘。校勘工作没有做好,其他的工作即如筑室沙上,不能坚牢。如标点注释都必须附着本文,若本文先错了,更从何处去安标点下注解呢。这是最浅显的事理。"作者着重谈了标点错误闹出的笑话。

24 日至 25 日 《读〈红楼梦〉随笔・作者一七六〇年的改笔》发表在香港《大公报・新野》副刊。俞平伯认为《红楼梦》第九回闹学堂后段,记宝玉的话,脂砚斋庚辰本的改动"绝佳,言言恰当,字字精严,口气之间妙有分寸,合于当日宝玉的身份,也合于《红楼梦》书主人的地位,其为作者最后定稿无疑矣"。

26 日 《读〈红楼梦〉随笔·林黛玉谈诗讲错了》发表在香港《大公报·新野》副刊。文章指出《红楼梦》第四十八回,黛玉教香菱做诗,说"虚的对实的,实的对虚的",这是错的。作者认为这是曹雪芹的笔误。从做诗的实际来看,应改为"虚的对虚的,实的对实的"。他说:"我向来不赞成'以意改字',但碰到有些情形又当别论。像这样明显的错误应当校正的。"

27 日 《读〈红楼梦〉随笔·曹雪芹画像》发表在香港《大公报·新野》副刊。

28 日 复周作人信,就其来信所谈话题,续谈作家出版社新版《红楼梦》中所存在的不尽如人意之处。信中谈及"前作《红楼梦辨》行世以来殊为寥落,惟闻某君曾以之博取法国博士功名,尚属有用。于一九五〇年友人绍介改名'研究'出版后,忽销行至两万许,诚非始愿所及"。

同日 本日至3月3日,《读〈红楼梦〉随笔·香菱地位的改变》发表在香港《大公报·新野》副刊。俞平伯首先谈了曹雪芹在《红楼梦》中使用褒贬之笔的特点,然后谈了香菱地位的改变。他说:"香菱地位的降低是作者的特笔。他为薄命女儿抒悲,借香菱来写照。就身份而论确是贬;然而这个贬正是作者对她同情最多最深切的地方,又最容易引起读者同情的地方,这就是褒。"

本月 由王佩璋代写的《〈红楼梦〉的思想性与艺术性》一文发表在《东北文学》2月号。

3 月

1 日 论文《曹雪芹的卒年》发表在《光明日报·文学遗产》第1期。俞平伯经过考证后,认为"曹雪芹死于乾隆壬午除夕,即 1763 年的 2 月 12 日"。

3 日 《〈红楼梦〉简论》发表在北京《新建设》3 月号。该文是根据《读〈红楼梦〉随笔》前四则改写的,谈了《红楼梦》的传统性、独创性和著书的情况。据王佩璋说:该文是应《人民中国》编辑部之约而作,曾寄给胡乔木看,提了许多意见,把文章退还给俞先生,要他重写。

3 日至 5 日 《读〈红楼梦〉随笔·曹雪芹自比林黛玉》发表在香港《大公报·新野》副刊。俞平伯认为《红楼梦》"书中人谁都可代表作者的一部分,却谁都不能代表他的全体"。他通过对脂砚斋甲戌本、庚辰本中的脂评和批语的分析,证明曹雪芹也有自比林黛玉之处,希望以此观点来破除"曹雪芹以书中人宝玉自寓生平"的"自传说"。

6 日 《读〈红楼梦〉随笔·梨园装束》发表在香港《大公报·新野》副刊。文章指出:"《红楼梦》虽是现实主义的名著,其中非现实的部分却也很多。为什么这样,我想到的有两层:(一)浪漫主义的成分;(二)因有所违碍,故意的回避现实。这两层也不大分得开的,皆所谓'荒唐言'是也。不明白这个,呆呆板板考之证之,必处处碰壁。"他说:"以非现实的荒唐无稽之言来表示真情实感的辛酸之泪,这是本书的特征,种种笔法由此而生,种种变局由此而幻,而种种误会曲解亦由此而起。我常说《红楼梦》是中国有文字以来的一部奇书。读者听者恐不免稍稍疑惑,或以为卖药的自夸药灵,过甚其词,或以为空言赞美不很切实,殊不知我确有此感,只言词笨拙,不能形容其百一罢了。"

7 日至 8 日 《读〈红楼梦〉随笔·宝玉想跟二丫头去》发表在香港《大公报·新野》副刊。俞平伯说"《红楼梦》多用虚笔",第十五回的宝玉想跟二丫头去即为一例。它反映了作者对农村的人民和他们的生活的羡慕、尊敬。"不必有其事,不可无此说;似乎不近情理,实在大有情理。虚笔的用处在这里可见一斑了。"

9日 本日至30日,《读〈红楼梦〉随笔·谈〈红楼梦〉的回目》发表在香港《大公报·新野》副刊。作者指出:"《红楼》一书荟萃中国文字的传统优异,举凡经史诗文词曲小说种种笔法几无不具,既摄众妙于一家,乃出以圆转自在之口语,发挥京话特长,可谓摹声画影,尽态极妍矣。未知来者如何,若云空前诚非过论。即以回目言之,笔墨寥寥每含深意,其暗示读者正如画龙点睛破壁飞去也,岂仅综括事实已耶。"

22日 《读〈红楼梦〉随笔·记吴藏残本》两篇作讫。"吴藏残本"指吴晓铃①所藏钞本《红楼梦》四十回。俞平伯说:该本"原系八十回本,今缺四十一回以下。有乾隆五十四年序,出程高排本三年以前,诚罕见之秘笈也。是否乾隆时原抄固亦难定,但看本文的情形,以原抄论殆无不可。抄者非一手,乃由各本凑合而成者"。俞平伯分析了程本以前流传的抄本,存在着随意改窜的毛病。他认为:"程高整理《红楼》,虽非原稿之真,却从此有了一个比较可读的本子,二百年来使本书不失其为伟大,功绩是很大的,即有过失,亦功多于罪,有人漫骂程高,实非平情之论。"

同日 致周作人信,告知自己日前在室内不慎蹉跌致伤,右臂不能握管,经调治休养句余,用墨笔写字病后尚是初字。

31日 本日至4月6日,《读〈红楼梦〉随笔·记吴藏残本》发表在香港《大公报·新野》副刊。

---

① 吴晓铃(1914—1995),辽宁绥中人,中国社会科学院语言研究所研究员兼中央戏剧学院教授。

4 月

7 日 本日至本月 17 日,《读〈红楼梦〉随笔·记嘉庆甲子本评语》发表在香港《大公报·新野》副刊。

17 日 将拟作郑板桥《道情词》四首书赠王伯祥。

18 日至 20 日 《读〈红楼梦〉随笔·有正本的妄改》发表在香港《大公报·新野》副刊。

21 日至 23 日 《读〈红楼梦〉随笔·再谈嘉庆本》发表在香港《大公报·新野》副刊。文章指出:"用刻本或抄本混合的校理《红楼梦》这个方法,从十九世纪初年直到现在,已有了一百五六十年的历史。最近的作家出版社新本,混合了程乙、亚东、有正各本加以校订,用的方法完全和前人相同。至于这综合的成绩,究竟如何,须看个别的情形,不能一概而论的。我这里不过指出这混合的校订法,在《红楼梦》是古已有之,并非新事而已。"

25 日至 26 日 《读〈红楼梦〉随笔·〈红楼梦〉的传统性》发表在上海《新民报·晚刊》。

27 日至 29 日 《读〈红楼梦〉随笔·〈红楼梦〉的独创性》发表在上海《新民报·晚刊》。

5 月

2 日至 5 日 《读〈红楼梦〉随笔·曹雪芹著书的情况》发表在上海《新民报·晚刊》。

月初 将歌颂抗美援朝胜利的《道情词》一首书赠叶圣陶。词曰:"好男儿,志气强,背田园,赴战场,援朝抗美威名扬。万家烟烬无余瓦,千里青山变了黄。终教胜利归吾党。锦乾坤和平飞鸽,挽银河洗净刀枪。"

6日和8日　《读〈红楼梦〉随笔·〈红楼梦〉与其他古典文艺》发表在上海《新民报·晚刊》。

9日　《读〈红楼梦〉随笔·宁国公的四个儿子》发表在上海《新民报·晚刊》。

10日至11日　《读〈红楼梦〉随笔·大观园地点问题》发表在上海《新民报·晚刊》。

12日　《读〈红楼梦〉随笔·天齐庙与东岳庙》发表在上海《新民报·晚刊》。

13日至15日　《读〈红楼梦〉随笔·陆游诗与范成大诗》发表在上海《新民报·晚刊》。

16日　《读〈红楼梦〉随笔·姬子》发表在上海《新民报·晚刊》。

17日至18日　《读〈红楼梦〉随笔·贾政》发表在上海《新民报·晚刊》。

19日　《读〈红楼梦〉随笔·贾赦》发表在上海《新民报·晚刊》。

20日至22日　《读〈红楼梦〉随笔·送宫花与金陵十二钗》发表在上海《新民报·晚刊》。

23日　《读〈红楼梦〉随笔·宝玉为什么净喝稀的》发表在上海《新民报·晚刊》。

24日　《读〈红楼梦〉随笔·曹雪芹卒于一七六三年》发表在上海《新民报·晚刊》。

25日至26日　《读〈红楼梦〉随笔·刘老老吃茄子》发表在上海《新民报·晚刊》。

27日　《读〈红楼梦〉随笔·香芋》发表在上海《新民报·晚刊》。

29 日 《读〈红楼梦〉随笔·增之一分则太长》发表在上海《新民报·晚刊》。

30 日 《读〈红楼梦〉随笔·减之一分则太短》发表在上海《新民报·晚刊》。

本月 由王佩璋代写的《〈红楼梦〉评介》发表在《人民中国》半月刊第 10 期。王佩璋在《我代俞平伯先生写了哪几篇文章》中说:"《〈红楼梦〉评介》的底稿就是《〈红楼梦〉简说》,又经《人民中国》编辑部增删修改的。"

本月 出席政协全国委员会组织的《宪法草案》(初稿)座谈会,被分在第十组。

6 月

1 日至 3 日 《读〈红楼梦〉随笔·〈红楼梦〉下半部的开始》发表在上海《新民报·晚刊》。

5 日至 6 日 《读〈红楼梦〉随笔·作者一七六〇年的改笔》发表在上海《新民报·晚刊》。

7 日 《读〈红楼梦〉随笔·林黛玉谈诗讲错了》发表在上海《新民报·晚刊》。

8 日 《读〈红楼梦〉随笔·曹雪芹画像》发表在上海《新民报·晚刊》。

9 日 《读〈红楼梦〉随笔·梨园装束》发表在上海《新民报·晚刊》。

10 日至 13 日 《读〈红楼梦〉随笔·记郑西谛藏旧抄〈红楼梦〉残本两回》发表在上海《新民报·晚刊》。

19 日 应中国人民大学中国语言文学教研室邀请,到中国人民大学作演讲,讲题为《〈红楼梦〉的现实性》。

7 月

10 日 《辑录脂砚斋本〈红楼梦〉评注的经过》发表在《光明日报·文学遗产》第 11 期

15 日 《学习〈宪法草案〉的感想》发表在《文艺报》半月刊第 13 号。

18 日 出席九三学社北京市分社沙滩支社筹委会、西四小组、地质部小组学习《宪法草案》联组座谈会。

13 日至 20 日 浙江省召开第一届人民代表大会,选出全国人民代表大会代表三十五人,俞平伯当选。

9 月

1 日 《文史哲》月刊第 9 期发表李希凡①、蓝翎②的《关于〈红楼梦简论〉及其他》一文,批评俞平伯在《红楼梦》研究中的唯心主义观点。认为:"从《红楼梦研究》到《红楼梦简论》,俞先生研究《红楼梦》的观点与方法基本上没有脱离旧红学家们的窠臼,并在《简论》一文中更进一步地加以发挥。""把考证观点运用到艺术形象的分析上来了,其结果就是得出了这一系列的反现实主义的形式主义的结论。"

3 日 中华人民共和国第一届全国人民代表大会代表名单公布,俞平伯与周建人、马寅初、许宝驹、冯雪峰③等三十五人作

---

① 李希凡(1927—2018),北京通县人,与蓝翎合著《红楼梦评论集》。

② 蓝翎(1931—2005),原名杨建中,山东单县人,曾任《人民日报》文艺部编辑。

③ 冯雪峰(1903—1976),浙江义乌人,曾任中国左翼作家联盟党团书记、上海市文联副主席、人民文学出版社社长兼总编、《文艺报》主编、中国作协副主席、党组书记。

为浙江省人民代表,将参加第一届全国人民代表大会第一次
会议。

15 日至 28 日 作为浙江省人民代表,参加第一届全国人民
代表大会第一次会议。

30 日 《文艺报》半月刊第 18 号转载李希凡、蓝翎的《关于
〈红楼梦简论〉及其他》,并由主编冯雪峰加了"编者按":"作者是
两个在开始研究中国古典文学的青年;他们试着从科学的观点
对俞平伯先生在《〈红楼梦〉简论》一文中的论点提出了批评,我
们觉得这是值得引起大家注意的。""作者的意见显然还有不够
周密和不够全面的地方,但他们这样地去认识《红楼梦》,在基本
上是正确的。"

10 月

3 日 出席九三学社中央常务委员会第十八次扩大会议。
会议号召全体社员学习《宪法》及全国人大文件。

同日 下午,出席中国作家协会在北京国际俱乐部大厅举
行的中外著名作家茶话会,并回答了印度短篇小说作家提出的
有关《红楼梦》研究等方面的问题。

5 日至 7 日 参加中国文联第二届全国委员会第二次会议,
并本着批评与自我批评的精神,就艺术创作与批评问题,发表了
自己的意见。

10 日 《光明日报·文学遗产》第 24 期发表了李希凡、蓝翎
的第二篇批评俞平伯的文章《评〈红楼梦研究〉》,文前加了编者
按语。

13 日 下午,在东总布胡同中国作家协会驻地,与老舍、冰

心、田汉、许广平①、萧三、赵树理②等同日本作家、东京大学名誉教授仓石武四郎举行座谈，并就客人所问，谈了对中国传统文学的展望。

16日 毛泽东主席写了《关于〈红楼梦〉研究问题的信》，并在中央领导同志中传阅。信中写道："驳俞平伯的两篇文章附上，请一阅。这是三十多年以来向所谓红楼梦研究权威作家的错误观点的第一次认真的开火。""事情是两个'小人物'做起来的，而'大人物'往往不注意，并往往加以阻拦，他们同资产阶级作家在唯心论方面讲统一战线，甘心做资产阶级的俘虏，这同影片《清宫秘史》和《武训传》放映时候的情形几乎是相同的。被人称为爱国主义影片而实际是卖国主义影片的《清宫秘史》，在全国放映之后，至今没有被批判。《武训传》虽然批判了，却至今没有引出教训，又出现了容忍俞平伯唯心论和阻拦'小人物'的很有生气的批判文章的奇怪事情，这是值得我们注意的。""俞平伯这一类资产阶级知识分子，当然是应当对他们采取团结态度的，但应当批判他们的毒害青年的错误思想，不应当对他们投降。"由此，关于《红楼梦》研究的批判运动拉开序幕。

18日 中国作协党组开会，传达毛泽东《关于红楼梦研究问题的信》。

23日 《人民日报》发表钟洛的《应该重视对〈红楼梦〉研究中的错误观点的批判》一文。

24日 《人民日报》发表李希凡、蓝翎的第三篇批评俞平伯的文章《走什么样的路？——再评俞平伯先生关于〈红楼梦〉研

---

① 许广平(1898—1968)，鲁迅夫人，广东番禺人，毕业于北京女子高等师范学校国文系。

② 赵树理(1906—1970)，山西晋城人，著名小说家，开创了"山药蛋派"文学。

究的错误观点》。

同日　俞平伯与助手王佩璋参加中国作家协会古典文学部召开的关于《红楼梦》研究的讨论会,并作发言。《红楼梦》研究工作者及各大学古典文学教授吴组缃①、冯至、舒芜、钟敬文、王昆仑②、老舍、吴恩裕、郑振铎、聂绀弩、启功、杨晦、浦江清、何其芳等四十余人应邀出席,另有各报纸杂志编辑约二十人旁听。会上发言的大多数人指出:俞平伯的《红楼梦》研究方法,是沿袭了胡适的资产阶级唯心主义和形式主义的观点、方法,从趣味出发,其结果,必然抽掉《红楼梦》这一伟大的古典现实主义作品的巨大社会意义,陷入烦琐的考据中。

25日至28日　与吴组缃、林庚、王瑶、余冠英、钱锺书、吴小如等北京大学中文系和文学研究所的同事作为文代会代表,出席北京市文学艺术工作者第二次代表大会。会议最后一天,听中国文联副主席周扬的报告,讲了文艺创作上的自由竞赛和文艺批评上的自由讨论等问题。

28日　《人民日报》发表了袁水拍的《质问〈文艺报〉编者》。文章指出:"长时期以来,我们的文艺界对胡适派资产阶级唯心论曾经表现了容忍麻痹的态度,任其占据古典文学研究领域的统治地位而没有给以些微冲撞;而当着文艺界以外的人首先发难,提出批驳以后,文艺界中就有人出来对于'权威学者'的资产阶级思想表示委曲求全,对于生气勃勃的马克思主义思想摆出老爷态度。""《文艺报》在转载李希凡、蓝翎《关于〈红楼梦简论〉

---

①　吴组缃(1908—1994),原名祖襄,安徽泾县人,毕业于清华大学研究院,曾任南京金陵女子文理学院、北京大学教授。

②　王昆仑(1902—1985),江苏无锡人,毕业于北京大学哲学系,时任北京市副市长。

及其他》一文时所加的编者按语,就流露了这种态度。"

30 日　《人民日报》发表了周汝昌①的《我对俞平伯研究〈红楼梦〉的错误观点的看法》。

31 日　本日至 12 月 8 日,先后八次参加中国文联和作协召开的批判《红楼梦》研究中资产阶级唯心论倾向和《文艺报》的错误的联席扩大会议,并作发言。

11 月

4 日　《人民日报》发表了《文艺报》主编冯雪峰的《检讨我在〈文艺报〉所犯的错误》。冯雪峰承认编者按语是其写的,并说:"对于俞平伯研究《红楼梦》的一些著作,我仅只简单地把它们看成是一些考据的东西,而完全不去注意其中所宣扬的资产阶级唯心论的观点。"

7 日　《文艺报》第 20 号转载袁水拍的《质问〈文艺报〉编者》、冯雪峰的《检讨我在〈文艺报〉所犯的错误》。

同日　《光明日报·文学遗产》的编者在该刊第 28 期发表了《正视我们的错误,改正我们的缺点》一文,承认该刊第 24 期在发表李希凡、蓝翎的第二篇批评俞平伯的文章《评〈红楼梦研究〉》一文前所加编者按语是有错误的。

8 日　《光明日报》发表了郭沫若对该报记者的谈话,指出由俞平伯研究《红楼梦》的错误观点所引起的讨论,是当前文化学术界的一个重大事件。"这不仅仅是对于俞平伯本人、或者对于有关《红楼梦》研究进行讨论和批判的问题,而应该看作是马克

---

①　周汝昌(1918—2012),字玉言,别署解味道人,天津人,毕业于燕京大学,曾任人民文学出版社古典部编辑、中国艺术研究院研究员。

思列宁主义思想与资产阶级唯心论思想的斗争;这是一场严重的思想斗争。"他说:"这次写文章批判俞平伯错误思想的李希凡、蓝翎两位同志,他们的年龄都只有二十多岁,俞平伯研究《红楼梦》三十年,当他开始进行研究时,李、蓝两位同志尚未出世,但他们勇敢地而且正确地揭露了俞平伯的错误。"

9日 正值俞平伯受批判的日子里,王伯祥来访,邀请俞平伯同游北海公园看菊花,并步至银锭桥,在名店"北京烤肉季"请俞平伯小酌。俞平伯深受感动,归后即赋诗二首《赠王伯祥兄》:"交游零落似晨星,过客残晖又凤城。借得临河楼小坐,悠然尊酒慰平生。""门巷萧萧落叶深,跫然客至快披襟。凡情何似秋云暖,珍重寒天日暮心。"

11日 致周扬信,并附拟修订出版的《红楼梦研究》新版目录一份,请其备览。信中说:《红楼梦研究》于一九五三年年底,即嘱出版方面修订,删去《作者底态度》《〈红楼梦〉底风格》两文,改用考证性文字两篇。因出版方面机构变动,尚未出书。"

16日 致周扬信,并将拟在北京大学文学研究所《红楼梦》研究问题座谈会上的发言稿送审。此前,俞平伯已经得到周扬的"宝贵正确富有积极性的指示",他表示"愿意诚恳地接受,不仅仅是感谢"。他说想将此前在文联会上的发言和拟在文研所的发言,两稿合并补充写成文章,请示周扬可否。他说:"我近来逐渐认识了我的错误所在,心情比较愉快。"愿意听从周扬"随时用电话约谈"。俞平伯的这份送审稿,后曾按照周扬的意见做了修改。

20日 《人民日报》发表何其芳的《没有批评,就不能进步》。文章指出:"俞平伯先生……列举更多的理由来证明后四十回确系续书,说明高鹗的'利禄熏心'的思想和曹雪芹不同,指出在艺术性方面续书远不如原著,但仍肯定其保存悲剧的结局,这是《红楼梦辨》的可取的部分。"

21 日 参加九三学社北京市分社沙滩支社举行的关于开展学术界对资产阶级思想的批判问题座谈会,并在会上首先发言,从立场、观点、方法三方面分析了自己在《红楼梦》研究中的错误。同时,接受了同志们的批评帮助。几天以后,他用修改稿在中国科学院文学研究所作了检讨。

同日 札记《西城门外天齐庙》发表在《北京日报·文化生活》副刊;又发表在香港《大公报》,题目为《〈红楼梦〉的天齐庙》。文章考证《红楼梦》中描写的"西城门外天齐庙",即为北京朝阳门外东岳庙。俞平伯认为:"《红楼梦》一书用笔灵活且多变化,决不可看呆了。看呆则这儿对了,那儿错了,弄得到处碰壁而有走入迷宫的感觉。"

25 日 本日至 12 月 17 日,北京大学文学研究所召开《红楼梦》研究问题座谈会六次,俞平伯参加并作发言,检讨自己在《红楼梦》研究工作上所犯的错误。

同日 致周扬信,并附寄由人民大学中语系整理出来的俞平伯在本年 6 月的讲演的《〈红楼梦)的现实性》,请其备览。俞平伯说:"其中自然还有些错误的,不过可以看见我较晚的见解而已。"

28 日 《光明日报·文学遗产》第 31 期发表了王佩璋的《谈俞平伯先生在〈红楼梦〉研究工作中的错误态度》一文。

12 月

1 日 《教学与研究》月刊第 11 期发表了李希凡的文章《俞平伯先生怎样评价了〈红楼梦〉后四十回续书——对新红学派错

误观点批判之四》。

2日 中国科学院院务会议和中国作家协会主席团举行联席会议，决定由科学院和作协联合召开批判胡适思想的讨论会。

5日 吴组缃的《评俞平伯先生的"红楼梦"研究工作并略谈"红楼梦"》发表在《光明日报·文学遗产》第32期。文章指出"趣味中心，贯串在俞平伯《红楼梦》研究的全部工作中"，"撇开社会现实的思想内容，对作品作纯艺术的'观照'和'鉴赏'，是俞先生看艺术的根深蒂固的观念"。

8日 在中国文联主席团和中国作协主席团扩大联席会议上，通过了《关于〈文艺报〉的决议》，指出了《文艺报》的主要错误，决定改组《文艺报》的编辑机构，重新成立编辑委员会，实施集体领导的原则。周扬在会上做了总结性的发言《我们必须战斗》，指出"我们正在进行的对俞平伯在《红楼梦研究》及其他著作中所表现的胡适派资产阶级唯心论观点的批判，是又一次反对资产阶级思想的严重斗争，同时也是反对对资产阶级思想的可耻的投降主义的斗争。"他说："俞平伯先生是胡适派资产阶级唯心论在《红楼梦》研究方面的一个代表者。俞平伯的考证和评价《红楼梦》，也是有引导读者逃避革命的政治目的的。"

9日 《光明日报》发表郭沫若的《三点建议》，主张："应该广泛地展开学术上的自由讨论，提倡建设性的批评。同时指出'明辨是非，分清敌友，与人为善，言之有物'的十六字的具体做法。"

29日 下午，参加由中国科学院和中国作家协会联合在中国文联举行的《红楼梦的人民性和艺术成就》的专题讨论会。

本月 俞平伯辑录的《脂砚斋红楼梦辑评》作为"中国古典文学研究丛刊"之一，由上海文艺联合出版社出版。

年内　潘伯鹰①有诗《寄平伯:平伯所著〈红楼梦〉书获谴》。

约在本年内　俞平伯将苏州马医科巷祖居曲园捐献给国家。

1955 年(乙未)　55 岁

▲1 月,中共中央批转中宣部《关于开展批判胡风思想的报告》。

▲6 月,中国科学院哲学社会科学学部成立大会在北京召开。

1 月

1 日　生日。

17 日　《人民日报》发表李希凡、蓝翎的文章《"新红学派"的功过在哪里?》。文章着重指出俞平伯对《红楼梦》的研究是功不抵过。

本月　完成关于《红楼梦》研究的书面检讨的初稿。在此期间,俞平伯得到了九三学社北京市分社沙滩支社三次支委会的帮助。一次讨论了他的检讨提纲;一次讨论了他的检讨底稿;最后一次对他检讨中的几个基本观点提出了具体修改意见。

---

①　潘伯鹰(1905—1966),名式,字伯鹰,号凫公,安徽怀宁人,诗人、书法家。

2 月

5 日　接受叶圣陶的帮助,向其汇报书面检讨修改的情况。

本月　《坚决与反动的胡适思想划清界限——关于有关个人〈红楼梦〉研究的初步检讨》经过反复修改后,终于定稿。

3 月

上旬　在家中室内跌伤右臂,不能握管,后经调治休养渐愈。

15 日　《坚决与反动的胡适思想划清界限——关于有关个人〈红楼梦〉研究的初步检讨》经周扬阅后,发表在《文艺报》半月刊第 5 期。

4 月

30 日　《坚决与反动的胡适思想划清界限——关于有关个人〈红楼梦〉研究的初步检讨》发表在《九三社讯》第 4 号。

5 月

25 日　以全国人大代表的身份,与胡愈之、沈兹九、林汉达[①]等一行八人赴浙江杭州郊县考察。行前,填《蝶恋花》词一阕。

26 日　在火车中,与胡愈之谈胡风事。

---

　　① 林汉达(1900—1972),浙江慈溪人,毕业于杭州之江大学,参与发起成立中国民主促进会,曾任北京燕京大学教授、教育部副部长。

27 日 上午,抵达杭州。下午,坐船至湖楼访毛曼曾①。归舟中赋七绝《湖船怅望》一首,并写寄夫人。

28 日 下午,与胡愈之、陆士嘉②至中共浙江省宣传部,参加黄源召集的与地方文教人士座谈会。晚,由浙江省省长沙文汉陪同,在杭州的人民大会堂观看歌舞。

29 日 下午,赴杭县的临平视察。

6 月

1 日 中国科学院学部成立大会在北京召开。经国务院批准,茅盾、周扬、何其芳、郑振铎、郭沫若、阳翰笙等为哲学社会科学部常务委员会委员。

同日 至杭县的双林乡红旗合作社参观,又至农家访问。

2 日 下午,至双林乡访问小北庙社社员,了解乡村的情况。

4 日 参观和平、利华、崇裕丝厂。晚,在杭县双林乡拱宸桥国营麻纺厂宿舍,成诗一首,诗题《杭县双林乡》。

8 日 晨,赋诗《塘栖舟中感旧》一首。下午,赴康桥访问社员,在返回住地的舟中填词《鹧鸪天》一阕。词云:"学作新诗句未平,卧听柔橹泣波声。软红尘土成遥想,新绿畦塍快远情。

收麦穗,插秧针,早中迟稻待秋登。不须明日愁泥足,却为田家问雨晴。"

10 日 上午,与沈兹九参观麻纺厂。

11 日 参观杭州绸厂。晚,与自金华归来的许宝驹畅谈。

---

① 毛曼曾(1916—2010),杭州人,俞海筹继室,曾任杭州市西湖区第六至十届人大代表。

② 陆士嘉(1911—1986),浙江杭州人,德国哥廷根大学博士,曾任清华大学航空系教授、北京航空学院数学力学系副主任。

12 日　与许宝驹、许平甫同游平湖秋月、放鹤亭、西泠印社、玉泉、灵隐等。

同日　晚,俞海筹①夫妇、顾季平②夫妇来访。

13 日　晨,与俞海筹夫妇同游湖心亭、西山公园。

14 日　下午,至杭州人民大会堂出席浙江省政府召开的座谈会。晚,至清河坊,旧地重游。

15 日　从家书中得知孙子俞李(昌实)于 9 日在天津出生的消息,遂在杭州旅舍中赋诗三首志喜。

同日　晚,应邀至宋云彬寓所晚餐。

18 日　晨,返回北京。

30 日　《九三社讯》第 5、6 号合刊在"坚决肃清胡风集团和一切暗藏的反革命分子"的总标题下,发表了俞平伯的《提高警惕,加强马克思主义的学习》一文。

7 月

2 日　作为浙江省人民代表,出席第一届全国人民代表大会第二次会议预备会。

5 日　本日至 30 日,出席第一届全国人民代表大会第二次会议。

27 日　在第一届全国人民代表大会第二次会议的大会讨论中作了发言,主要谈了对知识分子思想改造的认识。

29 日　《俞平伯代表的发言》发表在《人民日报》。

---

①　俞海筹(1910—1985),俞同元子,字海筹,浙江德清人,俞平伯堂弟,曾供职于浙赣铁路局,俞楼守护人。

②　顾季平,浙江德清人,曾任浙江省教育厅技正。

31日　俞平伯与出席第一届全国人民代表大会第二次会议的代表们一起参观官厅水库、正在建设的永定河官厅水电站和丰(台)沙(城)线的铁路工程。

同日　《俞平伯代表的发言》发表在《光明日报》。

8 月

1日至3日　九三学社中央常务委员会举行第二十七次会议扩大会议,俞平伯与茅以升①、杨钟健、陈建功等以担任全国人民代表大会代表的社员身份出席了会议。

9 月

月初　参加九三学社北京市分社庆祝抗日战争胜利十周年纪念大会,并作发言。

30日　《文艺报》半月刊第18号,在"国内文讯"栏目下,发表了孙琪璋的《友谊的访问》,报道了"今年六月以来,我国作家与前来我国访问的外国文学家和社会活动家进行了频繁的接触"。"外国朋友们最关心的问题,是关于《红楼梦》研究中的错误思想的批判及对胡适和胡风反革命集团的批判和斗争。……黄药眠、杨朔、蓝翎等向朝鲜作家……介绍了对俞平伯研究《红楼梦》的唯心主义思想的批判以及对胡适的反动文学观点的斗争的情况。"

---

① 茅以升(1896—1989),字唐臣,江苏镇江人,美国卡耐基理工学院博士,中国科学院院士。

10 月

20 日　九三学社中央常务委员会举行座谈会,学习讨论毛泽东的《关于农业合作化问题》的报告,俞平伯出席,并结合自己在杭州视察时所耳闻目睹的事实,作了发言。

11 月

3 日　九三学社中央常务委员会再次举行座谈会,俞平伯出席。

12 月

本月　为已故大姐俞琔的《临漪馆诗词稿》题签并作序。

年内　俞平伯的《读〈红楼梦〉随笔》由中国作家协会武汉分会编辑出版。

年内　应嘱为唐玉虬著《怀珊集》题跋。

年内　帮助杨荫浏、阴法鲁注释姜白石歌词。

1956 年(丙申)　56 岁

▲1 月,中共中央召开关于知识分子问题会议,周恩来作《关于知识分子问题的报告。

▲4 月,毛泽东在中共中央政治局扩大会议上讲话,正式提出把"百花齐放、百家争鸣"作为繁荣和发展当代中国文化、科学

事业的一项基本方针。

1 月

20 日　生日。

本月　俞平伯所在的北京大学文学研究所改为中国科学院哲学社会科学部文学研究所。

2 月

8 日　俞平伯与金克木①、茅以升、楼邦彦②等作为九三学社北京市分社选出的代表,出席九三学社第一届全国社员代表大会预备会议,并与许德珩、梁希③、茅以升、袁翰青、周培源④等二十五人被推选为大会主席团成员。

9 日　本日至 16 日,出席九三学社第一届全国社员代表大会,并当选为九三学社中央委员。

13 日　晚,中共中央统战部举行盛大酒会,招待各民主党派和无党派人士,九三学社第一届全国社员代表大会全体代表应邀出席。

---

①　金克木(1912—2000),字止默,安徽寿县人,曾任武汉大学哲学系、北京大学东语系教授。

②　楼邦彦(1912—1979),浙江鄞县人,毕业于清华大学政治系,曾任武汉大学、中央大学、北京大学、北京政法学院教授。

③　梁希(1883—1958),浙江湖州人,曾任南京大学校务员会主席、林业部部长。

④　周培源(1902—1993),江苏宜兴人,美国加州理工学院博士,曾任清华大学教务长、北京大学校长、九三学社中央主席。

3 月

7 日　杨振声逝世,闻讯深感悲痛。

4 月

19 日　周恩来就浙江昆苏剧团改编上演昆剧《十五贯》作讲话,称赞他们是"做了一件好事:一出戏救活了一个剧种"。周恩来说:"昆曲的改革可以推动全国其他剧种的改革,……为'百花齐放,推陈出新'奠定了基础。"

28 日　毛泽东就中共中央政治局扩大会议讨论《论十大关系》报告的情况作总结发言时,提出,"艺术问题上百花齐放,学术问题上百家争鸣,应该成为我们的方针"。

5 月

2 日　毛泽东在最高国务会议上提出"百花齐放、百家争鸣"的方针。

3 日　晚,出席九三学社中央常务委员会和北京市分社在全国政协礼堂举行的"五四"运动三十七周年暨九三学社成立十周年庆祝大会。

5 日　九三学社中央常务委员会举行会议,传达毛泽东和周恩来在最高国务会议上的指示:艺术问题上百花齐放,学术问题上百家争鸣。

9 日　九三学社中央常务委员会举行在京中央委员座谈会,俞平伯出席。

15 日　本日至 6 月 12 日,俞平伯作为全国人大代表,与邵力子①、许宝驹、徐楚波②、严景耀③、梁希等同赴浙苏地区视察。

17 日 周恩来就昆剧《十五贯》作第二次讲话："昆曲有很多剧目,要整理改革。很多民族财富要好好发掘、继承,不要埋没。"

同日 晨,抵达上海,游览了邑庙、湖心亭九曲桥、文化俱乐部(昔为法国总会)、静安公园及大新公园。下午,乘车赴杭。晚,抵达杭州,住大华饭店。访同住大华饭店的马寅初校长。

18 日 《人民日报》发表社论《从"一出戏救活了一个剧种"谈起》。这一切使俞平伯等昆曲爱好者深感振奋,于是开始筹备组织北京昆曲研习社。

同日 下午,与严景耀、梁希、甘祠森④、徐楚波、查阜乘船游三潭印月、西山公园和湖心亭。

19 日 赴临平县双林乡红旗社,了解社中发展情况和社员生活及耕作情况。

20 日 上午,至拱宸桥康家桥乡政府,听党支部书记介绍情况。又至马家桥、康桥乡,与干部、社员访谈。晚,在查阜西处听弹琴,唱昆曲。

21 日 上午,与毛曼曾同至右台山扫墓。游览德相寺和六通寺。下午,写视察双林、康桥二乡的报告,送交浙江省政府。

22 日 晨,赴德清县视察。

23 日 游览德清县城。晚,出席德清县长陈立平召集的座谈会,了解老家的情况。

---

① 邵力子(1882—1967),字仲辉,号凤寿,浙江绍兴人,著名民主人士。

② 徐楚波(1896—1982),原名步湘,河北威县人,曾任北京市第一中学校长。

③ 严景耀(1905—1976),浙江余姚人,曾任燕京大学政治系主任、北京政法学院国家法教研室主任、北京大学国际政治系教授。

④ 甘祠森(1914—1982),原名甘永柏,四川万县人,诗人,俞平伯正是受甘祠森嘱托,为李治华提供一些《红楼梦》方面的帮助的。

24日　返回杭州大华饭店。

25日　上午,乘船至公园游览。晚,熊铭烈来访。浙江省文化局刘坚民及修改昆剧《十五贯》的陈静来访。

26日　在杭州人民大会堂,列席浙江省人民代表大会第四次会议。

同日　中共中央宣传部部长陆定一在北京怀仁堂作《百花齐放,百家争鸣》的报告。报告认为在反对资产阶级唯心主义思想和开展学术批评的工作中,"基本是做得对的,在分寸的掌握上也大体是对的。但错误和缺点还是有的"。陆定一以俞平伯为例,承认"他政治上是好人,只是犯了在文艺工作中学术思想上的错误。对他在学术思想上的错误加以批判是必要的,当时确有一些批判俞先生的文章是写得好的。但是有一些文章则写得差一些,缺乏充分的说服力量,语调也过分激烈了一些"。

27日　乘车至上海,与儿子俞润民同游中山公园、邑庙,又至南京路外滩黄浦公园散步。

28日　乘车至苏州。与苏州市文化处处长范烟桥①同游怡园。

29日　访王歉嵝。参观江苏博物馆筹备处、苏州图书馆、刺绣工艺美术生产合作社、狮子林等,并与文物管理会主任谈苏州曲园旧居事。晚,应苏州统战部部长邀请,赴师范学院礼堂观看苏剧。

30日　上午,与陈鸣树②同游虎丘、西园和留园。下午,与范烟桥至文化处看苏州画师国画作品展,又至马医科巷申祠和

---

①　范烟桥（1894—1967）,名镛,字味韶,江苏苏州人,鸳鸯蝴蝶派作家,曾任苏州文化局局长、苏州市副市长。

②　陈鸣树(1931—2014),江苏苏州人,曾任复旦大学中文系教授。

曲园故居访旧。

31 日　致苏州市文物管理会主任谢孝思①信,谈曲园急需修理之事。随信附赠长诗《遥夜闺思引》一册。另游天平山、灵岩。晚,访吴晓邦。

本月　在助手王佩璋的协助下,《红楼梦》八十回本的校订、整理工作臻于完成。《〈红楼梦八十回校本〉序言》发表在本月《新建设》月刊第 5 期;本月 31 日出版的《九三社讯》第 5 号转载时,加了"编者按":"俞平伯同志这篇《序言》对于《红楼梦》研究中的一些重要问题,提出了作者的新的看法,这些看法,我们认为基本上是正确的。……本刊转载时删去了关于作者整理《红楼梦》的经过这一部分。"

6 月

1 日　偕陈鸣树至沧浪亭畔之结草庵访范成和尚,得其惠赠《宋藏遗珍序目》一册及致灵岩妙真和尚介绍信一封。访周瘦鹃②,未值,由周夫人导观花木和盆景,并在访客簿上签名。晚,与陈鸣树谈文学问题。

2 日　上午,至苏州市文化处访范烟桥。下午,金兆梓③、范烟桥分别来访。

3 日　上午,与儿子同游留园、西园、虎丘。下午,同游怡园、拙政园、狮子林。

---

① 谢孝思(1905—2008),字仲谋,贵州贵阳人,毕业于中央大学艺术教育系,曾任苏州市文教局局长、文化局局长、市文联主席。

② 周瘦鹃(1895—1968 年),江苏苏州人,曾任《申报·自由谈》《紫罗兰》编辑。

③ 金兆梓(1889—1975),字子敦,号芚厂,浙江金华人,时任苏州市副市长,后任上海市文史馆馆长。

4日　上午,赴虎丘看花农合作社,顺便游寒山寺。下午,至金阊区三处街道的居民家中访问。

5日　上午,至文物管理会访王星伯、谢孝思、沈勤詹。下午,写视察苏州情况报告。

6日　上午,在裕社寓所向范烟桥、姚凯及苏州市副市长潘慎明汇报视察观感。下午,访周瘦鹃,与之长谈,并得其赠书《花前琐记》一本。另,俞平伯赠沈勤詹长诗《遥夜闺思引》一册。

7日　陪严景耀、雷洁琼、徐楚波等游狮子林、拙政园、虎丘剑池和留园。晚,在苏州娱乐中心听评弹。

8日　下午,乘车北归。

9日　上午,在北归津浦车中填《鹧鸪天》词一首。下午,抵达天津,受到天津市政府的招待。

12日　乘车返回北京。

13日　《人民日报》刊登陆定一的报告《百花齐放,百家争鸣》。

17日　出席九三学社中央常务委员会召集的在京中央委员座谈会,讨论毛泽东主席在最高国务会议上提出的"百花齐放、百家争鸣"的方针。俞平伯发言,提出了民主党派有责任把"百家争鸣"的方针向群众做进一步宣传的问题。

18日　晚,中国亚洲团结委员会主席、中国人民保卫世界和平委员会主席郭沫若设宴招待日本亚洲团结委员会文化代表团,俞平伯与郑振铎、夏衍①、成仿吾②、田汉等在京的文化艺术

---

①　夏衍(1900—1995),原名沈乃熙,字端先,浙江杭州人,曾任文化部副部长、中国文联副主席。

②　成仿吾(1897—1984),原名成灏,湖南新化人,曾任山东大学、中国人民大学校长。

界人士出席作陪。

28日 继续出席九三学社在京中央委员座谈会。

同日 本日至7月23日,中国戏剧家协会发起组织了关于古典剧本《琵琶记》的讨论,先后举行了七次讨论会,俞平伯出席了其中的三次。在讨论会上,与董每戡①相识,且持论也颇有契合处。

7 月

1日 受人民文学出版社负责人楼适夷②委托,访周作人。就文联组织安排周作人、王古鲁③、钱稻孙去外地参观旅行事,征求周作人的意见。

4日 与许宝驯、许宝騄、许潜庵、袁敏宣、周铨庵④、伊克贤⑤、苏锡龄⑥、张允和⑦等十四人参加北京昆曲研习社发起人会议。

8日 出席九三学社北京市分社第一综合支社全体社员会议,座谈"百花齐放、百家争鸣"的方针。俞平伯首先发言,谈了自己对"百家争鸣"方针的理解和认识。他说:有人把"争鸣"比

---

① 董每戡(1907—1980),原名国清,浙江温州人,广州中山大学教授。

② 楼适夷(1905—2001),原名锡春,浙江余姚人,曾任人民文学出版社副社长。

③ 王古鲁(1901—1958),名钟麟,字咏仁,江苏常熟人,曾随周作人任北京图书馆秘书主任,后任北京师范大学教授。

④ 周铨庵(1911—1988),女,原名周杏铨,安徽至德人,曾任北京昆曲研习社副主任委员。

⑤ 伊克贤(1904—1966),女,北京青年会昆曲组主持人,曾任北京昆曲研习社社务委员。

⑥ 苏锡龄(1909—1966),女,曾任北京昆曲研习社社务委员。

⑦ 张允和(1909—2002),周有光夫人,安徽合肥人,曲家。

作乐队合唱,不很恰当,因为那是和鸣而不是争鸣。争鸣容许不同意见的存在,即使在矛盾统一以后,仍然容许再提出不同的意见。我认为"百家争鸣"的方针,和"百花齐放"一样,都是用比喻来说明政策,不宜过分在字面上打圈子。争鸣主要地要求"持之有故,言之成理",不许无理取闹。意见虽有不同,但可以殊途同归,目的都是为了社会主义建设。

12日 在北海公园悦心殿参加由中国戏剧家协会发起组织的关于古典剧本《琵琶记》的第四次讨论会,并作发言。俞平伯说:因为喜欢昆曲,昆曲里有《琵琶记》,所以对它有些主观的爱好。因此,他从戏曲《琵琶记》的角度,谈了三点意见。

14日 出席北京昆曲研习社发起人会议。

15日 晚,九三学社中央常务委员会举行第三次会议,座谈中国共产党和各民主党派长期共存、互相监督的方针。俞平伯应邀出席,并作发言。

18日 中国戏剧家协会《琵琶记》研究小组成立,由参加《琵琶记》讨论会的专家俞平伯、田汉、翦伯赞、周贻白①、浦江清、赵景深、王季思②、张庚③、张光年④、贺敬之、王瑶⑤、程千帆⑥、李长

---

① 周贻白(1900—1977),湖南长沙人,曾任中央戏剧学院教授。

② 王季思(1906—1996),名王起,浙江永嘉人,中山大学教授。

③ 张庚(1911—2003),湖南长沙人,曾任中国戏曲学院院长、中国艺术研究院副院长。

④ 张光年(1913—2002),笔名光未然,湖北光化人,曾任中国作家协会党组书记。

⑤ 王瑶(1914—1989),字昭深,山西平遥人,毕业于清华大学研究院,曾任北京大学教授。

⑥ 程千帆(1913—2000),名会昌,字伯昊,号闲堂,湖南宁乡人,毕业于金陵大学,曾任南京大学教授。

之、戴不凡①等三十余人组成。俞平伯被分在第一小组，与浦江清、陈多任组长。

同日 至全国文联会议厅，参加中国戏剧家协会召开的《琵琶记》研究小组会议，组织讨论《琵琶记》的主题思想，并作发言。俞平伯认为：好的古典文学作品，都能反映人民的痛苦和时代的矛盾，不过有的反映得多些，有的反映得少些。但是，一般的古典文学作品都有这样的缺点：后半部不如前半部好，如《水浒》《红楼梦》等都有这样的毛病。这是因为古典作品能反映和提出矛盾，但最后无法解决矛盾，甚至在后面反而缓和了矛盾的冲突。

20日 下午，在全国文联会议厅，参加《琵琶记》研究小组讨论。俞平伯与浦江清、陈多任第一小组组长，主持专题讨论《琵琶记》的主题思想。

8月

8日 致李治华信，信中说"前者甘祠森先生来信说您研究《石头记》，并将翻成法文，甚为欣佩。他兼嘱我为您帮忙，谊不可却"。

19日 参加北京昆曲研习社成立大会，通过了俞平伯拟定的《北京昆曲研习社简章》，选举出第一届社务委员会，俞平伯任主任委员，项远村②、许时珍、伊克贤、袁敏宣③、周铨庵、许宝驯、

---

① 戴不凡(1922—1980)，浙江建德人，曾任《戏剧报》副主编、中国艺术研究院戏曲研究所研究员。

② 项远村(1892—1964)，名衡方，上海人，曲家，曾任北京昆曲研习社社务委员。

③ 袁敏宣(1909—1974)，女，名昉，江苏武进人，毕业于北京女子西洋画学校，与俞平伯、张允和共同创办北京昆曲研习社，并在中央音乐学院教授昆曲。

许宝騄、郑缤①、钱一羽②、张允和任社务委员。社址设在俞平伯寓所。

25 日 《谈〈琵琶记〉》发表在《光明日报·文艺生活》副刊第121 期。

28 日 北京昆曲研习社向北京市文化局呈报。

31 日 《九三社讯》第 8 号刊载了九三学社中央委员会各部、会负责人及委员名单,俞平伯为学习委员会委员。

9 月

8 日 北京昆曲研习社(以下简称"曲社")曲友在北池子 23 号彩排,祝袁敏宣母亲八十寿辰。俞平伯与袁敏宣、陆剑霞③合作表演了昆曲《乔醋》。

9 日 应文化部副部长丁西林④邀请,偕夫人与周有光⑤、张允和夫妇茶叙,谈成立曲社之事。

11 日 《怎样美化苏州市》发表在《人民日报》。

16 日 在寓所主持召开曲社社务委员会。

21 日 晚,在寓所与曲社社委们商谈社事以及如何团结许潜庵、徐惠如⑥事。

24 日 晚,曲社社友在寓所拍期。

---

① 郑缤(1917—?),女,曾任北京昆曲研习社社务委员。
② 钱一羽(?—1973),曾任北京昆曲研习社社务委员。
③ 陆剑霞(1894—1964),陆麟仲室,江苏苏州人,清华谷音社成员,北京昆曲研习社初期社务委员。
④ 丁西林(1893—1974),原名丁燮林,字巽甫,江苏泰兴人,著名剧作家。
⑤ 周有光(1906—2017),字耀平,江苏常州人,张允和夫,著名语言学家,"汉语拼音之父"。
⑥ 徐惠如(1893—1959),江苏苏州人,北京昆曲研习社笛师兼导师。

28 日 下午,与来访的张允和、钱一羽谈曲社社内工作。

30 日 寓所曲会,张允和、许潜庵、许宜春①、徐惠如、袁敏宣、伊克贤至。

10 月

1 日 至许潜庵家晚餐。

7 日 下午,在寓所与曲社社友排练《琵琶记》,并用晚餐。

14 日 上午,偕夫人与许宝驯、袁敏宣、周铨庵、张允和先在双虹轩谈,后同到北海庆霄楼,参加王昆仑、丁西林的接见和宴请。俞平伯介绍了曲社成立的情况,最麻烦的就是没有房子。

16 日 受俞平伯电话之托,张允和上午先至北京文化局找杨毓珉科长,被告知曲社要民政局批准才能刻图章取款,后至民政局领表格,下午至寓所谈如何填表和《琵琶记》公期人选问题。

20 日 张允和代俞平伯写信给丁西林致谢,"这次曲社的成立,主要得到您大力的帮忙,平伯先生让我代表曲社向您致谢"。

21 日 在寓所主持召开曲社社务委员会。

25 日 晚,寓所谈曲社团结问题。

28 日 下午,偕夫人出席曲社在政协文化俱乐部举行的社员联欢大会,并在演出之前,报告了曲社成立的经过。改《忆江南》:"江南好,最忆是姑苏。秋来枫叶红似火,满城争听水磨歌,'新艺'美才多。"

29 日 晚,张允和等至寓所补习昆曲。

31 日 作论文《〈蜀道难〉说》。

月末 应嘱为王伯祥所存《清真词释》题识,写在书内空页

---

① 许宜春(1945—),北京人,许潜庵孙女,北京昆曲研习社社员。

上。俞平伯说:"是书初行,方海内多故,仅属开明径呈容翁我兄求教,未及署识。年来京邑重逢,燕郊共值,论文之乐,视昔为优。而炳烛余光,同惊老至。昨偶过高斋,睹谬说犹存,弥增颜汗。命加题记,藉留鸿雪,然为翁计,奈宝兹燕石何!"

11 月

5 日　张允和拟北京昆曲研习社成立新闻给《北京晚报》。

6 日　下午,代表北京昆曲研习社给上海昆剧观摩大会发电报(由赵景深收转),祝贺演出成功。

7 日　曲社领到北京市文化局补贴费 1050 元。

19 日　北京昆曲研习社得到北京市文化局的支持,同意自此以后,可以每周在东单文化馆组织活动一次。

20 日　张允和电话告知,北京人民广播电台丁图要来访问北京昆曲研习社。

22 日　上午,张允和至寓所,提议明年是汤显祖逝世三百四十周年,由北京昆曲研习社发起纪念,来一次曲会,来一次公演,或者出一个纪念册。下午,在寓所主持召开曲社社务委员临时会。收《牡丹亭》缩编本,从《学堂》起好。

23 日　晚,偕夫人出席曲友陆剑霞宴请,谭其骧、张允和、袁敏宣等在座。

26 日　下午,偕夫人至东单文化馆,参加曲社拍曲活动,并接受北京人民广播电台记者采访。童曼秋①、李金寿②、许潜庵、

---

① 童曼秋(1880—1964),本名杨如椿,上海人,曾任北京京剧基本艺术研究社昆曲组组长。

② 李金寿(1893—1966),江苏苏州人,堂名出身,1956 年应俞平伯之邀来京,任北京昆曲研习社笛师兼导师。

许宝骏、周铨庵、张允和、袁敏宣、沈性元①、汝忆琴、王剑侯等二十多人到场。

12月

7日　曲社领到民政局发登记证。

23日　在寓所主持召开曲社社务会议,总结了今年由发起到登记证拿到的经过。

26日　与曲社社友在袁敏宣寓所举行曲会,并演唱了昆曲《惊梦》。

年初　提出研究唐代诗人李白的计划,得到领导同意。

年内　完成关于李白的论文四篇,除《〈蜀道难〉说》外,尚有《李白〈清平调〉三章的解释》《今传李太白词的真伪问题》以及《李白〈古风〉第一首解析》。

年内　参加了关于李后主词的讨论和关于何其芳《红楼梦》研究论文的讨论。

年内　为王重民②校阅《补全唐诗》稿,所写"校语"均被录入书中。

年内　由中国科学院哲学社会科学部文学研究所评定为一级研究员。

---

① 沈性元(1906—1986),浙江嘉兴人,钱昌照妻子,北京曲社联合社员,北京昆曲研习社社员。

② 王重民(1903—1975),字有三,自号冷庐主人,河北高阳人,曾代理北京图书馆馆长,后任北京大学图书馆学系主任。

1957 年(丁酉) 57 岁

▲1 月,《诗刊》创刊。

▲4 月,中共中央发布《关于整风运动的指示》。

1 月

5 日 作论文《李白的姓氏籍贯种族的问题》。

6 日 出席九三学社北京市分社第一综合支社全体社员大会,并当选为支社委员。

8 日 生日。赠张允和一首诗。

17 日 应邀出席北方昆曲代表团回京汇报座谈会,并作发言。

20 日 参加曲社在新落成的文联大楼举行的昆剧《琵琶记》演出,并致开幕词。

25 日 《诗刊》创刊,后悉主编为臧克家,副主编为严辰、徐迟。

2 月

3 日 正月初四。偕夫人参加九三学社北京市分社第一综合支社全体社员春节联欢会,并与夫人演唱了昆剧《琵琶记》选段。

月初 应邀观看"北方昆曲代表团"在北京的汇报演出。归后,作《看了北方昆剧的感想》。俞平伯针对昆曲和昆剧易被当做地方戏的误会,指出昆曲和昆剧都曾是通行全国的戏曲。昆剧有各种流派,而"并非宗派,并不该各主门户互相排斥;相反的,在昆曲的大家庭里正呈显着百花齐放的盛况"。如果只认为苏州或"苏松太杭嘉湖"一带的昆剧才是真正的老牌,那就忽略了历史的事实,把自己给封锁、局限住了。他认为昆曲"若不经过改革,便不会有前途,非但谈不到发展,并且谈不到保存"。所以,昆曲的改革应该适当地和保存相结合。

10 日 上午,在寓所主持召开曲社研究组会议,决定拟由俞平伯于 3 月做"昆曲的变迁与发展"报告。会上,先聘钱一羽、张允和为组员,俞平伯提议胡静娟、吴小如为组员。

11 日 《看了北方昆剧的感想》发表在《人民日报》。

16 日 参加曲社在文联大楼举行的公演,演出曲目《思凡》《游园》《寄柬》《寄子》《痴梦》《小宴》等。

17 日 下午,在寓所主持召开曲社剧目评选委员会会议,讨论拟演的剧目。

24 日 下午,在寓所主持召开曲社社务会议。

3 月

3 日 在寓所主持召开曲社研究组会议,讨论出版有关昆曲的著作问题。

7 日 致李治华信:"新校本《石头记》顷已在印刷中,据云一九五七年可以出版,知注坿闻甘先生日前曾匆匆相值并问候,足下匆上致敬礼。"

10 日 在寓所主持召开曲社社务会议,研究演出剧目。

12 日 《今传李白词的真伪问题》发表在《文学研究》季刊第1 期。

14 日　晚,在寓所主持召开曲社音乐组会议。

15 日　《金缕曲·和董每戡先生》以及董每戡原唱《金缕曲二阕代简,呈俞平伯先生暨北京昆曲研习社诸公》,一并发表在《九三社讯》半月刊第 5 期。

22 日至 28 日　出席九三学社中央委员会第二次全体会议。会前听取了毛泽东主席在最高国务会议第十一次(扩大)会议上和全国宣传工作会议上所作的两个报告的录音,随后作随笔《漫谈百家争鸣》。俞平伯说:"依我的看法,'百家争鸣'的提出,不仅为了应付当前的需要,而是建设社会主义社会的百年大计,意义十分重大,我们不要先去限制它,提出若干清规戒律来,怕它会出乱子。'百花齐放'中可能有毒草,'百家争鸣'中可能有人乱嚷胡说。但是否要防患于未然呢?我想,不必。即使有了错误,通过批评和自我批评,也能得到及时和适当的纠正。"

30 日　张允和至寓所,请俞平伯修改英文稿《昆曲的新生》,顺谈《牡丹亭》的删节工作,华粹深已经成功三分之二,俞平伯正要开始校订。俞平伯与张允和谈话中,还提到预备收集二十出不常见的台本出版,徐振民①的《花寿》就是一本。张允和的《还魂记》缩编本,俞平伯也在修改中。

31 日　为张允和修改《昆曲的新生》一文,并将改稿及附信一并寄给张允和。

本月　文学研究所编辑的大型文学研究、文学批评季刊《文学研究》创刊,由人民文学出版社出版。

3 月至 4 月间　校订天津戏曲学校副校长、北京昆曲研习社

---

①　徐振民(1917—1988),江苏昆山人,堂名出身,应北京昆曲研习社之聘,曾于1956 年、1960 年两度来京指导曲社音乐组,后任江苏戏剧学校昆曲班笛师。

名誉社员华粹深删节的《牡丹亭》剧本。

4月

9 日　晚,寓所有广播会。

14 日　《漫谈百家争鸣》发表在《文艺报》周刊第1期。

同日　在寓所组织曲社响排。

19 日　晚,张允和陪胡忌①来访,谈上海曲社情况。

20 日　参加曲社在文联大楼举行的公演,演出剧目有《扫松》《定情》《赐盒》《见娘》《学堂》《游园惊梦》等。

23 日　晚,在寓所为曲社录制社友演唱的毛泽东诗词《浪淘沙》等曲子。

5月

1 日　《人民日报》发表中共中央《关于整风运动的指示》。

2 日　《人民日报》发表《为什么要整风》的社论,号召广大群众帮助共产党整风。

3 日　下午,主持召开曲社第一次《牡丹亭》剧本讨论会,华粹深、许宝驯、许宝騄、伊克贤、袁敏宣、张允和等出席。

10 日　作《杂谈〈牡丹亭·惊梦〉》。

11 日　《关于昆曲的几首旧诗词》发表在《文汇报》。其中包括三十年代的《柬谷音社旧友绝句四首》录其三、四十年代的《许潜庵曲集题赠〈鹧鸪天〉》一首、1952年的《鹧鸪天》一首和1957年的《和董每戡先生〈金缕曲〉》一首。

---

① 胡忌(1931—2005),原籍浙江奉化,出生于浙江上虞,江苏省昆剧院一级编剧,曾任中国戏剧出版社编辑。

14 日　应邀参加《学习》半月刊编辑部召开的"高级知识分子对马列主义理论教育工作的意见"座谈会,并首先发言,谈了理论学习"一定要自觉自愿"和"联系实际才能反对教条主义"两个问题。

16 日　戏剧家协会在文联大楼会议室举行首都昆曲座谈会,俞平伯与张伯驹①、韩世昌②、白云生③、钱一羽、袁敏宣、金紫光④、张允和等应邀出席。俞平伯在发言中,谈了他的《看了北方昆剧的感想》一文在《人民日报》发表时,编辑删去了最后一段,因它有捧昆曲之嫌。他说:曲高和寡的想法是错误的。应该看到:昆剧与群众联系太少,我们宣传得也很不够。他还谈了昆曲的派别问题,希望昆曲界联合起来,共同努力,使昆曲得到继承和发扬。

19 日　《读〈云谣集杂曲子〉"凤归云"札记》发表在《光明日报·文学遗产》第 157 期。

20 日　《六州歌头》发表在《人民文学》月刊第 5、6 期合刊,记述国际国内形势的诗词。

26 日　主持召开曲社社务会议,商谈教青年人学唱昆曲和曲社克服困难、继续发展的问题。

本月　《〈蜀道难〉说》发表在《文学研究集刊》第 5 册。

---

①　张伯驹(1898—1982),原名张家骐,号丛碧,别号游春主人、好好先生,河南项城人,著名收藏鉴赏家。
②　韩世昌(1898—1976),河北高阳人,曾任北方昆曲剧院院长,有"昆曲大王"之誉。
③　白云生(1902—1972),原名瑞生,河北安新人,曾任北方昆曲剧院副院长。
④　金紫光(1916—2000),河南焦作人,曾任北方昆曲剧院副院长。

6 月

2 日　论文《再谈〈清平调〉答任、罗两先生》发表在《光明日报·文学遗产》第 159 期。

3 日　在"高级知识分子对马列主义理论教育工作的意见"座谈会上的发言稿发表在《学习》半月刊第 11 期。

7 日　政协全国委员会文化工作组召开第一次昆曲座谈会，探讨如何继承和发扬我国昆曲艺术的问题。政协文化工作组组长郑振铎主持会议。俞平伯与罗常培、黄芝岗①、马彦祥②、文怀沙、韩世昌、白云生、金紫光等应邀出席。俞平伯首先发言，谈了过去人们不重视昆曲，是因为不了解昆曲。昆曲不但是古典戏曲音乐，而且也是古典文学。假如今天不提倡昆曲，没有舞台演出，我们就不能了解几千种传奇的好处。昆曲的歌唱，不能光靠曲谱，而要口传身授。他还提出了扶持、宣传昆曲的三点建议。

8 日　《人民日报》发表社论，指出"在'帮助共产党整风'的名义之下，少数的右派分子正在向共产党和工人阶级领导权挑战"。

16 日　下午，偕夫人参加曲社召开的联欢会，宋云彬、许宝驹、钱昌照、王伯祥、叶圣陶、章元善、汪健君、言慧珠③等友人应邀出席。俞平伯致欢迎词并介绍了曲社的情况。

19 日　问题解答《〈刘老老一进荣国府〉里板儿的辈分和青儿、板儿的关系》发表在《语文学习》6 月号。

---

①　黄芝岗(1895—1971)，名素，湖南长沙人，曾任职中国戏曲研究院。

②　马彦祥(1907—1988)，浙江鄞县人，生于上海，毕业于复旦大学中文系，曾任文化部戏曲改进局副局长、艺术局副局长。

③　言慧珠(1919—1966)，原名义来，祖籍北京，言菊朋女，俞振飞继室，梅兰芳弟子，曾任上海戏曲学校副校长。

21 日 九三学社中央常务委员会举行第 16 次扩大会议,开展对右派分子的斗争。俞平伯作为在京的中央委员、全国人大代表出席会议。

22 日 北方昆曲剧院在文化部礼堂举行建院典礼。韩世昌任院长,白云生、金紫光任副院长。国务院副总理陈毅、文化部部长茅盾、中央宣传部副部长周扬、戏剧家协会主席田汉、副主席梅兰芳等出席会议并讲了话。俞平伯作为北京昆曲研习社社长,应邀出席,并致祝词和赠送锦旗一面。

30 日 下午,在寓所主持召开曲社社务会议,讨论编会刊的问题。

本月 《李白的姓氏籍贯种族的问题》发表在《文学研究》季刊第 2 期。

7 月

21 日 下午,主持召开曲社《牡丹亭》排演工作座谈会并欢迎从上海请来的朱传茗①、沈传芷②、张传芳③、华传浩④四位昆曲老师。俞平伯鼓励大家努力排好《牡丹亭》,要打破清规戒律,要一面保存,一面改革。

27 日 许潜庵宴请昆曲界四位"传"字辈老师,俞平伯夫妇应邀作陪。

---

① 朱传茗(1909—1974),本名祖泉,江苏太仓人,苏州昆剧传习所学员,1957年应聘北京昆曲研习社,来京指导排练缩编全本《牡丹亭》。

② 沈传芷(1906—1994),本名葆荪,字仲谋,原籍江苏无锡,生于苏州,曲家。

③ 张传芳(1911—1983),原名金寿,江苏苏州人,苏州昆剧传习所学员,1957年应聘北京昆曲研习社,来京指导排练缩编全本《牡丹亭》。

④ 华传浩(1912—1975),原名福麟,字湘卿,江苏苏州人,曾应聘北京昆曲研习社,来京指导、排练缩编全本《牡丹亭》。

29 日 在寓所组织曲会并宴请曲社社友。

8 月

24 日 主持召开曲社社务组长会议,谈曲会中存在的问题,鼓励大家克服困难,继续前进。

25 日 在寓所主持召开曲社社务会议,成立了《牡丹亭》公演委员会。

27 日 《杂谈〈牡丹亭·惊梦〉》发表在《戏剧论丛》第 3 辑.

本月 组织曲社排演改编后的昆剧《牡丹亭》。

9 月

9 日 邀张允和谈曲社社员大会事。

22 日 主持召开曲社社务会议,讨论公演的曲目为《胖姑》《出猎》《琴挑》《卸甲》《佳期》等。

11 月

2 日 组织曲社社友在文联礼堂公演,周恩来总理和叶圣陶、陈叔通、张奚若、康生等出席观看演出。

10 日 上午,偕夫人访张允和,商谈召开曲社社务会、社员大会和《牡丹亭》同期等事。

24 日 上午,在寓所主持召开曲社社务会议。

12 月

1 日 主持召开曲社社员大会。讨论通过了俞平伯拟定的《北京昆曲研习社简章》修改本。

夏　　应嘱为周有光书写扇面,书录父亲俞陛云《小竹里馆吟草》中的《癸酉杭州杂咏》诗。

年内　　《脂砚斋红楼梦辑评》由上海古典文学出版社再行出版。

1958 年(戊戌)　58 岁

▲11 月,中共八届六中全会召开,通过《关于人民公社若干问题的决议》。

1 月

12 日　参加曲社在文联礼堂试演昆剧《牡丹亭》。

27 日　生日。

2 月

本月　俞平伯校订、王佩璋(出版时署名王惜时)参校的《红楼梦八十回校本》,由人民文学出版社出版。高鹗续作的后四十回作为附录,另有《校字记》一部,均一并出版。

3 月

1 日　下午,九三学社中央委员中的专家、学者三十七人,通过了一个“社会主义竞赛决心书”,向全国高级知识分子挑战。俞平伯是签名者之一。

10 日　致李治华信,信中说"拙校石头记八十回已出版了,计有四册"。

5 月

4 日　致李治华信,信中说"《新本石头记》知尚未得阅正"。

8 月

10 日　杂感《一只纸老虎,一匹疯马》发表在《光明日报·文学遗产》第 221 期。文章指出:帝国主义战争贩子们不过是一只外强中干的纸老虎,一匹疯马,全世界爱好和平的人民定将拆穿它们。

17 日　下午,曲社在政协文化俱乐部召开 1958 年度社员大会。俞平伯作社务委员会工作报告,总结两年来的工作成绩:开社委会十六次,社员大会一次,同期十五次,公期两次,试演《牡丹亭》一次,演出五次,并当选为第二届社务委员会委员。

24 日　在寓所主持召开曲社第二届社务委员会第一次会议,被推选为主任委员。

27 日　作剧评《〈红霞〉演得很成功》。《红霞》为北方昆剧院所编新昆剧。

31 日　《〈红霞〉演得很成功》发表在上海《文汇报》。

9 月

3 日　参加中国文联组织的参观昌平十三陵水库及新村的活动,顺便游定陵,获睹地下宫殿,归后赋长诗《秋日游定陵》。

14 日　下午,偕夫人至东单区文化馆参加曲社活动,与夫人表演了昆曲《绣房》，又与周铨庵、庞敦敏合演了《斩娥》。

28 日　下午，曲社在全国政协礼堂第三会议室举行纪念元代剧作家关汉卿曲会。俞平伯致开幕词，并与周铨庵、伊克贤合作演唱了昆曲《斩娥》。

10 月

8 日　参加文学研究所会议。会后，搭乘郑振铎的汽车回城，顺便观看了郑振铎即将入住的宝禅寺街新居。

18 日　郑振铎在率团出国访问途中，因飞机失事遇难。俞平伯闻讯后，以悲痛的心情作挽辞一副："两杯清茗，列坐并长筵，会后分襟成永别；一角小园，同车曾暂赏，风前挥涕望重云。"

19 日　至东单区文化馆参加曲社活动，并偕夫人与谭振群合作演唱了昆曲《阻约》。

26 日　上午，在寓所主持召开曲社社务会议，谈了政协文化俱乐部对曲社的支持，已同意曲社每月两次在俱乐部举行活动的消息，并议决将排演由张允和编剧、吴南青①制谱的新昆曲《人民公社好》。

11 月

9 日　下午，至政协文化俱乐部，参加曲社活动，与沈性元合作演唱了昆曲《南浦》。

13 日　作散文《哀念郑振铎同志》。

16 日　《哀念郑振铎同志》发表在《光明日报·文学遗产》第

---

①　吴南青(1910—1970)，名怀孟，江苏苏州人，吴梅第四子，北京昆曲研习社社务委员。

235 期。

19 日　下午,在寓所接待来访的苏联中国文学研究所的艾德林^①教授,邀请北京昆曲研习社的部分社友作陪,并演唱了昆剧《长生殿》中的《定情》《絮阁》《小宴》诸曲。

28 日　本日至 12 月 3 日,出席九三学社第二届全国社员代表大会,继续当选为中央委员会委员。

30 日　上午,在寓所主持召开曲社社务会议,商议本年 12 月份演出事宜。

12 月

13 日　晚,在文联礼堂组织曲社演出昆剧《幽闺记》中的四折和新编昆曲《人民公社好》。

21 日　下午,在寓所主持召开曲社小型座谈会,研讨 13 日晚所演曲目的优劣,决定再度改进。

28 日　下午,在政协文化俱乐部,参加曲社活动。

本月　本月至 1960 年 12 月,《红楼梦八十回校本》和附册后四十回被日本国立东京大学文学部教授伊藤漱平译成日文,分精装上中下三册,由平凡社作为三十卷本的"中国古典文学"丛书中的第二十四至二十六卷出版发行。

春　应嘱为郑子瑜^②书写条幅,书录《扬州画舫录·虹桥秋思山居》部分。

---

① 艾德林(1909—1985),苏联汉学家。

② 郑子瑜(1916—2008),福建龙溪人,定居新加坡,曾任日本早稻田大学语学教育研究所与文学研究院教授、香港中文大学中国文化研究所教授。

年内　将《红楼梦八十回校本》一套寄赠给家乡——德清县城关镇金星村（今乾元镇金火村）。

1959 年(己亥)　59 岁

▲5 月,首都举行"五四运动"四十周年纪念大会。

▲10 月,北京昆曲研习社演出昆曲《牡丹亭》向国庆十周年献礼。

1 月

8 日　在寓所主持召开曲社社务会议,总结 1958 年曲社的工作,拟定 1959 年的工作计划:改编传统剧目;培养年轻演员;编排表现现代生活的新戏;积极准备建国十周年的国庆献礼曲目等。

16 日　生日,六十初度。将旧作《五十自嗟》八首略加修改,改题目为《六十自嗟》。

2 月

5 日　晚,曲社在政协文化俱乐部参加九三学社春节联欢晚会,演出昆剧《牡丹亭》中的《学堂》《游园》两折。在这两出戏的中间,俞平伯与袁敏宣、许宝騄等合唱了新编昆曲《红旗插到东南角》。同时,俞平伯的外孙女韦梅参加了《游园》的演出。事后,俞平伯作《戏题外孙女韦梅初演〈还魂记·游园〉二绝句》,书赠曲友。

8 日　春节。作《己亥元旦书怀》诗一首。

15日 下午,曲社在政协文化俱乐部举行春节社员联欢会,俞平伯致辞,并与大家共同演唱了新编昆曲《红旗插到东南角。》和《人民公社好》等。

22日 上午,在寓所主持召开曲社社务会议,商谈有关"五一"节献礼演出和排练《牡丹亭》等工作。

本月 本月起,《文学研究》改名为《文学评论》。

3月

15日 下午,在寓所主持召开曲社第二届演出剧目评选委员会第一次会议,俞平伯再次当选为演出剧目评选委员会主席。

18日 本日至30日,与叶圣陶、王伯祥、季方等全国人大代表赴苏北视察。

19日 中午,在赴浦口车中,见沿途菜花已黄,遂作诗一首:"摇宕车茵误在家,不知身已在天涯。河淮长江衣带水,菜花黄绿柳舒芽。"

19日 下午,抵达南京。

20日 上午,听大运河指挥部报告修建运河工程计划,又至江苏省政协参观"解放台湾宣传工作展览"。下午,至白下区五老村和玄武区汉府新村视察,并应嘱为五老村、汉府新村题绝句一首,颂赞劳动人民将昔日污水洼建成小花园的智慧。同人均签名。

21日 上午,与叶圣陶、王伯祥一行九人赴扬州视察。在扬州,引起对朱自清的怀念,遂作一绝句,书示叶圣陶和王伯祥。

22日 上午,参观扬州市漆器玉石工艺厂、制花工艺厂。下午,参观扬州工业专科学校,并应嘱与叶圣陶为学校题词。

同日 与叶圣陶、王伯祥作联句。晚,应叶圣陶之嘱,将联句书赠当地市委统战部;同时,也应同行者嘱书。

23日 赴淮阴市视察。

27日 在涟水县东风人民公社参观河网化模型后,赋诗一首,《题赠涟水东风人民公社,咏河网化,闻将推行于全县云》,并书赠留念,同人均签了名。

28日 下午,乘车抵达南京。

29日 冒雨重游南京玄武湖、鸡鸣寺,忆及1923年与朱自清偕游的情景,感慨颇多,归京后,作《重游鸡鸣寺感旧赋》。

同日 晚,乘车北归。

30日 在北归车中,作诗《京沪快车误程,书以破闷》一首。

同日 晚,抵达北京。

4月

5日 上午,在寓所主持召开曲社社务会议。

11日 重游戒坛寺,即兴作《己亥上巳后一日潭柘寺猗玕亭作》和《重游戒坛距昔游晌将卅载,不仅人换华颠,即寺亦颓堕,诵梅溪"人渐老,风月俱寒"句,归途怅然,口占》诗二首,后改题目为《己亥上巳潭柘寺猗玕亭作》和《戒台寺重至感旧》。

14日 作《五四忆往——谈〈诗〉杂志》。俞平伯回忆了"五四"前后参加新文学运动,与朱自清、叶圣陶、刘延陵编辑《诗》月刊的情形。

18日 本日至28日,作为浙江省代表参加第二届全国人民代表大会第一次会议。

20日 北京昆曲研习社决定,自此日起,每星期一晚上的演唱活动,移在俞平伯家中进行。

26日 下午,曲社在北海公园庆霄楼举行演出活动。来北京参加戏曲演出的安徽省徽剧团的五位客人也应邀出席。俞平伯和许季珣合作演唱了昆曲《借茶》。

春 受毛泽东委托,何其芳所长主持编写《不怕鬼的故事》一书。在酌定篇目和释文过程中,俞平伯与余冠英、钱锺书等曾给予指导。

5月

6日 复龙榆生信,就其4月25日来信所询,回答说:"北昆所演《红霞》类新歌剧,离昆曲颇远,敝处亦无曲本。"针对龙榆生拟用高腔形式歌咏毛泽东的《长征》诗一事,表示"极赞成",鼓励他"放手勇敢为之"。

8日 晚,曲社与来京的安徽省徽剧团在文化部礼堂联合举行汇报演出。曲社演出了昆曲《出猎》《回猎》,徽剧团演出了青阳腔《磨房会》。两个剧种合作,用两种形式演了一出戏。为使两戏衔接得更自然,俞平伯特在演出前修改了昆曲《出猎》《回猎》。

11日 《诗五首》发表在《人民日报》。

15日 下午,在寓所主持召开曲社《牡丹亭》排演小组扩大会议,商谈确定剧本、分配角色等事情。

24日 下午,在寓所主持召开曲社社务(扩大)会议,商定于7、8月间组织响排、彩排并演出昆剧《牡丹亭》之事。

本月 《五四忆往——谈〈诗〉杂志》发表在《文学知识》第5期。

6 月

10 日 随笔《谈弋腔〈还魂记〉剧本》发表在《北京晚报》。《还魂记》是江西古典戏曲演出团来京演出的。俞平伯得到观摩的机会，又看到了剧本，因此，就剧本的改编，谈了自己的意见。

25 日 随笔《"不当家花拉的"》发表在《北京晚报》。

28 日 《略谈新发见的〈红楼梦〉抄本》发表在《北京晚报》。俞平伯以中国科学院文学研究所新买到的一部一百二十回抄本《红楼梦》（据说是高鹗手定的稿本），与程高本进行比较，发现了疑点，怀疑它不是高鹗手定的稿本，而是程高未刊《红楼梦》以前约两三年的本子。他认为《红楼梦》后四十回"不很像程伟元、高鹗做的"这个谜，大概快要揭晓了。

同日 下午，在寓所主持召开曲社社务（扩大）会议，决定响排和正式彩排昆剧《牡丹亭》的时间。

7 月

8 日 《略谈新发见的〈红楼梦〉抄本》发表在香港《大公报》。

19 日 晚，在京剧院参加曲社首次响排昆剧《牡丹亭》。

20 日 下午，在寓所主持召开曲社《牡丹亭》排演小组扩大会议，商谈改进《牡丹亭》剧本和提高演出效果的问题。

26 日 晚，在京剧院参加曲社第二次响排昆剧《牡丹亭》。

29 日 札记《周邦彦词〈红林檎近〉》发表在《光明日报·东风》副刊。

本月 将修改后的七言长诗《明定陵行》书赠王伯祥。

8 月

2 日　晚,在京剧院参加曲社上装排演昆剧《牡丹亭》。

8 日　晚,在文联礼堂参加曲社《牡丹亭》的彩排演出,并征求曲社同人的意见。

10 日　下午,在寓所主持召开曲社《牡丹亭》排演、发票两小组联席会议。

同日　《北京晚报》报道了北京昆曲研习社彩排《牡丹亭》的消息,说:"北京昆曲研习社最近正在排演明代汤显祖的名作《牡丹亭还魂记》,原本五十五折,由华粹深、俞平伯缩编为八场。以杜丽娘、柳梦梅恋爱故事为主,简化了一般的情节,但仍留原作美妙缠绵的风格。"

15 日　晚,在文联礼堂组织曲社彩排《牡丹亭》,向中央文化部、北京市文化局汇报,并招待文艺界朋友。

30 日　下午,在寓所主持召开曲社社务会议,讨论国庆献礼演出《牡丹亭》之事。

9 月

6 日　下午,偕夫人至政协文化俱乐部,参加曲社活动,与夫人和杜廉合作演唱了昆曲《独占》。

上旬　九三学社中央举行在京中央委员座谈会,讨论中印边界问题。俞平伯出席并作发言。

12 日　晚,在京剧院参加曲社响排昆剧《牡丹亭》。

13 日　下午,在京剧院参加曲社赶排《牡丹亭》的部分场次。

20 日　《读新校正本〈梦溪笔谈〉》发表在《光明日报·文学

遗产》第 279 期。文章指出了胡道静在新校正本《梦溪笔谈》中出现的改字和标点错误。

本月 作《〈还魂记〉故事杂咏九章》，其中分别咏《闺塾》《肃苑》《游园》《惊梦》《离魂》《拾画》《玩真》《魂游》《婚走》等。

10 月

3 日 下午，曲社在长安大戏院首次公演《牡丹亭》。演出结束后，俞平伯与华粹深一起同主要演员合影留念。

4 日 给艾德林致信，云"近作小诗，杂咏记中故事"，另纸录《牡丹亭杂咏》。

8 日 午，中共北京市委、北京市人民委员会在人民大会堂欢宴参加国庆十周年献礼演出团体，俞平伯和张允和代表北京昆曲研习社出席。

同日 晚，参加曲社在长安大戏院第二次公演《牡丹亭》。

本月 将《〈还魂记〉故事杂咏九章》用彩笺书赠王伯祥。书赠何其芳时，删去了咏《闺塾》一首，文字也略有改动。

本月 应曲社社友袁敏宣、周铨庵之嘱，为其《还魂记》剧照题绝句二首。诗云："长安歌舞集群仙，建国欣逢第十年。幻出衣香和鬓影，俏书生倚画婵娟。""明贤蘽本漫云修，难写芳菲绝世愁。自是兰琼宜并秀，不因人远闲风流。"

11 月

1 日 下午，在寓所主持召开曲社社务会议，总结国庆献礼演出的情况，制订来年的工作计划。

20 日 作《寒涧诗存》小引。

中旬　作《己亥初冬感寒偃卧翻阅白集漫题长句》七律、七绝各一首。

22日　上午，在寓所主持召开曲社社务会议，主要讨论了天津市戏曲学校成立昆曲班，约请北京昆曲研习社协助教学之事。

29日　下午，在政协文化俱乐部参加曲社活动，并邀请上海市戏曲学校来京的师生参加演出。

12 月

6日　下午，曲社在政协文化俱乐部召开社员大会，俞平伯代表社务委员会作工作报告。会后，俞平伯与社友们演唱了昆曲《长生殿·弹词》。

10日　主持召开曲社社务会议，商定给天津市戏曲学校派员协助教学工作之事。

上半年　作《〈红楼梦〉札记两则》：《东风与西风》和《宝玉得名的由来》。

本年　《秋日游定陵》经修改成定稿。

1960 年(庚子)　60 岁

▲7月至8月，第三次全国文学艺术界代表大会在北京举行。周扬作《我国社会主义文学艺术的道路》的报告。

▲11月，周扬召开历史剧座谈会，号召历史学家编写历史题材的戏，并请吴晗负责编"中国历史剧拟目"。

1 月

4 日 用曾祖父俞樾庚子年《八十自悼》诗韵,作诗一首,记述自己的经历:"后庚重与话先庚,周甲韶华一瘤更。岂有文章供覆瓿,持何筋力去归耕。人来小院稀前客,尘冷回廊昔驻兵。十载伶俜灯影里,伴伊垂白总无成。"

6 日 生日。

10 日 本日至 21 日,出席九三学社中央委员会第二次(扩大)会议。

同日 许宝驹逝世。

17 日 上午,在寓所主持召开曲社社务会议,制订 1960 年度工作计划。

2 月

14 日 上午,在寓所主持召开曲社社务会议,决定在"三八"妇女节演出之事。

本月 《脂砚斋红楼梦辑评》由北京中华书局重新出版。

3 月

3 日 作《枕上口占》诗一首。

10 日 晚,为庆祝"三八"妇女节,在中国文联礼堂参加曲社演出,剧目有《邯郸记·扫花》《牡丹亭·游园惊梦》《长生殿·惊变》等,中间还穿插合唱《三八红旗歌》。

20 日 上午,在寓所主持召开曲社社务会议,研究"五一"节演出之事,并号召曲社社务委员学习毛主席著作。

22日 上午,应天马舞蹈艺术工作室邀请,偕夫人和李金寿等前去录制昆曲,录制了《三八红旗歌》和《咏花》两段曲子。

27日 下午,在东单文化馆参加曲社活动,与社友合作演唱了昆曲《受吐》和《乔醋》两折。

4 月

25日前 作绝句二首,补记1955年南行至杭州仁和临平镇先曾祖童年所居地,想到距先曾祖移居苏州马家弄已整整一百二十年,当时未暇吟咏,遂补作之。

29日 出席九三学社在京中央委员为学习"纪念列宁诞生九十周年文件"而举行的集体讨论会,并作发言。

5 月

6日 出席九三学社在京中央委员为学习"纪念列宁诞生九十周年文件"而举行的第二次集体讨论会,并作发言。

8日 上午,在寓所主持召开曲社社务会议。

12日 出席九三学社在京中央委员为学习"纪念列宁诞生九十周年文件"而举行的第三次集体讨论会,并作发言。

15日 作诗《李陵、班健仔见疑于后代也,〈文心雕龙〉虽有此说,而其辞实佳,杜诗所云自非泛泛,漫记以诗》一首。

19日 出席九三学社在京中央委员为学习"纪念列宁诞生九十周年文件"而举行第四次集体讨论会,并作发言。

29日 下午,在政协文化俱乐部参加曲社活动,独自演唱了昆剧《琵琶记》中的《请郎》《花烛》两折,并与社友合作演唱了昆曲《阳关》。

本月 为曲社排演《西游记·胖姑》一折校订剧本。后作《校订〈西游记·胖姑〉折书后》。

6 月

19 日 上午,在寓所主持召开曲社社务会议。

7 月

10 日 下午,曲社在政协文化俱乐部举行演出活动,俞平伯与袁敏宣、邹慧兰①合作演唱了昆曲《乔醋》一折。

22 日 本日至 8 月 13 日,出席全国文学艺术工作者第三次代表大会,当选为中国文联第三届全国委员会委员。会议期间,老舍将自己珍藏的俞樾手书七律《缪悠诗》原稿赠送俞平伯。原稿上有老舍的手书款识。

25 日 本日至 9 月 5 日,出席九三学社中央委员会第三次全体(扩大)会议。会议采取和风细雨自我教育的方法,与知识分子敞开思想,促膝谈心,收到良好的效果。会议期间,俞平伯与王之相联句《歌颂大会胜利》:"秋日高登民族楼,燕京风景眼中收。谈心匝月如仙侣,骥足争先必上游。"

8 月

21 日 下午,曲社在政协文化俱乐部召开本年度社员大会,俞平伯作工作报告,并当选为第三届社务委员会委员。

22 日 参加六个民主党派中央扩大会议者约两千多人汇集

---

① 邹慧兰(1922—),女,原名瑾辉,江苏苏州人,梅兰芳弟子,北京曲社社员。

在北京怀仁堂礼堂后面的草坪上,接受毛泽东、刘少奇、周恩来、朱德、彭真等党和国家领导人的接见并合影。俞平伯也在其中。

同日 复周作人信,并将应嘱为香港郑子瑜题写的书名,一并寄给周作人转交。

28 日 上午,在寓所主持召开曲社第三届社务委员会第一次会议,俞平伯继续被推选为主任委员。

9 月

4 日 下午,偕夫人在政协文化俱乐部参加曲社活动,与赵景深及北京曲友合作演唱了昆曲《折柳》《阳关》两折。

25 日 上午,在寓所主持召开曲社社务会议,拟定 10 月底在文联大楼演出,剧目为《胖姑》《出猎》《小宴》《乔醋》《痴梦》等。

10 月

7 日 将《跋前所作散曲江儿水》书赠王伯祥。

10 日 下午,在寓所主持曲社响排演出剧目《胖姑》《出猎》《小宴》《乔醋》《痴梦》五折。

29 日 晚,参加曲社在文联大楼礼堂彩排《胖姑》《出猎》《小宴》《痴梦》和《学堂》五出剧目。

11 月

6 日 上午,在寓所主持召开曲社社务会议。

20 日 上午,在寓所主持召开曲社社务会议,拟定 1961 年度曲社预算;讨论了庆祝中国共产党建党四十周年献礼演出之事。另宣布:北京昆曲研习社从 1961 年开始,不再由北京市文化局领导,而归属于北京市文联。

27日 下午,曲社在政协文化俱乐部举行演出活动,俞平伯与社友合作演唱了昆曲《受吐》一折。

12月

1日 以北京昆曲研习社主任委员的身份,接待北京市文联领导同志来访。

18日 上午,在寓所主持召开曲社社务会议。

年底 《蒙古王府本红楼梦》在北京出现。

1961年(辛丑) 61岁

▲1月,中共八届九中全会北京召开,正式通过"调整、巩固、充实、提高"八字方针,并决定在农村深入贯彻《十二条》,进行整风整社。

1月

24日 生日。作七律《庚子岁腊八日雪晨兴口占兼呈昆曲社友人》一首抒怀:"宵中又是雪漫天,苒苒流光六二年。尚觉童心初未改,何来玄发得诚怜。腊前喜遇丰登瑞,岁首欣传跃进连。更有凳然佳客集,疏枝红萼待舒妍。"

28日 腊月十二日。家中做扫除,迎接春节,为此作诗一首,记下了"旧例年终去宿灰"这一民间习俗。

30日 《校订〈西游记·胖姑〉折书后》发表在《戏剧报》半月

刊第 1、2 期合刊。

本月 以三十年代印本《古槐书屋词》一册赠送何其芳,扉页题字:"其芳先生惠存兼教正,平伯敬赠。"

2 月

4 日 将 1959 年 3 月 29 日至南京游鸡鸣寺而忆及老友朱自清之事,补作一《重游鸡鸣寺感旧赋》。

9 日 腊月二十四日,旧俗已交辛丑岁,作"饯岁诗",即束吴门诸旧友。

14 日 《文学评论》双月刊第 1 期刊登了"文学评论编辑委员会"名单,何其芳为主编,毛星为副主编,俞平伯等二十六人为编辑委员。本期发表有俞平伯的论文《辨旧说周邦彦〈兰陵王〉词的一些曲解》。

26 日 上午,在寓所主持召开曲社社务会议。

3 月

1 日 元宵节。《重游鸡鸣寺感旧赋》定稿并作序。

5 日 曲社在政协文化俱乐部举行春节联欢会,川剧演员刘卯钊、胡明克及许姬传、朱家溍①应邀出席。俞平伯演唱了昆曲《下山》,并与周铨庵合作演唱了《折柳》。

4 月

2 日 上午,在寓所主持召开曲社社务会议。

---

① 朱家溍(1914—2003),浙江萧山人,故宫博物院研究员,中央文史研究馆馆员,曾任北京昆曲研习社副主任委员。

6日 曲社在政协文化俱乐部举行演出活动,俞平伯与曲友合作演唱了昆曲《乔醋》和《惊梦》。

8日 《文艺报》编辑部在颐和园听鹂馆召开"批判继承中国古代文艺理论遗产"座谈会。俞平伯应邀出席并发言。

9日 下午,在寓所主持曲社彩排《思凡》《藏舟》《借茶》。事后,俞平伯作《题弦索调〈思凡〉与〈僧尼会〉》诗一首,并谓"作俚语博社友笑"。

5月

7日 上午,在寓所主持召开曲社社务会议,讨论通过了俞平伯拟定的《北京昆曲研习社关于学员的规定》。

20日 同曲社社友应邀到康同璧寓所罗园观太平花,并试演了昆曲《琴挑》和《游园》。康同璧赋《木兰花慢》词示客,俞平伯遂答赋《临江仙》一阕。

同日 复周作人信,答应暇时为郑子瑜书件。将庚子岁杪所作《重游鸡鸣寺感旧赋》手稿寄周作人阅正,希望其能为之"加跋识"。

26日 札记《谈谈古为今用》发表在《文艺报》月刊第5期。俞平伯认为:"中国古代专门搞理论批评的很少,批评家差不多都是创作家,他们自己懂得创作的甘苦,因而也知道别人的甘苦。"因此,"创作和理论批评相结合很重要,这样才能抓着痒处,有说服力量;这样,将更有利于百家争鸣"。他认为:"怎样古为今用,怎样把古代文艺和理论的遗产运用在今天的创作研究工作上,这的确是一个很复杂的问题。""我觉得,散文传统、戏剧传统还比较容易为我们所接受,诗歌传统就比较难一些。但工作做得也很不够。原来中国诗歌从唐杜甫以来就开了一条新路,通向白话。这条线没有断,还在继续发展。到了元曲,诗歌和戏剧相通,就更向白话方面发展了。我觉得宋代诗词、南北曲、弹词唱本、民歌……这些创作,在当时虽不曾标榜、宣传为新诗,事实上走的是新的道路。曲子用在戏剧里,更从原来的'诗意'以外,加上一种戏剧性;所以有些戏曲,如把它当作诗来读,似乎并不见得怎样好,但唱起来、演起来却有动人的力量。这个方面更是新的。这些都很值得我们来做进一步的探讨。"

28 日　曲社在政协文化俱乐部举行演出活动,俞平伯与袁敏宣、张允和、周铨庵、王剑侯①等曲友合作演唱了昆曲《看状》一折。

6 月

4 日　上午,在寓所主持召开曲社社务会议,商谈"七一"演出的准备工作。

7 月

7 日　参加曲社在文化部礼堂举行的汇报演出,庆祝中国共产党建党四十周年。

16 日　上午,在寓所主持召开曲社社务会议,拟定在 8 月庆祝曲社成立五周年时,对内演出许宝驹填词、许宝驯制谱、俞平伯校阅的《文成公主》三折:《远行》《奸阻》《亲迎》,并将曲谱印发社员征求意见。

22 日　晚,在寓所主持曲社活动,演唱了昆曲《拾画》,并和陆剑霞合作演唱了《受吐》。

---

①　王剑侯,北京昆曲研习社社员。

23 日 以北京昆曲研习社社务委员会名义,致电祝贺俞振飞在上海完婚。

8 月

14 日 论文《略谈〈孔雀东南飞〉》发表在《文学评论》双月刊第 4 期。文章论证了梁代徐陵编选的《玉台新咏》中所收《孔雀东南飞》古诗的序文及题目均为后人所加。

20 日 参加在政协文化俱乐部曲社活动,与社友合作演唱了昆曲《文成公主·远行》。

9 月

17 日 参加在政协文化俱乐部曲社活动,袁敏宣、周铨庵、张允和等合作演唱了《受吐》一折。

23 日 欧阳予倩于 21 日逝世,与袁敏宣等前往吊唁。

28 日 复章元善明信片。

本月 应嘱为顾颉刚藏《桐桥倚棹录》题绝句十八章,兼感苏州旧惊。

10 月

4 日 《谈华传浩新著〈我演昆丑〉》一文发表在上海《文汇报》。

8 日 复章元善明信片,详谈为他修改诗句的理由。

15 日 纪念郑振铎逝世三周年的散文《忆振铎兄》发表在《光明日报·文学遗产》第 384 期。

22 日 参加在政协文化俱乐部曲社活动,与曲友合作演唱了昆曲《称庆》和《惊梦》。

28 日　复章元善明信片，谈为他修改近作诗的事。

11 月

14 日　复章元善明信片，续谈改诗之事。

25 日　讲座"我怎样看《琵琶记》"。

26 日　札记《读〈桐桥倚棹录〉，注〈红楼梦〉第六十七回数条》发表在《光明日报·文学遗产》第 390 期。

12 月

1 日　为中华书局影印《脂砚斋重评石头记》十六回本作的《后记》写讫。俞平伯认为十六回本"虽然这样零乱残缺，而在考证研究《红楼梦》上仍不失为很重要的第一手资料"。通过它"可以推测著作《红楼梦》的大概时期"，"可以确定著作者为曹雪芹"，"可以确定著者的卒年"，"对本书许多异名可以增进了解"。他还认为："版本有先后，也有优劣。优劣当以本身为断，和先后不必有固定的关系。……因此要进行研究，只能就具体事例来比较分析，不宜先怀某种成见。原则性的看法是必要的，但即使有了原则，也看你怎样运用它。"

本月　应嘱为吴研因①所著旧体诗集《凤吹》删定润饰，并题词。俞平伯说："'诗以意为先，辞达而已矣'一语，实抉出千古文心。然如何达之则未易言也，有径而致者，有曲而尽者，有白描而遂志者，有雕琢而传心者。主观之感兴不同，客观之对象亦

---

①　吴研因(1886—1975)，原名辇赢，江苏江阴人，曾任教育部初等教育司司长、中学教育司司长。

异,虽情踪万变,而闲雅存诚,其归一也。"同时,为《凤吹》诗集题诗二首。

夏　作七律《暑夜偶作》。

1962年(壬寅)　62岁

▲2月,胡适在台北病逝。

1 月

6 日　复章元善明信片,称赞他的《诗格律述要》"便于来学"。章元善说"江浙人视平仄为畏途",俞平伯认为"北人辨平仄较南人尤难"。信后附近作《题钱琢如先生〈骈枝集〉》诗一首。

13 日　生日。

14 日　参加在政协文化俱乐部曲社活动,与韦梅、许淑春①、唐劫、周铨庵合作演唱了《惊梦》。

18 日　《读〈桐桥倚棹录〉随笔五则》发表在《戏剧报》月刊第1 期。文章记述了《桐桥倚棹录》书中"关于昆曲音乐者数条"。

31 日　九三学社社刊《红专》第 1 期发表了俞平伯的札记《冬暖早春——读〈北游录〉》。

本月　应嘱披阅地质学家章鸿钊创作的杂剧剧本《南华梦》后,称赞"鸿钊先生将南华微恉,写为北剧,诚罕见之作,声辞并擅,堪布旗亭,又不仅异日曲苑文献中视同珍闻已也"。《南华

---

①　许淑春(1947—),北京人,许潜庵孙女,北京昆曲研习社社员。

梦》作于抗日战争晚期,假托庄周、子游和子游之妻等人的梦境,借剧中人喊出了"玩火终必焚,杀人还当抵罪"的正义之声,并表达了"各国本应自治其国,自理其民,各享太平,同臻繁富"的善良愿望。

2 月

24 日 札记《吴梅村绝笔词质疑》发表在《光明日报·东风》副刊。

26 日 复章元善明信片,谈读吴研因所作旧体诗的感想,又谈观看曾祖父赠送章元善之纨扇面及父亲与章式之的题句,答应也为之题字,只是"日来颇忙冗,未能构思","容再商量"。

28 日 六叔父俞同奎逝世。闻讯后作五言律诗《星枢六叔父挽诗》。

3 月

2 日 周恩来总理在广州召开的科学工作会议和戏剧创作会议上,作《关于知识分子问题的报告》,精辟地阐述了党的知识分子政策,批判了 1957 年以后出现的"左"的倾向,重申了我国知识分子绝大多数已是劳动人民一部分的观点。

5 日 复章元善明信片。章元善为俞平伯的亲戚俞同奎逝世作一挽联,俞平伯应嘱为其修改润饰。

4 月

20 日 农历三月既望。见家中庭院梨花遍地,唯鸡栅中独无之,顿生感慨,遂口占绝句一首。诗云:"风前小坐惜梨英,扫了依然雪满庭。流水尘泥都是幻,鸡虫得失若为评。"

30 日　悉中共中央批转中宣部定稿的《关于当前文学艺术工作若干问题的意见(草案)》,由文化部党组、文联党组下令全国有关单位贯彻执行。八条意见主要内容包括贯彻执行"百花齐放""百家争鸣"的方针;正确开展文艺批评;批判地继承民族遗产和吸收外国文化;改进领导作风,加强文艺的团结等。

5 月

9 日　复章元善明信片,为其近作诗指谬。

20 日　出席九三学社中央宣传部和科学文教工作委员会举行的座谈会,畅谈学习毛泽东《在延安文艺座谈会上的讲话》的心得体会。俞平伯认为《讲话》提出了文艺为工农兵、为广大人民群众服务的方向,并且指明了途径。二十年来,我国的文学艺术一直沿着这个方向前进。

6 月

6 日　端午节。作吊曹雪芹诗二首,题目为《曹雪芹卒于乾隆壬午,迄今岁壬寅二百年矣。梦中得句,遂吊之以诗,盖呓语耳》。

14 日　札记《"铁狮子胡同"与"田家铁狮"》发表在《光明日报》。

16 日　俞平伯将吊曹雪芹诗第一首书赠何其芳。

18 日　《谈昆剧〈乔醋〉折旦角的表演》发表在《戏剧报》月刊第 6 期。

7 月

1 日 《〈唐宋词选〉前言》写讫。

同日 偕夫人在政协文化俱乐部参加曲社活动,并与曲友合作演唱了昆曲《阳关》和《别祠》两折。

18 日 应邀与曲社社友在政协文化俱乐部为中国民主促进会演出昆曲,俞平伯自唱了散曲《寄生草》,曲友们演唱了《牡丹亭》中的《游园》《惊梦》。

26 日 本日至 8 月 4 日,由中国作家协会安排,俞平伯偕夫人至北戴河休养。当日下午,抵达北戴河,因作协休养所已经住满,被安排住在广播事业局之招待所。

27 日至 29 日 在北戴河招待所将《哭宴》曲谱抄毕。

30 日 晨,修改《〈唐宋词选〉前言》。下午,写《葬花词》。

31 日 晨,续写《葬花词》。陈占元、盛澄华、金克木来访,请俞平伯夫妇唱昆曲《游园》。午前,康生来访。作协萧三[①]、朱光潜、郭小川等来访。下午,在北戴河的起士林与许德珩相遇、晤谈。

8 月

1 日 晨,与住同一招待所的冯至谈修改《〈唐宋词选〉前言》一事,因他对该文提出了修正意见。午前,回访金克木、陈占元、盛澄华。下午,写致康生信,由作协发。

2 日 晨,在抄写曲谱时,有中国新闻社记者二人来访,并为

---

① 萧三(1896—1983),原名克森,字子暲,湖南湘乡人,曾任教于莫斯科东方大学,并担任左联常驻苏联代表,后任政务院文化部对外文化联络事务局局长、中国作家协会书记处书记。

摄影。随后,金克木、陈占元、盛澄华三人偕其眷属来访。下午,整理《葬花》谱毕。

3 日 晨,中国新闻社记者二人再次来访,长谈,并为俞平伯夫妇表演昆曲(唱曲、鼓板、抚琴)摄影。下午,抄曲谱,草拟致曲社同人书。

4 日 因夫人身体不适,午后即乘车返回北京。

18 日 将《游北戴河日记》整理抄写出来。

20 日 九三学社社刊《红专》第 8 期发表了牟小东的《从有关曹雪芹卒年问题的争鸣谈起——俞平伯同志访问记》。

按,俞平伯根据《乾隆甲戌脂砚斋重评石头记》中的朱笔眉批,坚持认为曹雪芹卒于乾隆壬午除夕。有人根据敦诚《挽曹雪芹》诗,引申到曹雪芹葬于北京西郊键锐营寓处附近。俞平伯认为这样引申,恐与敦诚原意大相径庭了。关于考查大观园在何处的问题,俞平伯认为:"'大观园'是个理想境界,是曹氏把南北园林之好综合而成的东西。""一定要在北京找出'大观园'来,可能是办不到的,而且也是徒劳的。"

本月 《〈脂砚斋重评石头记〉后记》发表在《中华文史论丛》第 1 辑。

9 月

3 日 曲社召开全体社员大会,俞平伯作了工作报告,并提出因工作忙,拟辞去主任委员的兼职。但是,大家一致拥护俞平伯续任主委。在选举新一届社务委员时,俞平伯仍当选。

21 日　北京昆曲研习社的联合社员欧阳予倩①在北京逝世。

24 日　北京市在首都剧场公祭欧阳予倩。俞平伯与曲社同人前往献花吊唁。

27 日　中央广播电台播送俞平伯讲话、袁敏宣等唱昆曲。

28 日　复章元善明信片,回答有关自作《和章元善》诗的诗意,并请章元善代书此诗寄武昌。此诗已佚。

30 日　本日至 10 月 2 日,偕夫人与儿孙游香山。其间,应儿辈要求作一绝句。

10 月

14 日　《〈唐宋词选〉前言》前两部分发表在《文学评论》双月刊第 5 期。

21 日　参加在政协文化俱乐部曲社活动,与曲友合作演唱了《琵琶记》中的《弥陀寺》《廊会》。许宝驯演唱了俞平伯创作的《江儿水·咏怀》。

23 日　《重订〈红楼梦八十回校本〉弁言》写讫。因为出版社拟重印《红楼梦八十回校本》,需要请俞平伯重新校对全书;又因为《脂砚斋重评石头记》十六回本(即甲戌本)已影印出版,添了新的材料,正好是修订《红楼梦八十回校本》的机会,因此,俞平伯用了约一个月的时间完成重校工作,写了这篇校勘的感想。他认为最初用戚本(即有正本)做校勘的底本是不错的。甲戌本质量很高,戚本很接近甲戌本,甲辰本和程甲本也有和甲戌本相

---

① 欧阳予倩(1889—1962),原名立袁,号南杰,艺名莲笙,湖南浏阳人,著名戏剧艺术家。

合的。因此,较晚的版本如甲辰本和程甲本等亦不宜一概抹杀。而汇校的工作也是很有意义的。

11 月

18 日　参加在政协文化俱乐部曲社活动,与周铨庵合作演唱了《琵琶记·盘夫》。

25 日　俞平伯为曲社社友讲"我怎样看《琵琶记》"。他认为《琵琶记》文词美、音律美,缺点是宣传封建道德,有些情节不合情理。高明改编《琵琶记》"还是改得成功的。所得者多,所失者少。戏改是必要的"。

27 日　复章元善明信片。

12 月

26 日　本日至 1963 年 1 月 19 日,出席九三学社中央委员会第四次全体会议,学习讨论国内外形势问题。俞平伯在开会席上赋诗一首:"江湖终古流苍茫,哪怕乌云掩太阳。和劲东风吹百草,春深大地遍红装。"

夏初　应曲社社友之嘱,为《〈水浒记·借茶〉题词及赠画合幅》赋诗一首。

秋　为老家浙江德清文化馆举办历代书画展,捐赠曾祖父俞樾生前所临秦篆条幅;他自己也应邀书写了杜甫的《秦州诗》一幅相赠。另应嘱为家乡的展览会向郭沫若、沈钧儒、夏衍、叶圣陶、沈尹默、丰子恺等求赐墨宝。

年内　俞平伯撰注完成的《唐宋词选》一书出试印本二百

册,广泛征求意见。在选择唐宋词的过程中,曾请吴小如帮助代查资料、核对引文原书等。

1963 年(癸卯)　63 岁

▲2 月,文化部、文联、作协、故宫博物院联合举办纪念曹雪芹逝世二百周年展览会。

▲4 月,全国文联在北京召开第三届全国委员会第二次扩大会议,周扬作《加强文艺战线,反对修正主义》的报告。

1 月

3 日　生日。

2 月

3 日　参加曲社在政协文化俱乐部举行的春节联欢会。

12 日　文化部、文联、作协、故宫博物院联合举办纪念曹雪芹逝世二百周年展览会。俞平伯出席观看,并在展览会上得阅《曹氏家谱》。

21 日　作《忆故园初夏》诗一首。

3 月

27 日　致周作人信,承示以新镌印章拓文。

4 月

本月 作诗《暮春喜雨,庭前丁香繁开,外孙韦奈索句,漫书示之》。

5 月

6 日 上海《文汇报》发表批判昆剧《李慧娘》的文章《"有鬼无害"论》,从此,全国戏剧界开始大批"鬼戏"。

同日 作诗《立夏始和偕步齐化门归赠耐圃》。

13 日 俞平伯的《读词偶得》一册由周作人寄给香港的鲍耀明。

25 日 《谈新刊〈乾隆抄本百廿回红楼梦稿〉》作讫。

26 日 曲社在北海公园庆霄楼举行曲会,俞平伯与曲友合作演唱了昆曲《山亭》一折。

本月 《〈影印脂评石头记十六回本后记〉的补充说明》发表在《中华文史论丛》第 3 辑。

6 月

本月 《红楼梦八十回校本》由人民文学出版社增订再版。

7 月

1 日 论文《〈红楼梦〉中关于"十二钗"的描写》作讫,发表在本年 8 月 14 日《文学评论》双月刊第 4 期。该文为纪念曹雪芹逝世二百周年而作。

7 日 曲社在政协文化俱乐部举行"曹雪芹逝世二百周年纪念曲会",俞平伯致开幕词,并与社友合唱了毛泽东的《沁园春》

词和清代舒元炳为《红楼梦》所作《沁园春》题词。

7月至9月间 将《唐宋词选》书稿交给人民文学出版社古典文学编辑部,准备出版。

8月

16日 作《耐圃六十九岁初度》诗二首,以此为夫人祝寿。

9月

9日 致张白山信,并附致何其芳所长一函,请张白山转交。

14日 复章元善明信片。

11月

1日 俞平伯夫妇结婚四十六周年纪念日。俞平伯偕夫人许宝驯重访东华门外箭杆胡同结婚旧寓,忆及往事,感慨系之,遂口占绝句二首。

17日 复周作人信并附寄近作诗文各一篇。此前已收到周作人来信两封。俞平伯在复信中谈到发表在《文学评论》上的《〈红楼梦〉中关于"十二钗"的描写》一文"已被节去三分之一,故欠贯串,致结尾尤劣,如此尚苦冗长",而周作人竟能阅读此文,令其感动不已。

12月

15日 曲社在政协文化俱乐部举行演出活动,欢迎上海昆曲研习社主任委员赵景深来京。俞平伯与赵景深、许宝驯、许宝騄合作演唱了《紫钗记·折柳》。

中旬 俞平伯将北京昆曲研习社的《社讯》第 9、10 期赠送赵景深,并题字钤印留念。

夏 作赠内诗一首,以夫人近号"耐圃"为意,赞颂夫人不为名利、吃苦耐劳的精神。

仲秋 移录旧作《别后日记》后,作《戊午年(1918)别后日记跋》,后被发表在 1990 年 11 月《新文学史料》第 4 期。

年内 作《红楼缥缈歌——为人题〈石头记〉人物图》,发表在 1979 年 8 月《红楼梦学刊》第 1 辑时,题目为《题〈石头记〉人物图》;又发表在 1981 年 3 月 1 日香港《大公报》,题目为《题〈红楼梦〉人物》。收入《寒涧诗存》时,仍用原题。

年内 清代舒元炳作词、许宝驯谱曲、俞平伯润词并作注的《红楼梦题词》(工尺谱)由北京昆曲研习社出油印本。

年内 北京大学中文系学生顾农来信,询问俞平伯对于《诗经》、繁钦的《定情诗》《羽林郎》《涉江采芙蓉》等诗的意见。俞平伯回信阐明了自己的观点。他说:"三百篇距今时远,疑点甚多,不妨用昔人'诗无达诂'之说,仁者见仁,智者见智,固不能强同,亦不必强同也。""关于《羽林郎》,我还保持我的看法。"并对此诗的理解做了四点说明。

1964 年(甲辰) 64 岁

▲10 月,为庆祝中华人民共和国成立十五周年,大型音乐舞蹈史诗《东方红》在人民大会堂正式演出。

▲《文艺报》1 月号发表社论《努力反映伟大的社会主义时代》。

1月

22日 生日。

月初至12日 整理抄写1920年和1922年《国外日记》，分为甲、乙两集，并作跋语。他说：他的日记"外出则书，家居则辍。故虽历一载，只存片段也"。

25日 复章元善明信片，续谈改诗问题。

2月

5日 中共中央发出《关于传达石油工业部〈关于大庆石油会战情况的报告〉的通知》。"工业学大庆"运动在全国展开。

10日 《人民日报》发表社论和通讯，介绍山西省昔阳县大寨大队艰苦奋斗、发展生产的事迹。此后，"农业学大寨"运动在全国展开。

3月

3日 与叶圣陶合作，将独幕剧《岗旗》改为昆曲。

上旬 收到周作人3月8日来信及附赠《八十自寿诗》。

14日 复毛国瑶信，感谢其详告1959年所见旧抄本八十回脂评《红楼梦》的情形，希望他能热心帮助，找到此书。

4月

1日 复毛国瑶短信，"知旧抄本《红楼梦》遍觅不得，其为惋惜"。

4日 复毛国瑶短信，已收到其挂号寄来的手抄脂评小册子。

7日　复毛国瑶信,谓旧抄本《红楼梦》"原书如能找到自最好,万一始终找不着,即您所记,已大可玩味"。俞平伯对毛国瑶手抄脂评小册子表示钦佩,认为"在极其讹乱之中,有罕见之资料,又绝非伪作"。至于"说此抄本只有'畸笏'一名",他认为"无碍其为脂本。所谓'脂砚斋评'只是一个总标题,其实评家非一人,先后非一时,十分混乱"。谈到《文艺报》发表批评《〈红楼梦〉中关于"十二钗"的描写》的文章,他说:"拙说本非定论,无妨见仁见智多异说论也。"

12日　致靖宽荣信,谈靖藏古本《石头记》事。

21日　复毛国瑶信,谈其手抄脂评小册子,"有很清楚的,有很混乱的。凡是眉批均清楚,不注明眉批的便很混乱"。俞平伯怀疑讹乱的原因是因为将双行夹批"改变抄为行间夹批"所造成的。

28日前　寄赠毛国瑶《脂砚斋〈红楼梦〉辑评》一册。

28日　复毛国瑶信,告知:北京中华书局将在本年8月间出版"庚辰本"《红楼梦》,俞平伯认为"'庚辰本'的好处在于比较完全,约有七十八回之多。从评语论,也有很多的特点。在第一回到第十回却一点没有评语,大约也是经过抄配的。后边的各回,字迹讹乱很多。因此亦并非有了这书就能掌握脂批的全貌"。

5月

1日　复毛国瑶信。分五条回答了他的问题。其中谈到《脂砚斋〈红楼梦〉辑评》一书"虽版行多次而缺点颇多,以新印本为较好,但亦尚多缺点"。

9日　复毛国瑶信。

上旬 开始写作论文《记毛国瑶所见靖应鹍藏本〈红楼梦〉》。

16日 复毛国瑶信,感谢他将"有正本"之批语与《辑评》对校的结果见告。并说:"我近来开会较忙,文字不免作辍。"

20日 致毛国瑶信,告知《记毛国瑶所见靖应鹍藏本〈红楼梦〉》一文已写完一半,因参加政协组织的学习会,将去霸县参观学习半个月,只好暂搁,俟归后续写。

21日 上午,文学所王平凡、张书明来访。收到王佩璋来信,即将原件转寄何其芳。下午,带着行李与同人乘车赴河北省霸县煎茶铺,参加全国政协组织的学习会。同行者共五十三人。俞平伯与许德珩、孙承佩、游国恩、裴文中等十三人分在第二组。

22日 上午,听霸县县长报告。下午,开小组会。

23日 听河北省委组织部副部长关于在霸县进行社会主义教育的报告。晚,与许德珩、孙承佩等赴东煎三生产大队听会。

24日 上午,续听河北省委组织部副部长关于在霸县进行社会主义教育的报告。

25日 晨,与许德珩谈话。

26日 听沙窝村工作队副队长报告。报告结束后,参观沙窝村。

28日 下午,听南开大学经济学教授钱荣堃报告。

29日 晨,与许德珩谈话。下午,参观社会主义教育运动展览会。

30日 晨,与魏建功交谈后,再访许德珩。晚,赴东台山韩复榘故乡,参加农民炕头斗争会。

31日 乘车赴高各庄听报告、参观。又与裴文中、游国恩、魏建功、初大告、钟补求、郁华同行,访问农家。

本月 完成论文《谈新刊〈乾隆抄本百廿回红楼梦稿〉》。

6月

1日 晨,作《高各庄扬水站口占》诗一首,并将此诗写示游国恩。午后,将昨日断句续成《霸县煎茶铺寓中寄内》诗一首。

2日 晨,将《霸县煎茶铺寓中寄内》诗的后四句改写。上午,参加小组会,并首先发言,谈此行学习的体会。

3日 上午,参加小组会,续谈个人的学习体会。

4日至5日 开联组座谈会,谈个人的学习体会。

6日 在河北省霸县煎茶铺参加全国政协组织的学习会结束,乘车返回北京。

7日 复毛国瑶信,回答了关于《红楼梦》六十八回中凤姐语改用白话的原因,系"听了文学所的意见"。

9日 将在河北省霸县所作二诗书赠何其芳,并书跋语云:"此次霸县之行半月有余,学习之余偶成小诗,盖纪实也。"

同日 复毛国瑶信,谈到吴世昌[①]文不妥之处颇多。俞平伯说:"脂砚斋为史湘云,本系周汝昌在《红楼梦新证》上的说法,自不可信。至于脂砚是真人,和书中人相混,本来不妥;但这在脂评本即有此项情形,并非吴氏所创,只是沿袭错误未改耳(谈《红楼梦》者每以真人和书中人相混是一大毛病)。"

14日 复毛国瑶信,另寄赠1963年新版《红楼梦八十回校本》一套。

19日 收到周作人来信。

---

① 吴世昌(1908—1986),字子臧,浙江海宁人,毕业于燕京大学英文系,中国社会科学院文学研究所研究员,与俞平伯为同事,以红学研究而著称于世,北京昆曲研习社社员。

20日 复周作人信,并将在河北省霸县所作诗书赠周作人。

22日 复毛国瑶信,就其赞许《红楼梦八十回校本》,说:"校本在当时确费了若干的精力,意在不辜负这空前的杰作,使它有一较好、较接近原作的版本流传于世。初意未尝不善。乃人事难料,几经蹉跎,后来虽出版了,仍恐不免讹误,难云惬心贵当耶。去年新版,改正了一部分,比五七年版略好,……将来如有机会,我还想重新整理。"另外回答了毛国瑶的四个问题,其中就秦可卿之死,应作"恭人"还是"宜人"的问题,谈了自己最近的一个想法,认为曹雪芹"在《红楼梦》中实处均虚写。如地名、官名、满汉服装等等,封诰也同样。五品封在清制虽是'宜人',却参错地写作'恭人',亦回避现实,免遭时忌之一道欤"?

28日 复毛国瑶信,已收其6月25日挂号信及靖应鹍所赠脂评残页一幅。

30日 致靖应鹍信,续谈靖藏古本《石头记》事。

同日 将论文《记毛国瑶所见靖应鹍藏本〈红楼梦〉》手稿寄给毛国瑶,并寄还已为之整理、校正后的手抄脂评小册子。另附信一封。

本月 论文《记毛国瑶所见靖应鹍藏本〈红楼梦〉》作讫。

按,手稿于"文革"中佚失。后以毛国瑶手抄件经魏绍昌推荐,发表在1998年4月4日至25日《文汇读书周报》,作品前有"编者按"语。

7月

月初 将论文《谈新刊〈乾隆抄本百廿回红楼梦稿〉》手稿寄给毛国瑶。

8日 人民文学出版社古典文学编辑部编辑二人来访,送来

《唐宋词选》二校清样。

9日 致人民文学出版社古典文学编辑部负责同志信,就《唐宋词选》"文词比较深,注解不够浅",不适宜供大众阅读的问题,谈了自己的意见。

同日 致毛国瑶明信片,谈靖应鹍所赠脂评残页"夕葵书屋《石头记》卷一"的批语"就表面上看,其文字好像和'甲戌本'差不多,实际上将'甲戌本'上此批之讹误,都给解决了"。

10日 复毛国瑶信,分六条回答了他的问题,其中谈到文学所所藏《乾隆抄本百廿回红楼梦稿》是一个拼凑的本子,揣想靖本可能也是"百衲本"。"从今存各抄本脂评本看,都有拼凑的情形,则靖本恐非例外。"

12日 复毛国瑶信,已收其寄回的手稿《记毛国瑶所见靖应鹍藏本〈红楼梦〉》及校读后的修改意见。

18日 复毛国瑶信。

中旬 将论文《记毛国瑶所见靖应鹍藏本〈红楼梦〉》送交文学研究所审阅。

21日 将已发表的论文《谈新刊〈乾隆抄本百廿回红楼梦稿〉》寄赠毛国瑶。

22日 应嘱将中华书局影印出版的"甲戌本"《红楼梦》邮寄借给毛国瑶阅览。

23日 为"夕葵书屋《石头记》残页"作批语:"此脂砚斋评残叶也,靖应鹍先生倩其友毛国瑶先生远道邮赠。按脂斋卒于丁亥以前,甲申泪笔盖即其绝笔也,抄写精审一字不讹。所谓夕葵书屋本者,人间恐只剩此片羽矣。靖、毛二君之惠尤足感也。"并将此件复制寄赠靖应鹍留念。

同日 致毛国瑶明信片,索要前寄手稿《谈新刊〈乾隆抄本百廿回红楼梦稿〉》。

下旬　将吴世昌近作《残本脂评〈石头记〉的底本及其年代》寄赠毛国瑶,并说:"此文不甚佳,我亦不甚同意他的看法,可备参考而已。"

31日　复毛国瑶明信片,说暑假"不拟出外,在家以写文为遣"。

8月

9日　复毛国瑶明信片,谈及近况:"天热忙于学习,校《石头记》仅至十五回耳。也有些不大的收获,主要的为改正旧本的错误或未恰当处。"

11日　复毛国瑶信,谈到不同意吴世昌对"甲戌本"的时间的判断,说:"我有一看法:即决定某一个本子的早晚,主要当从本文看,而不当从批语看。因批语有很早的,原附的;也有很晚的,后加的。既经过辗转抄录,即无从加以判断。如'甲戌本'虽早,不妨有署年很晚的批语(所谓甲午八月),即我们今日,一九六四年,也尽可以在任何本子上加批,当然笔迹不同;但如再经过抄写,便和旧批无所分别了。……因此,经批语定抄本的年代是困难的。'甲戌本'如看原文,应该是较早的。"

16日　收到周作人15日来信及赠书《词学铨衡》一本。即复信,提及梁启勋著《词学铨衡》未得寓目,以得赐为幸。

17日　复毛国瑶信。信中针对驳吴世昌的观点,分七条回答了他的问题。

18日　将"夕葵书屋批语"的照片一份,寄赠毛国瑶。

22日　复毛国瑶信,应嘱抄寄张宜泉《春柳堂诗稿》中有关曹雪芹七律诗三首和敦诚《四松堂集》中的《赠曹雪芹》《挽曹雪芹》七律诗各一首。另附《谈新刊〈乾隆抄本百廿回红楼梦稿〉》更正附页。

29 日　复毛国瑶信。

本月　《谈新刊〈乾隆抄本百廿回红楼梦稿〉》发表在《中华文史论丛》第 5 辑。

本月　在江青搞所谓"戏改"的时候,曲社因为用昆曲演现代戏,改编很费力,又难搞得很好,于是自行解散。

9 月

10 日　复毛国瑶明信片。信中谈到"脂砚、畸笏两名皆与石头有关。畸笏者,畸零之石头。'笏'可作石头、假山石解。疑畸笏之名乃他晚年所取,不知是否? 北京有一'十笏园',即有十块石头也。"另应靖宽荣之嘱,寄"夕葵书屋批语"的照片一份,请毛国瑶转交靖宽荣的舅父。

20 日　中秋节。将 1949 年 5 月再版的长诗《遥夜闺思引》一册,赠送何其芳,扉页题字曰:"此昔年呓醉之语,瞬将廿载矣,检自尘箧奉其芳先生存念。"并钤有"知吾平生"白文印。

中下旬　将论文《记"夕葵书屋〈石头记〉卷一"的批语》送交文学研究所审阅。

25 日　复毛国瑶信。信中谈到"曹颙的遗腹子是否雪芹,不能证实。因去年看到曹氏家谱,颙名下只有天受,而天受显非雪芹(曹霑)。頫名下无子。这问题仍悬而未决。脂砚为雪芹之叔父,亦备一说。依我看畸笏更像他的叔父。"

26 日　复毛国瑶明信片,已收其来信及阅读《红楼梦八十回校本》的校记稿。

27 日　复毛国瑶信,就南京图书馆所藏戚序新抄本《石头记》之事，建议毛国瑶携带"有正本"至图书馆对看，"如有价值，再设法借出细校。如能将有正妄改之处校出，以恢复戚本之真，对于《红楼梦》校勘关系不小"。

10 月

4 日 复毛国瑶明信片。

8 日 《记"夕葵书屋〈石头记〉卷一"的批语》修改完成。

10 日 复毛国瑶明信片，向他介绍了查找到的有关"夕葵书屋"的资料情况。

12 日 复毛国瑶信。

18 日 复毛国瑶明信片，谓南京图书馆藏本《石头记》"其抄写在有正石印以后，还在以前，是一个问题，颇有仔细考辨之必要。若在后，几无甚用处；若在前，则可校有正妄改处，关系不小"。

同日 再复毛国瑶信，依据毛国瑶提供的材料，续谈南京图书馆藏本《石头记》抄写的时间问题。

30 日 复毛国瑶信，已收其来信及从《全椒县志》上抄录的《吴骞传》。回信中对南京图书馆限制借阅《石头记》表示理解。谈到自己的论文寄给上海的刊物，"迄今亦未得登载或否之确息。盖文艺革新，一日千里；因此关于刊载古典之论文亦十分小心。文学所中近学习毛选，其宗旨亦在端正方向，为工农兵服务，工作亦甚不易"。

11 月

上、中旬 与来访的毛国瑶畅谈有关校勘《红楼梦》版本的问题。

11 日　复章元善明信片,谓自己"近学习较忙,久阔吟咏矣"。

14 日　复章元善明信片,应嘱为他修改近作诗。

20 日　复毛国瑶信,就其所问,谈了红学界对于曹雪芹卒年的两种意见。他说:"我主张壬午,有《曹雪芹的卒年》一文,其时约在一九五四年。其年秋有《红楼梦研究》的批判,于是诸人群起而主张癸未说,其故我亦不明,可能和批判有些关系。亦一时之风气也。"他在介绍和分析了主张癸未说的根据后,说:"其实我对于曹氏卒年,壬午或癸未,毫无成见;对于癸未说者的曲解,亦不感任何兴味。若非承您示以新材料,本不想写文章的。我不欲加入是非争吵之场。"

下旬初　青年出版社周振甫来访,请俞平伯校订金钺孙之七言长歌《宫井吟》的详注。

26 日　复章元善明信片,谈校订《宫井吟》注释之事,认为此"长歌可嗣响梅村,亦晚近罕见之作"。

28 日　复毛国瑶信。

月末　将校订过的《宫井吟》注释及自作读后跋文一并寄给周振甫。

12 月

3 日　致章元善明信片。得知章元善拟将俞平伯读《宫井吟》跋文附于原诗之后,因此,索要原稿,决定补充修改后"另写一纸以备应用"。

7 日　作《吴梅村〈萧史青门曲〉读本序言》,记述自己手抄吴梅村《萧史青门曲》,并从靳荣藩校注本《吴诗集览》中选录少部分注释,"间有檃栝,用墨笔写;拙评及补正靳注处,均朱书以辨别之"。他评价吴梅村的《萧史青门曲》"秾丽芊绵,与《永和宫词》堪称双璧"。称吴梅村"集中诸歌行,大若邦家之起灭,小至闺房之纤琐,靡不傅彩舒声,熔裁入妙,遂开前人未到之境界,诚近代之瑰观哉"!

9 日 复毛国瑶信。

13 日 《人民日报》公布《中华人民共和国第三届全国人民代表大会代表名单》,俞平伯与周建人、范文澜、罗大冈等八十二人为浙江省人民代表。

17 日 复毛国瑶信。信中谈及"关于所谓'红学'最易引起纠纷,而且容易走入牛角尖。烦冗的考证于近来文风颇不相宜"。

21 日 本日至1965年1月4日,作为浙江省人民代表出席第三届全国人民代表大会第一次会议。

23 日左右 复毛国瑶20日来信,回信中谈到靖宽荣来信,问学古典须看什么书。他说:"我意就性之所好,多看多读,日久自能得益。至于书籍,无甚一定,若古文、唐诗、宋词均可。前人名作都是好的。"请毛国瑶转告靖宽荣。

本月 应毛国瑶嘱托,请何其芳所长为毛国瑶的朋友汪诗东审阅创作小说稿一部。何其芳因工作忙,将小说稿交文学所现代室审阅,并写出详细修改意见寄还。

1965 年(乙巳) 65 岁

▲11月,上海《文汇报》发表姚文元的《评新编历史剧〈海瑞罢官〉》,揭开了"文化大革命"的序幕。

1 月

9 日　复毛国瑶信,就周汝昌拟来访之事,回答说:"周汝昌与我本相识,如要来,尽可自来,自无须您来函介绍也。至于他以前主持脂砚斋为史湘云,故现在仍保持其为女性之说,我却不信。"又说:"南京图书馆一本,知已托人校勘,甚善。得有何结果盼随时见告。北京图书馆之一本,我知道有此书,却未细看,若不仔细校对,匆匆一阅,无多用处。"

10 日　生日。

11 日　作《甲辰嘉平月初九日午睡口占》诗一首。

中旬初　收到周作人来信,为香港友人鲍耀明索要俞平伯的旧著《红楼梦辨》。俞平伯即复信,告之《红楼梦辨》已无存书。

25 日　致毛国瑶短信,谓拟自阴历明年起,重校八十回本《红楼梦》。

2 月

5 日　复毛国瑶明信片,谈校阅《红楼梦》工作至早当在农历正月十五(即 2 月 16 日)左右开始。"因近来学习开会亦甚忙,而此次工作似亦无甚急需。"

6 日　上午,应嘱将溥仪著《我的前半生》一书邮寄借给毛国瑶阅览。下午,致毛国瑶明信片。

12 日　复毛国瑶明信片。

18 日　作五律《纪东瀛近闻》一首,并书赠王伯祥。

3 月

17 日　致毛国瑶明信片,谓"近日校《石头记》三回,亦颇有意思。惟以这几天学习时多,又搁下了"。

21 日　复毛国瑶明信片。信中谈到"重校《石头记》须俟学习稍闲,再行续作"。

27 日　复毛国瑶信,并附鲁海阳撰《怎样看待古人的"早慧"》一文的剪报,文章与周汝昌著《曹雪芹》一书有关。回信中说:"周(汝昌)假定作者写书在二十岁,本来太早了。鄙意在三十左右,已见前表,……雪芹早慧原是可能的,我们也如此想,但牵涉曹寅之早慧,却没有什么道理,无怪有此批评也。"

12 日　复毛国瑶信,表示赞同毛国瑶将靖本材料原抄文给周汝昌看。

4 月

18 日　逢父亲俞陛云生忌日,作七绝一首。

同日　复毛国瑶明信片。

本月　为上海陈从周①藏"梁任公集宋人词句赠徐志摩长联"题绝句一首。诗云:"金针飞度初无迹,寄与情遥绝妙辞。想见诗人英隽态,丁香如雪夜阑时。"

6 月

23 日　复毛国瑶长信,说:"我因忙于政治学习,校《石头记》

---

①　陈从周(1918—2000),原名郁文,晚年别号梓室,自称梓翁,浙江杭州人,著名园林艺术家,上海同济大学教授。

业务,进行稍缓,已看了十回。这十回改动文字较之新印八十回本有一百四十余字,改动处却不算小"。回信详细回答了《红楼梦》八十回校本的十七、十八回不分回的问题,并列出各版本十七、十八回回目异同表,并附说明,一并寄给毛国瑶。

24 日 复章元善明信片,谈读其近作新篇的感想。

9 月

5 日 偕夫人许宝驯、长女俞成等游潭柘寺,憩于猗玕亭。故地重游,旧踪犹忆,遂代夫人赋诗一首,又自作诗《潭柘寺中树》一首。

9 日 复章元善明信片,谈读其近作诗所感。

16 日 复章元善明信片,续谈对《昙花》一诗的感想。

12 月

11 日 到维尼龙厂参观。另,复章元善明信片,谈读其近作诗的感想。

12 日 复章元善明信片。

14 日 赴昌平参观半工半读学校。

22 日 访王伯祥,并书赠打油诗一首。诗云:"何用卑词乞稻粱,天然清水好阳光。倘教再把真经取,请换西天辟谷方。"

30 日 生日。

31 日 复章元善明信片,谈读其近作诗的感想,谓:"弟觉诗语当自明,最好不需另外解释。"

秋 应叶圣陶邀请,与王伯祥、章元善、顾颉刚等老友至叶圣陶家欢聚、畅饮、赏昙花。兴之所至,赋《秋夕叶圣陶招饮看昙花》诗一首,诗云:"移从灵鹫瑶华远,传作转王瑞应看。惊喜翩然开夕秀,秋窗留醉话苍颜。"

1966年(丙午) 66岁

▲8月,中共八届十一中全会在北京举行,通过《关于无产阶级文化大革命的决定》。

2月

10日 短文《美帝必败,人民必胜》发表在九三学社社刊《红专》第2期。这是俞平伯参观了北京市顺义县焦庄户的民兵斗争史迹,访问了当时创建地道的老英雄马福后,深受感动,不仅题赠诗一首,而且写了短文。

18日 作《蕲梦》诗一首。

4月

12日 复章元善明信片,谈读其译诗的感想。

5月

月初 有感于夫人许宝驯与纫秋、澄碧二君同歌《还魂记·游园、惊梦》,并试录音,遂作小词《调寄清平乐》咏之。

6 月

本月　手书旧作长诗《未名之谣》后,自评曰:"开首气势颇盛,其后渐转低沉,起讫洪纤不侔,非合作也。题曰未名者,无名也。谣者,有异于诗也。此古所谓无章曲者也。"

7 月

本月　本月至 1978 年 1 月,《文学评论》休刊。

8 月

8 日　立秋。戏袭用姜白石诗"人生难得秋前雨",兼次其韵,赋诗一首,诗曰:"人老无惊谢管弦,雁书疏阔不相便。一生几值交秋雨,冰簟恢凉胜似眠。"

中下旬　接连收到周作人寄赠的手写本《儿童杂事诗》《往昔三十首》各一册。

22 日　复周作人信。

24 日　老舍含冤逝世,闻讯甚悲。

下旬至年底　在"破四旧"的名义下,被街道的红卫兵抄家,藏书、著作几乎被洗劫一空;待出版的《古槐书屋诗》八卷手稿(收录从民国初年到 1959 年所作的全部旧体诗)和《古槐书屋词》二卷的清本均下落不明;并由居住数十年的老君堂七十九号宅南院被撵到东跨院的两间破屋中居住。本人在工作单位也被当做牛鬼蛇神、资产阶级学术权威、揪出、批斗。

1967 年（丁未）　67 岁

▲1 月，中共中央正式发布《关于文艺团体无产阶级文化大革命的决定》。

▲5 月，周作人在北京病逝。

1 月

18 日　生日。致俞润民信，附近作诗二首《琴伯惠临赠之以诗》和《珣妹见贻食品答谢》。对在他最困难的时候，敢来看望他、安慰他的八十岁的许琴伯和赠送生日食品的表妹，表示由衷的感谢。

23 日　中国人民解放军根据党中央决定，介入地方"文化大革命"，进行"三支两军"。不久，中国科学院哲学社会科学部也进驻了军宣队。

5 月

6 日　周作人在北京逝世，闻讯甚悲。

27 日　《人民日报》发表了毛泽东 1954 年 10 月 16 日写的《关于红楼梦研究问题的信》。俞平伯挨批十余年后，第一次读到这封信。

9 月

本月　一种叫《风雷》的小报，印了批判俞平伯的专刊，并配有漫画,进行人身攻击。

本年　在工作单位参加"文化大革命"运动,继续接受批判。

1968 年(戊申)　68 岁

▲12 月,《人民日报》发表毛泽东关于"知识青年到农村去,接受贫下中农的再教育"的指示,全国掀起了知识青年上山下乡运动。

1 月

7 日　生日。

7 月

28 日　工人、解放军毛泽东思想宣传队进驻清华大学。

8 月

25 日　"工宣队"进驻中国科学院哲学社会科学部。

10 月

1 日　作为被批判的对象,未能获准放假回家。

中旬　与顾颉刚一同被文学所和历史所联合批斗。

12 月

31 日　作为被改造的对象,未能获准放假回家,仍集中住在单位。因工人节日放假,室内无暖气,被子单薄,不能抵寒。荒芜将自己的一条被子借给俞平伯盖,两人同睡在一个大桌子上。俞平伯为之感动,当即作《一九六八除夕赠荒芜》五言诗一首,感谢荒芜在"牛棚"中对他的关照。诗中写道:"昔偕同学侣,共榻旅英兰。瞬息五十年,双鬓俄斑斑。李君邂逅欢,寒卧同岁阑。嗟余不自傲,晚节何艰难。感君推解惠,挟纩似春还。何时一尊酒,涤此尘垢颜。"此诗于看后即毁去。

按,三年后,经忆录,此诗得以保存。

年内　母亲许之仙逝世。

本年　在工作单位参加"文化大革命"运动,继续接受批判。

1969 年(己酉)　69 岁

▲7 月至 9 月,文化部所属各单位和文联各协会全部工作人员,分别下放到湖北咸宁、天津静海等"五七"干校及部队农场等地,搞"斗、批、改"。

1 月

25 日　生日。

4 月

22 日 陈翔鹤被迫害含冤逝世,闻讯后悄作《挽诗》一首:"白发苍苍一老魔,康衢一跌返山阿。不须重化归来鹤,来为人间唱挽歌。"

24 日 写《关于李辰冬①》。

按,据董桥《俞平伯误会李辰冬》文中指出,俞平伯对李辰冬有误解和反感。无论抗战前后,俞平伯与周作人都没有看到过李辰冬的《红楼梦研究》,所以俞平伯一直认为其抄袭己作,而周作人也只是缄默无语,不置可否。

5 月

1 日 作《赠内诗二首》,其中第二首写道"去年'十一'君寂寞,今年'五一'同欢乐","小语应胜千行书,不语还能手勤握",记述了夫妻携手共渡难关的情景。

本月至 10 月末 集体住在单位,参加"文化大革命"运动:进学习班,被迫一次又一次地写检查,交代自己的"罪行",接受大小会议的批判。

7 月

18 日 得到通知,中国科学院哲学社会科学部将开批判会,要求写检查。

---

① 李辰冬(1907—1983),河南济源人,毕业于燕京大学,法国巴黎大学文学博士,曾执教于天津女子师范、西北师范学院等校,著有法文版《红楼梦研究》。

21 日 下午,将长篇检查《认罪与悔过》交出。

23 日 上午,接受第二班的批判。下午,在哲学社会科学部召开的批判会上,与罗尔纲一同接受批判。

24 日 上午,接受所在班扩大会的批判。下午、晚间,接受宣传队单独谈话教育。

25 日 分别在第三、四、五班的批判会上接受批判。

26 日 上午,接受全所会的批判。

27 日 被要求写《翻案的新罪行》。

28 日 将检查《翻案的新罪行》交出。

29 日 被要求写交代材料。

8 月

4 日 续写交代材料。

8 日 下午,接受第二班的批判。

11 日 续写交代材料。

12 日 至郊外第二轧钢厂劳动、参观。下午,参加批判会。

28 日 与何其芳、蔡仪、王芸生、陈友琴等九人参加学习班。

29 日 下午,到第二班参加批判会。

9 月

3 日 学习班结束,回到第二班参加小批判会。

9 日 到黄村部队参加劳动。

15 日 与唐弢、唐棣华、何其芳、蔡仪、孙楷第、吕林、汪蔚林、李荒芜、王芸生、陈友琴、吴晓铃等参加学习班。

17 日 在学习班上交代自己的问题。

18 日　继续在学习班上交代自己的问题。

23 日　交出个人检查,接受批判。

24 日　又交检查一篇。

25 日　晨,又交检查一篇。

27 日　下午,交出为庆祝新中国成立二十周年写的墙报稿。

28 日　在学习班上交代有关写作长诗《明定陵行》的问题。

10 月

6 日　在学习班上为庆祝国庆发言,又遭到批判。

7 日　惊闻陈寅恪在广州逝世。

11 日　交检查、墙报稿各一份。

16 日　本日为毛泽东写《关于红楼梦研究问题的信》十五周年纪念日。上午,在中国科学院哲学社会科学部召开的纪念会上被批判。下午,在学习班上被批判。

17 日　为昨晚参加北马坊农民庆祝晚会早退写检查,被批斗。

20 日　交检查、墙报稿各一份。

21 日　在学习班上交代自己的问题。

27 日　被要求重写个人检查。

11 月

5 日　上午,在学习班上表态,决定随中国科学院哲学社会科学部文学研究所一起赴河南"五七"干校。学习班至此结束。

6 日　到所里帮助整理带走的书籍,写出目录。

15 日　中午,偕夫人告别居住了五十年的老君堂寓所,随中国科学院哲学社会科学部文学研究所乘火车赴河南"五七"干校。

16 日　抵达信阳,住第一招待所。

27 日　下午,乘车赴罗山丁洼"五七"干校,与孙楷第夫妇合居一室。

28 日　与何其芳、唐棣华、孙剑冰、吕林等分到菜园班劳动、学习。

12 月

11 日　乘车抵达息县包信集,借住在小学校的一间小西屋,与孙剑冰一家为邻。房屋简陋窄小,无煤无电,饮井水,饭食包伙;室温只有摄氏零度上下。此时,文学所连部设在东岳,距包信十五里。

14 日　上午,致俞润民信,谈自罗山迁移到息县包信的情况。俞平伯说:"我住北京五十余年未移迁,而此一月之中三迁其居,北京——信阳——罗山——息县。……去住之缘,诚不可知。"

21 日　复俞润民信,谈对农村生活的适应情况。

25 日　冬日。上午,步行十五里路至东岳文学所连部,听贫下中农的报告。返寓时遇雨,泥泞难行,幸有同行数人帮助,才勉强到家,棉鞋、棉裤、棉大衣无一不湿,泥污不堪。为此,作《至日》诗一首,记述这段经历。

同日　复俞润民信。

27 日　复俞润民信。

28 日　文学所和军宣队的领导同志从东岳到包信,来看望俞平伯夫妇。为此感到安慰。

1970 年(庚戌)　70 岁

▲4 月,我国成功发射第一颗人造地球卫星。

1 月

1 日　复俞润民信,谈到自己"此来困难很多,而生活艰难不与焉"。

3 日　晨,步行至东岳,参加肃清"五一六"分子大会。

10 日　因看《水经注》,在会上受到批判。

12 日　交出个人检查。

13 日　检查退回。

15 日　生日。

16 日　晨,步行至东岳,参加文学所连部召开的大会。

19 日　复俞润民信,谈居住条件的简陋,说:"我们住室四面通风,西向的门其缝甚大,且墙亦缺损;东向的窗虽然糊上,却仍透风,纸有时被小孩戳破;北面的墙靠屋顶处亦破了一块,故屋顶亦漏光。"

20 日　再次交出个人检查。

21 日　复俞润民信。

23 日　上午,复俞润民信。下午,由包信移居东岳一间农家小屋,以芦席为门,条件更为恶劣。

24 日　复俞润民信,谈移居东岳的经过。

25 日　开始参加文学所连部安排的劳动和学习。仍在菜园班积肥。

424

28日　晚,赴读报会,雨后路滑,连跌两跤,多亏路人扶起、挽送。后得知会已停开。

2月

5日　除夕。上午,在公社参加大会。

7日　正月初二。下午,在唐坡工地参加文学所连部召开的大会。

15日　晨,到连部听报告。

17日　晚,到连部听录音报告。

20日　元宵节。口占一诗以赠夫人。诗云:"世事迁流六十年,前庚戌始缔良缘。荒村茅屋元宵节,为应佳辰作饼圆。"

28日　参加批斗大会。

3月

4日　参加大会。

23日　晨,在菜园班与吴世昌、周铮三人开总结会。菜园班其他成员皆往工地盖房。

24日　复儿子长信,谈每天劳动所做的事情。

26日　以后厕所积肥工作停止。

4月

2日　夜,大风将屋顶茅草吹落。因此想到昔读杜甫《茅屋为秋风所破歌》,感到今日方有真切之感。

6日　上午,到村北的小学参加大会,动员搞"四好连队"。

同日　复俞润民长信。

7日　下午到村北的小学参加全所的"讲用会"。

8日　写干校生活个人情况小结。另作诗《村居值雨和人韵二首》。

15日　到唐棣华处参加"天天读"和搓麻绳工作。在此后的五个多月中,劳动以搓麻绳为主。

16日　到唐坡的菜地参加翻土劳动。

17日以后　与周德恒、吴世昌、钱锺书仍在唐坡上工。

19日　参加在威虎山土坡召开的大会。

24日　中国第一颗人造地球卫星——东方红一号,在酒泉卫星发射中心成功发射。

25日　下午,参加在唐坡召开的大会。

27日　晚,应人嘱作诗二首,歌颂我国首次发射人造地球卫星成功。

5 月

1日　作《绩麻》诗一首,和李荒芜赠诗。诗曰:"脱离劳动逾三世,回到农村学绩麻。鹅鸭塘边看新绿,依稀风景似归家。"

2日　上午,至威虎山土坡参加大会,听报告。

3日、4日　接连两日到工地参加劳动,绑秫杆把子,为盖房之用。俞平伯在致俞润民信中说:"我并不能捆绑(因非扎紧不可),不过当当下手而已。"

4日　作《戏效辘轳体三首,赠内子》。

7日　给在内蒙古插队的孙女俞华栋写信,并附寄咏人造地球卫星诗二首和《绩麻》诗一首。

8日　冒雨至钱锺书处搓麻绳。

10日　晚,李荒芜来访,赠俞平伯夫妇诗一首。诗云:"翁媪双双逾古稀,白头作圃乐滋滋。何当共庆金刚钻,尊酒新蔬好赋诗。"

11日 晨,作答诗一首,诗云:"已过欧俗金婚岁,黄菊花开迨九秋。那日迟君共尊姐,一轮明月照中州。"傍晚,参加大会,听报告。

17日 复俞润民信。

18日 作绝句《楝花》二首,记述在东岳认识的楝树花开花落的情景。

6月

8日 端午节。作五言绝句《端午节》二首。

7月

3日 复陈曙辉信,谈在干校的生活,说:"最初在菜园班搞一部分积肥工作,约有两个月光景。其后,菜园班调往唐坡,便改为搓麻绳。也分为两段:最初有一小组(四五人),内子亦自动参加,后来人又散了,我们改在寓中绩麻,一直到最近。我用一木制的坠子,先转成草坯,然后再把双股合拢,成为麻绳。规格以市尺三丈为一'绞'。我一日至少做一绞,有时还可稍多。"

11日 本日至16日,韦奈自北京来。为此,作诗《喜外孙韦奈来省视》二首、《偕奈西塘小坐》一首。

15日 上午,往工地,在经济所听报告。

8月

6日 复陈曙辉信。

20 日 复俞润民信。

9 月

1 日 复俞润民信。

4 日 复俞润民信,并附寄当日所作打油诗一首。

6 日 复俞润民信。

24 日 复陈曙辉信。

25 日 上午,文学所连部领导到家中看望俞平伯夫妇。为此感到安慰。

26 日 晚,复俞润民信,谈近体诗中出现重字的问题。他说:"近体诗固避'重字',但作者如有意用之,即两见、三见俱可。如唐诗中'空山不见人,但闻人语响',便是眼前的例子。又李义山'寄内'诗云:'君问归期未有期,巴山夜雨涨秋池。何当共剪西窗烛,却话巴山夜雨时。'不但重一字,且重四字。"

30 日 复俞润民信。

10 月

6 日 复俞润民信。

15 日 结婚五十三周年纪念日。作《此日》诗二首,写赠夫人。俞平伯在诗序中说:"自京来豫,瞬息一年,四迁其居,颇历艰屯。然以积咎负累之身,犹获宁居无恙,同心鸳耦昕夕相依,人生实难,岂易得哉。"

16 日 毛泽东写《关于红楼梦研究问题的信》十六周年纪念日。俞平伯忆及去年此日在京,"学部及文学所曾大批判我,且为时甚久,在学习班上直搞至 11 月 5 日决定下放到干校时方始中断。今年此日,却寂无所闻,亦不知在工地曾开会否。我就得安居了"。

28日 文学所连部领导王保生来住所看望,精神上深感安慰。

11 月

1日 晚,军宣队的三位同志与连部领导王保生来访谈,"态度很和气",俞平伯精神上得到安慰。

5日 复俞润民长信,并附近作《陋室》诗二首。诗曰:"炉灰飘堕又飞扬,清早黄昏要打床。猪矢气熏柴火味,者般陋室叫'延芳'。""螺蛳壳里且盘桓,墙罅西风透骨寒。出水双鱼相煦活,者般陋室叫'犹欢'。"

同日 复陈曙辉信。

6日 军宣队的同志与连部领导王保生来访谈。

20日 晚,军宣队的同志与连部领导王保生来访谈。俞平伯认为"态度和蔼,仍未谈到我的问题,只对我们生活表示关切"。

26日 复俞润民长信。

12 月

9日 时随文学研究来干校的实习员徐兆淮来访谈。

15日 本日至 27 日,儿孙到河南息县东岳集省亲。为此,作诗《喜润儿、栋孙女来省》一首和《润儿来省感赋》二首。

22日 复华粹深信,谓:"近日所内专案组嘱写一年总结,拟于年终交卷,如反应尚佳,当有利于问题之解决也。"又说:"所居陋甚,却习而安之,有'尘灰粗粝总安然''应许他乡胜故乡'等句,可知怀抱,京华昨梦久付云烟矣。"另书赠近作诗四首。

31 日　军宣队的两位同志来访谈。

1971 年(辛亥)　71 岁

▲7 月,《人民日报》发表《纪念中国共产党五十周年》重要文章。

▲12 月,在中共中央号召下,全国开始批林整风。

1 月

3 日　应所内专案组要求,交出长篇个人总结《一年来我思想的动态》。

4 日　生日。

11 日　上午,到"五七"干校中心点参加座谈会,宣布哲学社会科学部提前回京老学者名单,俞平伯为其中之一。

14 日　交出《思想小结》。

15 日　晚,移居公社大院。行前,作《将离东岳与农民话别》和《临行前夕赠友人》诗各一首。

16 日　上午,乘车到罗山。下午到信阳,住第三招待所。

17 日　夜,乘火车回北京。

18 日　下午,抵达北京。由学部军宣队安排住在建国门外永安南里招待所。招待所内有暖气设备及煤气灶。俞平伯说:"前在东岳用秫秆烧灶,后改用煤炉,今又改用现代装置,变化甚剧。"

22日 被安排居住在建国门外永安南里 10 号楼文学研究所宿舍。

23日 致俞润民长信,详谈由河南干校回到北京的经过。

24日 提前发薪,恢复原工资。

31日 章元善来访,出示近作《学习散后步归自寿八十》诗一首,并索和作。当晚,俞平伯作七律《章元善兄见示八十自寿诗,答赠一首》。

2 月

2日 作《辛亥人日赠外孙韦奈,兼赠王曙云》诗一首。另,复儿子信。

4日 上午,到学部听关于"五七"干校会议的报告。下午,徐北汀、马士良来访。

7日 收到河南息县东岳原房东之女顾兰芳来信,颇多感慨,遂口占一诗:"连日风寒已是春,农娃书信慰离人。却言梦里还相见,回首天涯感比邻。"又作题前作《陋室》诗一首。

8日 复俞润民信。

9日 由河南"五七"干校返京的十一人,开始组成学习小组,每日上班,学习毛泽东的五篇哲学著作。

10日 元宵节。作《元夕得友人书》诗一首,记述读吴小如、荒芜来信的欣喜心情。时吴小如在南昌鲤鱼洲干校;荒芜在河南息县干校。

21日 回想起1962年国庆期间偕儿孙游香山时,曾有"重来之约",由于"变革动荡",始终未得实现。他以为"河山锦绣,天地广阔,岂必游览名胜始为佳也"。于是,续咏绝句一首,"以广其意"。

3 月

27 日　致俞润民信,谈读俞樾佚诗《述怀》的感想。

28 日　上午,自河南息县东岳干校回京办事的乔象锺来看望、访谈。

30 日　复俞润民信。

4 月

28 日　为陈曙辉去汾阳,作赠别诗一首,诗云:"晋南楚北村居远,喜得长笺慰客心。不意小楼能把晤,日坛花好又春深。"后将此诗书赠儿孙时,文字已作了多处改动。收入《俞平伯诗全编》时,题目为《赠陈曙辉》。

29 日　在学部主持的学习小组会上,听历史研究所翁独健①谈"让步政策、农民起义"问题。

5 月

4 日　下午,偕夫人与许宝骙夫人钱同同游日坛公园。

7 日　在学部主持的学习小组会上,听语言研究所吕叔湘②谈"文字改革"问题。

9 日　作五言诗二首,赠夫人。

10 日　购得新印大字本《天演论》一册。俞平伯认为:严复

---

①　翁独健(1906—1986),原名翁贤华,福建福清人,曾任燕京大学代校长、中国科学院历史研究所研究员。

②　吕叔湘(1904—1998),江苏丹阳人,曾任清华大学中文系教授、中国科学院语言研究所所长。

《天演论》的"译笔,现在无人能为之"。

11日　午,在家请章元善夫妇及女儿、外孙女吃便饭。此时章元善夫妇和俞平伯夫妇四位老人共计三百零七岁。俞平伯认为"此会亦颇非易也"。

12日　下午,昆曲曲友许潜庵、李月莲、张允和、许宝騄来访。

14日　上午,在学部的学习讨论会上,作专题发言:谈对《红楼梦》自传说的批评,着重在自我批判上。发言清稿于7月1日写出。

同日　致俞润民信。

16日　邀请北京昆曲研习社老曲友许宝騄、张允和、许潜庵、袁敏宣、周铨庵等来家聚会,以午宴款待,并作《辛亥清和下浣寓楼小集赋赠同人兼示内子》诗一首,纪念这次聚会。

19日　致俞润民信,谈到"吴世昌写了《红楼梦识小录》给我看,其中说到宝钗、麝月命名之解释。又说到贾芸,以芸草的训诂有使死者复生之义,就说后回中宝玉下狱,以小红、贾芸、倪二等人而得救,出于想象未免附会。关于《红》的研究,始终是那么一种'红学'的气味,虽经过运动,大加批判,而读者们的兴味犹如故也"。又谈到《天演论》已读完,"意译有删节处,……而文笔至佳,不过现在了解它的人已很少了"。

21日　在学部主持的学习小组会上,听哲学研究所杨一之①谈"一分为二,合二为一"的问题。

29日　叶圣陶来访。

---

①　杨一之(1912—1989),原名杨元靖,四川潼南人,早年赴法、德留学,历任同济大学、复旦大学、华北大学等校哲学教授。

6月

9日 作《吴世昌〈调查香山健锐营正白旗老屋题诗报告〉附书》,俞平伯说:"我没有能去西山实地考查,读了吴世昌同志的报告,非常清楚。壁上的诗肯定与曹雪芹无关。虽是'旗下'老屋,亦不能证明曹氏曾经住过。吴的结论,我完全同意。如另有字迹发见,用摄影保存,无碍于拆建。"

27日 作《永安散记》两则。其一:《两句不连的诗》,谈断句"无声思雨密,灯静见宵深"的创作经过。其二:《早虹》,作者由京郊苦旱喜雨,联想到在东岳干校时听到的观象谚语,因此记之。

30日 复俞润民信,谈与学习组全体成员具名写墙报,纪念中国共产党建党五十周年之事。

7月

1日 上午,在学习组听广播社论。社论中提到"红楼梦研究"的批判问题,未点俞平伯的名。俞夫人对此感到有些害怕。俞平伯认为:关于党对知识分子的政策,决不会搞错的。

4日 交近期学习小结一篇。

10月

9日 修改《〈遥夜闺思引〉自序》。

21日 应嘱为赵朴初①藏叶圣陶手书诗词横幅题诗一首,

---

① 赵朴初(1907—2000),安徽安庆人,曾任中国佛教协会会长。

434

盛赞"圣翁诗笔老逾健,不以华辞掩性真"。

同日 与章元善偕访叶圣陶。

11 月

26 日 复俞润民信,谈到儿子儿媳同译小说事,说:"你们同译小说,极有趣味,译事却很难。中西文字区别太大,因此,严(复)、林(纾)两公均意译而用文言,以之对照原文,出入甚大,亦不得已也。还有一点,中国现代口语的词汇比文言更为贫乏,对译英文困难更多。'得实'与'传神'总难兼顾也。"

下旬 忆录旧作《一九六八除夕赠荒芜》和《挽许琴伯》两首,书赠儿子。

秋 应嘱为湖州筹建的"碧浪碑廊"书写姜白石《除夕自石湖归苕溪诗》。

年内 作《辛亥杂诗》十六首。

1972 年(壬子) 72 岁

▲2 月,中美双方发表联合公报,开辟中美关系新前景。

▲2 月,中日两国政府发表联合声明,宣布中日邦交正常化。

1 月

19 日 为外曾孙韦宁三岁生日,作诗一首,示儿辈。

23 日 生日。作《红巾·示外孙女韦梅》诗一首。

2 月

5 日　华粹深自津来访。

6 日　作小诗《辛亥腊月廿一日交壬子年春二首》,写寄俞润民和华粹深。

28 日　闻中美双方发表联合公报。

4 月

24 日　《人民日报》发表社论《惩前毖后,治病救人》,指出"对一切犯错误的同志不论老干部、新干部、党内的同志、党外的同志,都要按照'团结——批评——团结'的公式,采取教育为主的方针"。

26 日　致俞润民信,谈自己参加学部学习的情形和应嘱为谢国桢①改诗之事。

5 月

8 日　学部军宣队的两位同志来访。

10 日　中国科学院哲学社会科学部发还自 1968 年至 1971 年 1 月所扣工资,并将银行存款解冻。

12 日　中国科学院哲学社会科学部落实党的政策,开始陆续发还查抄物资、书籍等。

26 日　复马士良信,谈及落实政策,退还抄没的书籍之事。

---

①　谢国桢(1900—1982),字刚主,晚号瓜蒂庵主,河南安阳人,毕业于清华学校研究院,曾任云南大学、南开大学教授,中国社会科学院历史研究所研究员。

俞平伯说:"忽来数千册零乱残缺之书,一室狼藉,难于涉足,去取之间,又味同鸡肋也。"

6 月

15 日 作《家藏曲园公摹秦会稽颂残篆两本跋语》。

7 月

10 日 因中国科学院哲学社会科学部从河南迁回,俞平伯等人的学习组活动停止。

20 日 本日至 22 日,到学部听传达关于政治学习的文件。

25 日 下午,重新归入文学研究所,被编入第四班,每周三次参加所内组织的学习。

29 日 复马士良信。

8 月

4 日 复陈曙辉信。

9 月

7 日 作《壬子七月晦夕枕上口占》诗一首。

30 日 作诗一首,诗云:"自叹平生无是处,何曾今我胜当初。只堪步武村夫子,温理儿时所读书。"

11 月

30 日 复杨冠珊信,回答他所提的四个问题。其中谈到《红楼梦》"杨藏本一百二十回本,现存文学所。昔年曾作部分之探讨,亦限于八十回。载《中华文史论丛》,或可参看。与梦笔主人序本(亦只八十回)孰优孰劣,非通校全书,不能表示意见"。

12 月

3 日 香港《星岛日报·星期特刊》发表四近楼的《〈红楼梦〉之于俞平伯》。

夏 应嘱将编号为 714 的初版本《忆》一册寄赠湖州的费在山①。

年内 《红楼梦辨》由香港文心书店重版。

1973 年(癸丑) 73 岁

▲11 月,《红楼梦研究参考资料选辑》第二辑由人民文学出版社编辑出版。

1 月

11 日 生日。复陈曙辉信。

31 日 文学研究所成立六人领导小组,何其芳任组长;取消连排班的编制,仍以学科分组。俞平伯所在的古代文学研究组约有三十人,余冠英任组长,邓绍基任副组长。

---

① 费在山(1933—2003),字远志,号崇堂,别署秋邻,浙江湖州人,曾任湖州王一品斋笔庄经理、湖州市诗词与楹联学会会长。

2 月

2 日 除夕。作《偶忆湖上旧日邻居》诗一首。

6 日 邵怀民①来访,以盆栽长春藤相赠,遂作《咏长春藤》诗一首。

17 日 元宵节。书录旧作《丙子新春二律句》之二和近作《偶忆湖上旧日邻居》诗二首。

18 日 《丙子新春二律句》《偶忆湖上旧日邻居》寄赠马士良。

本月 忆录旧作自悼联:"彼岸竟何之,神灭应无忉利国;此来信多事,诗亡唯有兔爰篇。"他在自跋中说:此联"约在六十年代之初,作于槐屋。以下联有二字属对不成,遂搁置之。及今思得,以'诗亡'偶'神灭';但在当时尚无其事,即无此念也。岂非'事有前定,数非偶然'耶"。

3 月

本月 应嘱为王湜华②手抄《俞平伯题顾颉刚藏〈桐桥倚棹录〉兼感吴下旧惊绝句十八章》题词,谈到"吟咏小道,亦通乎性情,寄怀于风月之间,致赏于骊黄之外,其邂逅离合,有不期然而然者,洵乎针芥苔岑,非无缘法也"。

---

① 邵怀民(1912—2013),福建福州人,北京昆曲研习社社员。

② 王湜华(1935—2018),字正甫,号音谷,江苏苏州人,王伯祥之子,毕业于北京大学,曾任中国艺术研究院红楼梦研究所研究员,北京昆曲研习社社务委员、秘书。

4 月

18 日　复陈曙辉信,谈自己除上班外,也偶以写字作文遣日。

20 日　作《家藏曲园公纂秦会稽颂残篆两本跋语之二》。

21 日　应嘱为费在山所藏丰子恺重绘《忆》之插图题写原诗句,并复费在山信。

26 日　复毛国瑶信,已收其详述南京图书馆所藏戚本《石头记》八十回概况的来信。根据毛国瑶信中的介绍,俞平伯认为:"观其大概,殆是一与有正底本相类而未经窜改之脂本之一。"

5 月

6 日　复马士良信,谈读其《京师十故宅咏》之感想。他说自己在北京"虽旅居五十余年,而于都中文物名迹知者不多,……从豫南归后,居住郊外层楼,仿佛新地,不似故都,今读诸篇则九门坊巷宛然在目矣"。

14 日　作《"秦金石刻辞"所载申屠駍本读后记》。

暮春　应刘叶秋之嘱,为其大母李太夫人清光绪戊申山水卷子遗翰题绝句二首。

6 月

5 日　端楷书《家藏曲园公纂秦会稽颂残篆两本跋语》以赠儿孙。

7 日　复毛国瑶信,针对近传真伪难定的曹雪芹诗和新发现的"疑问颇多"的曹雪芹画像,他说:《红楼》已成显学,固难免有好事者作此狡狯也。"谈及近况为"在家时多,偶以破书遮眼。回京以后,亦不免有笔墨应酬,非所乐为,亦不便却耳"。

12 日 复孙玄常①信。

下旬 忆录 1917 年所作旧体诗《秋夕言怀》,并附跋语。

8 月

本月 《红楼梦辨》和《红楼梦研究》由人民文学出版社重印出版,内部发行。

9 月

11 日 作《古槐书屋词》卷一补遗序。

10 月

2 日 复杨冠珊信,回答其所提问题。其中谈到"《红楼梦》近未继续研讨,过去写作大都陈旧,深悔其流传。手边亦无存者,未能奉借为歉"。

20 日 致毛国瑶明信片。听传说靖应鹍藏本《石头记》在北京发现,却未知在何所,因此,向毛国瑶打听详情。

27 日 复毛国瑶信,针对北京近来正在努力寻找抄本《红楼梦》等材料,说:"我觉得除靖本以外,其他抄本对于研究本书,很难说有重大的帮助或发现。本书最初在北京庙会上以抄本流传,十分混乱,如程高序中所说,当是实情。迄今二百余年,欲从字簏中物寻作者残稿之影,其可得乎?"又说:"近大力提倡研究

---

① 孙玄常(1914—1996),原名孙功炎,浙江海宁人。

《红楼梦》,过去资料陆续新印,闻我的《红楼梦辨》《红楼梦研究》亦在其中(我却未得见),供研究批判之用。"又谈了自己的"近况如昨,文学所大约每周去二三次,参加学习,其他时间大抵均在家。发还一部分书籍,大都残缺,亦可借以遮眼。笔墨亦疏,偶有酬应而已"。

本月 看了钱世明①的《大明诗稿》后,为之题词:"大作才华英茂,望多诵习前贤名什,俾展辞情则愈彰其美矣,亦即尊诗所云渐趋平易是也。词多隽语,其体更易发挥所长,僭评谅之。"

11 月

7 日 端楷书《家藏曲园公摹秦会稽颂残篆两本跋语之二》,留赠儿孙。

26 日 端楷重抄《"秦金石刻辞"所载申屠駍本读后记》,留赠儿孙。

本月 《红楼梦研究参考资料选辑》第二辑由人民文学出版社编辑出版,内部发行。此书实为俞平伯的《红楼梦》研究论文集,内收其集外论文和随笔十六题五十三篇:《修正〈红楼梦辨〉的一个楔子》《〈红楼梦辨〉的修正》《林黛玉喜散不喜聚论》《脂砚斋评〈石头记〉残本跋》《〈红楼梦讨论集〉序》《〈红楼真梦传奇〉序》《〈红楼梦〉的著作年代》《西城门外天齐庙》《〈红楼梦〉简说》《读〈红楼梦〉随笔》(三十八则)《我们怎样读〈红楼梦〉?》《〈红楼梦〉的思想性与艺术性》《曹雪芹的卒年》《〈红楼梦〉简论》《〈红楼梦〉评介》和《辑录脂砚斋本〈红楼梦〉评注的经过》。

---

① 钱世明(1933—2018),浙江绍兴人,曾任北京木偶剧团编剧、北京艺术研究所研究员。

12 月

24 日 复毛国瑶信,就近传发现曹氏家谱和日本发现一百衲本《红楼梦》事,说:"以《红楼》已成显学,自不免有人附会编造,辨别真伪匪夷。我对于此事久已抛荒,亦无此精力也。"又谈到自己的情况:"近来搞运动,学部仍由军宣队领导。我仍于星期一、三、五上午到文学所。"

31 日 生日。

本月 为自书《秦篆》《史记、申屠駉本、家藏大字本异同表》作短跋。

秋 书录旧作《双调望江南》之二,赠送刘叶秋。

年内 在朋友的建议下,重新着手做《古槐书屋词》的搜集和整理工作。

1974 年(甲寅)　74 岁

▲7 月,毛泽东在中央政治局会议上批评王洪文、张春桥、江青、姚文元搞帮派活动,第一次提出"四人帮"问题。

▲9 月,国务院科教组、财政部联合发出《关于开门办学的通知》。

1 月

11 日 复陈曙辉信。

3 月

15 日　复陈曙辉信。

4 月

10 日　致叶圣陶信,以去年所作之小文,请王湜华转交叶圣陶阅正。

5 月

2 日　访王伯祥,将自己仅存的一本 1935 年 3 月再版的《读词偶得》送给王伯祥。王伯祥原有两本《读词偶得》,均为友人所借失。俞平伯得知后,遂有赠书之举。

20 日　复陈从周信,婉言辞绝为其题识事。俞平伯在信中说自己"往昔文字讹谬流传,近在运动中参与学习,更深忏昨非,惧蹈覆辙"。

22 日　致叶圣陶信,感谢其赐题绝句。并告之"日内去津,小住数日。归为图晤,并拟以原摹两本墨迹呈览"。

23 日　晚,同事、邻居袁可嘉①招饮,陈次园②、孙玄常等在座。

24 日　下午,偕夫人乘车到天津看望儿孙,华粹深夫妇同到车站迎接。

25 日　上午,与儿孙同游天津中心公园,并到南开大学访华

---

①　袁可嘉(1921—2008),浙江慈溪人,毕业于西南联大外国语文系,曾任中国社会科学院外国文学研究所副研究员。

②　陈次园(1917—1990),名中辅,江苏昆山人,曾任外文出版社编辑。

粹深。

26 日　上午,华粹深来访。中午,应华粹深夫妇邀请,在天津起士林餐厅用餐。

27 日　下午,乘车返京。在天津小住三日,感觉颇佳,遂作诗一首。

6 月

3 日　致叶圣陶信,约定本月造访,拟请叶圣陶为其摹写的"秦篆摹本册子"题词。

6 日　复陈从周信。

24 日　端午节。应孙玄常之嘱,为其书录景物诗四首,皆描写杭州旧作,总题为《西湖早春》。

下旬　访叶圣陶。

30 日　致叶圣陶信,云"日前小叙甚畅"。

7 月

2 日　收到叶圣陶来信,即复信。

同日　初次游观北京地铁。

6 日　复马士良信,感谢其帮助抄录久佚的叶遐庵撰《〈古槐书屋词〉序》。

18 日　复孙玄常信。孙玄常拟为俞平伯作画,征询画的内容。俞平伯希望他"兴之所到,随意挥洒"。并应嘱为孙玄常书写横幅,请陈次园转交。

25 日　致叶圣陶信,代吴小如、刘叶秋恳求法书。

30 日　复叶圣陶信,并将吴小如、刘叶秋求法书的原件托陈曙辉送至叶宅。

本月 台北巨浪出版社出版《红楼梦研究汇编》第一辑，内收俞平伯的《读〈红楼梦〉随笔》、王国维的《红楼梦评论》和胡适的《红楼梦考证》等。

8 月

6 日 同家人偕游紫竹院，已有十余年未到此地了。

9 日 收到叶圣陶来信，即复信，并附近作《望江南·和耐圃并跋》词一章。

13 日 收到叶圣陶来信，即复信，详谈重读圣翁所写诗词的感想，曰："庐山光景宛尔，可作卧游。三峡律句脱尽古人套语，且为时代音声。其字迹端严劲直，与之相应，岂巧拙所能拘束哉。"

17 日 复郭学群信。

9 月

9 日 复孙玄常信，感谢寄赠诗画。

29 日 国务院科教组、财政部联合发出《关于开门办学的通知》。

10 月

20 日 致叶圣陶信，代陈从周向圣翁恳求法书。并云："弟近甚少出游，伯翁处亦以公车改道，不能常去。近得新印《兰亭》三种，偶亦临摹，……前时辩论《兰亭》真伪，未曾关心，近觉其后半议论，良有可疑。"

30日 结婚五十七周年纪念日。作《甲寅九秋赠内》诗一首,咏石榴花"盆栽无碍秋风冷,圆月窗前话旧踪"。

31日 复叶圣陶信,已收叶圣陶来信两封及近作为王伯祥《遣兴丛钞》的题词《踏莎行》等。信中谈及王羲之的《临河序》《兰亭序》二文,谓"问题固难猝解,以私意揣之,《兰亭》或乘兴挥洒,而《临河序》乃定本欤,其删定之意或即如吾侪所云云欤"。

11 月

4日 复叶圣陶信,已收其来信两封。俞平伯由叶圣陶作的《夜游宫》词谈及"词之初起原有广阔之天地,观敦煌唐人词无所不写可知。后乃局趣于脂粉风月、花间尊前以来,技巧转精,而真亦渐隐矣"。在谈及曾过录的郑文焯评《清真词》时,他认为"其评固多佳胜,而校律过细,亦有钻牛角尖处,其间得失,并可解颐欤"。

11日 复叶圣陶长信,回答有关词谱、平仄调、四声调等问题。他说:"词谱是吟诵之律,而歌唱之律寓焉,盖即从歌唱转化者也。""当词调未亡时原无所谓词谱,音律即其谱也,句逗依之。乐音之高下抑扬则以字音平仄协之而已。若析及四声(将仄声又加分析,主要的为分去、上)还从吟诵而来,当亦参考到歌唱;以词可歌,同时亦可诵也。""宋词实际上只是平仄调而非四声调。""平仄调是音歌的需要,四声调乃吟诵的加工。"他认为四声调"并非全无好处,却只可供极少数人无益之娱耳。今日若要作词,能平仄不差,押韵可听,使《沁园春》不失之为《沁园春》,《水调歌头》不失为《水调歌头》,也就可以了"。并告"弟近日上午到所,下午总是闲的"。

13日 复陈次园信。

16 日　收到叶圣陶来信，即复信，续谈《兰亭》碑帖之事，认为"定武本似较神龙更为接近。南朝碑碣不多，其笔法固异于《兰亭》，却亦有相合者"。以近见"萧儋碑额"为例，说明"近人之说亦未为全面"。

18 日　收到叶圣陶来信及所赠临禊帖一幅。俞平伯"是日极忙，上下午俱到文学所"。

20 日　复叶圣陶信，并附赠小词稿一篇。他感谢叶圣陶赠送手临稧帖字幅，说："临摹酷似无甚意义，故贵有本家笔法，妄臆兄书必有如是，今固果不虚颐望，岂分数之谓乎。老笔纵横，弥见真率佳兴。"

22 日　复陈次园信，谈词的平仄及四声的问题。

26 日　收到叶圣陶来信。叶圣陶将俞平伯书札粘贴成册，拟请俞平伯题字。

27 日　复叶圣陶信，并附赠近答陈次园谈词律之信的抄本。信中谈及自己的近况："学部各所虽日全日上班，弟尚可逃学，不每天去，兄如有谈兴仍拟趋前，俾不孤夙约耳。"

12 月

1 日　收到叶圣陶来信，即复信，约好拟于本月 5 日或 6 日下午将走访叶圣陶。

11 日　致叶圣陶信，感谢他日前招饮之会及吟诵之乐。答应得暇仍为叶圣陶校阅手抄本《清真词》，并拟将家中所存夏孙桐（字闰枝）评《清真词》，也抄录于册上，以便与郑文焯评《清真词》成双璧。

19 日　复叶圣陶信，已收其来信及近作新词。回信中说："以近日上午皆去'所'，下午总得休，短景匆匆遂致迟答。"信中谈及夏孙桐评《清真词》"不太多,而发明词意者为多。有些原词须另抄附。交卷不至过晚,自当在乙卯年前也"。并答应将周济《四家词选》中好的词评并为选抄。

22 日 收到叶圣陶来信,即复信,谈周邦彦《兰陵王》词的特点,认为"亦当写成小文"。

28 日 晨,复叶圣陶信,谈及"近缘文学所有些文债,顷始交出"。并针对叶圣陶之论,续谈周邦彦《兰陵王》词。

30 日 复陈次园信。

31 日 复马士良信,谈对《燕山十老歌》的读后感。

本月 应刘叶秋之嘱,为其《霜桧楼印存》一集题跋,并将家藏数十年的印谱赠送刘叶秋。

春 向单位提出退休申请,学部未予批准。

夏 应嘱为王湜华夫人手抄《俞氏姊妹诗词摘抄》题词。

秋 应嘱为王湜华夫妇手抄俞陛云《小竹里馆诗录》题词。

秋 作《题王伯祥先生手书〈遣兴丛钞〉》,叙五十年的交谊,赞王伯祥"锲而不舍之精神,老而不衰之气概","亦社会青年之南针矣"。

年内 张曼仪、黄继持等八人合编的《现代中国诗选》由香港大学出版社、香港中文大学出版部出版,内收俞平伯新诗三首,即《凄然》《北归杂诗·到家了》《忆》(第十七首),诗前有作者简介。

年内 《红楼梦八十回校本》由中华书局香港分局翻印出版。

1975年(乙卯)　75岁

▲1月,第四届全国人民代表大会第一次会议在北京举行,会议通过《中华人民共和国宪法》。

1 月

4 日　致叶圣陶信,谈及自己"近仍于上午上班,下午一般不去"。

6 日　复叶圣陶信,已收其2日和4日两封来信及新填怀念朱自清词《兰陵王》一章。复信中谈了读叶作《兰陵王》词的感想和修改的意见。

10 日　复陈次园信,感谢其"集荆公句为七言歌行见赠"。

11 日　收到叶圣陶9日来信,即复信,说:"以次园借抄郑评因缘,得重读《清真词》,觉其工力至深,词人宗仰非偶然也。"联想到自己数十年前由叶圣陶介绍在开明书店印行的《清真词释》一书,他认为:"曲而欠醒,繁而无当,既有愧前贤,更恐误来者,愧怍如何!"此时,为叶圣陶手抄《清真词》册子作校补工作将毕。

中旬　为叶圣陶所填《兰陵王》词逐句作评语,篇末又作总评,谓周邦彦只赋情艳,"此则笃念心交,事连宗国,尽柔刚之美。与《兰陵王》之声情激越者相应。竟若青蓝竞彩,冰水增寒矣"。

19 日　生日。

22 日　作札记《谈周美成〈齐天乐〉的评语》。

25 日　参观北京汽车制造厂。

同日　收到叶圣陶23日和24日两封来信。

26日　复叶圣陶信,就叶圣陶所填《兰陵王》词的修改问题做了回答,称赞叶圣陶填的词"风格骏上,表情醇至"。

27日　收到叶圣陶来信。

30日　复叶圣陶信,拟定前去拜访的时间及准备共同披览的作品等。

同日　复陈从周信,告知应嘱所书各原件已请陈从周的女儿转交,并说明为《昭明文选》"书短跋"而"未能长题"的原因。

2 月

2日　上午,应邀至叶圣陶寓所小聚。

同日　复孙玄常信,感谢其为俞平伯旧作咏杭州诗词配画。

4日　复马士良信,谈为其改诗之事。

6日　上午,复俞海筹信。下午,偕夫人乘车至天津,与儿子一家欢度春节。晚,南开大学教授华粹深来访。

7日　致北京外孙韦奈信。

8日　下午,华粹深来访。

9日　上午,李鼎芳①、华粹深来访。

10日　除夕。华粹深夫妇来到俞润民家,与俞平伯夫妇共度岁末。

11日　春节。复外孙韦奈信。

13日　午,应华粹深夫妇邀请,至朝阳饭馆(即天津全聚德饭馆)午餐。

14日　致北京长女俞成信。晚,华粹深来访。

---

①　李鼎芳(1908—1999),字冰季,浙江长兴人,毕业于清华大学历史系,清华谷音社成员,曾任天津师范学院副教授、河北大学教授。

15 日 上午,华粹深夫妇来访,赠送人参及食品。晚,在登瀛楼宴请王瀛夫妇。

16 日 下午,乘车返京。晚,同楼邻居袁可嘉、程其耘夫妇来访。

19 日 复孙玄常信,感谢他寄赠画幅。

22 日 下午,叶圣陶由儿妇夏满子陪同来访。因为是星期六,俞平伯到学部文学研究所参加学习,未能相见。

23 日 致叶圣陶信,并附近作小诗一首。

25 日 以工楷抄录近作《叶圣陶近作怀朱佩弦〈兰陵王〉词跋语》,寄赠孙玄常。

27 日 复吴小如信,谈读《说〈论语·樊迟请学稼章〉》的感想。还谈了"红学"的问题,谓:"真事隐去,原为《石头记》之开宗明义,惟所隐何事,事在何世,议者纷纷,遂成红学。愚亦未有灼见,立说总须矜慎。"

28 日 收到叶圣陶来信,即复信,续谈商改《兰陵王》词,顺便谈及自己对《清真词》的偏爱,说:"上学时即喜读《清真词》,其后多作评论讲解,繁而无当。昨岁有缘,重理故书,颇悔其少作一味推崇之非,且前贤纵好,若继起无述,亦何益之有哉。此所以深感于兄之新篇,不辞僭妄而评之也。至于'古为今用''批判接受'诚有至理,而似犹未落实,弟亦有晚节自效之忧,其奈力短心长,望洋兴叹"。

3 月

7 日 往王伯祥六女寓所,访王伯祥。

8 日 已收到叶圣陶 3 日来信,复短信云:"弟仍于上午到所,闻学部所属十四个单位均已成立党总支,(工作)当可渐入正轨。"

12 日　收到叶圣陶 10 日来信,即复信,并附近作短文一篇。

16 日　收到叶圣陶来信,即复信,并派外孙韦奈将叶圣陶开列的林纾翻译小说及专记苏州事的《红兰逸乘》一并送至叶宅。

22 日　致叶圣陶信,感谢其为韦奈题写册页。

同日　复孙玄常信,感谢其依父亲俞陛云诗意绘赠《江亭图》。

28 日　收到叶圣陶长信,即复信,续谈诗词,亦谈林译小说,认为林译小说以早年之笔为佳,"却亦多删节处,例如《块肉余生述》,其开首即节去一大段。西文繁杂,中文简易,亦不得已也。以稿费甚优,其后续出,迄民十左右,称'新林译',便迥不如前矣。颇疑未必尽出于畏翁之笔"。

4 月

1 日　收到叶圣陶 3 月 29 日来信,即复短简。

13 日　收到叶圣陶 11 日来信及新填词,即复信,谓:"近读陈寅恪《〈秦妇吟〉校笺》略有所见,在同异之间未能写出"。

15 日　复马士良信。

16 日　复叶圣陶信,谈及"《秦妇吟》唐人巨制,其时运却欠佳,初当作者所讳,二已久佚,近始发见,又不谐于时代也。端己晚年讳言此诗之由,若陈公所云还嫌纤巧,盖其写官军之恶有甚于黄巢者,宜当日'公卿'之'多垂讶'也"。

19 日　应邀与王伯祥、章元善、顾颉刚同访叶圣陶,共同观赏海棠花,并在海棠花下合影。

22 日　遵照叶圣陶的建议,随笔《读陈寅恪〈秦妇吟校笺〉》写讫。文章探讨了秦妇出京时行踪之描写以及韦庄晚年深讳此诗之原由。

同日　收到叶圣陶 20 日来信及照片多张，即复信致谢，并附寄新作《读陈寅恪〈秦妇吟校笺〉》及陈氏原作候正。

同日　复陈次园信，邀请其来寓所共同研讨《清真词》，因其从《清真词释》中发现了纰谬。

25 日　复孙玄常信。

27 日　收到叶圣陶 25 日和 26 日来信及寄还的谈《秦妇吟校笺》手稿，即复信，续谈《秦妇吟》，曰："此诗固多纪实，亦有虚拟处，如首叙东西南北四邻遭难事，伊谁见闻之耶。此与《左传》述鉏麑触槐相类又或有回避处。依陈笺引文官军暂人长安事，在中和二年春，计其时韦庄与诗中人秦妇正在京，而诗不言，只述收赤水一小喜剧，不解其故。"他称赞圣翁对《秦妇吟》的看法"新解极胜"。承认自己与陈寅恪"均局限于考证，而陈专攻史学，其癖尤甚，自宜分别观之"。

30 日　收到叶圣陶来信，得知圣翁将由儿女陪同南游。

本月　《脂砚斋红楼梦辑评》由香港太平书局翻印出版。

5 月

1 日　复叶圣陶短信，祝其南游旅途佳善。

6 月

上旬　南游归来的叶圣陶来访。

12 日　致叶圣陶信，谓：文学所将组织科研人员往工厂，开门办所。俞平伯因年老，获免参加。

同日　应嘱为顾颉刚在《桐桥倚棹录》一书上重写旧作题诗。

27 日 访王伯祥。

28 日 复陈次园信。

7 月

7 日 作《赠郭学群外甥》诗一首,以"老境应同蔗味永,黄花谁道不宜秋"诗句,与外甥郭学群共勉。

8 月

13 日 收到叶圣陶 9 日来信及记游青岛小诗,并附赵朴初游西南新作,即复信,信中谈及近况:"近不常去所,盛暑颇得稍闲。曾两谒容翁,假得《吴歈百绝》,觉其书明简,诗亦佳,偶作一短跋,并附旧作一篇归之。"

同日 马士良来访,以其手抄夏蔚如《旧京秋词》见示。

15 日左右 钟敬文来访,请俞平伯为其订正诗稿,并以吴绫索书。

16 日 收到叶圣陶来信,即复信,谓:"弟今夏颇得休,而体气不若往年之佳,亦事之有乘除者。"并附寄近作札记《莲花灯》一篇。

20 日 将读夏蔚如《旧京秋词》有感所作札记《莲花灯》一文,寄赠马士良。

同日 在文学所,得读毛泽东于 8 月 14 日所作关于评论《水浒传》的抄件。

21 日 中元节。收到叶圣陶 18 日来信,即复信,并附《倒叠圣陶诗韵奉答》诗一首。信中谈及上元节俗,说:"上元亦有烧灯之俗,与中元相似。盖同为娱神度鬼,事后必须烧却。五夜张灯沿为佳节,渐昧厥初,唯中元犹有鬼气耳。"

同日　为王湜华手拓珍藏之《德清俞氏印赏》题词。

22 日　晨,填《如梦令》词一阕,以此为夫人八十华诞祝寿。词云:"漫说姻缘凤卜,谁道鸳拘凤束。荏苒十年间,欠了一场痛哭。休哭,休哭,且待重谐花烛。"

25 日　收到叶圣陶 22 日来信及附笺,即复信。

9 月

2 日　收到叶圣陶来信。

3 日　复叶圣陶信。

6 日　收到叶圣陶 3 日来信,即复短信,答应"迟日当奉上《春在堂诗编》"。

8 日　晨,收到叶圣陶 5 日来信,即复短信,认为"公园约晤至佳,时地请兄酌定,届期即当趋前。弟近颇闲,不拘时日,上下午均可,远近亦无不便也"。

15 日　有感于长女俞成挈儿孙游江南,并在"俞楼"居住一事,作七律一首,诗中感叹"七代蝉嫣先泽永,百年家世水萍留。遥知卜筑西泠日,得省桑田似旧否"。

19 日　致叶圣陶短信,感谢其日前偕孙女惠临,并书赠近作诗一首。

30 日　应周恩来总理邀请,出席国庆招待会。

同日　收到叶圣陶 27 日来信,即复信。

10 月

8 日　突然中风,患脑血栓而偏瘫。

21 日　复叶圣陶短信,感谢叶圣陶的慰问,表明自己战胜病魔的信心,并将《春在堂诗编》十册和《春在堂词录》一册,借给叶圣陶。此为患病后初次执笔写字。

29 日　叶圣陶由儿媳夏满子陪同来访,并以自家栽培的菊花相赠。

11 月

1 日　致俞润民信,告知:"我病见好,但不性急。一切起居行动须逐步恢复正常。"

2 日　复陈曙辉信,感谢她在郑州为俞平伯询问当年干校所在地——息县近况。信中说:"荒村破屋,虽不能再至,而知其无恙,总可喜也。"

8 日　致叶圣陶信,感谢叶圣陶"日前惠临存问",将夫妇二人近作《咏菊》五言诗书赠圣翁。信中说:"卧病匝月,执管歪斜如儿涂,亦可笑也。"

13 日　收到叶圣陶来信及和诗两首,即复信,谓自己的病已愈十之三四,当可无虑。

18 日　农历十月既望。作咏石榴花赠内诗:"去年曾咏红芳句,今岁冬寒尚有花。漫与金英同夕秀,不将迟暮苦咨嗟。"此诗为补九月既望结婚五十八周年纪念而作,当时因病未能赋诗赠夫人。

19 日　收到叶圣陶来信,即复信,并附近作咏石榴花赠内诗一首。信中谈及"日前曾以歪斜大字写信给伯翁,翁竟能自读,虽小事亦可喜"。

同日　复马士良信,谈及自己生病之事,谓"经过服药打金针稍见好,能在室内彳行而行"。

23 日　收到叶圣陶来信,即复信,谓"弟虽能勉作字,却总不能如意,只听笔之所至,大有扶鸾之味"。俞平伯希望叶圣陶在阅读《春在堂诗编》时,顺便为其搞一个选本,俞平伯"附名校字之列",亦文字之胜缘。

29 日　收到叶圣陶来信,即复信,拟于明春陪叶圣陶去清华园看望朱自清遗孀陈竹隐。谓自己的病体"近日见愈,唯支体仍软弱"。

12 月

5 日　收到叶圣陶来信及刊载陈竹隐《忆佩弦》一文的《中国新闻》,即复信。信中谈读陈竹隐文章的感想,由陈文中所引"但得夕阳无限好,何须惆怅近黄昏"一联,深感陈竹隐"晚节弥坚",忆及朱自清逝世二十七年,"物换星移,时新境改,不能如孝标之再答秣陵",于是拟成一联:"欣处可欣留客住,晚来非晚借灯明。"

7 日　复叶圣陶信。信中谈及近况:"右手尚不甚自如,右腿力软,可以在房中行动,总不免趑趄抚墙摸壁耳。"

16 日　收到叶圣陶来信,即复信。

20 日　收到叶圣陶来信,即复信。

28 日　致叶圣陶信。

29 日　上午,荒芜、曹辛之、朱海观来访。周铨庵来访。

30 日　王伯祥逝世,闻讯甚悲,作挽联:"记当年沪渎初逢,久荷深衷怜弱棣;惜此日京华重叙,忍教残岁失耆贤。"并派女儿前去吊唁。

31 日　连收叶圣陶来信三封。复信谈对王伯祥的悼念之情。

同日　复俞润民信,谈自己的身体状况:"眠如常,食无伤,立须张(张两脚),行步跄(跟跄),软郎当,体未康。"

秋　应嘱为费在山收藏的《丰俞诗画》册页题跋。

1976年(丙辰)　76岁

▲7月,河北省唐山、丰南地区发生大地震。

▲10月,中共中央发出《关于王洪文、张春桥、江青、姚文元反党集团事件的通知》,标志"文化大革命"结束。

1 月

2 日　农历十二月初二。曾祖父俞樾生忌,感赋绝句一首。

3 日　致陈曙辉信,谈作挽联悼念王伯祥之事。

4 日　复俞润民信。

6 日　上午,叶圣陶与吕叔湘前来看望。

8 日　周恩来逝世。恰此日是俞平伯生日,不胜悲感。

11 日　致马士良信,谈所借三种书籍的读后感,并谈到因王伯祥君逝世而感到情怀寥落。

14 日　收到叶圣陶来信及近作怀念周恩来总理诗,即复信。信中对叶圣陶诗提了一点修改意见,又谈及自己"顷又延一针灸大夫,拔火罐,打金针,冀有疗效"。

16 日　复俞润民信。

19 日　收到叶圣陶16日来信,即复长信,并附近作纪事小品文一篇。

20 日　嘱外孙韦奈向叶圣陶送信,并将《春在堂诗编》取回。

28 日　收到叶圣陶 25 日来信,即复信。信中谈及旧作长诗《遥夜闺思引》,谓:"诗以怀人为主旨,以沧海为背景,以梦幻为因缘,唐诗所谓'海上生明月,天涯共此时。情人怨遥夜,竟夕起相思'者也。杂以颠倒、梦想、回忆、自叙及一般的闺思,甚至有代东瀛妇闺怨者,曼衍无归,遂衍至三千余言,于时北平沦陷,坐井观天,于大局懵无所知,以致民族、阶级观点均多错误,实为失败之作,弃置勿陈者久矣。惟佩公以了解本事,允为作叙,旋即去世,不果,实为永久之遗憾!"

31 日　惊闻冯雪峰逝世。

2 月

1 日　收到叶圣陶 1 月 28 日来信,即复信。其中谈到早年的新诗集"《西还》诚无足观,弟亦怯于重展故书,其时好妄谈名理,多不恰适。若《迷途的鸟底赞颂》一篇亦颇为江君绍原所赏"。

7 日　收到叶圣陶 4 日来信,即复信。并于日前寄赠叶圣陶《西还》和《〈遥夜闺思引〉跋语》各一册。复信中谈到冯雪峰逝世之事,说"闻雪峰卒,殊悼惜。渠昔肄业于浙江第一师范,盖许宝驹及佩公的学生。后来在京开会,弟亦常常相遇,亦一故人也"。

10 日　收到叶圣陶来信,即复短信。

同日　复陈曙辉信。

14 日　元宵节。收到叶圣陶 12 日来信,即复信,续商定《春在堂诗选》篇目事宜。

16 日　与夫人在家中搞"鹧鸪天词歌唱录音曲会",唱词为许宝驯所填《鹧鸪天·耐圃八十自嘲》,谢锡恩谱曲并指挥,周铨庵、张允和、朱复①、陈颖②、俞成参加演唱。

18 日　收到叶圣陶 16 日来信,即复信。信中谈及《遥夜闺思引》长诗"上攀前贤本是瞎说,羌无是处。虽非画虎不成,却为向壁虚造,前修之作似无条理而有条理,此则全无条理,以作时只是想到什么就说什么","序文释诗处亦甚寥寥","其中有'言非雅驯,旨异风骚',即此书中之意也"。

28 日　复叶圣陶信。已收其 23 日长信。

同日　收到叶圣陶 26 日来信,即复信,为刘叶秋恳求叶圣陶的篆刻拓片。

3 月

1 日　复孙玄常信,并附赠《叶圣陶近作怀朱佩弦〈兰陵王〉词跋语》手稿。

3 日　复叶圣陶长信,已收其 2 月 29 日来信。复信中在谈及印文为"腊八生日""福庆和南"等旧图章时,说:"弟儿时曾寄名于塔倪巷之宝积寺,即《闺思引》之'四大天王''金刚'两行所云。对寺院、佛像之爱好固与此童年生活有关,可能也还有别的因缘。其向望大半是感性的而非理性的。所知极陋,岂有'妙语',只从《起信论》入门。近于病榻翻阅《坛经》,对禅宗兴趣较净土为多。二宗教义有矛盾处,其他各宗之间亦然。佛教本身即包罗万象。若律宗之弘一上人常惜无缘一晤。"

8 日　收到叶圣陶 5 日来信,即复信。信中认为叶圣陶所谈"客观之己与主观之己未必相知"一句,触着了认识论上的一个

---

① 朱复(1945—),天津人,曾任北京昆曲研习社社务委员。
② 陈颖,女,北京昆曲研习社社员,曲社复社后,历任社务委员、常务副主任委员。

要点问题，"几千年来吾人对于自然界已有更多的了解，而对于自己了知仍少。玄言自属渺漫，科学的知识亦有限度。神秘之与神怪迥乎不同，正惟其肃清了神怪而神秘之根柢遂格外显著。若弟这种想法实近于不可知论，所谓'羞羞搭搭的唯物主义'也。尊作'教宗堪慕信难起'，此句弟还记得。我辈自大抵相同，而其偏好与憧憬，弟或较甚耳。因多由于感性认识，亦有思想上的缘由"。

13 日　收到叶圣陶 10 日来信，即复信，续谈认识论与禅宗，谓："'神秘'即在家常日用间，躬行实践中见之。若索诸恍忽离奇，即成为颠倒梦想矣。'不可思议'亦然，盖措语稍不同耳。禅宗不立语言文字，非常平实，后似渐失其本来面目。"

18 日　收到叶圣陶 15 日来信，即复信。信中对叶圣陶近骤获朱自清遗札数十通感到惊喜，一盼得雒诵，二建议将其装裱成册收藏。

19 日　收到叶圣陶来信，复长信，续谈唯心唯物之论。信中说："窃谓唯心唯物之争将与含灵共其悠久，不能轩轾。就唯物言，凡吾人一切所接，无非物也（包括自身）。就唯心言，则万法本因人兴，一切因人说有。既对峙，又互相融接，有如所谓'两极相逢'者。（恩格斯语）某一终点即为另一起点。若唯物之接唯心，固非科学专家不能略言；而唯心之归物或可略通一线钦。……如禅宗为彻底的唯心论者却又最平实。惠能，一不识字卖柴人，乃成为六祖。"

21 日　收到叶圣陶 18 日来信，即复信。信中略谈叶圣陶在日记中发现的有关《遥夜闺思引》一诗的诸家跋语，认为其中自以朱自清一跋"知吾心迹最可宝爱，且弟处此稿久已无存矣，得此与集中《萍因遗稿》一文合抄，聊可弥补此诗缺叙永久之遗憾"。又说：《遥夜闺思引》长诗写时"只于四方横跑野马，极少纵深之笔。佩公跋语中于斯失败处已微微触及，殆对平亦有过爱处，遂婉言之耳"。

26日 收到叶圣陶22日来信及朱自清为《遥夜闺思引》写的跋语抄件，即复长信，谈重读朱自清跋语的感想。另附寄为长诗《遥夜闺思引》第四段所作的诠释一份。

27日 复陈次园信，并应嘱为陈次园之子书录在河南干校旧作五言诗二首。

本月 应刘叶秋之嘱，为其《霜桧楼印存》二集题跋。

4 月

1日 收到叶圣陶3月28日来信及叶圣陶从日记中抄赠的俞平伯佚诗《梦雨吟》后半首，即复信，谓《梦雨吟》"当时殆以前半似艳体，未敢径尘尊鉴"。

5日 收到叶圣陶来信，即复信。

6日 下午，叶圣陶来访。俞平伯请其听"鹧鸪天词歌唱曲会"录音。

8日 致叶圣陶信，感谢叶圣陶日前惠临，慨叹"虽同城居难得把晤"，并拟在春和时雇车挈侣往访圣翁。另附寄随笔短文一篇。

中旬初 为王湜华制作收藏的"叶圣陶致王伯祥书简"题词："诵巨编，叹赏不止，家常生活，真朴言语，含蕴宏深，沾溉不尽，诚一大宝藏也。湜华君其宝之。"

13日 收到叶圣陶10日来信，即复长信与之谈诗。一谈对《梦雨吟》的解释；二谈《遥夜闺思引》；三谈12日凌晨梦中得句；四谈叶圣陶蜀沪信札中引用的诗。另附《读公（指叶圣陶）旅蜀书简杂书》等手稿三篇。

16日 复叶圣陶14日来信。信中谈及为"叶圣陶致王伯祥书简"巨编的题词，俞平伯认为其中具有"落套""离题""虚夸"三弊，应当入"文章病院"以疗治之。修改稿为："巴山旅逸，鸿印曾留；申浦潮回，鱼书可托。只家常生活，真朴言语，而涵泳功深，足以沾溉来学，湜华君其宝之。"在谈诗时，俞平伯谈到"文心微妙，其真伪得失每在毫发疑似之间，论世知人，夫岂易言者"。他认为《遥夜闺思引》"是失败之作"，"要之，陈言务去，戛戛其难"。

19日 上午，由俞润民陪侍，访叶圣陶，得以畅谈，观赏庭中花草，并摄影留念。中午，应邀至江苏餐厅共餐，"虾菜鲜美，相与薄醉"。

21日 复叶圣陶16日来信。

24日 致叶圣陶长信，谈修改诗文问题。关于作诗，他认为"不可不改，亦不可多改；即使多改好，亦不宜钻牛角尖。文言所谓'穿凿'"。他认为作诗文首先要打通"常识"一关，否则就谈不到合情与合理。俞平伯称朱自清、叶圣陶为他生平的两个畏友，"不论一般言行或写作俱然，绝非过于推重，却有事实可凭。仅就最小者言之。佩公行文仔细，自不待说。其文字学稿弟曾看到，真一清似水，即涂改处亦很认真"。

24日至27日之间 陈从周来访。两人"曾于六十年代在齐内寓中见过，此是第二次，以频通讯，有如熟识"。

27日 收到叶圣陶24日来信，即复信，续谈考古新发现的汉墓所藏帛书异体问题。又说："忆月前兄谈及昔在言子庙作教时，弟在让王庙上学，咫尺吴闻，失之交臂。同此青春，今皆白首，犹获以书翰往复，文字切磋，弟每以生平未得与兄同学为可惜，今得补此段，实为私幸，且谓今似胜昔已。"

28 日　晚,陈从周、王湜华分别来访。

29 日　复叶圣陶 27 日来信。

5 月

4 日　收到叶圣陶来信,即复信,谓:"前有'欣处可欣'七言联曾荷青睐,顷承吴玉如先生惠赠其草书原句楹帖,笔法苍劲,佳作也。"又在 5 月 6 日致叶圣陶信中说:"吴老赐联,已托湜华去装池。原句'可欣'却写作'即欣',更觉苍老,又接近陶诗。比弟原作为佳。"

6 日　收到叶圣陶来信,复信谈佛教,另书录《圆觉经》一节并附小跋寄赠圣翁。

9 日　致叶圣陶信,拟将刻于光绪丙午春夏间的《春在堂诗》丙编一册借给叶圣陶阅览。

12 日　收到叶圣陶 8 日来信,复信续谈佛说,谓"弟尝谓把万有一切都可放下,只有自己放不下是弟学佛人之通病。欲破我执,而我执愈坚,或反不如平常人之通达事理者"。

16 日　收到叶圣陶 12 日来信,复信续谈佛教,"认为我们对于佛说(不是指佛教)本在怀疑阶段,而先质疑,后起信,也是对的,弟前诗中如《引》云'识流往劫疑',云'莲开一往疑',此二疑迄今未解也。问题本很大,即以此作为讨论之起点,似亦好"。

20 日　收到叶圣陶 18 日来信,复长信续谈佛说,并附寄近作小文。

24 日　吴小如来访。

26 日　晨,收到叶圣陶来信,复信续谈佛说。谓前呈小文"文意甚简单,即心物既同源或同流,若谓物质不灭而信神灭,似不大合理。至本质为不生灭者,现象为生灭者,则涉玄秘,置而勿论亦宜。《天演论·佛法》一章已重检读,视弟之瞎说一气高出多多"。俞平伯还就自己喜欢的部分,另纸摘抄寄赠叶圣陶。

同日 午,再致叶圣陶信,补答关于《红楼梦》的问题。谓:"《石头记》之记秦氏颇多特笔,如'享强寿'三字即非一般铭旌之体,殆有意点醒。其年决不逾卅。此书写诸人年龄每多徜恍,特出例如宝玉忽大忽小,而黛玉入府时有一段描写,亦决非幼女情态也。"

28日 夕,致叶圣陶长信,谈佛教。同时,收到叶圣陶27日来信及赠送篆书对联一幅,联语为俞平伯所拟"欣处即欣留客住,晚来非晚借灯明"。此条幅后由亲属赠送俞平伯纪念馆收藏。

30日 复叶圣陶信,谈"严译《天演论》多识前言,良为奥博,唯每羼杂己见,其论业力、遗传似混心物之辨;言瞿昙创教似一完整体系,而大小两乘实有原始后起之别,无容混为一谈者也"。

6月

2日 收到叶圣陶来信,即复信。

16日 收到叶圣陶13日来信,复短信,同意往返书信速度放缓。

18日 上午,叶圣陶与吕叔湘来访。

同日 致叶圣陶长信,续谈哲学上的不知与不可知、唯物论与唯心论以及佛法诸问题。

21日 俞平伯就出土西汉帛书中不解之字,经叶圣陶询问文物出版社专家而得到解释,遂作短文谈感想,并于25日随信寄给叶圣陶。

22日 收到叶圣陶来信。次日复信。

25 日 收到叶圣陶来信,颇多感慨,回信中说:"庚辛(指 1971 年)归京,即住建外,如客异地,不觉其在北京——自前乙卯(指 1915 年)来京六十一年矣——曾有句云'一似迷方感,归来懒出门'。至近日两人都病,更极少出门。"

29 日 收到叶圣陶 27 日来信及填词新作,即复短信。

30 日 晨,致叶圣陶长信,谈二人书信笔谈的乐趣,提出笔谈的最佳方法,他说:"力有所不及,自可就力所能及者试为之。窃以为题如过大,不妨小做;义若过繁,不妨举要。从最浅者作起点,虽行千里亦何远之有。例如或信或否,信什么与不信什么,如从不信什么说起,似尤为简捷。即于佛说有偏好,固不妨辟佛。去其决不可信者,则其可信者见矣。"同时,对"夙以为疑,迄今未减,翻寻经论,时惑茫茫"的佛教轮回之说,谈了自己的看法。

下旬 应嘱为林树芳题字一张。

7 月

2 日 晚,收到叶圣陶 1 日和 2 日上午来信两封,即复信。信中谈及《寒涧诗存》,他说:"此亦随作随钞,未经取舍者,弟不敢藏拙,拟先以之呈正。"

4 日 上午,王湜华、陈次园来访。俞平伯将自编诗集《寒涧诗存》手稿请其转交叶圣陶阅过,然后再请他们二人缮录。

5 日 访吕叔湘,将叶圣陶手抄《敝帚集》交吕叔湘转给叶圣陶。

6 日 惊闻朱德委员长逝世。

同日 晚,收到叶圣陶来信,即复短信。

7 日 收到叶圣陶来信。下午,吕叔湘来访,代叶圣陶转来 1948 年《文学杂志》第 3 卷第 5 期一本。

8 日 晚,复叶圣陶信,谈重读发表在《文学杂志》上的旧作《忆白马湖宁波旧游》一文,觉得文字有些庸俗,辞不胜情,然文中所记史实,却可订正《朱自清年谱》中的一处失误。

12 日 收到叶圣陶 10 日和 11 日来信,即复信。

16 日 收到叶圣陶来信,复短信谈及"《寒涧》名曰诗存,其实可存者不多,若来书言,思海微沤绳以诗律,未免矜持,则通达之论也"。

24 日 收到叶圣陶来信,复短信并附《读庄小记》三则和《〈周易集解〉跋》。信中谈及"近又有嘱写字者不能却,腕病亦颇惮之,嘱其少待秋凉,望能转佳也"。

同日 复陈曙辉信,并附赠近照一张,说:照片中"所挂对联是我近句,'欣处即欣留客住,晚来非晚借灯明',用陶潜、李商隐诗意,吴玉如先生书之,为我俚言生色多矣"。

25 日至 28 日之间 应嘱为曹辛之写字一幅,书录朱自清《怀平伯》诗之第一首。

28 日 唐山、丰南一带发生大地震,波及津京。凌晨,同事李凤林、陆永品来看望。下午,赵广生、吕叔湘、齐嘉正、易幼薔、周裕德来看望。自即日起,至 8 月 20 日,写了《丙辰京师地震日记》。

同日 收到叶圣陶 26 日来信,即复信,另附近作一篇,谈关于《庄子》今译问题;附诗三首,其中有 1931 年《送朱佩弦兄游欧洲》二首。

29 日 下午,文学所朱寨、张宝坤、董易、毛星来看望。

30 日 午,赵广生来看望。下午,俞锡衡、刘哲之来看望。

31 日 凌晨,忆及三年前梦中所得句,遂续成《浣溪沙》一章,记地震所感。

同日 收到叶圣陶来信;即复短信,并附《寒涧诗存》佚存诗二首及旧作《七夕》诗一篇。

同日 上午,陈次园来看望。

8月

1日 傍晚,文学所朱寨、董易、张白山来看望,劝其下楼到防震棚中住宿。因夫妇二人均病,仍在家中居住。

3日 收到郑逸梅1日来信,即复信。

4日 下午,复俞润民信,复俞海筹信。

5日 复俞润民信,复郭学群信,复徐家振信。

6日 下午,朱复来访。

7日 收到叶圣陶5日来信。

8日 复叶圣陶信,并附旧作《七夕》诗三首及近续成之《浣溪沙》词一首,托齐嘉正带交。信中谈及地震后近况:"此间各楼学部同人大都在外支棚居宿,有远至日坛者,弟等以皆患病宿外非便,仍居二楼。""近仍偶读《南华》,觉有奇妙者,亦有极浅薄者,亦有看不懂者,内容驳杂,盖非出一手,只能用陶之'不求甚解'与杜之'读书难字过'办法以应付之,其实二公恐亦只是躲懒耳。"

同日 文学所张白山、贾经琪来看望,为防地震,动员必须住帐棚,不得已允之。当晚,夫妇俩移居宿舍楼外帐棚内。

9日 开始抄写《读庄》。晚,偕夫人仍居帐棚内。

10日 复钟敬文信,感谢其在地震后来信问安。又复马士良信。晚,仍居楼内。

11日 上午,王湜华来看望。复吴小如信,复儿子信。

13日 复俞润民信。李凤林来访。

14 日　收到叶圣陶 12 日来信及为荒芜、曹辛之写件，即复信。其中谈到《寒涧诗存》中的作品止于丙午夏秋，"以后为《觳音续存》，皆浅近荒率不足云诗者，既未编就，嘱耐圃书，亦因病搁置，仅存零星之稿耳。有小序一篇，迟日当抄呈阅正"。

15 日　谢兴尧、吴小如、徐北汀、陈次园先后来访。复溧阳蒋廷猷信。

16 日　复俞润民信。复上海谢锡恩①夫妇信。复郭学群信。

17 日　复刘叶秋信。

19 日　复俞润民信。晚，文学所范之麟来访，谈为宋人蒋捷词作注问题。

20 日　复叶圣陶 18 日来信。

30 日　致叶圣陶信，谈自己的近况："弟仍居小楼，诵读《庄子》遣日，并抄录少量，名曰《读庄》。觉其书驳杂，既非出一手，有至妙者，亦有殊谬者。未见前人之说，坐井观天而已。"另附谈《庄子》短文和《〈觳音续存〉自叙》候正。

9 月

3 日　上午，叶圣陶来访。

8 日　中秋节。致叶圣陶短信，谓"《读庄》今日抄毕，费月光阴"。派外孙韦奈将《读庄》手稿送叶圣陶阅正，并请叶圣陶题签。

9 日　惊闻毛泽东主席逝世。

---

①　谢锡恩（1903—1993），浙江上虞人，毕业于上海圣约翰大学，无锡天韵社社员，定居北京后，曾组织北京青年会昆曲活动，曾任北京昆曲研习社社务委员。

22 日　收到叶圣陶来信,复短信。

30 日　收到叶圣陶来信两封,复信续谈庄子。他说:"弟素不谙庄子,于说庄诸说皆茫然,晚岁补课且不及蒙诵,以易遗忘遂随笔就所喜者记之耳。全书驳杂矛盾,欲甄别整治而概论之则大难,徒滋纠纷,殊无谓也。"

月末　章元善率其儿孙伉俪来访。俞平伯以《寒涧诗存》中的旧作,书赠章元善。

10 月

6 日　中共中央粉碎"四人帮"集团,"文化大革命"结束。

9 日　复叶圣陶信,续谈《天演论》,谓"《天演论》口语译本是新版,……原为一讲演稿并不分节,……审其旨亦简,言主观唯心论者将物质看空,而佛陀并将精神看作空,为更进一步耳。严译中其他胜义似皆无之。几道借赫氏之书,成一家之言,因中有创,自是名隽。其译例标示'三难',斯无憾于'达雅','信'则犹未也,与林译小说正相似。清季闽中得斯两贤,堪称双璧矣"。

12 日　收到叶圣陶来信,即复短信,续谈严复(几道)。叶圣陶认为:赫氏原作《天演论》"枯燥乏味,而严氏译本之相当部分,何等渊深隽妙。其求达而臻于创,真堪景慕。彼于生物学,自不逮赫氏,至于哲学,则远过之"。俞平伯认为圣翁"评严氏极当,惜其晚节磋失有如扬子云。古今人每有相似者"。另抄录《庄子·外物》篇中谈养生的一段文字,并附个人的夹批。

14 日　收到叶圣陶 12 日晚来信两封。即复短信。

15 日　叶圣陶由孙媳姚兀真陪同来访、畅谈,并将朱自清的《犹贤博弈斋诗钞》留给俞平伯阅读。

19 日　上午,由外孙韦奈陪侍,乘公共汽车访叶圣陶,此为病后首次走远路,自云:"在八条步行,见街树交荫,清居入望,较之蒹葭秋水尤为可喜。花草扶疏,吴音娓娓,不仅宾至如归,且仿佛还乡之乐。"

20 日　晚,致叶圣陶信,感谢昨日的款待,并谈读叶圣陶《东归日记》的感想。

24 日　北京百万人集会庆祝粉碎"四人帮"。

30 日　收到叶圣陶 28 日来信,即复短信。复信及校阅后的叶抄本《寒涧诗存》、叶圣陶的蜀沪书简和《东归日记》,以及近作为谢国桢题《石湖棹歌》绝句草稿等,均请周裕德送交叶圣陶。

11 月

5 日　收到叶圣陶来信,即复短信,谈及借阅莲池上人之《竹窗随笔》,"亦昔所未窥者,以念佛不杀生为主,约与近人印光相似。亦间有名隽语,拟录出之"。

6 日　复叶圣陶短信,并附近作《有感》诗一首。此诗后改题目为《感禅宗六祖事》。

同日　复华粹深信,叮嘱其既知诊断结果,正当静心休养。

13 日　复华粹深信。

15 日　下午,吕叔湘来访,携来叶圣陶当日手书及《题〈石湖棹歌百咏〉》四绝句抄件等。另,复郭学群信。

16 日　复叶圣陶信。

19 日　将《有感》诗书赠马士良。

21 日　收到叶圣陶 18 日来信,复短信,并附为叶圣陶手抄朱自清诗集所作校字一纸。

27 日　晚,收到叶圣陶来信,即复短信,谓"偈日鲜欢,得披诵还云即为之解颜"。另附谈诗小札二纸。

本月　填词《临江仙·即事》一章,畅抒粉碎"四人帮"后的心情。收入《古槐书屋词》时,只保留词牌,删去了副题。

12 月

1 日　复俞润民信。

2 日　收到叶圣陶 11 月 29 日来信两封。复信续谈为《有感》一诗推敲一字之事。另附近作《临江仙·即事》词一章。

7 日　收到叶圣陶 3 日来信,复短信。

9 日　致叶圣陶信,并附近作《王湜华迻写朱佩弦先生〈敝帚集〉属题》诗二首。

14 日　收到叶圣陶 11 日来信,即复短信。

15 日　收到叶圣陶 13 日夜写来的信及近作诗《题〈犹贤博弈斋诗〉二绝句》;复信谈对叶圣陶近作诗的修改意见。

19 日　收到叶圣陶 16 日夜来信。复信续谈对叶圣陶诗的修改意见。

23 日　收到叶圣陶 21 日来信。

24 日　复叶圣陶信,并派周裕德前往叶宅,送去俞陛云所著《小竹里馆吟草》二册,请阅后为篆书封面;取回圣翁所赠水仙、冬笋等。

29 日　收到叶圣陶 25 日来信,复短信。

1977 年(丁巳)　77 岁

▲3 月 1 日,《人民戏剧》编辑部在北京召开戏剧工作座谈会,纪念毛泽东的"百花齐放、百家争鸣"题词发表 20 周年。

1 月

10 日　复叶圣陶短信,已收其 6 日来信。谓自己"近怀劣劣,染翰殊稀,……文学所以《唐诗选注》本征意见,翻诵为遣,偶有管见,犹未自信"。

17 日　收到叶圣陶来信。复信谈读文学所《唐诗选注》后的意见,曰:"所内之唐诗选本已粗看完,其中最普及的诗每出异文,如王诗'但使龙城飞将在'作'卢城'。卢龙地名,作龙城、卢城似皆可。……已万口流传之句,若轻率改字恐不谐众望;聊示其淹博,亦无所取焉。"

19 日　戏用吴谚,作《越女》诗二首。

22 日　复叶圣陶短信,谈及近阅魏国禄著《随周恩来副主席长征》一书,"叙述详明,文笔清顺,是一佳书。弟等于二万五千里长征事所知甚狭,读之得扩眼界"。

26 日　生日。作《悼念周恩来总理》三韵诗一首,称赞周总理"诸葛周郎集一身,罗家演史又翻新。鞠躬尽瘁舆评确,若饮醇醪昔语真。今日阿谁孚众望,为霖作楫继前人"。

同日　复叶圣陶来信,并附赠《悼念周恩来总理》一诗。信中说:"周公逝世经年而群情震悼无减于初,足见遗爱及人之深。弟昔年无作,于心为歉,所呈小诗恐亦欠庄重,唯其第三句尚觉贴切,一般尚少引用。"

2 月

1 日　复叶圣陶短信,已收其 1 月 29 日来信。

6 日　收到叶圣陶 3 日来信,复短信,另附旧作《道情词》。

11 日 收到叶圣陶 9 日来信,复短信。

18 日 春节。作《丁巳新正口占》诗一首,诗云:"足不窥园易,迷方即是家。耳沉多慢客,眼昧误涂鸦。欹枕眠难稳,扶墙步屡斜。童心犹十九,周甲过年华。"

同日 傍晚,叶圣陶等三位老人来访。

19 日 复叶圣陶 15 日来信。

3 月

2 日 复叶圣陶长信,其中谈到:"壬子人日一词作于自豫归京以后,不免类东家施,可笑之至。其时为基辛格来京之日,上片末句云然,似出《诗经》,而诗言'西方',不言'西来'。'美人自西来'者出于谶书,非雅谈也。"

8 日 复叶圣陶信。

14 日 复叶圣陶信,并附近作诗及应嘱为叶圣陶之孙三午所书清真词《兰陵王》条幅。

15 日 下午,致叶圣陶短信。

17 日 晚,王湜华来访。

18 日 收到叶圣陶 16 日来信,复短信。

20 日 收到叶圣陶 17 日来信,复短信。

25 日 收到叶圣陶来信,复短信,并附为《答佩弦近作不寐诗》所作跋语一篇。

按,俞平伯曾作《答佩弦近作不寐诗》一首,手稿久佚,近从叶圣陶旧日记中录存,遂作跋语一篇,志感留念。

29 日 致叶圣陶短信,续谈与朱自清最后之唱和诗。

4 月

上旬　应叶圣陶邀请,偕游日坛公园,观日本樱花。

11 日　致叶圣陶短信。

19 日　应邀至叶圣陶家聚会欢叙。

21 日　致叶圣陶短信,感谢盛情款待。

29 日　复叶圣陶短信及应嘱为叶至善①所书辛词条幅,均由韦奈送交。

5 月

本月　中国科学院哲学社会科学部改为中国社会科学院。

6 月

1 日　复叶圣陶短信,已收其自苏、宁两地的来信。

7 日　复叶圣陶短信,答应将挈韦奈同赴叶宅音乐雅集。

10 日　收到叶圣陶来信。

11 日　复叶圣陶信。

15 日　陈次园受孙玄常委托,将其近作《仕女图》转赠俞平伯夫妇。

17 日　致孙玄常信,并寄赠《丁巳新正口占》诗一首,感谢其惠赠《仕女图》。

18 日　复叶圣陶信。

中旬　作《丁巳夏日感怀三章》。

---

① 叶至善(1918—2006),江苏苏州人,叶圣陶长子,夏丏尊婿,编辑出版家。

24 日　收到叶圣陶 21 日来信。复信谈及自己"近怀亦冗劣,曾有句云'白首相看怜蓬鬓,邛炬相扶共衰病',可见一斑。句似长歌之起笔而足成匪易也。就此看来,乐观境界弟亦去之颇远,只是有此想法或倾向耳。贪嗔痴难除,不执著差可矣。境风浅浪,执则成碍,不执即如流水行云。惺惺即乐观,常惺惺则常乐观。忆莲池大师述永嘉之言曰:'惺惺为正,寂寂为助。'称为迥然独得之见,殆不虚也"。

月末　或 7 月初,至叶宅看望叶圣陶。

7 月

1 日　复孙玄常信,并书赠《为人题谢稚柳梅花横幅》诗一首。

上旬　集吴玉如、叶圣陶诗句为联,曰:"得句疑人有;看书不厌忘。"

8 日　致叶圣陶信。

10 日　收到叶圣陶来信两封,即复短信。

21 日　致叶圣陶信,并附近写笔记。

同日　复孙玄常信,并附应嘱所书签条,感谢其惠赠《墨梅双禽》图及唱和诗。

24 日　何其芳逝世,闻讯甚悲。

27 日　收到叶圣陶来信两封及转来吴县文教局叶玉奇赠送的七张照片。即复信。

8 月

1 日　致何其芳夫人牟决鸣信,对何其芳病逝表示哀悼。

2 日 收到叶圣陶 7 月 30 日来信。复信谈及何其芳逝世，谓："其芳之丧，弟因病不能赴八宝山之会，甚感歉疚，只致函唁其夫人。工作文字因缘有数十载，亲见其创建文学所，最近尚通信讨论其近作律诗，为修订字句，不意其遽卒也，以后所中似失去重心，未审若何。"

11 日 致叶圣陶信，告知中旬将迁居三里河新寓。

15 日 移居北京西城三里河南沙沟新寓。为此作诗《丁巳秋日》一首，记平安移居的欣喜之情。

16 日 晨，致叶圣陶短信，告知已迁居一事。

26 日 致叶圣陶短信。

29 日 应王湜华之嘱，作《题王湜华珍藏〈甪直闲吟图〉卷》。

9 月

9 日 致叶圣陶短信，并附近书旧作小诗二首。

14 日 收到叶圣陶来信及照片。复信谈诗。

17 日 复孙女俞华栋、孙子俞昌实信。

18 日 收到叶圣陶 16 日来信，即复短信。

22 日 收到叶圣陶来信两封，复短信。

28 日 应邀至康乐，参加文学研究所古代组的聚餐。

同日 收到叶圣陶来信。复信谈诗词及家藏秦篆摹本等。

本月 作《会稽颂跋语补识》，并以病腕书之，留赠儿孙。

10 月

12 日 收到叶圣陶来信。复信谈李商隐诗，并附随笔一则候正。信中谈及"近又写会稽秦篆跋语，连前共二册"。

18 日 复叶圣陶信,续谈诗,谓诗中宜少用僻典,"然亦不能废。以有典故少许能摄多许,不但简要,而且较诗句更为明确"。

同日 复马士良信。

28 日 结婚六十周年纪念日。此前,作成七言长诗《重圆花烛歌》以为纪念。

同日 又作七律《偶怀》一首,纪念重谐花烛。

31 日 叶圣陶来访。另,复郭学群信。

11 月

6 日 致叶圣陶信,感谢圣翁远道惠临。并谓"近得新印《资治通鉴》二十册,可以遣日,阅讫当待来年"。

同日 收郑逸梅来信及惠赠其孙女所绘"绿梅"画幅。

11 日 收到叶圣陶 7 日来信。复信谈自己的身体近况。

12 日 下午,与来访的同乡胡文虎①谈家乡的变迁。

同日 复郭学群信。

14 日 致叶圣陶信,告知医生已到寓所为其检查身体。此信由韦奈送交。

18 日 先后收到叶圣陶来信两封。复信谈人民文学出版社拟重刊其六十年代所选注的《唐宋词选》一书之事。

19 日 复姜德明信,回答有关二十年代编辑出版《我们的七月》和《我们的六月》的一些问题。俞平伯说:"'我们'是廿年代,我与朱公共编的,只出了两期,就中止了。原由不大记得,大约总是销路不大好。我编《七月》,朱编《六月》,圣翁未编。"又说:

---

① 胡文虎(1936—2015),名虎,号三潭九井乡人,浙江德清人,寓居杭州,费新我弟子,左笔书法深乃师神形,并擅书画鉴定。

"其所以'七月'号不具名,盖无甚深义。写稿者都是熟人,可共负文责。又有一些空想,务实而不求名,就算是无名氏的作品罢。后来觉得这办法不大妥当,就在'六月'号上发表了。"他认为这两期刊物只可称"同人刊物","不能算'文学研究会'的外围刊物",也不宜称"丛刊"。

28 日 收到叶圣陶来信。

29 日 复叶圣陶信,并附书"记庚戌息县事"诗一首。信中谈及《重圆花烛歌》"在续写中,惩于五言之前失,不拟过长,约六百字即止。七十年中情节难于列举,只约略点到而已"。

12 月

3 日 收到叶圣陶 11 月 30 日来信。复信续谈《重圆花烛歌》的写作。

4 日 将《重圆花烛歌》草稿寄叶圣陶阅正,并在《说明》中,介绍了全诗的结构与大意。

8 日 收到叶圣陶来信及赠刊两种。复信由读叶圣陶记游诗而谈及"新事物以新诗咏之方合。陈陈相因非特无谓,亦不可能有适当之表现"。

10 日 致叶圣陶信,谈《重圆花烛歌》的修改。

13 日 复叶圣陶长信,续谈《重圆花烛歌》的修改。

18 日 复叶圣陶信,续谈修改长诗《重圆花烛歌》之事。

19 日 致叶圣陶信,续谈改诗之事。

22 日 复叶圣陶信,续商谈修改长诗之事。

27 日 复叶圣陶长信,续谈修改长诗之事,并谈及吟咏与诗之关系。俞平伯认为:"吟咏是诗之生命所托。对于作者如是,读者如是,作者读者之间亦复如是。口耳之间能令诗之旋律再生,即其情感,而目治不能。"他说:"传世名篇每有极自然之句,是本天机,抑由人巧,自不能起古人而问之。亦略有可知者,大抵人代天工者多,脱口而出者少也。如梦中得句之类自是天籁,然亦由平素工力使之然。"

秋 修改《初至扬州追怀佩弦示同游》。

年内 收到平湖乍浦镇许白凤用施蛰存"春在堂中春不老"句刻赠的印章一枚。

1978(戊午) 78岁

▲5月,文化部举行万人大会,宣布为大批受迫害的文艺工作者平反。

▲12月,党的十一届三中全会在北京举行,提出把全党工作重心转移到社会主义现代化建设上来的战略决策。

1 月

4 日 复叶圣陶短信。

7 日 复许晴野信,感谢其寄赠《全清词钞》和精制月历。

8 日 复叶圣陶信,续谈改诗及读《后出师表》所存疑点问题。

10 日 致叶圣陶信。

14 日 复叶圣陶信,续谈改诗及《后出师表》的真伪问题。俞平伯认为《后出师表》是真,"吴人所传,盖密奏也。当日形势艰危,故其言如是,'六未解'自非泛泛"。又说:"吴世昌以其去年所作关于《红楼》论文两篇见示，大有望洋兴叹。此书今已成'显学'矣。"

16 日 生日。致郭学群信，并附寄近作长诗《重圆花烛歌》。

17 日 致叶圣陶信。

18 日 复叶圣陶信，续谈改诗，又谈标点古书之事，他认为："标点于古书，今已成为不可离之拐杖，其间颇有得失。正确之断句，读者或忽之；而错误句读却会引起误解。"谈及吴世昌两篇红学论文，他"以为论高本者较好；其'钩沉'棠村序，虽颇费心力犹未为定论"。

19 日 致叶圣陶短信。

24 日 复叶圣陶短信，续谈修改长诗事。

30 日 叶圣陶来访，俞平伯感到"元任欣慰"，并谓"座谈比笔谈更觉活泼"。

2 月

1 日 致叶圣陶信，谈及"吴世昌来书仍积极肯定所传之诗为曹作，弟以其来历不明，谓宜审慎，似亦未能采纳也"。

4 日 复马士良信，并附寄长诗《重圆花烛歌》手稿，请其帮助复写两份。

6 日 除夕。收到叶圣陶信后，复信谈感想。另，应嘱为荒芜书《重圆花烛歌》横幅。

10 日 赵景深①为俞平伯写诗。

按，《赵景深日记》，1978 年 2 月 4 日，李宝森送来俞平伯的

---

① 赵景深（1902—1985），笔名邹啸，祖籍四川宜宾，曾任复旦大学中文系教授，曲家。

长诗。

13 日　正月初七。谢国桢来访。俞平伯以新作《重圆花烛歌》见示。谢国桢欣诺为其楷书长诗。

15 日　复叶圣陶信,谈及"顷阅《通鉴》第八册,昔年弟曾稍校过,而标点之误如故,岂未看,或坚持己见欤"。

18 日　致叶圣陶信,并将读《资治通鉴》所见标点错误,写成两纸附寄。信中谈及"承吴世昌君详示箱子实况,殆妄作,非真品,而欲面献领导,亦可异也"。

22 日　夕,致叶圣陶信,已收到由叶圣陶转来的周颖南赠送之《刘海粟画册》。

同日　往政协报到,"以病不能外宿,已蒙允准。拟勉力赴会,却不能每次皆去"。

24 日　本日至 3 月 8 日,以政协委员中"特别邀请人士"的身份,参加中国人民政治协商会议第五届全国委员会第一次会议。因病只出席大会六次,未能参加分组会,因此,赋一绝句以代发言,发表在《政协简报》上。

26 日　复郭学群信。

3 月

8 日　谢国桢应嘱为俞平伯书写《重圆花烛歌》横幅,并书跋语。

12 日　复郭学群信,并附寄绝句二首。

18 日　复叶圣陶信,谈参加政协大会的情况。

中旬左右　为感谢谢国桢书写《重圆花烛歌》横幅,作《刚翁写拙句意甚拳拳,书以志感》诗一首。

28 日　复叶圣陶信,并附近作"答谢谢刚主"等诗。此信次日派儿子俞润民拜访叶圣陶时面交。

本月　应嘱为即将出版的《陈寅恪文集》题词："覃思妙想，希踪古贤；博识宏文，嘉惠来学，名山事业，流水人琴。　寅恪先生文集传世　一九七八年三月俞平伯敬题。"

4月

5日　复叶圣陶信，谈及周颖南寄赠"《子恺漫画》简而有神，今瞻其晚作，不胜感叹。华瞻近曾来访，系刘叶秋绍介者，以前未见过"。

9日　上巳节。《丁巳秋日》发表在《文汇报》。

同日　作《读〈通鉴〉以歪诗赋之》诗一首。

15日　致叶圣陶信，并附近作《读〈通鉴〉以歪诗赋之》一诗及黄君坦①读《重圆花烛歌》的和作诗抄本等。

同日　复乔象锺信，谈到"今年朱佩弦君逝世三十周年，《战地》增刊嘱写文而思路窘涩尚未有以应之。若明岁开国纪念盛典，须有椽笔始能发扬光烈也"。

中旬末　应叶圣陶邀请，至酒楼小叙。饭后又回叶宅"倾谈移晷"，俞平伯认为"千行书札不及小坐时也。语言直捷，文字总多此一重转折"。

21日　致叶圣陶信，谈日前聚会的欣喜。

24日　有感于将影印《骆宾王集》，而又因故中止，遂作六言诗一首。

28日　收到叶圣陶来信及赠刊《战地》。复信谈及"日前沙汀、荒煤来访，与之谈及《唐宋词选》事，商定于下半年付印，须修

---

①　黄君坦(1901—1986)，字孝平，号叔明，福建闽侯人，曾任中央文史馆馆员。

订方可,而讹失仍恐不免。又书名拟改,以同名者多。或用《唐宋词释》之名,省一'选'字"。

5 月

1 日 致黄君坦信,谈《重圆花烛歌》末二句修改的情形。

同日 楷书修改后的《重圆花烛歌》长诗。

3 日 复叶圣陶信,续谈对出版《唐宋词选》的思考,希望能内部发行,原因有二:"(1)注释陈腐,且言文夹杂,于群众非适。(2)原用旧体字,直排,今亦不动,异于通用格式或引起误会。"

同日 复黄君坦信。

4 日 书写自属对联:"别物骊黄以外,约躬夷惠之间。"并作跋语。

9 日 收到叶圣陶来信。复信谈《唐宋词选》注释须添改,进行不能很快。又谈《资治通鉴》中的标点错误,谓"此尚非知识局限,而是常识问题。现在读古书,标点不能无,犹如拄杖之不能或缺。若用之失当则有蹉跌之虞,亦可惜也"。

11 日 《光明日报》发表评论员文章《实践是检验真理的唯一标准》,引发关于真理标准问题的大讨论。

12 日 闻文化部举行万人大会,宣布为大批受迫害的文艺工作者平反。

16 日 收到叶圣陶来信。

17 日 复叶圣陶信,其中谈到应嘱为姜德明所藏《剑鞘》一书题字事。

21 日 收到叶圣陶 18 日来信,复信谈"务头"二字在曲子中的作用。

23 日　下午,邀请自美国归来的曲友项馨吾①父子来寓所茗叙,章元善、叶仰曦②、张允和等曲友应邀作陪,并即兴演唱昆曲。

25 日　复叶圣陶信,谈文联将开会,已允许俞平伯只参加大会,并派车接送。俞平伯感叹"不到文联二十载矣"。

27 日　本日至 6 月 5 日,中国文学艺术界联合会第三届全国委员会第三次(扩大)会议在北京举行。会议宣布文联、作协、剧协、音协、影协和舞协正式恢复工作,《文艺报》立即复刊等。俞平伯因病仅出席几次会议。

29 日　致黄君坦信,切磋《唐宋词选》上卷刘禹锡《竹枝》词的注释问题。

6 月

3 日　复魏荒弩信,并附寄应嘱所书条幅。

10 日　端午节。作和黄君坦诗《戊午端阳》一首并序。

12 日　惊闻郭沫若逝世。

20 日　作《咏红楼·檃括〈成都古今记〉中前蜀民谣为句》一首。

21 日　复叶圣陶自渝来信。

22 日　致黄君坦信,谈《成都古今记》中有关"红楼"的记载,认为"不堪为红楼书名解惑"。附录《咏红楼》小诗候正。

同日　再复叶圣陶短信,并附寄近作《咏红楼》诗一首。

23 日　复黄君坦信,续谈诗词评注的问题,认为评注"不宜

---

①　项馨吾(1898—1983),名德方,上海人,项远村胞弟,曲家,移居美国。

②　叶仰曦(1902—1983),北京人,满族,曾组织陶和社,后任北方昆曲剧院艺委会委员兼研究组组长和教师。

过多,多则反妨正文,而今日又必须求详,近治拙编亦不免斯病,他日幸得刊行,殆不值知音之一哂也"。

27 日 致郭学群信,附赠与黄君坦的唱和诗《戊午端阳》。

28 日 致黄君坦信,切磋姜白石词《淡黄柳》和《疏影》的注释问题及《唐宋词选》一书的定名问题。

7 月

4 日 套用唐代李商隐《隋宫》诗,作《读报偶感》一首。

8 日 晨,偕夫人与亲友同游北海公园,应亲友之嘱,赋诗四章。其中第三首是自况诗,诗云:"漫言'足不窥园易',今倩人扶亦出游。闲步林阴新雨后,碧波红影共舒眸。"

16 日 致华粹深信,并附寄《戊午端阳》诗一首。

24 日 作《乐知儿语说〈红楼〉》小引,谈关于篇名的由来,说:昔年苏州马医科巷寓有一个大厅曰"乐知堂",俞平伯便生于此。堂额早已不存,而其名实佳,因此用以作篇名。又说:"儿语者言其无知,余之耄学即蒙学也。民国壬子在沪初得读《红楼梦》,迄今六十七年,管窥蠡测曾无是处,为世人所嗤,不亦宜乎。炳烛之光或有一隙之明,可赎前愆欤。"

按,此后的两年中,俞平伯陆续写作了《乐知儿语说〈红楼〉》随笔十九篇,其中包括 1986 年发表的《索隐与自传说闲评》《评〈好了歌〉》《拟致国际〈红楼梦〉研讨会书》三篇。

8 月

10 日 作札记《记与佩弦最后之唱和诗》。

29 日 致叶圣陶信,问安。

同日　致黄君坦信,续谈《唐宋词选释》校注及出版诸事。

　　本月　清华大学为纪念朱自清逝世三十周年,于园内荷塘东侧修葺一方亭,命名"自清亭"。俞平伯因病未能往瞻,作《咏自清亭》诗一首并序,借以抒怀。

　　本月　应黄君坦之嘱,为其青岛旧居"天风海涛楼图"手卷题《浣溪沙》词一首。

9 月

　　7 日　完成《乐知儿语说〈红楼〉·漫谈"红学"》的写作。俞平伯说:"《红楼梦》好像断纹琴,却有两种黑漆:一索隐,二考证。自传说是也,我深中其毒,又屡发为文章,推波助澜,迷误后人。这是我平生的悲愧之一。"全文分四部分:一、红学之称,本是玩笑;二、百年红学,从何而来;三、从索隐派到考证派;四、书名人名,头绪纷繁。他指出:索解《红楼梦》,最忌钻牛角尖,求深反惑。他认为"红学之称"是从《红楼梦》本身及其遭际而来。《红楼梦》"初起即带着问题来",这是它与其他小说不同之点,亦即纷纷谈论之根源。他对近人所说的"《红楼梦》简直是一个碰不得的题目"颇有同感。"何以如此,殆可深长思也。"

　　17 日　中秋节。在北海漪澜堂赏月晚会席上,作诗一首。诗云:"秋高华岳峙三峰,海宇澄清一望中。道是天涯真咫尺,月明照见九州同。"

　　同日　将《咏自清亭》诗书赠黄君坦。

　　23 日　完成《乐知儿语说〈红楼〉·红楼释名》的写作。文章分为"红楼"典故和楼在何处两部分论述。

10 月

1 日　作《人人》诗一首。

11 日　至叶宅看望叶圣陶。

12 日　致叶圣陶短信。

13 日　致新加坡周颖南信,感谢其寄赠《迎春夜话》文集。

15 日　闻中国社会科学院文学研究所将改建摩天大厦,心中惊喜,遂赋诗一首。诗中写道:"都销猪圈牛棚迹,及见云窗雾阁齐。二十四层天外矗,鹤归华表意全迷。"

17 日　作《索隐与自传说闲评》。

28 日　完成《乐知儿语说〈红楼〉·从"开宗明义"来看〈红楼梦〉的二元论》的写作。文章从"红楼难读,始于甄、贾"和"索隐、考证,分立门庭"两部分作了分析和论述。

本月　作《〈唐宋词选释〉前言》附记。

本月　《王湜华迻写朱佩弦先生〈敝帚集〉属题》诗二首发表在《文教资料简报》第 10 期。

11 月

3 日　致黄君坦信,商讨《唐宋词选释》中汪元量《水龙吟》词的注释问题。

6 日　致黄君坦信,谈根据《冷斋夜话》修改汪元量《水龙吟》词注释事。

8 日　复周颖南信。

10 日　作《乐知儿语说〈红楼〉·空空道人十六字闲评释》一文,文章谈了"援'道'入'释'"和"'色'之异义,'空'有深旨"两个问题。

同日　作《记与佩弦最后之唱和诗》。

13 日　上午,由中国社会科学院安排,与钱锺书、余冠英一起,在寓所接待由余英时任团长的美国科学院"汉代研究考察团"四人来访,并与余英时谈《红楼梦》。俞平伯认为余英时所著《红楼梦的两个世界》一书"颇饶新意,似胜于国内诸子"。

14 日　复黄君坦信。

18 日　致陈次园信,并寄赠近作诗一首。

19 日　收到叶圣陶病愈后的首次来信,即复短信,告以"《词选》稿已寄沪排印,明年可出版"。

20 日　完成《乐知儿语说〈红楼〉·漫说芙蓉花与潇湘子》的写作。文章分"秋后芙蓉亦牡丹""黛先死钗方嫁,但续书却误""蛾眉善妒,难及黄泉"三部分论述了钗黛的命运。作者说:"余前有钗黛并秀之说为世人所讥,实则因袭脂批,无创见也。"他认为曹雪芹对于钗黛二人并非没有偏向,不过"怀金悼玉"的初衷并没有改变。评论家把曹雪芹对钗黛的抑扬说成褒贬,已经错解了作者的意旨;续作问世,便把这一错误引向极至,成为巨谬。他认为薛宝钗的厄运,似不减于林黛玉。

27 日　上午,张允和、周铨庵到访,录音。

30 日　复周颖南信,并将谢国桢手书长诗《重圆花烛歌》横幅寄示周颖南。

本月　《记与佩弦最后之唱和诗》发表在《战地》增刊第2 期。

12 月

6 日　致叶圣陶信,附近作《"五四"周甲纪念忆往》诗八首初稿候正。信中说:"徐盈同志见访,属作五四纪念文字,而记性衰退，心惴、手劣，漫写俚言，聊以塞责云。"

7日 复许晴野信，并寄赠《浣溪沙·题黄君坦兄所藏溥松窗绘天风海涛楼图手卷》词一首。

15日 复叶圣陶12日来信，并附寄《忆往诗》修改稿三首候正。

23日 复叶圣陶信，并附寄《忆往诗》修改稿两首候正。信中说："咏'五四'事诗稿，修改颇费力，既不能违反事实，又不能影响气氛，只可斟酌于虚实轻重之间。"

25日 复周颖南信，称赞潘受①所著《海外庐诗》"其诗清劲，反映时世，诚为佳作"。另针对周颖南拟以师相称之事，回答说："仆于文艺平素爱好，未有专攻，耄年荒废，何敢称师。而足下念旧情深，爱屋及乌，亦其谦冲，又未可固辞，'他山之石可以攻玉'，窃自附于友生之列矣，如有垂询，当罄愚怀。"

27日 复马士良信。

31日 致叶圣陶短信，并附赠《咏自清亭》诗并序，以贺新年。

同日 复俞润民信。

本年 《文学评论》复刊后，从本年第5期起由中国社会科学出版社出版。

---

① 潘受(1911—1999)，原名潘国渠，福建南安人，定居新加坡，曾任南洋大学秘书长，于书法、诗词有优异成就。

1979 年(己未) 79 岁

▲4 月,中共中央组织部、中共中央宣传部、文化部、全国文联在北京联合召开全国文艺界落实知识分子政策座谈会。

▲5 月,《红楼梦学刊》编委会成立。

1 月

3 日 复钟敬文信,并附赠小诗一首。

6 日 生日,八十初度。亲朋好友近四十人聚会,为之祝寿。黄君坦亦出席并赠送贺寿词《金缕曲》。

7 日 张伯驹、黄君坦、王益知①等京中老友在河南饭店设宴,为俞平伯祝寿。

8 日 致上海师范学院图书馆资料组信,回答他们对于作家笔名的征询。

按,此信发表在本年 12 月 20 日《上海师范学院学报》第 2 期。

同日 复华粹深信,感谢他重病之下,来信贺寿。

9 日 复郭学群信,感谢他赠诗贺寿。

10 日 复周颖南信,并附赠《丁巳夏日感怀》诗一首。

同日 《中国语文》双月刊第 1 期发表了吕叔湘的《〈通鉴〉标点琐议》一文,其中引用俞平伯校读出的误点两处。

---

① 王益知(1900—1991),原名王英烈,字乙之,辽宁沈阳人,曾任中央文史馆馆员。

12 日　复叶圣陶信,谈有关《红楼梦》研究问题。他就海外将编《红楼梦》书目,列二千七百余种之事,慨叹说:"不只汗牛充栋哉。是欲作一'红学'家亦须皓首穷经,若弟者诚无能为役矣。"又就伪造曹雪芹诗句事谈了感想,认为"《红楼》已成显学,作伪者多,自以缄默为佳耳"。

14 日　闻《诗刊》编辑部召开全国诗歌创作座谈会。这是新中国成立 30 年来诗歌界的一次盛会。

15 日　复周颖南信,并答应将谢国桢所书《重圆花烛歌》卷子送给周颖南珍藏。

16 日　八旬大庆。周有光、张允和夫妇,许姬传、邹慧兰、许宝驯、朱复、陈颖等来寓曲叙,中午在河南饭庄午餐。夫人唱《游园》中的杜丽娘,张允和扮春香,笛师崇光起,琴师关德泉,周有光负责录音。

同日　复叶圣陶信,仍谈有关"红学"论坛上的造伪证等传言。

19 日　复华粹深信,并寄赠张伯驹著《红毹纪梦诗注》一册。

21 日　复乔象锺信,称赞她的新著《李白的思想特点及其社会根源》。

25 日　致叶圣陶长信,谈《文学评论》1978 年第 5 期吴世昌论《秦女休行》一文中的疑点,又谈《红楼梦》的考证问题,认为极容易出现穿凿、庸俗的毛病。

27 日　复周颖南信,并寄赠近作《一九七九年五四周甲纪念追忆往事诗十章》。

28 日　春节。应周颖南之嘱,为赠送给他的谢国桢书《重圆花烛歌》卷子题跋。

30 日　致叶圣陶信。

2 月

3 日 致周颖南信,并附寄为谢国桢书《重圆花烛歌》卷子所作的题跋。

4 日 应嘱为许晴野刻"黛玉葬花"肖像印章题词。

7 日 致郭学群信,并附寄近作《一九七九年五四周甲纪念追忆往事诗十章》。

同日 下午,王益知来访,并受托送来周颖南拜师帖及礼品。晚,复周颖南信,并寄赠修改后的《临江仙》(周甲良辰虚度)词一首。

9 日 收到叶圣陶来信。复短信,并附近作词《临江仙·咏〈红楼梦〉》二首。

17 日 收到叶圣陶 14 日来信。复长信,详解前作咏《红楼梦》的两首《临江仙》词。俞平伯解释第一首词的下片"休言谁创与谁承。传心先后觉,说梦古今情","谓八十回'殆非出一手',曹是最后的整编人而非唯一之作者。"作者谓第二首词的下片多谈十二钗,"钗黛合一之说,见于脂评,非弟之见。二人如何合为一人? 本是险语、荒唐言,然知境幻情亦幻,则离合无伤也。蘅潇假借,破三角恋爱之俗套;兼美虚名,成色欲升华之洁本,按书中描绘钗黛形象,纤浓南北迥异,则兼美又当如何? 却不道'万紫千红总是春'乎。昔人云,《法华经》是譬喻因缘,《红楼梦》殆亦然也"。

21 日 复周颖南信,并寄赠照片一张。

26 日 下午,宾主十人:俞平伯、许宝驯、韦奈、周铨庵、关德泉、崇光起、徐书城、陈颖、朱复、张允和欢聚一堂,听 2 月 20 日录音,又唱了《琴挑》《弹词》等曲,晚 9 时始散。

28 日 收叶圣陶 24 日来信。复信谈对"梦中得句"现象的看法,说:"弟性沾滞,辄欲努力记取梦里言词,实为唐费。即偶有捉得,醒后观之,颇出意外,然亦未必佳也。昔人每疑入梦通灵,其实不然。"同时,也谈及对红学研究的余悸,日:"此道今成显学而鄙感颇异时贤。鉴于往辙,不免惩羹吹齑,试览新题,亦复惮为冯妇。然徇世昌之意,亦已有一旧作七言歌行付诸《集刊》矣。"旧作指《寒涧诗存》中的《红楼缥缈歌》。

3 月

1 日 复周颖南信,并寄赠《临江仙·咏〈红楼梦〉》词并注。

2 日 复姜德明信,回答关于 1923 年 11 月向鲁迅赠送照片一事,说:"昔赠鲁迅以先曾祖相片,只目师友渊源,我自动地送给的。他并未向我要。"

5 日 复周颖南信,并将请顾颉刚为周颖南写的条幅寄去。顾颉刚书写的是曹雪芹诗。俞平伯说:"顾翁自动写此诗,殊可喜。……此诗之真伪,我却不敢定,因众说不同也。"

7 日 复许宏儒①信,并寄赠近作《一九七九年五四周甲忆往事诗十首》。

10 日 《中国语文》双月刊第 2 期续载吕叔湘的《〈通鉴〉标点琐议》一文,其中引用俞平伯校读出的误点四处。

11 日 收到叶圣陶 9 日来信。复信谈及戴不凡发表在《北方论丛》的论文《揭开〈红楼梦〉作者之谜——论曹雪芹是在石兄〈风月宝鉴〉旧稿基础上巧手新裁改作成书的》。俞平伯认为:"戴君之文有新见解。弟方在研读,亦觉其稍冗,未脱自传说与

---

① 许宏儒,又名声甫,浙江杭州人,许雨香长子,曾参加北京昆曲研习社活动。

脂批之笼罩。其说若行：一、摇动曹雪芹之著作权，二、降低《红楼梦》之声价，影响非浅，想红学家当众起而咻之，争鸣结局如何，良不可知也。其说之后半（即曹雪芹整理）易成立，而其前半（石头玉兄创作）则否。岂贾宝玉自作《红楼梦》欤？殆非常情所许也。"

同日　作随笔《乐知儿语说〈红楼〉·宗师的掌心》。文章说胡适是《红楼梦》考证派的"开山祖师"。"红学家虽变化多端，孙行者翻了十万八千个筋斗，终逃不出如来佛的掌心。虽批判胡适相习成风，其实都是他的徒子徒孙。""顷阅戴不凡《揭开〈红楼梦〉作者之谜》一文似为新解，然亦不过变雪芹自叙为石兄自叙耳。石兄何人？岂即贾宝玉？谜仍未解，且更混乱，他虽斥胡适之说为'胡说'，其根据则为脂批。此即当年《红楼梦》的宝贝书。既始终不离乎曹氏一家与脂砚斋，又安能跳出他的掌心乎。"

12 日　陈次园来访，俞平伯请其将新作谈《红楼梦》小文带交叶圣陶阅正。

同日　复郭学群信，并附寄黄君坦唱和《重圆花烛歌》之作《后鸳鸯社曲》。

14 日　晚，在寓所与曲友聚会，欢迎从美国芝加哥来的钱氏夫妇，并演唱了《游园》《琴挑》等，又表演了《议剑》《别母乱箭》等。

15 日　复叶圣陶 13 日来信，谈及自己的谈红小文，谓"今之谈红学者，其病正在过繁，遂堕入魔境，恐矫枉亦不免于过正耳"。此时，《唐宋词选释》的初校样已来，有三百页，要求作者十天看完，作者感觉"亦很紧张"。

16 日　将吴世昌文复印本寄叶圣陶。

17 日　致叶圣陶信，就所传曹雪芹遗作诗之事，谓"传者云伪而读者认真,似与常情相反,且难得证明。世昌要拉我为援,不得已谢之,文中遂未列贱名。颉兄近为周颖南写此诗则认为雪芹遗作,于吴表示拥护"。

同日 复郭学群信。

18 日 复周颖南信,谈到为《古槐书屋词》作序之事,拟仍用叶恭绰(退庵)1954 年所作序文。序文手稿已于 1966 年佚失,可从《矩园余墨》中转录。

22 日 《唐宋词选释》的初校样已看完,交给出版社。

23 日 复叶圣陶 18 日来信,谈读书,谈日常生活随遇而安,也谈对吴世昌红学论文的看法,说:"吴文言亦有理,而意气盛,虽引重言,终难证实,证据如有,亦在周汝昌处也。此件何来,周言亦殊恍惚。"

25 日 复周颖南信。

本月 为重新迻录《〈古槐书屋词〉叶退庵叙》作后记。

4 月

月初 由文学所转来语言研究所丁声树[①]于 1 月 16 日写来的信。信中提及《红楼梦》中关于茄胙、茄鲞的问题,他认为"鲞"似当作"鲝",与"鲊"字同,因此,"茄鲞"应以"茄鲊"为正。俞平伯随即复信询问"茄鲊"之详。

3 日 上午,王湜华来访,邀请俞平伯任《红楼梦学刊》编委,俞平伯当即谢却。

同日 复叶圣陶 3 月 28 日来信,感谢叶圣陶存留他的书

---

① 丁声树(1909—1989),号梧梓,河南邓县人,曾任中国社会科学院语言研究所研究员。

信,谓:"弟性喜涂抹,企慕前修有志未逮。常苦其稚弱,近更患病,手不从心,宠赐存留,实为过爱。"

5日 手书《后己未五四周甲忆往事诗》长卷,卷末钤白文印章"俞铭衡字平伯",以此赠送新加坡友人周颖南。

同日 致叶圣陶信,谈谢却担任《红楼梦学刊》编委之事。他的理由是:"既不能负责,挂名就不大好;又于所谓'红学'抛荒已久,一切新材料都不曾看,如有人来问询,将无法应付之。"

6日 复王湜华信,表示欢迎冯其庸①来家中晤谈。

7日 复周颖南信,并寄赠手书《后己未五四周甲忆往事诗》和三十年前挽朱自清联。

11日 复叶圣陶6日来信。

14日 由长女俞成陪同,访叶圣陶,并携去新编就的《古槐书屋词》手稿,请叶圣陶题扉页。并在叶宅庭院与叶圣陶、章元善、叶至善、叶至诚②一起合影留念。

16日 复叶圣陶信。复郭学群信。

17日 张允和来访,为新刊《昆曲艺术》征稿。俞平伯将旧作有关昆曲的词四首付之。

18日 应人民文学出版社约稿,作《词选琐记》一文。

同日 复叶圣陶信,并附寄新作《词选琐记》候正。

19日 许宝骥夫妇和许宝騄、张允和、周铨庵、朱世藕③来访,唱昆曲并录音。俞平伯演唱并录制了《活捉》一折。

---

① 冯其庸(1924—2017),名迟,字其庸,号宽堂,江苏无锡人,历任中国人民大学教授、中国艺术研究院副院长、中国红学会会长。

② 叶至诚(1926—1992),叶圣陶次子,江苏苏州人,作家,编辑家。

③ 朱世藕(1934—2009),女,浙江镇海人,朱国梁女,袁牧之妻,曾任北京昆曲研习社社务委员。

同日　复周颖南信,告知同意由香港书谱出版社影印出版《古槐书屋词》。

20日　作随笔《乐知儿语说〈红楼〉·甲戌本与脂砚斋》。文章分析了"脂砚'绝笔'在于甲戌本吗?""曹雪芹非作者?"和"红楼迷宫,处处设疑"三个问题,他说:"《红楼梦》行世以来从未见脂砚斋之名,即民元有正书局石印的戚序本,明明是脂评,却在原有脂砚脂斋等署名处,一律改用他文代之。我在写《红楼梦辨》时已引用此项材料,却始终不知这是脂砚斋也。程、高刊书将批语全删,脂砚之名随之而去,百年以来影响毫无。自胡适的'宝贝书'出现,局面于是大变。我的'辑评'推波助澜,自传之说风行一时,难收覆水。《红楼》今成显学矣,然非脂学即曹学也,下笔愈多,去题愈远,而本书之湮晦如故。窃谓《红楼梦》原是迷宫,诸评加之帏幕,有如词人所云'庭院深深深几许,杨柳堆烟、帘幕无重数'也。"

中旬　收到丁声树4月10日来信,详细介绍了流行于西南地区的"茄鲊"的做法和贮藏之事。

20日　本日至21日,人民文学出版社编辑陈建根来寓所谈《唐宋词选释》校样。俞平伯应嘱将《一九七九年五四周甲忆往事绝句十章》书赠陈建根。

21日　王湜华来访,送来文化部新校《红楼梦》样本,请俞平伯提意见。

22日　收到叶圣陶来信两封。

23日　致俞润民信,谈到自己已经写作了十篇关于《红楼梦》的文章,不拟示人。因系"信笔所书,不宜公开"。

同日　复叶圣陶信,谈诗词的吟诵与鉴赏的关系。俞平伯认为:"诗心微妙,通于禅悦,二者恐只隔一层薄纸。悟入无所不可。如生平多与文字为缘者若以言文得悟，即祛除理障矣。""吟诵因仍不离于语言文字，省却诠表的一个转弯，便觉直捷痛快了。"又谈到诗和词的区别，他说："诗之变为词，词之变为曲者，不仅于文学史为物穷则变，且适合于古今语法之变，实不得已也。"他认为词曲打破了五七言的窠臼，"词曲即是新诗，即是白话诗，但这白话，是广义的"。

26 日　复许晴野信，并寄赠照片一张和近作诗二首。

29 日　上午，偕夫人至张允和家参加纪念欧阳予倩曲会，听过去几次录音。潘清如、谢锡恩、许宝驯、周铨庵、陈颖、朱世藕、许淑春、关德泉等在座。录音的最后是"俞平伯鼓，朱传茗笛，周铨庵笙"。

月末　完成《乐知儿语说〈红楼〉·茄胙、茄鲞》的写作。俞平伯在文末回忆五十年代搞《红楼梦》八十回校本，"用有正戚序本作底子，我当时不大满意，想用庚辰本而条件不够（庚辰本只有照片，字迹甚小，亦不便抄写）。现在看来，有正本非无佳处，'茄胙'之胜于'茄鲞'便是一例"。他哀挽参校《红楼梦》而在"文革"中被迫害致死的王惜时（即王佩璋）女士，说："余年齿衰暮，无缘温寻前书，同校者久归黄土，不能再勘切磋，殊可惜也。"

本月　中共中央组织部、中共中央宣传部、文化部、全国文联在北京联合召开全国文艺界落实知识分子政策座谈会。这是粉碎"四人帮"以来专门研究落实文艺界知识分子政策的一次重要会议。

本月　应嘱为姜德明所藏丰子恺书录苏曼殊名句条幅题字。

本月　应嘱为山东省淄博市淄川蒲家庄"蒲松龄纪念馆"题诗一首，录 1937 年游青岛道观旧作。诗云："垂髫曾听聊斋志，及见劳山道士无。欲访太清寻往迹,耐冬花好绛云铺。"

5 月

1 日 《"五四"六十年纪念忆往事十章》发表在香港《新晚报》。

同日 复叶圣陶 4 月 28 日来信,并寄赠新作《答谢圣陶为题〈古槐书屋词〉》诗一首,感谢叶圣陶为《古槐书屋词》题扉页。

同日 复周颖南信。

2 日 致叶圣陶信,附《词选琐记》修改稿候正。

4 日 《"五四"六十周年忆往事诗十首》发表在上海《文汇报》和香港《大公报》。

同日 应邀出席中国社会科学院在人民大会堂举行的"五四"时期老同志座谈会。同时代的邓颖超、许德珩、茅盾、胡愈之、叶圣陶、许杰、杨晦、顾颉刚、冯至等均在座。

6 日 复黄君坦信,谈《唐宋词选释》中敦煌曲子版本文字异同的处理意见,云:《唐宋词选释》"所据即王重民本,未看到卷子照片,只依文义韵脚以臆测校正,诚不够谨严,却亦有一看法,以为选本不比专集,宜于眉清目朗,便于吟诵欣赏,若记校勘反觉累赘。各家词异文亦多,且弟于版本甚疏,亦藏拙之意耳。敦煌卷子讹乱极多,须添不少小注,徒令读者目眩惊讶。"

7 日 复叶圣陶信,谈诗。

10 日 致叶圣陶信,并附寄修改后的《"五四"六十周年忆往事诗十首》。

11 日 复叶圣陶信,续谈诗,谓:"近有一妄想,新旧诗可合流,不改其形式而酌更其内容。粗拟如下:一、多用白话句法;二、少用词藻;三、不用典,极熟易知者酌用;四、情思清楚健康。

不居革命之名,而有更新之实。古来岂无以白话入诗者,却非有意为之,故不成为流派也。"他说自己"好幻思缛采,与今之主张殆背道而驰矣,因宜作自我批评"。并寄赠新作《以"五四"忆往诗再稿呈叶圣陶兄感赋一诗》。

12日 张允和来访,为俞平伯演唱的昆曲《活捉》一折、许宝驯演唱的《游园》录音。

同日 致周颖南信,谈对于诗歌的看法,"认为旧瓶可装新酒,但装得好,也并不太容易"。他提出了应该做到的四点:(一)多用白话句法;(二)少用辞藻;(三)不用典故;(四)思想清楚,情感健康。并以近作《赠叶圣陶绝句二首》作为旧瓶装新酒的尝试,寄赠周颖南。

13日 胡忌致信俞平伯,拟恢复北京昆曲研习社。

上半月 应嘱为李一氓藏知圣道斋《烬余词》题跋,发表在本年5月28日香港《大公报》。

16日 复叶圣陶信,续谈诗。对前谈"新旧诗可合流"又有补充意见,谓"一、不忌重字,避重韵(异义者不计)。二、笺而不注。凡述本事皆笺,不用密码则注自少。且原密而译为明码,亦似无味。如《锦瑟》《秋柳》聚讼无休,有注则明,然义山、渔洋决不自注。诗不自注,自有深旨,非出偶然,或缘躲懒。且注若过多,便有喧宾夺主之弊,不能眉清目朗"。

18日 复许晴野信,感谢其将《"五四"六十周年忆往事诗十首》转交香港《文汇报》发表。

中旬 开始审读人民文学出版社送来的《唐宋词选释》二校样。

20日 应文化部副部长贺敬之邀请,与茅盾、王昆仑、叶圣陶、吴组缃、启功、吴世昌、吴恩裕、周汝昌、张毕来、端木蕻良等出席《红楼梦学刊》编委会成立大会。午餐时,俞平伯被安排坐在李希凡、蓝翎之间,俞平伯认为"亦颇融洽"。同时,将近作短文《说诗不宜过细》一篇面交叶圣陶。此文举古典诗词解释中的例子,说明说诗不可拘泥,求深反惑的道理。

21 日　中国社会科学院院长胡乔木签发"学术委员会委员证书",聘请俞平伯为本院文学研究所学术委员会委员。

23 日　致陈次园信,并附寄近作短文《说诗不宜过细》一篇。

24 日　复叶圣陶信。

本月　应魏绍昌之嘱,为他的"赵丹绘,白杨写《石头记·咏菊》诗"画册题短句。

6 月

2 日　复周颖南信,告知"上月《红楼梦学刊》开会颇盛,我非编委,亦偕圣翁列席,港报有传真照片,未知得见否"。

3 日　叶圣陶来访。

同日　作《移居有赠》诗四首。

4 日　复周颖南信。

7 日　许宏儒来访。

8 日　复许宏儒信。

9 日　写读《红楼梦》的感想:"以世法读《红楼梦》,则不知《红楼梦》;以《红楼梦》观世法,则知世法。"

13 日　北京昆曲研习社十六名曲友联名给俞平伯来信,请其恢复北京昆曲研习社的活动。

15 日　本日至 7 月 2 日,中国人民政治协商会议第五届全国委员会第二次会议在北京举行。俞平伯因病出席会议次数不多。

18日 在政协会上读近作诗《听〈政府工作报告〉有感》,以代发言,刊载于《政协简报》。

21日 复周颖南信。复许宏儒信。

25日 致叶圣陶信,并附近作诗候正。

下旬 将为外孙女韦梅书写的诗册,拍摄照片二十张,托王益知寄赠周颖南。

7月

2日 复周颖南信。

4日 复潘耀明信,回答他所提出的问题,说:"我青年时代只是喜欢瞎写,并非作家。晚年更少写作,亦并无计划。"又说:"我对于近来'红学'的看法,觉得有些过于拘泥,如大观园地点的考证。"

5日 致牟决鸣信,感谢她赠送新出版的《何其芳诗稿》,并将新作诗《追怀其芳同志二章》寄赠牟决鸣。

同日 致叶圣陶信:"二十天开会辛劳,……弟亦勉支,多蛰居湖南厅,罕睹大会之盛,与旧友把晤尤稀,仿佛矮人观场耳。"

6日 由章元善领衔、五十八名昆曲曲友联名致信俞平伯,恳请领导恢复曲社活动。俞平伯复信,因病不能胜任。

同日 复马士良信,谈读其《十老歌》的感想,尤忆及十老中的马寅初"昔年曾蒙枉驾老君堂寓,今享期颐之寿,且其说大行,足慰平生"。

10日 复周颖南信,并将请章元善为其书写的诗笺寄去。

12日 复曲友联名签名信,谓因病不能胜任主持曲社的工作。

同日 复许宏儒信,称赞其和茅于美填的词"清丽可诵",

"亲切宛转为佩"。

13日 致叶圣陶信,谈及"曲友来函欲弟重主持曲社,其意甚盛,而弟病躯不耐烦剧,已敬谢之"。此时,北京昆曲研习社已在筹备恢复曲社活动之中。

14日 复周颖南信,并附寄近作《何其芳所长〈诗稿〉新刊题句》诗二首。

16日 复叶圣陶信。

24日 复许宏儒信,与其探讨新诗和旧体诗的问题。俞平伯说:"诗、词、曲三者同源而异流,各有门庭不厮混,而愈变愈近口语。话虽如是,却与今之白话诗不同,以其仍有形式、格律也。有似束缚,实是关键所在,诗之所以成诗。否则只是'诗意'而已。新诗之兴起,历六十年,迄未建立,其故可思。毛主席虽提倡新诗,而其所作皆旧体,从实践亦可明其真意也。此义甚繁,非短札能尽者,故妄言之耳。"

同日 复牟决鸣信,为她读《追怀其芳同志二章》后所作的唱和诗调平仄,改韵脚。

26日 复周颖南信。

30日 复叶圣陶信。

8月

2日 复许晴野信,并用其馈赠的手制笺书录有关《红楼梦》的诗一首,寄赠许晴野。

4日 《何其芳所长遗著〈诗稿〉新刊为题二绝句》发表在香港《大公报》。

8日 复叶圣陶信,谈叶圣陶旧作《兰陵王》词。

12日 香港书谱出版社社长梁披云之子梁仲虬来访,谈有关《古槐书屋词》出版事宜。

13 日　复周颖南信。

15 日　中国作协改选,派人将选票送至家中。俞平伯认为"此次选举民主化,办理且认真"。

16 日　复姜德明信,回答他所提出的问题。在谈到《遥夜闺思引》时,说:"五言长篇,昔年呓醉之语,不值分析,留供赏玩耳。印本有数种,皆珂罗版,已不甚记得了。"

17 日　收到叶圣陶 13 日来信,即复信。

29 日　复周颖南信。

9 月

月初　应陈荒煤约稿,将《词选琐记》扩充改写为《略谈诗词的欣赏》,发表在本年 10 月 25 日出版的《文学评论》双月刊第 5 期。俞平伯认为欣赏诗词,以自学为主,当明作意,还要反复吟诵,则真意自见。"笺注疏证亦可广见闻,备参考。'锲而不舍''真积力久',即是捷径也。"

2 日　复叶圣陶信,谈及文学所陈荒煤为《文学评论》约稿事。

4 日　复周颖南信,并附寄近作《黄君坦兄以题水竹村人设色花卉画幅诗索和,即次原韵》诗二首。

10 日　收到叶圣陶 8 日来信。复短信,并附《略谈诗词的欣赏》底稿候正。

同日　复周颖南信,并附寄近作诗三首。

16 日　复许晴野信,感谢其寄赠《书谱》杂志第 4 期,并指出《书谱》中的两条错误,请他转告《书谱》编辑部。

19 日　收到叶圣陶 17 日来信,即复短信。

同日　复周颖南信。

21日　应邀与亲戚乘车同游玉渊潭公园。

27日　上午，香港书谱出版社社长梁披云来访。中午，宴请梁披云，并邀请叶圣陶、叶至善、黄君坦、王益知、袁绍良等作陪。席间，将《古槐书屋词》手稿面交梁披云。

28日　复周颖南信，感谢他寄赠复印长诗《重圆花烛歌》。告知长诗手稿无须寄还，即以相赠。

30日　复周颖南信。

本月　《题新刊〈何其芳诗稿〉》发表在《甘肃文艺》月刊第9期。

本月　《回忆〈新潮〉》发表在北京出版社出版的《文史资料选编》第3辑。

本月末10月初　作《"大学之道"说》，费时较多。

10月

1日　中华人民共和国成立三十周年国庆日。俞平伯从电视中观看国庆盛典，心中喜悦，说："此景不睹已二十多年，家国沧桑，如在梦中；新添学生布阵图，变字前所未有也。"

3日　致叶圣陶短信。

6日　上午，张允和来访，谈曲社恢复事，讨论第一次彩排剧目。

11日　收到叶圣陶9日来信。复信中谈及周颖南的《潮音花雨满人间》一文，认为文中记述赵朴初谈佛法，"语颇简要，似较前见之谈佛法者为胜"。

同日　本日至22日，九三学社在北京召开第三届全国社员代表大会，俞平伯因年老体弱，需人扶掖，不甚方便，只出席了开幕式和闭幕式，并当选为中央委员会委员。

12 日　复周颖南信。

17 日　复周颖南信,并附寄为《重圆花烛歌》补写的题跋。

18 日　复叶圣陶短信,并附赠近作《〈重圆花烛歌〉复制本跋语》。

21 日　致华粹深信,并赠送《重圆花烛歌》复印本一册,毛笔一支,均请俞润民代交。

22 日　复潘耀明信,感谢其寄赠放大镜。

27 日　复叶圣陶 22 日来信,谈及"'九三'开会,旅进旅退者两度而已,得晤旧友,大都颜鬓苍然,似曾相识,盖二十一年矣。"并附寄近作短文《己未九月朝偶记》。

30 日　本日至 11 月 16 日,中国文学艺术工作者第四次代表大会在北京举行。俞平伯因病仅出席了三次,其间,作《祝第四次文代大会》诗一首。

本月　《唐宋词选释》由人民文学出版社出版。内收唐五代和宋代七十五人的词共二百五十一首。俞平伯说:"此书曾于 1963 年试印二百册。其后拟修改之,经过文化革命,其底本幸未遗失,遂得加工重印出版。鄙意说诗不宜过繁,只当精益求精,并非多多益善。喧宾夺主,反使本旨混淆,读者疲劳。因之觉得比过去的《读词偶得》等书或者稍好。……深入浅出并不容易。"

11 月

1 日　美国耶鲁大学教授余英时、傅汉思①来访。

6 日　香港《新晚报》发表潘耀明的《俞平伯的创作生涯及其

---

① 傅汉思(1916—2003),张充和夫婿,美国耶鲁大学东方语言文学系教授、系主任。

他》。

11日 致牟小东信,并附寄近作《祝第四次文代大会》诗一首。

16日 出席第四次文代会闭幕式,并与叶圣陶相遇。

17日 复华粹深信,谈参加文代会"得遇旧友,颇多感慨。距第一次会已三十年矣"。

20日 书录近作唱和黄君坦《题徐东海绘设色花卉画幅诗》并附注,赠送许晴野。

21日 作《乐知儿语说〈红楼〉·秦可卿死封龙禁尉》一文,为杨宪益新译《红楼梦》第十三回回目的译文指谬。

23日 作《乐知儿语说〈红楼〉·宝玉之三妻一爱人》。

25日 复叶圣陶22日来信,谈到"近得港剪报'九三'、文代二会上弟之影片颇多,皆称为'红学家',却之无术,受之无名,良可愧也"。同时,谈到出版社来商谈,拟重印旧作《读词偶得》一事。

26日 复周颖南信,并将王湜华撰写的《文代会前夕访俞平伯》剪报寄赠。信中谈到周策纵①来信,邀请俞平伯出席明年夏天在美国威斯康星大学召开的国际红楼梦研讨会之事,说:"我年老有病,且旧业抛荒,自不能去。此书问题复杂,恐议论纷纷耳。"

27日 张允和来访,谈本月17日金紫光召开南北昆曲老艺人座谈会之事。

本月 《临江仙·一九六三曹雪芹逝世二百周年作》发表在

---

① 周策纵(1916—2007),湖南衡阳人,定居美国,美国威斯康星大学东方语言系和历史系终身教授。

《红楼梦学刊》第 2 辑。

本月 《记"夕葵书屋〈石头记〉卷一"的批语》发表在《红楼梦研究集刊》第 1 辑。

12 月

9 日 为《乐知儿语说〈红楼〉·秦可卿死封龙禁尉》补记一小节。

10 日 收叶圣陶 5 日来信,复信并赠送旧存《古槐梦遇》一册。

14 日 复潘耀明信,谈近得佚诗《丁丑青岛纪游诗》之事。

19 日 下午,北京市剧协在吉祥剧院主办北京昆曲研习社恢复活动后的第一次演出招待会,俞平伯偕夫人应邀至剧院观看演出,由周有光接送。

20 日 《现代作家书简——俞平伯致上海师范学院图书馆资料组》发表在《上海师范学院学报》。

21 日 致郭学群信。

24 日 北京大学教授吴小如和北京昆曲研习社张允和来访,一起商谈请曲社社友到北京大学为留学生演出昆曲《游园》和《夜奔》之事。

同日 致叶圣陶信,谈苏州曲园修复及由香港书谱社出版《古槐书屋词》诸事。

26 日 复郭学群信,并附寄俞曲园《病中呓语》照片四张。

27 日 收到叶圣陶 25 日来信。寄赠叶圣陶《唐宋词选释》一本。

28 日 复叶圣陶信,详谈曾祖父俞樾的坟墓应该受到文物保护事宜。

29 日 致叶圣陶信,淡对素不相识的广东陈鸿舒寄来的严既澄诗稿七卷,名曰《初日楼言志集》的后五卷似非出于一手的看法。

31 日 复华粹深信,并寄赠《唐宋词选释》一本,为其病中遣闷。

年内 《红楼梦辨》由台湾台北河洛书局翻印出版。

1980 年(庚申) 80 岁

▲6 月,首届国际《红楼梦》研讨会在美国威斯康星大学召开。

▲7 月,中国红楼梦学会成立。

1 月

1 日 复周颖南信,说:"《红楼梦》讨论会将于六月中旬在美国威斯康星开会,策纵来书意甚恳切,我自因衰病未能去,负此佳约。但总需写些诗歌文章以酬远人之望,亦不能草率,故颇费心。"

5 日 复潘耀明信,同意将《丁丑青岛纪游诗》寄给其发表。

7 日 收到叶圣陶 4 日来信,复信并附前作"和黄君坦诗"。

同日 复许晴野信,感谢其惠寄新月历。

10 日 收叶圣陶来信及关于修复曲园的文稿。

11 日 复叶圣陶信,谈到因力不从心,不拟参加在美国威斯康星大学举办的国际《红楼梦》研讨会。

18 日　寄赠叶圣陶《红楼梦研究集刊》创刊号一册,请叶圣陶、叶至善父子阅正《记"夕葵书屋〈石头记〉卷一"的批语》一文。谓:"小文只是片楮孤证,恐无说服力,却是文化革命前未佚之文,亦幸草之属。"

20 日　复毛国瑶信,详谈《记"夕葵书屋〈石头记〉卷一"的批语》一文得以保存并在《红楼梦研究集刊》创刊号发表的经过。而"夕葵书屋"《石头记》残页原件与照片均已无存。

25 日　八十周岁诞辰。叶圣陶为之祝寿。

同日　复周颖南信,并附寄应嘱所书"子恺纪念文集"题签一张。

26 日　致叶圣陶信,其中谈及"'红楼'已成显学,而愈讲愈坏,以其不向明处走,而向暗里去。如伪制文物从而瞎说之,又不仅争争吵吵也"。

月初　接受九三学社牟小东的采访,回答有关《红楼梦》研究的问题,俞平伯说:"《红楼梦》里有些内容是反映了阶级斗争,……但是,不能说全部是反映阶级斗争的作品。尽管王静安(国维)的《红楼梦评论》是唯心主义的观点和悲观厌世的人生态度,但是,他从美学、伦理学角度来评价《红楼梦》,这一点还是可取的。"另赠送其新出版的《唐宋词选释》一册。

本月　旧体诗《杭州杂咏》五首发表在《西湖》月刊第一期。

2 月

1 日　收到叶圣陶寄来的发表在《苏州报》上的《俞曲园与曲园》一文的剪报。复信中谈及自己在"上月病中颇多空想",其一是为自己"拟得一名曰'信天翁',又不敢用,恐引起误会,其实只是一种鸟名而已。闻此鸟身矮步迟,海岛中间或有之,殆将绝种,亦稀有鸟也"。

同日　致牟小东信,谈及苏州近有重修曲园之议,并以叶圣陶所作《俞曲园与曲园》一文的剪报赠送牟小东。

3日　北京昆曲研习社召开恢复活动成立大会,大会提请俞平伯任曲社名誉主任委员。

8日　复周颖南信,感谢其汇款祝寿。信中说:"驹隙年光,已逾八十,马齿徒增,无足称者,弥觉惭愧耳。"并附寄诗笺两张,一为许宝驯夫人手书《鹧鸪天》词,一为俞平伯手书三十年代旧作诗。

11日　应九三学社邀请,至人民大会堂参加座谈会,"坐听发言,已颇觉吃力"。

12日　致北京昆曲研习社社友信,婉言谢绝担任曲社名誉主任。

13日　复许晴野信。已收其来信、照片及有关俞曲园行事之剪报。

15日　除夕。收到叶圣陶12日来信。复信中由3月初将纪念蔡元培逝世四十周年,联想到六十年前蔡元培与胡适讨论《红楼梦》,俞平伯认为"楚则失之,而齐亦未为得也。以考证笑索隐,亦五十步笑百步之类耳"。

同日　复潘耀明信。

18日　作《〈青岛纪游诗〉校识》,谓:"此篇成于丁丑,佚于丙午,坠履遗簪,不复挂怀。又十余年,己未冬日,徐甥家昌在天津图书馆旧报中觅得之,钞寄京寓,开函恍然。稍加整理,删去二十字,得一百八十二韵。""予旧有长篇凡五,此其一也。虽无离题谰语之失,不免凡庸拖沓之病,似有韵之文,殆非诗也。而记叙详尽,当时颇费心力,亦觉弃之可惜。且昔年先父赐评,有'横厉无前,仍复细腻熨帖'之誉。其秋即有芦沟桥之变,侍亲佳游遂成末次。存此佚篇,志吾永慕。"

19日 收叶圣陶春节来信。复信请叶圣陶转去为黄裳写的条幅。另外谈关于修复苏州曲园之事,因需资金五十万元,困难较大,拟就此作罢。

3月

1日 致叶圣陶信。

4日 周有光、张允和夫妇等十人来访,举行家庭曲会,并录音以纪实况。

同日 复潘耀明信,告知《丁丑青岛纪游诗》已于春节时寄去。

6日 收到叶圣陶3日来信,即复信。

12日 复周颖南信,说:"我近体粗安,仍足不出户。购得一录音机,……偶吟哦诗赋,乡音拥鼻,聊以自娱而已。"

同日 复潘耀明信。

13日 复黄裳信,谈对自己的诗词作品的态度,谓:"诗稿八卷佚于丙午,前尘往事过眼飘风,不复措意焉。缀缉词稿仅得数十首,亦不甚完全,而所失不多。若海外印成,缘法亦可喜也。"

21日 收到叶圣陶17日来信。复信谈苏东坡词《念奴娇》"小乔初嫁了"。

25日 致牟小东信,请其将叶圣陶、顾颉刚、谢国桢、俞平伯等八人联名致苏州文物局任之彬局长,请求修复苏州曲园的函稿,转呈九三学社中央主席许德珩。

28 日　复扬州郁念纯①信,谈及北京昆曲研习社恢复活动,自己也未能参与,"只旧时曲友偶相叙耳"。

29 日　复周颖南信,附寄六十年代拟赠梅兰芳的对联一副,并附跋语。

30 日　复潘耀明信。

本月　应嘱为黄裳书《拟赠梅兰芳联并注》。

本月至 4 月间　应嘱为王湜华收藏的《燕知草》初印本题识。

本月　百花文艺出版社版《现代六十家散文札记》收录林非的《俞平伯》。

本月　俞平伯题签、厦门市教师进修学院、厦门第一中学主编的语文教学阅读资料《艺苑花絮》刊印。

4 月

3 日　复陈次园信,将应嘱为《倾盖集》题签一并附寄。

10 日　《青岛纪游诗》发表在香港《海洋文艺》第 7 卷第 4 期。

11 日　收到叶圣陶 6 日来信。复信谈琐事。

13 日　收到潘耀明寄来《海洋文艺》第 4 期一册,其中刊有《丁丑青岛纪游诗》。

14 日　复潘耀明信。

15 日　梁披云来访,告知 5 月底出版《古槐书屋词》。俞平伯要求赠书五十本。

---

①　郁念纯(1912—1997),字熙如,号熙庐,江苏宝应人,扬州广陵曲社社员,曾任江苏省昆剧研究会常务委员。

16 日　致张人希信,感谢他寄赠姓名印章。

17 日　收到叶圣陶 14 日来信,复信谈及读舒芜论《红楼梦》之文,发现其引后四十回与前八十回之文相混。他说:"弟并非坚持己见,但曹作高续既内外证据明确,似亦不能置之不顾。具体之例,如黛玉临终时说'宝玉你好',我一向觉得很拙劣,决非雪芹笔墨,比写晴雯之死差得太多。舒文引此亦觉未善。"

同日　复周颖南信,并附寄近作诗。

19 日　复潘耀明信,感谢其寄赠《海洋文艺》共五期。信中说:"读海外文,结文字缘,诚可喜也。"

20 日　为黄裳珍藏之清顺治刻本《拙政园诗余》题写跋语。

21 日　复张人希信。

28 日　收到叶圣陶 26 日来信,复短信。

30 日　访叶圣陶,二人均借助于助听器谈话,并在叶寓庭院海棠花前合影。

本月　《丁丑青岛纪游诗》"观樱花"一节又发表在《朔方》月刊第 4 期。

5 月

1 日　复潘耀明信,感谢其寄赠新著《当代中国作家风貌》两本。

2 日　晨,口占旧体诗《庚申三月十六日访叶圣陶兄》答谢叶圣陶。

同日　复张人希信,并书赠近作诗一首,以感谢其寄赠《书谱》杂志。

3 日　致叶圣陶信,并附赠近作诗《庚申三月十六日访叶圣陶兄》。

6日　复周颖南信,并附近作《庚申三月十六日访叶圣陶兄》五言小诗一首。

7日　收到叶圣陶4日来信,复信谈关于叶圣陶新任中央文史馆馆长之事。此时,《古槐书屋词》样书已见。

10日　复周颖南信,告知"《古槐书屋词》已看到样书,甚精"。另外,针对周颖南请其为《重圆花烛歌》向友人征题事,回答说:"我素寡交游,在京之文章老辈亦只相识耳。年来常与叶圣陶、黄君坦二翁通信往还。圣老尚健而目力近来很差,看书需用两镜(眼镜、放大镜)尚只能看四号铅字。且事情多,可谓贤劳。……又由我请人题识,似有自我欣赏、希人赞美之嫌,不如兄径自请之,更为得体。"

15日　致张人希信。

16日　收到叶圣陶12日来信。复信谈《古槐书屋词》一书中的装订之误。

17日　复张人希信,"属写件"一并附去。

同日　复黄君坦信,寄赠手书诗页的照片四张,其中有诗《深秋残月》《甲子年纪时事》,词《临江仙·咏〈红楼梦〉》以及拟赠梅兰芳的对联。

18日　致牟小东信,谈为修复苏州曲园,由许德珩、章元善、顾颉刚、叶圣陶、俞平伯、谢国桢、易礼容、陈从周联名写的建议书已寄给国家园林局和国家文物事业管理局局长。

23日　作《〈文成公主·远行〉折耐圃制谱跋》。

按,1960年,俞平伯曾将《远行》曲谱书赠曲友张茂滢。二十年后重观旧物,"览之怃然",因此,摄影留迹,并写此跋。

26日　写致"国际《红楼梦》研讨会"信,信中谈了三点意见:(一)《红楼梦》毕竟是小说,今后似应多从文哲两方面加以探讨。

(二)建议编一"入门""概论"之类的书,将红学中的"取同、存异、阙疑"三者皆编入,以便于读者阅读《红楼梦》。(三)《红楼梦》虽是杰作,终未完篇;若推崇过高则离大众愈远,曲为比附则冥赏愈迷,良无益。他还谈了自己的红学思想的变化,说:"我早年的《红楼梦辨》对这书的评价并不太高,甚至偏低了,原是错误的,却也很少引起人注意。不久,我也放弃前说,走到拥曹迷红的队伍里去了,应当说是有些可惜的。既已无一不佳了,就或误把缺点看作优点;明明是漏洞,却说中有微言。我自己每犯这样的毛病.比猜笨谜的怕高不了多少。"

同日 复周颖南信,谈及潘伯鹰的遗诗,说:"潘老题诗雄健悲感,佳作也。用'九儒'灵妙。元人有'九儒十丐'之说,恰应今语之'臭老九'。诗中用典人每不喜,其实用得恰当巧妙,亦是很有趣的。且一语可包数语,而白话不能。"

28 日 收到叶圣陶 26 日来信,即复信。

29 日 致叶圣陶信。

本月 线装影印《古槐书屋词》由香港书谱出版社出版,收词七十二首。全书由夫人手书,黄君坦题封面,叶圣陶题扉页,另有叶遐庵的序和夫人的跋。

本月至 6 月间 为俞润民出差去日本赋诗一首,谓:"距我初次出游六十年矣。"

6 月

5 日 收到叶圣陶 5 月 30 日来信。即复信。

同日 致潘耀明信,称赞其《当代中国作家风貌》一书:"论述精详。关于我的一部分推奖颇多,虽看过原稿仍觉惭愧,……述其他作家,得广见闻,亦幸事也。如有人拟续作《红楼梦》,即向所未知者,此事很有意义,却非容易。"又说:"港刊《广角镜》载吴世昌与周汝昌笔战之文,……亦红学之新闻也。"

7 日　收到叶圣陶来信及《题〈重圆花烛歌〉》绝句四章,复信致谢。

10 日　收到叶圣陶 7 日来信及惠赠照片六张,即复信。

同日　复周颖南信。已收其本月 1 日来信和《知堂遗稿》印本。

同日　复黄裳信,感谢其惠示周邦彦、姜白石词集,及惠赠吴梅村手迹"南湖春雨图照片"。随信附寄近作"八〇年四月海棠花前偕圣翁留影五言一首",即《庚申三月十六日访叶圣陶兄》诗。

11 日　收到叶圣陶来信,即复信。

15 日　致叶圣陶信,谈及"近时诗歌多注而古人例不自注,偶注亦甚少,自是时代不同之故。弟意存诗之风格与晓谕读者,不可偏废,宜尽量少注,不得已始下注"。

16 日　梁披云的侄女送来《古槐书屋词》样书十八本。

同日　本日至 20 日,在美国威斯康星大学召开首届"国际《红楼梦》研讨会",俞平伯是第一位被邀请的中国红学家,因年老体弱,未能到会。因此,他书赠旧作诗《题〈红楼梦〉人物》一首,托冯其庸带到会上。当时有很多人为俞平伯不能出席在美国威斯康星大学召开的首届"国际《红楼梦》研讨会"而感到遗憾。文船山在他写的《吴恩裕、周汝昌、冯其庸与大陆红楼梦研究》一文中说:"在大陆被邀的学者中,以俞平伯的名气最大,最老资格,五十年代以前,他是公认的首屈一指的《红楼梦》研究家,他亲自审校的《脂评》,是日后许多红学家研究的基础。五十年代他被……斗垮斗臭,但在海外红学研究界中声誉仍存。海外许多红学家均望有机会与这位集红学研究大家、五四以来散文大家和中国最早新诗人一身的才气纵横、学养深厚的长者一谈，以慰三十年来对他的苦难命运的挂怀。但此次他却没法赴会，使许多企望者都感惋惜。"

17 日 端午节。寄赠叶圣陶《古槐书屋词》一册。另，致叶圣陶信，谓杭州市园林局请俞平伯题九溪之横额"溪中溪"三字，被其谢却。信中附近作戏效板桥道情咏古诗一首并跋。

同日 寄《古槐书屋词》两册，分赠新加坡友人周颖南和潘受。

同日 致潘耀明信，请其用前存稿费购买十本《古槐书屋词》，代为赠送香港友人李侠文、潘际坰、许晴野、胡士方、何竹孙、金庸、郝明以及潘耀明等。

同日 寄俞兆瑾①《润民东游为赋一诗》。

中旬 谢国桢来访。俞平伯以《重圆花烛歌》手卷复制本相赠。

21 日 《北京晚报》发表俞平伯的《绝句二首》。

按，实是 1959 年春所作《戏题外孙女韦梅初演〈还魂记·游园〉二绝句》。

23 日 收到叶圣陶 19 日来信，复长信。

25 日 致叶圣陶信。

28 日 黄裳来访。"虽早年通信，顷始得晤。"

同日 复周颖南信，说："今岁有两书出版，可称幸遇，距《红楼梦研究》行世，二十八年矣。贡献既少，亦未必佳也。"

29 日 托王益知由香港转寄《唐宋词选释》精装本两册，分

---

① 俞兆瑾，俞箴墀女，俞平伯堂妹，祖籍浙江德清，寓居江苏无锡，曾任无锡高等师范学校教师。

赠新加坡的周颖南和潘受。

30 日　收到叶圣陶 27 日来信,复信谈古今诗和词等。

7 月

2 日　复周颖南信,谈对"国际《红楼梦》研讨会"和目前"红学"现状的看法。说:"《红楼》本是难题,我的说法不免错误,批判原可,但不宜将学术与政治混淆。现得到澄清便好。……威斯康辛盛会情况,略见报载。如有人以电子计算机来研《红》,得到前八十回、后四十回是一人所作之结论,诚海外奇谈也。周汝昌拟补曹诗,先不明言,近始说出,态度不甚明朗。吴世昌却硬说是真雪芹作,周决做不出,在港《广角镜》以长文攻击,且涉政治,更为不妥。""《红楼梦》成为'红学',说者纷纷,目迷五色。我旧学抛荒,新知缺少,自不能多谈,只觉得宜作文艺、小说观,若历史、政治等尚在其次。此意亦未向他人谈也。"

4 日　复潘耀明信,并于日前寄赠《唐宋词选释》一册。

5 日　复张人希信,并附寄应嘱为郭风、何为二人所书条幅。

8 日　收到叶圣陶 6 日来信,即复信。

10 日　致叶圣陶信,谈到阅读有关国际《红楼梦》研讨会的报道甚多且详,"颇饶花絮,收获似不多"。他认为"若此问题原非开会所能解决者"。

同日　复郁念纯信,谈及陆萼庭所著《昆剧演出史稿》"与一般文学史不同,罕见之作",又谈到"昆曲衰微,非无故也"。

同日　复周颖南信,谈及"闻近在哈尔滨又开红学讨论会,我不能去,亦不知其消息也"。

13 日　梁披云来访。

14 日　复周颖南信,谈《红楼梦》索隐派与考证派的利与弊。

俞平伯说:"红学,索隐派祖蔡子民,考证派宗胡适之(虽骂胡适,仍脱不了胡的范围)。考证派虽煊赫,独霸文坛,其实一般社会,广大群众的趣味仍离不开索隐,所谓双峰并峙,各有千秋也。于今似皆途穷矣。索隐,即白话'猜谜',猜来猜去,各猜各的,既不揭穿谜底,则终古无证明之日,只可在茶余酒后作谈助耳,海外此派似尚兴旺。考证切实,佳矣,却限于材料。材料不足,则伪造之,补拟之。例如云曹雪芹像有二,近来知道皆非也。——或姓俞,——或姓潘,而同字雪芹。殆梁(羽生——笔者加)所谓'走火入魔'者欤。"

18 日 复张人希信,谈及"我青年中岁,都喜乱写散文,很不纯正(大逊朱、叶二友)。林非以左立言未为甚失。承足下及郭、何二公加以赞赏,既悦且愧,岂有蒙庄之遗韵乎! 其时好谈名理而不醒豁,又喜效滑稽却不太风趣,皆其失也。诗稿亡佚,难言整理,盛意拳拳,心感之至"。

同日 复陈秉昌信,并附寄剪报一页。

19 日 收到叶圣陶 15 日来信,复信续谈有关《红楼梦》的事情。谓"前传王冈画悼红轩像,近发现原来题跋四张,未提雪芹之名,上款或书'进老',不知何人,是只可存疑。雪芹遗物,传者纷纷,殆皆不甚可靠也"。

24 日 复周颖南信,谈及"闻近在哈尔滨又开红学讨论会,我不能去,亦不知其消息也"。

25 日 致叶圣陶短信,并抄奉旧作七绝一首。

26 日 复潘耀明信,云:尚余一册《古槐书屋词》,"拟以赠梁羽生。其人以武侠小说著称,未曾与之通信,未知其住址。……他近写杂文,颇佳。"

27 日 复周颖南信。

28 日　收到叶圣陶 24 日来信,即复信。

同日　复郁念纯信,谈本年 6 月 21 日《北京晚报》所发表的题韦梅演《牡丹亭·游园》的诗《绝句二首》,其标题全系妄拟,"原文全不如此,其时、地、人、作意均不合。如我诗云'绝倒观场俊眼人',谓明眼观众要笑煞了,何尝是赞美呢。时在五十年代,我外孙女与其女友在原北京昆曲研习社试演,与现在的昆曲研习社无关,完全张冠李戴了"。

30 日　中国红楼梦学会成立。俞平伯被聘为学会顾问。

同日　复周颖南信,谈及《浮生六记》"文极明清简要,我青年时喜之。《六记》只有其四,后又传其他二记,伪也"。

本月　俞平伯在二十年代校点的《浮生六记》作为"中国小说史料丛书"之一,由人民文学出版社出版。俞平伯的《重刊〈浮生六记〉序》《〈浮生六记〉年表》以及《题沈复山水画》等作品均作为"附录"收入书中。

8 月

2 日　看望新出院的顾颉刚,于榻前略谈,并面赠《唐宋词选释》一册。

3 日　收到叶圣陶 7 月 30 日来信,复信并附近作诗。

4 日　致潘耀明信,感谢其惠赠咖啡两罐。

10 日　复周颖南信,谈及香港文学研究社出版《俞平伯选集》,为"中国现代文选丛书"之一,出版者并未来接洽,幸得香港潘耀明购赠一册,方知此事。另附赠应嘱所书《咏〈石头记〉人物图》条幅。

同日　收到叶圣陶 7 日来信,复短信。

13 日　致叶圣陶信。

15 日　复许晴野信,感谢其购寄《古槐书屋词》。信中谈及港刊《俞平伯选集》,其《前言》署名谭鸣,俞平伯认为"其文不俗而赞誉颇盛,愧之"。

同日　复张人希信,谈所传曹雪芹像及题诗之事。

16 日　收到张人希所寄 6 月 19 日香港《文汇报》和第 7 期《读书》杂志,得读双翼撰《〈雪芹小像〉四题咏发现》一文和王延龄撰《略论新红学派》一文。

17 日　复张人希信,谈王冈所绘曹雪芹像与陆厚信所绘同样不可靠。俞平伯认为王延龄撰《略论新红学派》一文,文章不长,"而三十年来'红学'大概可知。态度平允,没有火气,少提当代人名,不提贱名尤妙。'不以人废言'原是老话,如果'批孔'就不好说了"。

20 日　收到叶圣陶 17 日来信,复信谈琐事。

25 日　复潘耀明信,感谢寄赠港版《俞平伯选集》,认为"书品佳,《前言》多奖饰"。

27 日　致俞润民信,云:"我今年刊行三书,亦前所未有者。"

28 日　致潘耀明信,再次请他代购《古槐书屋词》十本,并赠送香港友人陈秉昌一本。

同日　复周颖南信,谈及《文学评论》第 4 期发表的王若望的《从〈红楼梦〉看文艺的社会效果》一文,认为其中"谈五四年批判事平允,亦佳讯也"。

同日　复陈秉昌信,已收到他的题《重圆花烛歌》诗《平伯先生伉俪花烛重逢大庆》一首。

同日　本日至 9 月 12 日,中国人民政治协商会议第五届全国委员会第三次会议在北京举行。俞平伯因年老体弱,只出席大会四次。

本月　《诗刊》第8期发表吴小如的《关于〈唐宋词选释〉》。

9 月

3 日　复周颖南信。

4 日　复潘耀明信,向其借阅杜如明之《忆雪楼词稿》,谓"其人其书均所未知"。

7 日　收到叶圣陶上月来信。复短信谈及出席全国政协第五届第三次会议,谓"弟赴会殊少,只在湖南厅旁听,在家课读《简报》,窥豹一斑"。附寄曲园公佚诗抄件及清华园"自清亭"照片印本。

10 日　复许晴野信,感谢其寄赠港版《俞平伯选集》两册,答应为其书写横幅,录旧作《暮》。此条幅于本月中旬寄赠。

中旬　叶圣陶、叶至善父子来访、畅谈。

20 日　致许晴野信,请其留意香港《新晚报》发表的郑逸梅写有关俞平伯的特写,希望能见惠简报。

24 日　因病未能参加北京大学纪念许宝騄诞辰七十周年集会,作对联一副送去。联云:"早岁识奇才,讲舍殷勤共昕夕;暮年空怅望,云天迢递又人天。"

同日　复周颖南信,并寄赠《浮生六记》一本。

27 日　致叶圣陶信,感谢叶圣陶、叶至善父子数日前来访。附近作纪念许宝騄一联及应嘱为叶至善所书条幅。

同日　复潘耀明信。此时,潘耀明已调到三联书店香港分店任职。

月末　叶圣陶来访,晤谈。

本月　生活·读书·新知三联书店版唐弢著《晦庵书话》收录《西还》《遥夜闺思引》《俞平伯散文》《叶俞合著》。

10 月

3 日　收到叶圣陶来信,即复信。

4 日　复周颖南信,谈及"我处存有曲园公手书《缪悠诗》七律原稿,纸已黯敝,乃于第三次文代会时,老舍所赠,上有其手书款识,可宝也"。

10 日　复周颖南信,谈及最近意外买到一本父亲诗集《绚华室诗忆》,"清光绪甲午(1894)木刻本,乃我父三十岁以前的悼亡诗。先母彭夫人,彭刚直公之孙女。此书我从未见过。距今八十六年。是从别人家中流落出来的,居然回到我手,可谓奇事。书品甚佳,有收藏图记姓赵,其人不知"。

15 日　致潘耀明信,谈到 9 月 27 日香港《新晚报》发表了郑逸梅写的记载俞平伯儿时往事的文章,说:"这些事无人知之,是我供给的,因郑老来函相询也。"

同日　复陈次园信,回答他有关《古槐书屋词》的问题。

19 日　复黄裳信,感谢其惠赠俞氏家集两种,一为曲园公《金缕曲》单行本,一为姊遗诗刊本。回信中说:"蜗居芜杂,弟亦衰病,不如仍归邮架,庶几物得其所,寒门与有荣焉。"另诵读黄裳所珍藏的《裁物象斋诗钞》,从中解决了《浮生六记》题词人署名中的一个误字。日后写成札记《〈浮生六记〉二题》。

21 日　作《〈浮生六记〉二题》。

同日　复吕剑信,告以赠送《古槐书屋词》一册,请其暇时来取。

22 日　复周颖南信,并附寄应嘱为《潘受行书南园诗册》所作的题签。

同日　收到叶圣陶来信,即复信。

同日　复费在山信,回答关于"古槐书屋"和"三槐"的来历。

23日　短文《莫愁湖楹联》发表在《海峡时报》"双语版"。

24日　复德清县馀不诗社信,谢绝担任名誉社长。

29日　复张人希信,并附寄应嘱为单复所书条幅。

11 月

1日　复陈从周信,答应为他的散文集作序。

2日　收到叶圣陶10月30日来信,即复短信。

4日　复周颖南信,并附寄黄裳作《在三里河》一文之片断,文章记载了走访俞平伯的情形。

17日　复馀不诗社信,答应为该社书写条幅。

20日　收到叶圣陶15日来信,复信并附赠近作诗《〈左传〉蒙诵》一首。

23日　应嘱为陈从周的《书带集》作序。文章指出:"文章之道千丝万缕,谈文之书汗牛充栋。言其根源有二:天趣与学力。天趣者会以寸心,学力者通乎一切。所谓'近取诸身,远取诸物,虽古今事异,雅俗情殊,变幻多方,总不外乎是。如车之两轮不可或离,而其运用非无轻重。逞天趣者情词奔放,重学力者规矩谨严。文之初生本无定法,及其积句、成章,必屡经修改始臻完善,则学力尚已。盖其所包者广,耳目所接无一非学。此古人所以有'读万卷书,行万里路'之说也。"

24日　致叶圣陶短信,附为陈从周《书带集》所作序文初稿候正。

同日　复上海邓云乡①信。

25 日　复俞润民信,嘱其将《古槐书屋词》一册转送华粹深。

26 日　复周颖南信,并附寄《菩萨蛮·庚申小春病榻》词一首。

28 日　收到叶圣陶来信,即复信。

12 月

5 日　致潘耀明信。

6 日　复潘耀明夫人信。

7 日　偕叶圣陶到法源寺,参加弘一大师纪念会,观看"弘一大师书法金石音乐展"。

同日　将近作诗《读左儿情·(一)颍考叔、公孙阏》一首,寄赠吴小如。

10 日　致叶圣陶信,感谢叶圣陶"枉驾相迎,俾得从游古寺,参与法会"。

17 日　收到叶圣陶 12 日来信,复信并附寄近作《〈诗·邶风·燕燕〉略说》一文。

20 日　复许晴野信。

23 日　收到叶圣陶 19 日来信。复信并附近书旧作《柬谷音曲社友人四绝句》,请转交《文艺报》编辑吴泰昌。

25 日　顾颉刚逝世,闻讯悲痛不已。

30 日　收到叶圣陶 28 日来信,即复信,并附代拟词《浣溪沙·题〈振飞曲谱〉,祝八十寿》一章。

---

①　邓云乡(1924—1999),原名邓云骧,山西灵丘人,毕业于北京大学中文系,与魏绍昌、徐恭时、徐扶明并称"上海红学四老"。

同日 复张人希信,感谢其惠赠水仙花和新刊《书谱》杂志。

春 复郁念纯信,并忆录旧作《戏题外孙女韦梅初演〈还魂记·游园〉二绝句》书赠。信中说:"我的诗稿佚于丙午,来书所云关于昆曲的诗篇不复省忆,只记得两首,书奉留念。"

夏 香港文学研究社出版"中国现代文选丛书",其中有《俞平伯选集》,内收新诗十四题十八首,散文、小说二十四篇。书前有谭鸣撰写的《前言》。此书为偷印,出版者未与俞平伯接洽。

秋 访顾颉刚,于病榻前把晤,并面赠《古槐书屋词》一册。

秋 应嘱为旧日清华大学学生卞僧慧书写扇面,录旧作《柬谷音曲社友人四绝句》。

年内 应嘱为迁居恭王府后旧院一角的黄宗江题写"焦大故居"室名。题字发表在 1985 年《诗·书·画》第 23 期。

年内 应嘱为德清师范学校题词:"博学、审问、慎思、明辨、笃行",以此勉励学生们。

1981 年(辛酉)　81 岁

▲3 月,茅盾在北京逝世。

▲4 月,中国作家协会主席团扩大会议讨论通过,决定筹建中国现代文学馆。

1 月

6 日 致牟小东信,回答有关杭州西湖右台山法相寺附近的曲园公墓的问题,希望牟小东写文章时,呼吁浙江省政府保护此墓。

10 日 收到叶圣陶 7 日来信,复信详谈《纳书楹曲谱》的重要性及唱昆曲"关键在于运气"的特点。

13 日 生日。

15 日 收到叶圣陶来信,即复短信。

22 日 华粹深逝世,闻讯悲痛不已。

23 日 委托外孙韦奈作为代表参加顾颉刚悼念会。

24 日 复周颖南信,并附剪报多张。

25 日 致张人希信,云日前厦门工艺美校教师郑兰来访,要求写"兰华堂"三字横批,俞平伯因"体孱手软",没有当即书写。

本月 旧作诗词《戏题外孙女韦梅初演〈还魂记·游园〉二绝句》和《临江仙·咏〈红楼梦〉》由徐振民谱曲,刊载在扬州业余昆曲研究组《内部交流资料》第 5 期。

本月 被聘为华东师范大学中文系古典文学研究室的不定期刊物《词学》编委会编委。

2 月

1 日 收到叶圣陶来信。复信中谈及曾派外孙韦奈前往参加顾颉刚悼念会,另附近日续作诗《读左儿语》三首。

同日 收到新加坡友人潘受赠款两百元。

2 日 收到叶圣陶来信及 1948 年自己致叶圣陶伤悼朱自清之信,读后颇多感慨。应嘱抄录挽朱自清联,并表示对此联当时就不满意,今日犹然。谓"文辞表达情思本是有限度的,'辞达而已'谈何容易"。

4 日以前 庚申岁阑,手书近作诗《读左儿语之五·庄廿八年楚子元伐郑之二》和词《菩萨蛮庚申十月病中》,寄赠吴小如。诗云:"童子携琴扫敌楼,空城佳计至今留。县门不发楚言出,已占先声第一筹。"俞平伯在诗注中节引了《三国志·蜀志·诸葛亮传》裴注所引"郭冲三事",并谈了对京戏《空城计》的看法,认为"此即后来京戏《空城计》所本,只时地不同,与失街亭无关,亦未在城楼上弹琴耳。舞台咫尺,移远就近,恍如晤对。以'琴音'之宁静,表出武侯之处险若夷,一心不乱,能赚仲达之听,愈信其有伏兵矣。其设想之佳,布置之善,袭旧弥新,诚杰作也"。先生在《菩萨蛮》词跋中说:"有似小说,戏笔也。其人其事托诸想象,是征人归棹,非思妇楼头。景虽幻设,天趣即文心也。"

5 日　春节。致邓云乡信,并附近作小诗。

8 日　复周颖南信,请其转达对潘受赠款的衷心感谢。

11 日　致张人希信,应嘱为友人书写的条幅一并寄去。信中说:"我腕弱体劣,手不从心,聊酬友人之意,固不须致润笔也。远人盛意,心感。"

13 日　复邓云乡信,信中就邓云乡、陈从周偕游虹口公园,观"大观园建筑工艺"展览事,说:"大观园模型轰动申江,难言考订,可供娱悦,若鄙意总是空中楼阁耳。"又说:"自一月以来我患眩晕咳嗽,近已愈,惟仍苦疲荼,惮于构思。"

中旬初　收到陈从周寄赠的水仙画幅,应嘱赋诗一首。

14 日　收到叶圣陶来信。复信中谈自己的近作诗等。

同日　致俞润民信,附近作诗《陈从周绘赠水仙拳石答谢》一首。信中说:"陈从周寄一水仙画幅来,题'神仙春'三字,并属赋诗。"遂有此作。

15 日　《红楼梦学刊》第 1 辑发表庚申钱夷斋画"潇湘秋思",画上有俞平伯题字:"凤尾森森龙吟细细　平伯书。"

19 日　元宵节。致陈从周信,并赠诗《陈从周绘赠水仙拳石答谢》。

同日　复许晴野 9 日来信。

27 日　复周颖南信,并附寄《〈浮生六记〉二题》剪报,另有致潘受书信及赠潘受诗等,请其转交。信中说:"'秀才人情纸半张'且书亦不能尽意。其实我卧疾七年,新知短缺,旧学荒疏,猥蒙海外友人见爱,辄赐多仪,深感惭愧,非空言也。"又说:"与圣翁通信亦颇稀少,一个月亦不过两次,皆在老境。"

本月　《〈浮生六记〉二题》发表在《文汇》月刊第 2 期。

3 月

1 日　香港《大公报》发表梁慧如的《缥缈红楼感慨多》。

5 日　致信潘受,承谢惠金,并书一诗:"俚歌昔岁邀题字,居要情长白发玄。丹漆南行吾道重,名山德业寿君先。樗材愧荷朋簪赐,翠墨新挥海国篇。鸾鹤精神弥仰止,更期把晤在他年。"

6 日　收到叶圣陶 1 日来信,复信中谈阅读陈从周《园林谈丛》和《新文学史料》第 1 期的感想。

7 日　《文艺报》第 5 期发表叶至善的《〈俞平伯致叶圣陶的信〉跋》。

8 日　复俞润民信,云:"我近又为人写'红楼'歌,西北大学校长郭君(琦)属书,虽懒动笔亦不可却。将来此等事不易对付。"

10 日　复陈秉昌信,附近作诗《陈从周绘赠水仙拳石答谢》和《读左儿语·咏殽之战》二首。信中称赞陈秉昌的《西行吟草》"清新绵邈,辞情并胜"。

18 日　收到叶圣陶 10 日来信。复短信,并附近作《〈振飞曲谱〉序》手稿候正。

20 日　闻中国作协主席团召开会议,决定成立茅盾文学奖金委员会。此前,茅盾致信中国作家协会书记处,表示"捐献稿费二十五万元",希望"作为设立一个长篇小说文艺奖金的基金,以奖励每年最优秀的长篇小说"。

21日 收到叶圣陶来信。复信逐一讨论修改《〈振飞曲谱〉序》的意见,并附改本候正。

22日 再致叶圣陶信,续谈修改前文的一些构想。

同日 作诗《八一年三月廿二日寅刻口占视内卯时灯书》。

24日 复周颖南信,谈到:"我近况还好,只不大出门。近为昆曲名家、上海俞振飞新编的《曲谱》作序,用文言写,虽只数百字,修改颇费心力、时间,总是老态。借此与圣翁切磋讨论,亦一乐也。"

25日 作随笔《忙与闲》。

27日 惊闻茅盾逝世,作挽联:"惊座文章传四海;新民德业播千秋。"

同日 致邓云乡信,对近日所见《红楼梦学刊》第1期以及香港《大公报》等报刊上常常出现很多错误,感到不理解。

同日 叶圣陶来访,面告昆腔水磨工夫之实况,使《〈振飞曲谱〉序》修改得更充实。

28日 致叶圣陶信,附茅盾挽联候正。

31日 致叶圣陶信,续谈对《〈振飞曲谱〉序》的修改,另附寄近作短文《忙与闲》一篇。

4月

4日 将《〈振飞曲谱〉序》修改稿再寄叶圣陶阅正。

5日 致叶圣陶信,谈及中华书局送纸索书,拟得一诗相赠。

6日 收到叶圣陶4日来信。复信中谈到银球往复,切磋文稿修改的意见，深感"文字得失，会以寸心；安得逢人而语。始知所谓'不把金针度与人'者（见元遗山诗）非不肯，乃实不能为耳"。

10 日　《俞平伯近体诗九首》发表在《诗刊》第 4 期。

同日　致张人希信，谓："我近体仍疲软，偶作短文小诗而已。"

11 日　复许晴野信，附寄《〈浮生六记〉二题》复印件和茅盾挽联。

同日　复周颖南信，说："《〈振飞曲谱〉序》，与圣翁商讨，近始脱稿，俟他日写奉。"另附短文一篇，希望在南洋报刊发表。

13 日　应"顾颉刚纪念集"编委会征文，作《思往日五首附跋——追怀顾颉刚先生》。

14 日　雨中偕章元善访叶圣陶，并在室内照相，畅谈欢饮。

按，俞平伯在本年 4 月 19 日致俞润民信中说："十四日雨，偕章元善同访叶圣陶（由叶圣陶处派小车接送），留饮欢叙。续1975 年之会，而五老只余三人矣。"

叶至善在《两位学者七十年的情谊》一文中说："还有一件事许多人都知道，那是文革后期了，每年海棠盛开的时节，父亲总要郑重其事地请王先生，还有章元善先生、顾颉刚先生、俞平伯先生一同来我们家赏花。赏花不过借个名目，五位少年时代的朋友已经白发萧疏，可以说都几经沧桑，还能够相聚在一起纵情地喝酒谈笑，这样的机遇怎么能不珍惜，怎么能轻易放过。"

15 日　《忙与闲》发表在《海峡时报》"双语版"。

17 日　致周颖南信，并附近作《思往日五首》，拟在新加坡报刊发表。

19 日　致俞润民信，谈许宝骙拟写关于《红楼梦》文章的事。

26 日　应邀出席《红楼梦学刊》编辑部在北海公园仿膳饭庄的宴请,并会晤了日本红学家松枝茂夫和伊藤漱平。

27 日　王益知来访。

28 日　复周颖南信,请其与梁披云接洽,取回《古槐书屋词》原稿。

上旬　应嘱为昆曲家俞振飞新编《振飞曲谱》所作的序文,经与叶圣陶商讨修改后定稿。

本月　上海《文学报》创刊。由邓云乡提议,报社按期寄赠俞平伯。

5 月

2 日　应俞润民夫妇邀请,至永安南里七号楼观儿子新居,并作《雏凰》诗一首书赠。

6 日　复潘耀明信,感谢其寄赠香港新刊本《清真词释》。俞平伯说:"虽是偷印,而复制颇佳,绝版书借以流通。"又说:"我仍体弱而笔札烦冗,盖所谓'无事忙'也"。

11 日　收到叶圣陶 6 日来信,复短信并附近作诗一首。

15 日　《忙与闲》发表在《海峡时报》"双语版"。

同日　收到叶圣陶来信及寄赠照片,复短信并附近作诗一首。

16 日　致张人希信,谈《红楼梦》。

24 日　致邓云乡信,谓"中华书局周振甫来。拟重印我旧作《读词偶得》《清真词释》。上海方面前者来商洽拟印我的论诗词杂著,……恐有重复"。请邓云乡代向上海古籍出版社探询,以便有所选择。

29 日　复邓云乡信,并附去二笺,请邓云乡转致上海古籍出版社何满子先生,谈出版《论诗词曲杂著》事。复信中说:"出版方面之意甚盛,而鄙人方悔其少作,固无意于重刊也。"

月初 俞平伯被推选为"鲁迅诞辰一百周年纪念委员会"委员。

6月

1日 收到叶圣陶来信,复短信。

2日 复张人希信,并对其收藏先高祖俞鸿渐诗集《印雪轩诗钞》"且蒙赏鉴",表示感谢。谓:"以伯曾祖昔年宦闽,遂留片帙,是亦缘也。"

4日 周颖南来访。应嘱为其即将出版的《颖南选集》题词:"南国声华。"

同日 晚,与叶圣陶、张伯驹、黄君坦、王益知联合在三里河河南饭庄宴请周颖南夫妇。席间,共同欣赏了关良的《五醉图》手卷。

5日 致邓云乡信,并附赠"和黄君坦"诗。信中说:"古籍出版社魏同贤君来,如何编辑'诗词杂论'已商谈,将于下半年开始。他们求大,而我意欲小,因恐其讹谬流传耳,终须从他们之意,奈何。"另将应嘱为"书法"社中人书写的条幅,请邓云乡转交。

6日 端午节。中午,由长女俞成陪同,到北海公园仿膳饭庄漪澜堂,出席周颖南的宴请。叶圣陶、丁玲、胡絜青、夏承焘[①]、黄君坦、王益知等在座。

---

① 夏承焘(1900—1986),字瞿禅,别号谢邻、梦栩生,浙江温州人,著名词人、词学家。

同日　致叶圣陶短信,另附为前作《临江仙·咏〈红楼梦〉》词下半章所作注释候正。

同日　本日至 7 日,庄明理在南沙沟一号楼家中宴请周颖南和梁披云,俞平伯应邀作陪。他说:"肴既丰盛(有福建风味),主人款客殷勤。自移居后,我在同院居邻吃饭,尚是初次。"庄明理为主持侨务工作者,曾由易礼容介绍来访。

12 日　收到叶圣陶 8 日来信,复信中谈及 1920 年所作和清真韵《玉楼春》词,认为《清真词》实佳,"根柢在于言之有物,辞能达意。思想不必超妙,却当行出色。后人推崇备至,未免繁而寡要。近乐简易,故妄言之"。当日晨窗,俞平伯得一句诗"垂老偏宜夺秒阴",此句"有感于《论语》'朝闻道'之言,夫子固亦甚亟也。寿居五福之先,而人每乏正解。敬之未必有变,蔑之似觉唐突;卖老固属失态,叹老大可不必"。他认为:"人生重在始末,中间只是过场耳。童真往矣,返不可追,桑榆暮景即人生之黄金时代也。"

13 日　致邓云乡信,谓:"《词学》首期不久可出书。蛰存又为次期征稿,文思不属,无以应之,聊检六十一年前小词一首付之,恐未必满意。"小词即指 1920 年庚申清明地中海舟中作《玉楼春和清真》。

同日　致堂弟俞海筹信,谈曲园公所书寒山寺碑被苏州妥善保存之事。

14 日　致俞润民信,谓:"我近作章元善寿诗,又作《红楼琐闻》小诗,今附去一看。每硬抠字面,不顾文理、情事,近来作文风气如此。"

15 日　再致叶圣陶信,续谈 12 日所作一句诗中对人生晚景的认识和理解。

18 日　收到叶圣陶来信,复信谈诗并附 1972 年 1 月所作诗二首候正。

20 日　复周煦良信,就其所关心的《长恨歌》的问题,与之进行探讨。

21 日　依苏州老宅曲园中的"乐知堂"匾额,得八字云:乐天、知命、安闲、养拙。引申为二十字:乐天不忧惧,知命不妄想,安闲啬心神,养拙慎言行。缩之为四字:乐知闲拙。

22 日　收到叶圣陶来信。

23 日　复叶圣陶信,并附近作《题张人希画〈月月红〉贺章元善九十寿》诗一首。

本月　张颂南等编选的《浙江现代作家创作选》由浙江人民出版社出版,内收俞平伯散文《西湖的六月十八夜》和《清河坊》两篇,附有作家简介。

本月　俞平伯为之题封面的《郑逸梅文稿》和荒芜的《纸壁斋集》出版。

7 月

1 日　收到叶圣陶来信,复长信谈 6 月 21 日所拟"乐天、知命、安闲、养拙"八个字,谓"其境界本不易到,心向往之耳"。另谓:"《读左》已得十章,亦颇晦涩,似非'儿语'。"并均已写赠叶圣陶。

9 日　复周颖南信,谓叶圣陶藏弘一法师手迹,有字不识。前得厦门张人希书,据古印文定为"私",良确。已询诸专家,答复亦同,可无疑问,"此近闻中之一快也"。另请周颖南转交一封致潘受信,感谢他寄赠唱和诗。

10 日　《〈俞诗补正〉读后》发表在《读书》月刊第 7 期。文章指出:《题沈三白画》绝句"原是两首,我忘记了,合成一首,见今本《六记》。一首比较概括,两首不免敷衍,但亦有可取处"。

同日 写录《续越女》诗五首。俞平伯在诗序中说:"余旧有《五美吟》已佚,忆得《西施》一章,其后陆续得四首,成于辛酉,距前五年矣。"

13日 致邓云乡信,谈施蛰存所编"《词学》"创刊号尚未得见,估计前途困难不少,以此道衰微,视昔尤甚,若报刊所载,每安一词牌名,而内容'浑不似'也。若论词之作,拘泥缴绕者多,惬心贵当者少。我亦自病其多而寡要。蛰存为第二期集稿,只以旧作未入词集者一首搪塞之,实亦无奈也。李易安《声声慢》'守着窗儿独自,怎生得黑',评家有谓'黑'字不许第二人押者。近修改旧诗,偶尔想到此乃暗用《老子》'知其白,守其黑'而分为两句,口语流美,令人不觉耳。我前编《词选》亦未想到"。

15日 复陈秉昌信。

25日 复许晴野信。此前,俞平伯曾应其嘱为韩国孝教授书写条幅,交韦奈转去。复信中谈到:"文艺陶冶性灵","虽门面不同,而根柢归一,或深或浅,要在能自得其趣耳。"

29日 为中央文史研究馆举行庆祝建馆三十周年座谈会赋诗一首致贺。

8 月

1日 收到叶圣陶7月28日来信,复信向叶圣陶介绍苏州汪嘉铨之伯父汪应千与其父汪补斋的著作手稿数种,拟请圣翁审阅并介绍出版。

4日 夕,叶圣陶的孙媳姚兀真来访,面交叶圣陶书信,取去汪补斋著述书一册,《汪应千日记》十三册。

5日 致叶圣陶信,谈读汪补斋书和《汪应千日记》的感想及稿件的来历。

6 日　以《续越女》诗之五书赠邓云乡。

9 日　致邓云乡信，请其便中来取嘱书件。此时邓云乡在北京。

10 日　《新观察》半月刊第 15 期发表林乐齐的《休言老去诗情减——俞平伯访问记》。此为三年前所访问者。

14 日　致邓云乡信，云："胡文彬①君属件，暇当为书之，或可于兄赴济前交卷。"

15 日　《俞平伯和顾颉刚讨论〈红楼梦〉的通信》发表在《红楼梦学刊》第 3 辑。俞平伯在小引中说："此一九二一年我与顾颉刚兄讨论《石头记》之往还书札。今经整理缮写，将付《红楼梦学刊》发表。"

16 日　收到叶圣陶 12 日来信，复信谈《汪应千日记》中的琐闻轶事。

同日　致邓云乡信，商量为石迅生等所画"叶圣陶像"画轴题字、署名等事宜。

18 日　致邓云乡信，续商为石、陈二君所画"叶圣陶像"题字事，顺告黄君坦住址，介绍邓云乡往访。

同日　复俞润民信，谈及"《新观察》15 期载我的访问记，作者为广播电台的林乐齐。事隔三年，且中英文文字不同，忽然刊出，不知是怎么一回事"。"上海古籍出版社要印行我的《诗词曲杂论》，篇幅相当大，已有草目寄来，在接洽中，大约明年可以出版"。

----

①　胡文彬(1939—2021)，辽宁人，中国艺术研究院红楼梦研究所研究员、中国红学会副会长。

同日　《记红学琐闻》诗二首发表在香港《新晚报》。

19日　收到叶圣陶来信,即复短信。

21日　下午,叶圣陶来访、畅谈,遂将石迅生等所画"叶圣陶像"画轴交给圣翁携归。

同日　复周颖南信。

同日　致邓云乡信,告知已为画像题字,曰"辛酉平伯书",并将画轴转交叶圣陶。

22日　致叶圣陶短信。

27日　作《〈华粹深剧作选〉序》。

本月　《书林》双月刊第4期发表刘九如的《重读俞平伯的〈红楼梦研究〉》。

9 月

1日　收到叶圣陶来信,复信谈自作诗文的构思及修改。诗指五律贺中央文史馆三十周年纪念一诗;文指《〈华粹深剧作选〉序》。

12日　复周颖南信。

同日　致张人希信,谈香港印《俞平伯选集》已有友人相赠,"虽是窃印,书编次颇佳,《前言》亦善,总可以多得流通也"。

19日　收到叶圣陶15日来信,复信谈琐事。

21日　黄君坦来信,谈读《俞平伯和顾颉刚讨论〈红楼梦〉的通信》的感想,说:"长篇说部剧本言情结尾,不外团圆出家二途,使曹雪芹着笔完篇,除却看破红尘,恐亦无他想法,八十回佳处,清而不浊,雅能通俗,高氏补编,以科名报答所亲,反觉索然,浊而俗矣。公与顾老从此处着眼,可谓探骊得珠。至于小说背境本属迷离,与史传、家传异,不必一一证实也。"俞平伯认为黄君坦来信谈《红楼梦》,"极清明简易"。

24 日　复俞润民信,说:"我近手软,但为应酬却为章元善九句写寿诗题在册子上,又为十月初在济南召开之红楼梦讨论会写一横披,亦应他们之请,不能却。"

同日　复吴小如信,谈到杨敏如曾与叶嘉莹教授"来寓谈词,不耻下问,意殊愧焉"。

25 日　闻鲁迅诞生一百周年纪念大会在北京举行。

27 日　已收到叶圣陶 22 日来信。复信中谈及自己的近况:"仍疲软,各会均不能赴。写字易失误,为元兄题册即写坏一字,而总有人索书,亦无可如何者。《红楼梦》讨论会十月在济南召开嘱书,为写一横披,长三尺许。诗云:'仙云缥缈迷归路,岂有天香艳曲留,左右朱门双列戟,教人怎看画红楼。'书中写楼房殊少,亦京师邸第实况也。若欲指实之,其唯天香楼乎。"

29 日　复周颖南信,回答有关杨绛著《干校六记》之事,说:"《干校六记》未见全文,只见其片段。1969 年 11 月 16 日文学所全体出发赴豫,学部留者列队相送,杨绛(季康)同志亦在其中,所记即此事。此去未言归期,预备在农村落户,故在工地造屋,并拟建家属宿舍。我等借住农家,一年有余,其情况略如前歌所言。"

同日　致邓云乡信,称赞其《今日曲园》一文,"叙述详明,洵为佳作",并向其详细介绍了苏州曲园的旧貌。

下旬　为祝贺章元善九十华诞,赋七律一首并题写在册页上,同时赠送"春在堂制墨"二笏,以介双寿。诗云:"与兄世谊逾朱陈,看到寒家七辈人。觅句思量文会友,移居新近德为邻。齐纨亲见挥椽笔,翠墨双题驻好春。黄发颐年如许绍,愿从撰杖乐吾真。"

10 月

2 日　致许晴野信,感谢他赠送"珍品多种,琳琅满目,大快朵颐"。并附赠近作小诗《记红学琐闻》。

5 日　与叶圣陶同访章元善,祝贺其迁入新居。

同日　致张人希信,谈《红楼梦》。

同日　本日至 10 日,在山东济南召开"第二次全国红楼梦学术讨论会"。俞平伯因病未能出席,遂将 1978 年 6 月 20 日所作《咏红楼·櫽括〈成都古今记〉中前蜀民谣为句》一诗,及新作序言,书为横幅,题赠第二次全国红楼梦学术讨论会。

6 日　致叶圣陶信,谈对其新作《元善兄九十初度》诗的修改意见。

9 日　北京各界人士一万多人在人民大会堂举行"纪念辛亥革命七十周年"大会。作为辛亥革命运动的亲身经历者,俞平伯作了《辛亥革命七十周年纪念》诗一首,诗云:"惊雷起蛰楚江头,今日红旗遍九州。玉宇秋明人尽望,同心亿兆巩金瓯。"

同日　收到叶圣陶 7 日来信,即复短信并附赠近作小诗。

14 日　复邓云乡信,谓《知堂回想录》和《知堂杂诗钞》均未见到,慨叹"前尘如梦,可胜道哉"。

26 日　复邓云乡信。此时邓云乡的《红楼识小录》已列入"红学"书籍出版计划,拟请俞平伯题签并作序。俞平伯回信说:"属题签当如命,届时希将款式写示,以便照样书之,恐拙劣耳。小序以愚自六六年后迄未写作关于此书文字,其发表者皆仅存之旧稿或小诗词,未便破例,希谅察,是幸。"

28 日　复张人希信。

同日　复周颖南信。

31 日　复叶圣陶信,并附《改旧稿梦中句》诗一首。

本月　《〈书带集〉序》发表在《学林漫录》第 4 集。

本月　《今昔谈》第 2 期发表郑逸梅的《俞平伯幼受曲园老人的熏陶》。

11 月

1 日　致邓云乡信,感谢其惠赠《知堂回想录》,谓"书颇难得,可谓珍品"。"其中有些可供史料,叙北大故人旧事,读之不胜感叹,昔日闲踪,皆为陈迹矣。"

4 日　作《荒芜〈纸壁斋集〉评识》,发表在本年 11 月 25 日纽约《华侨日报》。文章谈了对《纸壁斋集》旧体诗的看法。他说:"这是旧体诗,却有新生的意味。吾国诗体屡经变迁,虽是袭旧,亦有更新。以口语入诗,上承三百篇,下启词曲,新诗早已有之,只是不曾有意识地提倡罢了。五四以来,新诗盛行而旧体不废,或嗤为骸骨之恋,亦未免稍过。譬如盘根老树;旧梗新条,同时开花,这又有什么不好呢?"

7 日　致叶圣陶信,谈早年所拟诸联语,并附戏拟《寿人之目》。

12 日　由钱锺书介绍,为西德鲁尔大学教授马汉茂博士的德译本《浮生六记》作序。俞平伯说:"文章之妙出诸天然,现于人心。及心心相印,其流传遂远。《浮生六记》其文"无端悲喜能移我情,家常言语,反若有胜于宏文巨制者,此无他,真与自然而已。言必由衷谓之真,称意而发谓之自然。虽曰两端,盖非二义"。他说:"夫自传非史。凡叙生平,终不免于己有所宽假。今于书中主人公之缺点曾不讳言,绰有余情,无惭直笔,斯则尤不可及也。"

13 日 复周颖南信,谈为其修改文章的意见。

15 日 晚,致俞润民信,谈"文债两篇均已交卷,每篇仅数百字而修改颇费事。为德文译本《浮生六记》作序更不能马虎,顷已寄出。……此外仍不断有人要写字,我近来手眼俱差,且容易写错,拟拒却之,却不容易办到,将来总要辞谢的"。

17 日 致邓云乡信,附寄应嘱所书"红楼识小录"扉页题签。

18 日 致张人希信,并书赠近作水仙花诗和《菩萨蛮》词,以感谢其寄赠香港版《俞平伯选集》三册之盛情。

20 日 《谈王壬秋集唐联语》发表在香港《新晚报》。

23 日 复叶圣陶短信,另附近拟有关《石头记》对联并小引。

24 日 张允和、陈颖带字卷、礼物、提纲来寓。

25 日 《荒芜〈纸壁斋集〉评识》发表在纽约《华侨日报》。

同日 《关于〈长恨歌〉的通信》发表在《晋阳学刊》第 6 期。该刊特加"编者按",指出:"周煦良同志和俞平伯同志就《长恨歌》有关问题的通信很好,现征得作者同意,刊载于此。信中既有在学术问题上的探讨,又有互相尊重对方的切磋,观点不同,友谊常在,不因学术上的争论,而成为个人关系上的隔阂,这种风气在学术研究上是值得积极倡导的。"

27 日 复周颖南信。

28 日 本日至 12 月 14 日,政协第五届全国委员会第四次会议在北京举行。俞平伯因体弱,未能出席。

29 日 应嘱为潘耀明书横幅,录《越女》诗二首。

30 日 致叶圣陶信,并转去香港友人何竹孙来书及附件。信中谈及自己的近况:"行步愈劣,每作蟹行,前进殊艰,而会场广大,望而生畏,以致不能赴会,良堪悯叹。"

本月 《菩萨蛮·庚申小春病榻》《浣溪沙·答朱佩弦》发表

在《词学》第 1 辑。

本月 《辛亥革命七十周年纪念》诗一首发表在《红专》杂志第 8 期。

12 月

2 日 收到叶圣陶来信,即复短信,谈及"古今谈'心'者多矣,试妄揣之,似有三:一、肉心;二、脑系;三、灵魂。固宜存而不论,然而不妨思之。所知愈多,愈广大,则愈觉其不足与神秘,知与不知,有涯无涯,盖皆此义"。

同日 复邓云乡信。谈到"因体弱,步履艰窘,政协开会未克报到"。

4 日 致潘耀明信,感谢其寄赠新年月历。

同日 复俞润民信,谓:"我近来手脚均软弱无力,行步愈感困难,盖因风疾加神经衰弱所致。……写字暂停,好在笔债已大体完毕。"

14 日 《谈王壬秋集唐联语》发表在新加坡《星洲日报》。

19 日 复叶圣陶信,谈及近况:"更疲荼,用手扶不得力,则步行益难,自虞磋跌,半亦由于神经。眠食如常,……不甚写字,偃卧看些新的闲书,……聊以遣日遮眼。"所读之书有叶圣陶的《北上日记》,陈从周所编《徐志摩年谱》重印本,黄裳之《金陵五记》,香港印《知堂晚年信札》等。

同日 复潘耀明信,感谢他寄赠贺年柬和新挂历。

21 日 收到叶圣陶来信及为《汪应千日记》所作序文。

同日 复周颖南信,并附近作《荒芜〈纸壁斋集〉评识》剪报。

22 日 复叶圣陶信,谓自己"走路靠扶,六年以来久成习惯,只是近来手亦不得力,有把柄握之始稳,……以近视兼老花,配镜不易合度,仍摘镜看书,不耐久视,只图遮眼而已"。

同日 复施蛰存信,就江西人民出版社拟重印《杂拌儿》文集之事,说:"他们嘱我作《前言》,未能同意。方恐讹谬流传,悔其少作。他人重印则可,若自己本无此想,既不肯定,亦不否定,殊难着笔也。"因此,请施蛰存代作《题记》,曰:"尽可放笔为之,不必拘泥。旧学商量,亦一乐也。惟不宜溢美,以增颜汗耳。""若顾名思义,'杂拌儿'者,平民所食瓜豆小品,以娱新岁,本不登大雅之席。当初之意,不过尔尔。"

26 日 收到叶圣陶 24 日来信,即复信,谈为其所作《〈汪应千日记〉序》略作修改之事。

同日 由钱锺书介绍,香港《广角镜》月刊记者马力来访。

29 日 复邓云乡信,谓:"大著中知将谈及怡红夜宴图问题,良慰。其中心在于翠墨此夕是否到怡红院。兄言'的确有一翠墨'固是,但记中只言探春加派伊同春燕邀客,未言其到怡红院,当自回秋爽斋矣。(是夕诸人无带婢者)试问翠墨若来,主乎客乎。周图列席香菱之上自是客。来书涉及钱数,是主。殆皆非也。'告假的不算'指怡红诸婢,亦与翠墨无关。若骰点计数,兄言矙是,通行之麻将、牌九均然。窃谓原图并无遗漏,周君标新立异,曲解以成其说耳。又补檀云故事则尤奇幻。"并将《记红学琐闻》诗稿寄给邓云乡。

31 日 致张人希信,感谢他寄赠《知堂回想录》一书。信中指出此书"文坛资料极多,且是第一手,比较可信,惜刊本讹字多耳"。

月末 叶圣陶由叶至善陪同来访。

夏 应费在山之嘱,为其装裱成册的《俞曲园携曾孙平伯合影》题跋。

本年　《西湖》8 月号发表乐齐的《"古槐书屋"变迁记》。《红专》第 9、10 期合刊发表徐家昌①的《俞平伯的词曲研究》。

1982 年(壬戌)　82 岁

▲1 月,中共中央发出《关于检查一次知识分子工作的通知》,肯定知识分子工作发挥的作用。

▲9 月,中国共产党第十二次全国代表大会在北京举行,邓小平提出"建设有中国特色的社会主义"。

1 月

1 日　致叶圣陶短信,告知已将汪补斋著作转交许以林面呈汪嘉铨。

同日　致许晴野信,请他代为询问香港《新晚报》的稿酬之事。

2 日　生日。

7 日　上午,张允和来访,谈昆曲《文成公主》的整理和演出之事。许宝驹作词,俞平伯校订,许宣儒发表。

8 日　复周颖南信,"谈王壬秋联一文,在港、新二地发表,闻竹孙先生言颇得好评,亦可喜也"。并附寄《陈从周〈书带集〉序》的剪报。

同日　复潘耀明夫人信。

10 日　《荒芜〈纸壁斋集〉评识》发表在《读书》月刊第 1 期。

11 日　复俞润民信,谈读侦探小说的感想。又谈到"近不用

---

① 　徐家昌(1920—2002),俞平伯外甥,曾任天津人民出版社编辑。

毛笔写字,只用钢笔,幸此笔甚佳,笔尖较粗,即此有些字还每缺而不全。又易脱字。写信非复看一遍不可"。

同日　复邓云乡信,云:"谈怡红文盼得读。"

同日　复周颖南信。

15日　致张人希信,并附寄应嘱所书条幅。

16日　致叶圣陶短信,问安。因叶圣陶患眼疾,已于4日住院。

同日　复郭学群信,并附寄旧作诗《明定陵行》,以应上海图书馆为建馆三十周年征稿。俞平伯说:"故纸灰飞,新思枯窘,难于应命,只以烬余塞责。""此诗曾写示人数次,却未发表过,此尚是初次也。"

18日　复陈秉昌信,并附寄与周煦良讨论《长恨歌》通信剪报。

20日　《咏红楼·檃括〈成都古今记〉中前蜀民谣为句》发表在《文史哲》第1期。

28日　复施蛰存信,感谢其寄赠《燕子龛诗》。信中谈及与周煦良讨论《长恨歌》之事,说:"昔年臆测,难成定论,不期有赏音,遂复一书,近已刊出。"

29日　复周颖南信,谓近体虚弱,"写字作文稀少,只应答必要之书札耳。卧床多于行坐"。

30日　中共中央发出《关于检查一次知识分子工作的通知》。《通知》肯定了我国知识分子在革命和建设中所发挥的巨大作用,要求进一步消除对知识分子的偏见,真正做到政治上一视同仁,工作上放手使用,生活上关心照顾。

本月　浙江人民出版社版姜德明著《书边草》收录《〈杂拌儿〉和〈杂拌儿之二〉》《古槐梦遇》。

2 月

2 日　复施蛰存信,称赞其所作《重印〈杂拌儿〉题记》"文情委婉,不蔓不支,允推合作,惠我良多。虽无夸饰,犹未免过爱之誉"。

6 日　收到叶圣陶 4 日来信,即复信。信末谈及夫人"久病,今又加剧"的症状,谓"老病侵寻,人生不免。弟怀殊劣,犹可勉支"。

同日　本日至 4 月 6 日,在夫人病重、逝世期间,记有《壬戌两月日记》。

7 日　下午,夫人许宝驯病逝。俞平伯无比悲痛,欲哭无泪,形同木立。从此,他不再打桥牌、唱昆曲,以此悼念夫人。

同日　叶圣陶派儿子至善及孙媳前来吊唁。梅贻琦夫人韩咏华偕杨敏如、高棣华前来吊唁。

8 日　上午,张允和、周铨庵、谢锡恩来吊唁。下午,章元善来吊唁。晚,乔象锺、李凤林来吊唁、慰问。

10 日　开始陆续作《悼亡诗》,哀至即书,共成诗二十首,总名为《半帷呻吟》。

同日　王湜华、刘世荬、黄君坦先后来慰问。

11 日　王益知、袁绍良来访。另收到荒芜、吴小如、邓云乡、弥松颐来信。

12 日　收到俞大缜来信,信中谈到新儒林外史之打油诗,云:"元任雍容尔雅,志摩俊俏风流。寅恪古貌古心,志希怪模怪样。"俞平伯在《日记》中慨叹:"今赵公尚在,余皆古人矣。形容酷肖,为之怅然。"

同日　晚阅林纾译小说《雾中人》。

13 日 复俞大缜信。

14 日 将夫人的骨灰盒放置卧室壁柜之顶层,晨夕相守,以俟身后合葬,同归于冥漠。

同日 许宝骙夫妇来访。

同日 收到郭学群发来唁电。收到德国马汉茂夫人廖天琪来信。

15 日 《咏红楼·骦括〈成都古今记〉中前蜀民谣为句》发表在《红楼梦学刊》第 1 辑。

同日 阅林纾译小说《玑司刺虎记》。

16 日 自拟联语:"此后无人惊犹语;从来何处重痴情。"

同日 致徐北汀信。寄赠邵怀民《遥夜闺思引》一本。许宝骙来访。

17 日 上午,王湜华来访,以近拟对联书赠。下午,徐北汀来访。晚,阅林译小说《剑底鸳鸯》。俞平伯认为:"林译甚佳,胜过新林译。以晚年名垂年老,不免杂以他人之笔耳。"

同日 致黄君坦信,并附寄昨拟对联。

18 日 收到陈秉昌寄赠武夷风景片,即复明信片。另收到马汉茂来信和李赓钧夫妇来信。

19 日 复俞润民明信片。

20 日 将前拟联语的下联改为"更从何处话前尘"。并将修改后的对联书赠叶圣陶。

同日 复张人希信。

21 日 收到施蛰存寄来的《词学》第 1 辑。收到俞大缜寄件和杭州徐通翰来信。

22 日 钱锺书、杨绛来访,因家人未通报,以致未晤。

同日 复徐通翰信。

23 日　得知昨日钱钟书、杨绛来访事,立即派女儿俞成代为回访致歉。

同日　阅林译小说《三千年艳尸记》,至 26 日阅毕。俞平伯认为此书"怪诡亦谈哲理,如长生轮回均异于东土"。另在《日记》中记载:"题《剑底鸳鸯》上册,言中西文笔有相似之处,盖人同此心耳。"

27 日　阅林译小说《脂粉议员》。复吴小如、王湜华、黄君坦信。

28 日　王湜华来访。俞平伯以旧作《未名之谣》草稿付之,俾其录副,以免佚失。

同日　阅林译小说《芦花余孽》。

本月　生活·读书·新知三联书店出版的《榆下说书》发表了黄裳的《古槐书屋》一文。

3 月

1 日　收到叶圣陶 2 月 27 日来信,即复信,谈对夫人病逝仍不能释然于怀。信中说:"近寂居外,以林译小说与《庄子》遣日遮眼。亦颇有所感,惜未能详论耳。"

同日　复俞润民信。阅林译小说《西奴林娜小传》。

2 日　陈次园、吕剑、王湜华来访。收到常风(镂青)发来的唁电。收到陈从周的慰问信。

同日　阅林译小说《不如归》,至 5 日阅毕。

3 日　致叶圣陶长信,谈读《庄子·至乐》篇"鼓盆"事之所感。

4 日　致吴小如、王湜华信。阅小说《双冠玺》。

5 日　王湜华来访,带来《未名之谣》抄件三份。一份赠送叶圣陶,一份自存,一份由王湜华保存。

6日 复周颖南信。

同日 复陈从周信,并附寄近作《悼亡诗》一首。信中谈到自己"近日生活如在梦中,以理遣情而情不服,徒倚帷屏,时时怅触"。

同日 读林译小说《天囚忏悔录》。俞平伯在《日记》中说:"吾亲藏林译小说,颇珍视之,予昔年亦未能悉读。今暮年失偶,以遣悲寂,非始料所及,且往往见吾父题字,卒读悲怆。"

8日 读新林译小说《香钩情眼》。

同日 致施蛰存信,感谢其为夫人逝世致唁慰问。信中说:"我固能以理遣情,丽陈迹太多,处处怅触,心情之劣,可以想见。"

同日 复南京人民出版社吴明墀信。

9日 复李国柱信。汪健君来吊唁。

10日 写林译小说《离恨天》短跋;阅《匈奴奇士录》。后者为鲁迅、周作人兄弟二人所译,俞平伯认为"笔调沉闷欠醒豁"。

11日 收到自法国寄来李治华所译《红楼梦》,因"不谙法文,亦无用也"。

同日 阅《贝克侦探谈》。

12日 《日记》中写道:"侦探小说前以为不佳,顷再阅,虽简单而不噜苏,不似今之以废话充篇幅。"

同日 复黄君坦、张人希信。王湜华来访。

13日 上午,叶圣陶由孙子三午陪同来访、畅谈。下午,梅贻琦夫人韩咏华来访。

同日 收到许宝骙来信,即复信。收到吴明墀来信,为拟编之《现代学人手书诗笺》征稿。

14日 上午,袁绍良、袁绍文兄弟二人来访。

同日　复陈从周信,并附寄近作《悼亡诗》一首。信中说:
"自去岁内子病中即不应人属书,顷更抛荒笔研","偶随感得句,
既勿以示人亦不能自娱,诚为无益。"

同日　复吴明墀、吴小如、荒芜信。

15日　寄叶圣陶写件。复周颖南信。下午,作《不厂厂说》。
俞平伯在《日记》中说:"妄谈耳,非以之作别署室名,聊以自傲。"

16日　复俞润民信,谈近况:"清简如旧","写作应酬一概谢
却。亦不喜写信,但来信总不能不回,这就忙了。"

同日　复周颖南信,谈及"潘(式)舒(舍予)二君皆厄于文化革
命以致早逝,若我亦幸而免耳。老舍原在美国,本无事,尤可怅叹。"

17日　前中国大学学生李志敏来访,俞平伯赠以《古槐书屋
词》留念。

同日　陈竹隐来访。

18日　复张人希信。此前俞平伯曾应嘱为李希凡、蓝翎书
写杜甫的《秦州杂诗》之二和李贺的《苏小小墓》一诗。俞平伯在
复信中说:"前为李、蓝作书,二君见属亦不便却耳。顷不应人
书,以心绪不佳,无心翰墨也。"

19日　复荒芜信。

20日　将前作《不厂厂说》改为《不庵说》写出,删改后不足
二百字。

同日　复邓云乡信,谈及自己的近况:"只更疲软,行动迟
慢,相对地感时间之速,有句云'老来倍觉年时促,无那光阴惜寸
分',亦不能成诗。"

21日　复吴明墀信,并附寄《未名之谣》和《寒夕凤城行》诗
稿二篇。

按,俞平伯在日记中写道:"自2月7日以后,了旧债外,不

应人书。顷书二笺,一、《未名之谣》,二、《寒夕凤城行》,署名不盖章,以寄南京吴君备用,亦破例为之。"

22 日 复俞润民信。续看林译小说。他认为:"林译小说在近代文学史是个奇迹,而时人不知,即知之估计亦不够。此问题极复杂,好处甚大,缺点太多,瑕遂掩瑜。如校理,工作量太大,近闻有新印本数种,未知其评价如何也。"

23 日 应嘱为徐北汀重设色之松竹画幅题字。

24 日 致叶圣陶信,附《谈庄子》短文和诗二首。

同日 作短文《谈林译小说》和《半帷痴寐》解题两篇。

25 日 收到镇江江慰邑寄来《浮生六记》资料,俞平伯认为内容颇佳。

同日 林译小说《新天方夜谭》未卒读,改阅《髯刺客传》。

26 日 改写《谈林译小说》一文。阅读林译小说《贝克侦探谈》。

28 日 吴小如来访。另,收到叶圣陶 27 日来信。

29 日 复叶圣陶、黄君坦信,并各附《谈林译小说》短文抄件。阅林译小说《贼史》。

同日 下午,章元善来访。

30 日 将《不庵说》手稿寄给叶圣陶阅正。阅林译小说《红礁画桨录》。

31 日 续阅《红礁画桨录》。他认为:"此书思想深刻,情节变幻却不自然,如梦中行走,虽久闻此说,却从来未见。有意写作悲剧,故处处别扭,惟文笔甚佳,盖哈葛德(亦林译)之杰作也。"

同日 晚,王湜华来访。

本月 《读陈寅恪〈秦妇吟校笺〉》发表在《文史》第 13 辑。

本月 《〈唐宋词选〉前言》收录于《词学研究论文集》。

本月 《〈华粹深剧作选〉小序》发表在《文汇》月刊第 3 期。

4 月

1 日 《〈华粹深剧作选〉序》发表在《剧坛》双月刊第 2 期。

2 日 由陈从周介绍,蒋雨田来访。俞平伯与其伯父蒋慰堂相识。

同日 收到叶圣陶来信,即复信。

3 日 上午,续写复叶圣陶信。

4 日 复俞润民信,谈到《悼亡诗》"共做了十二首,并不打算做。一则悼亡之感最普通,容易落套。古今作品太多,而大致相同。二则悲哀之语,旁人和自己都不喜欢读,如刊出更无味。出于情之不得已,哀至即书,不计工拙也。仅抄呈圣陶,亦只一部分。"

同日 复马士良、许白凤信。

5 日 晨,作《悼亡诗》一首,另书录《红礁画桨录》二纸,一并寄给叶圣陶。

同日 复于安澜信。晚,写作《赘语》二条。

6 日 复叶圣陶、许季珣信。读林译小说《撒克逊劫后英雄略》。

7 日 作《〈壬戌两月日记〉跋》。俞平伯说:"余不常作日记,外出则书之,有事则书之。零落不全,亦罕刊行,只'癸酉南归'见《燕郊集》。外出有记者,以示内子也。若初婚时于京津间有'别后日记',欧美之行亦各有记是也。家居总不记。大事之来则记之,如七六年地震是。今编即属此类。"

10 日 与章元善应邀循例至叶圣陶寓所欢聚。俞平伯说:"七六年后一年一度","昔称五老,今成三友矣。"

12 日　复邓云乡信,并附寄文稿《〈壬戌两月日记〉跋》。信中说:"我近不写作,惟以残书遮眼,亦不出门赴会。"

15 日　将近作《悼亡诗》三首寄给叶圣陶。

16 日　致叶圣陶信,将昨寄之诗修改后重抄再寄。

17 日　将手书《悼亡诗》和叶圣陶的唱和之作一并交给陈颖转赠张允和。

18 日　复张允和明信片,感谢北京昆曲研习社举行纪念许宝驯曲会,"节目甚佳,群贤毕至,为逝者光宠多矣"。

中旬　王湜华来访,为《中国烹饪》杂志约稿,当即允之。

23 日　复邓云乡信,对其近得旧书《曲园课孙草》感兴味,说:"我并未读过(只闻其名。不见全集中),以儿时已废科举。""书中论八股文一节,我不仅同意,且认为恰当、精确。训练文字,即是训练思想。既然以文取士,即不能没有规范。八股原以方框而存在的。若没有这个,任意写作,就无从比较其优劣而定去取了。科举出身,岂少名贤,历史具存,岂可抹煞。"

5 月

1 日　《略谈杭州北京的饮食》作讫。

6 日　复黄裳信,已收其托华君武转交的 1981 年 12 月 20 日手书及惠赠俞曲园致朱之榛手札九通,特复信辞谢。

8 日　收到叶圣陶 5 日来信,复长信,谈为《中国烹饪》杂志写稿之事。

同日　复施蛰存信,谈读施蛰存论文的感想,说:"词之初起,盖未定名。'诗余'之称,良多歧义。诗集之余欤?抑诗体之余?而'余'之一字,复易引起与诗有正闰、高下、雅俗之误会。因之群言淆乱。今得斯篇,引证源流,明辨以析,令人心悦。"

9日 复毛国瑶信。对他介绍的南京红学会情况,颇多感慨,说自己于红学之道"已久抛荒,自六六年迄今十六年矣,并无新著"。又说:"近'红学'鼎盛,却已入歧途。只读原书,孤陋寡闻,若泛览群言,又看不胜看,只能目迷五色,望洋兴叹。我对于近情亦不甚了了也。"

14日 香港《大公报·大公园》副刊发表艾岩的《俞平伯的吟咏与经学》。

16日 复毛国瑶信,并附应嘱为其书写的条幅,书录二十年代旧作诗。

29日 复周颖南信,并附寄《略谈杭州北京的饮食》一文的副稿,希望能在新加坡觅刊发表。

下旬 由张人希介绍,新加坡友人叶松英来访。

月末 《杂谈曼殊诗〈简法忍〉》作讫。作者在诠释曼殊诗之前,先谈了欣赏与了解的关系,他认为:"欣赏与了解不可偏废,相互为用,孰先孰后亦很难说。一般地说,了解为先,不了解又怎能欣赏。这是常情,却不尽然。欣赏亦可先于了解。"诗词中这种情况更多。"以诗言之,五言贵浑穆,一气呵成最是高格"。他说:"欣赏诗词,当听任自然与仔细分析,二者孰是,我亦答不上来。但从前说过,诗不能讲,或是偏见,而至今未变。有讽刺意味的是,几十年来我写了若干解释诗词的文字,上海还要搜辑重印,闻有十万言之多,言行相谬,何其远哉。我在家中并不讲诗,妻常埋怨我,无以应之,至今悔焉。""诗本自明,尤贵简要,流传名句,每只数字耳。回环密咏,思过半矣。如日不然,求诸诠表亦只'略通一线',俗语所谓'言多必失也'。而我实犯多言之病,……强作解人,钵上安柄,其可得乎。"

月末 嘱韦均一将聘书送给昆曲博物馆。

6 月

1 日　致叶圣陶短信,另附赠《柬圣陶》诗一首。

同日　复邓云乡信,破例答应日后为喻蘅题字。

6 日　复荒芜信,回答关于"汤显祖画"之事。

7 日　将近作小文《杂谈曼殊诗〈简法忍〉》寄叶圣陶阅正。

同日　复邓云乡信,并附寄近作词《玉楼春》(家居镇日浑无那)一首,云:"语淡而悲,无足悦者,可见愚近况之一斑。"信中还谈了苏州演昆戏的盛况。

8 日　复许宏儒信,并附寄近作词《玉楼春》一首,谓"语皆实况真情,差无虚饰也"。

9 日　致叶圣陶信,谈及所作《悼亡诗》五言十八首,词一首,短文二篇,已编就,不拟再赓续。另谈苏州举办昆曲汇演及苏州曲园有望修复等事。

同日　复俞润民信,谈有关苏州举办的昆曲汇演之事。

13 日　收到叶圣陶 10 日来信,复明信片,谈苏州曲园中的匾额问题。

同日　复邓云乡信,谈有关修复曲园之事。

16 日　再复叶圣陶信。

19 日　复邓云乡信,续谈有关修复曲园之事。

23 日　复郁念纯信,谈夫人去世后,自己的"心绪甚劣,……写字亦劣,不应人属,期丧内偶书亦不盖章"。而对郁念纯的求书,却未拒绝,答应日后仍为录书己亥南游诗,聊以存念。

27 日　复何竹孙明信片。

28 日　《新民晚报》发表倪墨炎的《俞平伯早期的诗作》。

30 日　复俞润民信。

7 月

1 日 在家人陪同下,至西四西餐厅为张贤亮兄妹饯行,并将《丙辰京师地震日记》手稿交张贤亮带给《朔方》月刊发表。

2 日 邵振国来访。

4 日 致何竹孙信,并附寄《杂谈曼殊诗〈简法忍〉》的改正稿,请转寄新加坡周颖南。

5 日 复俞润民信。

同日 周裕德来访。俞平伯应嘱为其所藏许宝驯夫人所赠诗题词,曰:"裕德挈尊小斋,为七年前丙辰地震纪念,并出示耐圃当年此日赠句。旧游宛在,其人已逝,重劳珍惜,书以志殁存之感。"

6 日 致叶圣陶信,谈及自己的近况:"弟文思钝拙,神经似稍复,居然作文三篇,以付期刊,未卜何时印出。《谈曼殊诗》一文,增修后半,有似来来回回说,又写了又涂,有如儿童,诚可笑也。"另附寄近作"寿圣翁"诗初稿。

9 日 复毛国瑶信,已收其来信及惠赠的"俞平伯先生为夕葵书屋石头记残叶所作批语"原照片的复印件,十分欣喜。回信中说:"《红楼梦》久已不谈,恐无意见可供献。近觉得索隐派还不如考证派。漫说猜不着,猜着了也没甚意思。以作者之用隐语,正是不想说破也。"

11 日 收到叶圣陶 7 日来信。复信中希望与圣翁"互相珍重",以待来年苏州曲园修复开放时,同游往观。

13 日 复陈从周信,并附寄近作词《玉楼春》剪报和近照两张。信中赞赏陈从周的《昆曲与园林》一文"兼论昆曲与园林之美,以景写情,用意新妙",盼望昆曲外游之日的实现。

14 日 复何竹孙信。

15 日 致陈从周信,续谈有关修复苏州曲园之事。

16 日 致邓云乡信,谈《红楼梦》靖本批语原件和照片并佚的经过,说:"前寄赠件颇有意思。原件是片楮,夹在靖本里,却和它完全无关。吴鼒所藏本存在者只此一张纸,现亦消毁。""靖本批语错得厉害。最先毛国瑶抄示,若非我校理竟不能卒读。错误如此之多,亦是其他脂批所不经见的,其理由亦不甚明。夕葵书屋批,则一字无差(我前文已仔细说明,见《集刊》首期,六六年前旧稿),可见二书无关,区别甚大(已见题跋)。另一点,最末有'卷二'两字,岂此回只有一条批耶? 亦可异也。""此纸自靖、毛两君送我后,即保藏之,又摄影颇大,以寄友人。今件即毛近日复照的,已缩小了。我前文中所附,是文学所人不知从何处找来的。原件和照片并佚于丙午。幸毛寄还片影,亦可珍也。又脂砚此评重要,近人估计不足,且不免误解"。

同日 复周颖南信,谈近作三篇文章事,"惟《杂谈曼殊诗〈简法忍〉》有两稿,初稿不完全,后稿较圆满,似较好"。而"前稿较直捷,适于众阅也"。

17 日 收到叶圣陶 14 日来信及赠书《日记三抄》一本。俞平伯在复信中,谈了阅读赠书中的《东归江行日记》的感想。

19 日 复俞润民信,谈近读叶圣陶《日记三抄》的感想,认为"'三记'中自以四六年《东归江行》为最佳,旅况艰难,江行危险,一一如画。……《北上》一记备见四十年代末期知识分子的倾向,最后到京曾见访老君堂,光景如在目前"。

同日 抄写《丙辰京师地震日记》后,作《附记》。

22 日 作《〈丙辰京师地震日记〉跋语》。文中忆及大人在地震时不安的心情,而在比地震艰难数倍的文化大革命期间,夫人却总出以镇定,作者知道那是夫人"勉强为之以慰我心",因此,更感愧疚。

25日 复周颖南信，谈及近况："我神经稍复，遂能写文，惟情绪低沉，不应人属书，且手眼俱劣，写亦不能佳。"又说："圣翁意兴不衰，仍常通书"。

26日 复陈从周信。

27日 致叶圣陶信，并附《〈丙辰京师地震日记〉跋语》草稿候正。

28日 致叶圣陶信，谈近人有对秦少游的《浣溪沙》(霜缣同心翠带连)词句和张继的《枫桥夜泊》诗"月落乌啼霜满天"中的"乌啼"二字有附会之解释，他认为"都是无中生有。俗语叫'鸡蛋里找骨头'，方知'不求甚解'之为名言，又岂可语之人人乎"。

31日 致叶圣陶长信，谈周颖南印赠潘伯鹰的《玄隐庐录印》中的编排错误，又谈秦少游词《浣溪沙》中的"翠带"各本多作"翠黛"，只有彊村本是正本，又未及检对，遂"带"之讹"黛"，由来久矣。

同日 收到黄君坦来信，对俞平伯解秦少游词《浣溪沙》表示钦佩。

本月 本月至8月间，应嘱为俞调梅书写条幅，并在跋中写道："昨从梓室兄得读尊处传示丙子七律一首，云是当年吾母写赠我表弟许宝骙教授者，谨按诗中事迹神情均相合，而第三句雁行抱戚尤为明证，安巢(许汲侯)舅氏与慈闱友于谊笃，曾有巢雁序庄偕隐之约，非呓语也。爰敬录其辞。"

8月

5日 将《杂谈曼殊诗〈简法忍〉》手稿赠送邓云乡。

9日 《杂谈曼殊诗〈简法忍〉》发表在《南洋商报》"人文"版。

同日 已收到叶圣陶 2 日来信。复信中续谈《玄隐庐录印》中的张冠李戴之误。

10 日 复周颖南信,详谈其所赠新刊《玄隐庐录印》中的若干讹谬之处。

上旬 收到黄君坦来信,谈《玄隐庐录印》中的错误。

12 日 收到叶圣陶来信,即复长信,续谈对曼殊诗《简法忍》的解释,表示完全同意圣翁对此诗的解释,谓自己"以妄证引起曲说,走入迷宫,愈走愈远,得兄片语,恍若梦醒"。

13 日 晨,致叶圣陶信,谈《玄隐庐录印》和张伯驹、黄君坦合编之《清词选》以及俞振飞的《振飞曲谱》三书中的不尽如人意之处。

同日 复周颖南信,谈郑逸梅来信慰问,并录赠古人诗句。俞平伯认为明代沈石田诗句"放开身子安然卧,不管乾坤几百秋"为尤妙,"心向往之,但恐不能如此旷达耳"。

同日 复邓云乡信。

14 日 录叶圣陶 8 月 11 日来信和自己 8 月 12 日的复信,加上跋语,写成《〈谈曼殊诗〉一文订误》。此手稿后亦赠送邓云乡。

18 日 致周颖南信,并附寄《〈丙辰京师地震日记〉跋语》一文,请周颖南"随宜处理之"。

同日 邓云乡来访,携来陈从周画卷,请题字。不日,即为之题书"壮游能使画理自深"八个字。

19 日 致叶圣陶信,并附短文《〈谈曼殊诗〉一文订误》候正。

同日 致邓云乡信,谈及"近感文贵简要清通,以少胜多",以为自己的《杂谈曼殊诗〈简法忍〉》一文"可为殷鉴矣"。

20 日 复周颖南信,并附寄短文《〈谈曼殊诗〉一文订误》,请转交《南洋商报》发表。

22 日 收到叶圣陶来信两封,即复信。

同日 复周颖南信。

26 日 致叶圣陶长信,续谈对《简法忍》一诗的理解。

28 日 《略谈杭州北京的饮食》发表在《中国烹饪》双月刊第4 期。

30 日 读书札记《记清董鄂妃与顺治帝之死》发表在《北京晚报》。此为读邓尼著《一代的伟人》有感而作。

9 月

4 日 惊闻谢国桢逝世,深感"老成凋谢,不胜悼念"。

5 日 复周颖南信,并附寄《记清董鄂妃与顺治帝之死》一文的剪报。

9 日 中夜,于梦醒之间见一匾额,上书"汐净染德"四字。俞平伯以为"'染德'二字,肖我生平,他人之言总不如于无意中自言之之切也"。后写成《记梦见匾额》短文,以记其事。

上旬 叶圣陶来访,"倾谈为快",并商定俞平伯的"论诗词曲杂著"书名等。

11 日 致叶圣陶信,附近作《记梦见匾额》短文候正。另代许宝骙为《团结报》向叶圣陶约稿。

同日 复周颖南信,谈及"港友所寄《明报》,谈新校本,亦说起我的旧校本《红楼梦》。万事云烟,且此道久荒,不复措意矣",并书赠"汐净染德"四字。

14 日 复周颖南信,并附寄黄裳作《槐痕》一文剪报。

21 日 已收到叶圣陶 15 日来信,对其所解"汐净染德"四字之义甚喜,特作"跋语"并加注,书赠叶圣陶。同时,复信谈关于苏州曲园修复之事。

22日 读书札记《崇祯吊死在哪里?》发表在《北京晚报》。此为读邓尼著《一代的伟人》有感而作。

26日 复胡士方信,并寄赠照片两张,感谢其为许宝驯夫人逝世"远惠百朋奠仪"。

28日 《〈振飞曲谱〉序》发表在《解放日报》。

同日 收到叶圣陶26日来信,即复信。信中谈及新加坡诗人潘受的诗作,也谈到潘受收藏的曼殊画幅"为调筝人绘像",未知是真品否。

29日 复周颖南信。

10 月

月初 看了苏州修缮曲园故居的照片后,作《晨窗书感》诗一首。

月初 苏州汪补斋来访,"乡谈娓娓,颇动旅怀",遂以照片一张、手稿印本一份相赠。

4日 《〈谈曼殊诗〉一文订误》发表在《南洋商报》。

8日 收到叶圣陶来信,即复信,并附寄苏曼殊画幅照片及周颖南手抄故事等。

9日 上海古籍出版社编辑盖国梁来访,谓《论诗词曲杂著》一书将于明年付排。

10日 复邓云乡信,续谈有关修复曲园之事。

11日 致叶圣陶信,并附10日所写考证苏曼殊诗画短文。俞平伯考证出"雪蝶即曼殊之别名,非调筝人,亦非女子";潘受所藏苏曼殊画幅原为赝品。

同日 复何竹孙明信片。

12日 致叶圣陶信,续谈有关苏曼殊的诗。

14 日 《新民晚报》发表默庵的《〈燕知草〉补遗》。

16 日 收到叶圣陶14日来信,即复长信,顺便询问苏州马医科巷巷名的来历。

17 日 复周颖南信。

18 日 陈从周来访,谈有关呼吁修复曲园之事。

19 日 叶圣陶由叶至善陪同,来访。三人续谈苏曼殊画的真伪问题和修复苏州曲园之事。

20 日 致陈从周信,续谈有关修复曲园之事。

22 日 本日至29日,在上海师范学院召开第三次全国《红楼梦》学术讨论会,并给俞平伯发来请柬。为此,俞平伯于会前给"全国《红楼梦》学术讨论会"寄去明信片,对自己年高久病,不能出席会议表示歉意。

23 日 致叶圣陶短信。

同日 复周颖南信,详谈叶圣陶父子对苏曼殊画真伪问题的看法。

27 日 访叶圣陶,欢饮畅叙,甚为愉悦。归后,作《访圣翁承留饮答谢俚句》诗一首,诗云:"湖海交期永,悠悠六十年。庞眉尊一老,英发侍三贤。愧我鸠居拙,推兄雁序先。两聋空促坐,谐谑酒边妍。"

29 日 复邓云乡信,谈及"京沪各报均载陆厚信绘俞楚江像,与曹雪芹无关,妄人牟利题曰曹雪芹,而居然有人信之,纷纷讨论,诚属可笑。……其实旧传王冈之画,其情亦相似,殆皆是赝品也"。

30 日 致叶圣陶信,附赠近作《访圣翁承留饮答谢俚句》诗一首及短文一篇。

同日 复周颖南信。

11 月

4 日 复邓云乡信,并附寄《〈振飞曲谱〉序》手稿复印件。

5 日 致叶圣陶信,谈诗、谈曲,也谈修复曲园之事。

7 日 复郁念纯信,并附寄《〈振飞曲谱〉序》手稿复印件。

8 日 复叶圣陶信,谈到李商隐的《锦瑟》诗,"悼亡之意甚明,何以纷纷笺注?"遂戏占一绝:"老僧久与空山习,小驻空闺更惘然。何事儒生笺《锦瑟》,分明蝶梦与啼鹃。"他说:"以思路枯窘,已做不出诗来,却忽然冒出两句来,……昨想了前两句,今天家中无人,写信时得后两句,凑起来恰好。有似泉源待涸,偶尔冒泡。若谓文章天成则过矣。"

9 日 将昨作绝句后二句改为:"着甚来由笺《锦瑟》,分明梦蝶对啼鹃。"

同日 复周颖南信,并寄赠手书"汐净染德"之跋语二种。

10 日 收到叶圣陶 7 日来信,复短信。

同日 复荒芜信,并寄赠近作《访圣翁承留饮答谢俚句》诗一首。

同日 复黄裳信,谈阅读黄裳珍藏本《拜石山房诗》感想,说:"有关沈三白事迹,曾见近人文中征引,顷始得见原书,为幸。诗中记琉球归,似曾小住京华。其后应聘如皋,十年作幕。诗题未言何年祝寿,盖六秩也。卒年当近七旬,可补记载之缺。"又说:"近年所传悼红文物,大都以赝品牟名利,而诸贤评论无休,亦可异也。"

14 日 复邓云乡信,说明"因心神惝恍",未能应嘱作序,请谅。

15 日 《略谈杭州北京的饮食》(上)发表在新加坡《星洲日报》。

16日 复叶圣陶信,谓:"《锦瑟》悼亡大致不离,却非定论,弟亦借题,恶近之文风穿凿附会也。"

20日 复叶圣陶信,着重谈苏州曲园修复之事。

同日 复黄裳信,谈及自己远离红学,说:"弟自六六年后,即未作文谈及,惩羹吹齑,或未惬舆评,而窃自喜。"

22日 《略谈杭州北京的饮食》(下)发表在新加坡《星洲日报》。

24日 复邓云乡信,谈近况"仍体劣事冗,徇出版社之请,有数书在编印中,迄未能写前言。只古籍出版社允于年前写一简短的,亦尚不知如何交卷也"。

同日 本日至 12 月 11 日,政协第五届全国委员会第五次会议在北京举行。俞平伯因病未能出席会议。

28日 复叶圣陶信中说:"政协开会,以近体愈弱,更需扶掖,只能向办公厅请假,弥感怅怅。"

29日 致叶圣陶信,谓以《自题〈论诗词曲杂著〉》诗二首以代《前言》。并解释说:"上首旧话,文化革命式,天宝末年时世妆也。屠龙之技漫说不会,会亦将安用之,况讹谬流传耶。下首乃大字报,搽些脂粉耳。却比较灵活,不着边际,搜辑拟用再字,恐其冷僻未用。"

同日 复俞润民明信片,谈第三次全国《红楼梦》学术讨论会事,说:"寄来剪报很有趣,可知沪会花絮,我只见报上官方消息。其实所传雪芹遗物多半是假,不仅陆氏画也。即真,于了解本书亦无甚用处。"

30日 复周颖南信。

12 月

2 日 收到叶圣陶来信。复信中谈到夏穗卿为林纾译小说《迦茵小传》的题诗,又谈及"红学"近况,谓"以俞楚江像,'红会'又起风波。河南博物馆来人证其伪,而周汝昌驳之"。俞平伯说自己也不能辨其是非,希望听听叶至善的看法。

3 日 复黄裳明信片,谈及"红学一名本是谐谑,今则弄假成真,名显而实晦矣"。又说:"明年上海将搜辑拙作旧稿三种,所谓'炒冷饭',良非鄙意。属为前言,均却之,代以二诗。"

4 日 收到叶圣陶"于会期中得'闲坐'功夫"写来的信,即复信。信中续谈夏穗卿其人及其遗作,谓:"夏君其人,闻很怪而博学通识,殊深向往。民初同在京,内眷有来往,弟时骛新知,未敢进谒,盖失之交臂也。"

同日 致陈从周信,转告叶圣陶来信中有关修复苏州曲园的意见。

5 日 复陈次园信,谈关于周济论词,谓"周氏之言,本不尽可信也"。

10 日 复陈从周信。因前寄"程砚秋唱腔集"题签已丢失,答应将"遵命重书"。

11 日 收到叶圣陶"于开会冗忙中"写来的回信,即复长信。信中由谈夏穗卿的诗,联想到自己的历史知识,谓:"读经初毕即交辛亥,就学未完而'五四'矣。民初先君命读其《中国历史》(称中学所用书,现在的大学生恐亦看不懂。惜只有三册,至东汉而止)为开蒙书,以外则《读史论略》《纲鉴易知录》,弟之史学如此而已。"又谈:"俞楚江像问题,本是册页,不知为何弄成单篇。河南博物馆官方亦作伪,可异也。吾宗为两江幕府,与尹督唱和相当显要,岂《石头记》之作者耶。本无其事而论之不休,其幻甚于梦中蕉鹿。"

同日　得中国社会科学院和文学研究所通知,要发回一批前已由公家收买的书画,需交款收回原物。委托儿子俞润民代办。此次发还的书籍有家藏至今已五世的俞廷镳手批《礼记》《四书》,有其父俞陛云参与撰著的《清史稿》,还有《袖中书》,皆清季友人致俞曲园书札。

13 日　复周颖南信。

14 日　致何竹孙信。

17 日　收到叶圣陶 15 日来信,即复信。

18 日　复胡士方信,感谢其惠寄贺年柬和新岁月历。

中旬　收到江西人民出版社寄来《杂拌儿》清样,委托长女俞成代阅。

24 日　叶圣陶来访。

26 日　复邓云乡信,感谢其寄赠新作《鲁迅与北京风土》一书。

同日　复郁念纯信,谈《〈振飞曲谱〉序》的写作"乃应编者之请,不得已而为之,……当时亦颇费心力而印本皆讹,遂以复制稿校正之"。又说《振飞曲谱》"用简谱本不适宜。来请写序时,规划已定,弟无由可供芹曝,其实如翻印旧谱,更加新谱(仍用蓑衣式),则有益于昆曲,便于吾侪多矣"。

28 日　致叶圣陶信,详谈家藏《袖中书》中的内容。

同日　致邓云乡信,谈《鲁迅与北京风土》一书"写得甚佳,很活泼,……照片有些模糊,如用钢版纸则清晰矣。瓮城一片尤为珍贵。我于民四来京时即进此门,不久即拆去,对之亦不甚了了。今观则恍然矣"。

本月　经施蛰存推荐,散文集《杂拌儿》作为"百花洲文库第二辑",由江西人民出版社重印出版。该书比 1928 年原版本删去了《雪耻与御侮》和《十七年一月十一日小记》两篇,增加了施蛰存作《重印〈杂拌儿〉题记》。

本月　在二十年代与朱自清编辑的同人刊《我们的七月》和《我们的六月》由上海书店影印出版。

上半年　复黄裳信,回答有关"三槐"的问题。说:"'三槐,除《梦遇》以外,更有《槐屋梦寻》,已编好且付印。值七七事变,书局退还,遂佚去。'槐痕'有二义:一、槐下青虫,每留痕;二、wine 之音译,见《伦敦竹枝词》朱佩弦文引。"

本年　《谈周美成〈齐天乐〉的评语》发表在《名作欣赏》双月刊第 5 期。

本年　《新华文摘》第 2 期转载《关于〈长恨歌〉的通信》。

1983 年(癸亥)　83 岁

▲10 月,邓小平题词:教育要面向现代化,面向世界,面向未来。

▲11 月 10 日,中国文联在京召开部分文学艺术家座谈会,讨论抵制和清除精神污染问题。12 月 15 日,《文学报》发表林默涵的《谈文艺战线清除精神污染问题》。

1 月

6 日 复何竹孙信,感谢其寄赠新岁日记册子。

7 日 复周颖南信。

10 日 收到叶圣陶 7 日来信。为叶圣陶患眼疾入院诊治,复信安慰,并发感慨,谓:"吾人读书已过其'中',老年犹以书遮眼为快,实是一种习气(通言'习惯'),贵在躬行耳。"又说:"吾侪已届'为道日损'之年,若不略有管窥,蹉跎未免可惜。"

16 日 致俞润民信,谈到自己近日"复戴戒指,亦中辍多年,取其检校行动,安定神经也"。

18 日 收到叶圣陶 16 日来信,即复信。信末谈"近看二书",即黄裳著《金陵五记》和陈从周著《说园》,很佩服他们的博览。

19 日 壬戌腊月初六。吴小如、陈曙辉分别来访,皆赠送生日礼品。晚,朱复来访。

20 日 上午,张茂滢、弥松颐来访,弥松颐赠送生日蛋糕,并为俞平伯摄影留念。

21 日 生日,八十四岁初度。九十高龄的叶圣陶亲至寓所贺寿,并合影留念。

同日 徐北汀来访。

22 日 复周颖南信。复俞润民信。

同日 致邓云乡信,谈读陈从周的《说园》一书后的感想。

24 日 致陈从周信,谈读《说园》一书后的感想。

28 日 作《随笔两篇》,一为《谈集句对联三则》,一为《沈三白晚年的踪迹》。

本月 本月至 2 月,《丙辰京师地震日记》发表在《朔方》月刊第 1、2 期。

2 月

1 日　致叶圣陶信,并委派儿子俞润民代为看望叶圣陶。

13 日　春节。与叶圣陶在三里河河南饭庄共同宴请香港友人许晴野。

15 日　《〈丙辰京师地震日记〉跋语》发表在《朔方》月刊第 2 期。

25 日　致叶圣陶信,谈及自己的近况:"四肢弛缓。如自舍间至河南饭庄,以前总情人扶掖步往,今则心怯不行? 可知衰退矣。幸眠食无恙。一切动作亦皆迟缓,写两封信,一个上午就过去了。"

同日　复俞润民信,谈九三学社中央主席许德珩前来贺春之事。

27 日　元宵节。九三学社中央主席许德珩宴请老友,俞平伯应邀出席。

28 日　收到叶圣陶来信,即复短信,并附赠从俞樾的《荟蕞编》中书录的刘若宜的《静室铭》。

3 月

4 日　复周颖南信。

15 日　作札记《说"借"字古今音读与〈牡丹亭·惊梦〉》。此文上半谈"借"字之音义,下半谈昆曲中一小问题。作者在 1983 年 9 月 24 日致邓云乡信中说:"此问题虽小,前人未能解决,昆曲家只知保守,'依样画葫芦',亦可异也。"

19日 致叶圣陶信,信中谈及自己近作两小文,一名《曲园公〈荟蕞编〉手稿跋语》,一名《说"借"字古今音读与〈牡丹亭·惊梦〉》。

同日 致邓云乡信,附寄应嘱所书条幅两份,信中说:"陈君一纸写坏,另换。实不能书,勉酬雅意耳。王君之件即抄昔和雪珊题壁偕寅恪同作,其时迁都,有残灯末庙之感,与今之陶然亭无一似处。"

20日 收到叶圣陶来信,即复明信片。

同日 致陈从周信,续谈有关修复曲园的具体意见。

25日 复周颖南信,谈新发还之家藏日本写经,拟捐献法源寺之事。

27日 作《记家藏日本写经残卷》。文章记述了1889年陈矩"使日本归",携赠先曾祖曲园于吴下的日本写经残卷,"历九十五年幸存,行将施与佛寺"的经过。此文写成后,曾托周绍良转交赵朴初阅正。

31日 收到叶圣陶28日来信。复信详谈拟将家藏日本写经残卷捐献法源寺以及与有关方面联系的经过。

同日 复邓云乡信,云:"属为《燕京乡土记》题词,近以衰羸愈甚,笔研荒疏。所居忽忽度日,不知身在何方,旧京尘梦久付淡忘,无兴写作,有负雅意,至歉至歉。"

本月 《书林》第2期发表姜德明的《俞平伯的新诗集》。

4 月

1日 致荒芜信,谈旧体诗的推陈出新问题。俞平伯说:"旧体诗历千年,敝矣。推陈出新,自是当然,方向正确,不待言。做法不妨各异。古言殊途同归,今日百花齐放。即如用典,圣陶以为密码,比喻极佳。我们是欲不用或少用。我近来作诗,用典极少,尤其避僻典。"荒芜主张"要用新旧中外之典而多作注",俞平伯认为"作注,多则妨诗,少则不达"。

同日 致陈从周信,续谈修复曲园的具体意见。

3 日 致陈从周明信片。

5 日 致陈从周信,谈有关复制苏州曲园中曾国藩、李鸿章所书二匾额的意见。

7 日 致郁念纯信,并附寄近作文稿《说"借"字古今音读与〈牡丹亭·惊梦〉》,他说:文章所谈"问题纤琐,知之者少,亦不拟发表"。

9 日 《记家藏日本写经残卷》发表在《团结报》。

11 日 应叶圣陶邀请,与章元善同至叶宅赏花、畅谈、欢饮并合影留念。

按,俞平伯在 4 月 16 日致邓云乡信中说:"一年一度,三老同游。今于 11 日往,春寒花迟,尚在蓓蕾,却亦照相。二翁均腰板笔挺,我有颓然之态,逊其矍铄,所谓蒲柳之姿,意殊恶焉。我近翻看三岁时所读《大学》仍不大懂,虚度八十余年,诚可笑也。"

14 日 致叶圣陶信,谈及"近拟室名曰'三宜',却并不真用,释之曰:'醒少谓之梦室,忏悔谓之丈室,屏居谓之静室:此三宜也'"。此信以毛笔大字书写,以电报式简语叙述,既利于书写,又便于阅读,因为俞、叶二人目力均已极差。

16 日 收到叶圣陶来信及惠赠合影照片,即复短信,仍谈捐献家藏写经之事。

同日 复周颖南信,并附家藏日本高僧写经摄影三件及《记家藏日本写经》文稿一篇,请其将复制件代送新加坡广洽法师。

20 日 收到叶圣陶 17 日来信。复信中谈到:"近检三岁时

《大学》课本,期得蒙诵印象一二,不意发见程朱颠倒经文,武断殊甚,又妄补《格致》章,而前朝视同圣经,亦可异也。"

同日 叶至诚受叶圣陶委托,前来看望俞平伯,并将《书道大全》带给俞平伯看。

21日 致叶圣陶信,谈由《书道大全》考证家藏日本写经残卷是否弘法(空海)真迹的情况。

22日 经叶圣陶介绍,中国佛教图书文物馆赵朴初、周绍良来访,将俞平伯捐献法源寺的家藏日本写经亲自取去,并发证书为凭。俞平伯应中国佛教图书文物馆之嘱,作《再记日本写经〈胜鬘宝窟〉》等文,与写经同存法源寺中。

26日 复郭学群信,谈家藏日本写经卷轴捐献法源寺一事。

同日 复许晴野信,并附赠《家藏日本写经〈胜鬘宝窟〉》短文和写经原件照片。

28日 致周颖南信,谈将日本写经捐赠法源寺事。

29日 致邓云乡信,谈修复曲园的一些具体意见。

30日 致叶圣陶信。

本月 作唱和叶圣陶牡丹诗,诗稿被梁披云取去刊用。

本月 《德译本〈浮生六记〉序》发表在《学林漫录》第8集。

本月 经施蛰存推荐,散文集《杂拌儿之二》作为"百花洲文库第二辑",由江西人民出版社重印出版。该书比1933年原版本删去了《〈近代散文钞〉跋》《没落之前》《〈苦果〉序》和《〈孟子〉解颐零札》四篇文章。

本月 王保生编选的《俞平伯散文选集》由上海文艺出版社出版,内收俞平伯二三十年代的散文作品四十二篇:《桨声灯影里的秦淮河》《跋〈灰色马〉译本》《重刊〈浮生六记〉序》《陶然亭的雪》《湖楼小撷》《析"爱"》《风化的伤痕等于零》《以〈漫画〉初刊与子恺书》《芝田留梦记》《西湖的六月十八夜》《城站》《怪异的印象》（残稿）《我想》《文训》《清河坊》《文学的游离与其独在》《重印〈人间词话〉序》《〈致死者〉序》《眠月》《雪晚归船》《月下老人祠下》《〈燕知草〉自序》《冬晚的别》《坚匏别墅的碧桃与枫叶》《打橘子》《稚翠和她情人的故事》《出卖信纸》《重来之"日"》《重过西园码头》《阳台山大觉寺》《〈孤坟〉序》《性（女）与不净》《〈近代散文钞〉跋》《贤明的——聪明的父母》《"标语"》《怕》《中年》《代拟吾庐约言草稿》《春来》《赋得早春》《进城》《古槐梦遇》（十七则）。书后有王保生的评介《俞平伯和他的散文创作》一文。

5 月

1 日　致陈从周信，续谈修复苏州曲园的意见和建议。

6 日　致俞润民信。

同日　致陈秉昌信。复马士良信，并附寄《记家藏日本写经残卷》一文的剪报。

8 日　《人民日报》公布中国人民政治协商会议第六届全国委员会委员名单，俞平伯是社会科学界委员。

15 日　作札记《一个"丹"字的用法》。

17 日　复周颖南信，并附《记家藏日本写经》修改稿复印件。

21 日　致陈煦明信片。

23 日　上午，由东北李赓钧介绍，意大利巴德加利女士来访，请教有关翻译《中国新文学大系》中所收俞平伯新诗的事宜。

同日　中午，应章元善邀请，与叶圣陶等同至复外同和居分店聚会宴饮，三家两代十一人在座。

24 日　复郁念纯信，同意将《说"借"字古今音读与〈牡丹亭·惊梦〉》一文发表在扬州曲社《内部交流资料》上。俞平伯从

《牡丹亭》第十六出《诘病》中找到"借"字读"籍"音的又一例证。他认为《牡丹亭》全本缩编,问题甚大。如删省旧传折子,尽是些过场戏,则去其精华,惟余糟粕耳。此信节录发表在本年8月扬州曲社《内部交流资料》第10期。

同日　致俞润民明信片。

27日　复马士良信,并附寄《和叶圣陶诗》一首。

28日　复周颖南信,并附赠与叶圣陶唱和诗及顾颉刚的最后一封来信,留作纪念。信中说:"我近体弱,新开政协,以足病未能参加。"

29日　复邓云乡信。邓云乡拟请俞平伯为他的《燕京乡土记》作序,俞平伯婉辞。信中说:"近偶作小文皆不宜发表,以其陈旧不合时尚。序跋之类更不敢涉笔。如近来重印拙作《杂拌儿》一、二,《散文选》皆不著一言,即'论诗杂著'亦只题二诗,而第一首尚抄自在豫旧作,即此可知。"

6月

3日　致上海书店刘华庭①信,感谢寄赠影印本《我们的七月》和《我们的六月》。谓《我们的七月》中"有我曾祖精楷扇面,原件已佚于丙午,仅存此蜕影。《六月》末页有OM圆印,此叶圣陶所刻,只一用于《六月》,后遂停刊,此章亦久佚。圣翁刻的英文图章只此一件,恐只剩此影矣。书中未曾提及"。

4日　本日至23日,政协第六届全国委员会第一次会议在北京举行。俞平伯因体弱未能出席。

5日　作《〈清真词释·满江红〉补正》。文章修正了数十年

---

① 刘华庭(1924—),浙江宁波人,曾任上海书店近现代编辑室室主任。

前《清真词释》中对《满江红》"背画阑,脉脉悄无言,寻棋局"的解释。

按,收入《论诗词曲杂著》时,题目为《前释清真〈满江红〉词补正》,写作时间署"1983年5月30日"。

11日 复叶圣陶信,谈及近况曰:"近殊疲乏,卧多于坐,睡多于醒,'三宜'之名犹嫌其泛,当直曰梦室。"

14日 上午,黄裳来访。

15日 端午节。复周颖南信,并附赠近作"和叶圣陶咏牡丹"诗及《谈诗小札》剪报。

17日 致俞润民信,云:"自三日发病后,虽无恙,但对于一切均无甚兴味,空空洞洞不想什么。饮食如常。"

24日 复叶圣陶短信。复儿子信。

同日 致邓云乡信,谈自己"近衰弱甚,卧时多于起坐,抄一小文须两、三日,其他可知"。

26日 《〈清真词释·满江红〉补正》发表在香港《大公报》。

同日 致叶圣陶信,谈天元甲子之说。信中附6月24日手抄之"自汉迄明六度天元甲子表"。

27日 复周颖南信。已收到叶圣陶转来广洽法师所赠西洋参和新印本《子恺漫画、师友墨妙》,又收到庄明理转来潘受书法作品两册,因此,请周颖南代为致谢。

30日 致叶圣陶信,谈及"近拈一偈",系阅广洽法师所赠新本《子恺漫画、师友墨妙》附篇:即马一浮为广洽法师所书《弥勒九观》所得。全篇为:"九观出六如,寂照万物竞,三际一空轮,尽摄世间影。"

下旬初 梁披云与女词人黄墨谷来访,并送还许宝驯手书《古槐书屋词》。同时,得到上海古籍出版社赠送的新印本《阅微草堂笔记》。

本月 为纪念黄仲则逝世二百周年编选的《纪念诗人黄仲则》一书由上海学林出版社出版,内收俞平伯所书黄仲则的《两当轩诗》手迹。

本月 《随笔两篇》发表在文化艺术出版社本年6月出版的"万叶散文丛刊"第一辑《绿》。

7 月

5 日 致叶圣陶信,谈前作偈语改为"九观出六如,寂见万物竞,三际一风轮(无住也),长空无雁影"。并说:"不过观空之意,非有他也。"

6 日 复周颖南信,谈最近有三篇文章发表。

同日 致邓云乡信,谈王运天的聪慧,说:"大约天分、学力缺一不可,而天分尤要。生而知之虽无其事,却有此境界。一学就会,即近于生知矣。"

同日 复许晴野信,回答关于个人红学研究的情况,说:"弟于《红楼梦》,自1966年后未写文,瞬及廿载,其间红学著作汗牛充栋,竟无从谈起。欲排众议抒己见,而实无所见,固非其人也。"俞平伯答应为福建省晋江县南侨中学特刊题签。

14 日 《一个"丹"字的用法》发表在《羊城晚报》。

15 日 致叶圣陶信,谈广洽法师所赠新本《子恺漫画、师友墨妙》中的"花絮",认为为广洽法师两书《弥勒九观》的马一浮先生可敬,尤其是他在辛丑夏至致广洽法师的信中,引陶诗"客养千金躯,临化消其宝",与引禅门"雁过长空,影沉寒水"等语,俞平伯说"与鄙怀悉合",惜无缘拜识,殊有失之交臂之叹。

19 日　周铨庵陪上海曲师王传蕖①等来访，并请俞平伯为王传蕖书写条幅留念。

20 日　应北京昆曲研习社之嘱，为从上海请来的昆曲老师王传蕖书写条幅。

21 日　致俞润民信，云："我近开始读《资治通鉴》。于文化革命期初（偷）读，自河南归住永安南里再读。这是第三次了。"又说："我现在应付一切，行云流水，事过即忘。很少写信，但书来即复（除极无聊者外）。名为要拧松螺丝，实际上亦不闲，只心中不紧张而已。"

22 日　收到叶圣陶来信。复信中谈及"近重读《通鉴》消遣，已是第三次。""《聊斋》已久不读，近看《阅微草堂》，甚熟，借狐鬼说果报，其思想陋甚。"谈及自己每日的工作："上午总伏案瞎涂，下午或做事或否。不甚写信，而书来必答，事来即随时应之，过后无痕，实非能观空，只是年老善忘之解嘲而已。"

同日　致上海书店出版部明信片，感谢惠寄影印新刊二种，说："近排印书籍，错字极多，令人闷损。影印既无此病，又省劳力。"所以，他很赞成这种方法。

25 日　改写《说"借"字古今音读与〈牡丹亭·惊梦〉》一文。

26 日　俞平伯将六十余岁时拟的自挽联，书录两份，以其中的一份寄给儿子俞润民保存。自挽联云："一去竟何之神释应无切利国；此来信多事诗亡惟有兔爱篇。"末署"癸亥六月，槐客自书"。

本月　周颖南《颖南选集》由福建人民出版社出版，内收《〈题俞平老重圆花烛歌卷子〉书后》《俞平伯教授〈古槐书屋词〉的出版》。

---

①　王传蕖(1911—2003)，名仁宝，江苏苏州人，苏州昆剧传习所学员。

8月

8 日　农历六月三十日。曾孙俞丙然出生于天津。

同日　收到叶圣陶 4 日来信,复长信谈《推背图》。

9 日　作七绝二首,志喜。诗云:"新得佳儿可象贤,吾家五世尽单传。不虚仙李蟠根大,六月秋生字炳然。""东涂西抹漫留痕,弓冶箕裘讵复存。八十年中春未老,倘延祖德到云昆。"

10 日　致邓云乡信。此时邓云乡已来北京,住团结报社地下室。

12 日　复周颖南信,谈自己的近况:"名说看开、放松一切,事实上并不闲,以人事总须应付,又不免自动弄笔也。"

13 日　晚,致俞润民信,谈为曾孙起名之事。

中旬　应许晴野之嘱,为《晋江南侨中学特刊》题签。

中旬　收到南京大学聘书,被聘为南京大学《全清词》编纂研究室顾问。

18 日　复许晴野信,附去为"晋江南侨中学特刊"的题签,请许晴野转交。此题签用于 1986 年庆祝南侨中学建校四十周年所出的特刊上。

21 日　周颖南随"新加坡中国商品进出口商会访华代表团"到达北京。

22 日　收到叶圣陶 19 日来信,即复信。

29 日　作札记《〈长恨歌〉的首尾》,"只论其首尾以定全诗的性质"。俞平伯认为《长恨歌》"首四句多微词曲笔,末四句口气似乎不贯"。他解释"微词"即"褒中有贬,美中有刺"。"曲笔"即"直笔之反。其违背事实非出无心,却是有意,《春秋》讳国恶之遗也"。结尾点出"恨"之所在。他认为"明白晓畅是长庆体本色,本篇独多微隐",以回避唐代文网故。

下旬 俞平伯在北京饭店宴请周颖南。饭后,同访叶圣陶,并在叶宅客厅和庭院的海棠树前合影留念。

9 月

1 日 在家中为前来辞行的新加坡友人周颖南饯行。

2 日 收到叶圣陶来信,即复信。

3 日 《一九八三癸亥岁六月卅日立秋孙李在天津举一子,喜赋二章》发表在《团结报》。

4 日 中午,以外购杭州风味的菜肴,家宴表妹和梅贻琦夫人。

5 日 复邓云乡信,并附寄嘱写件。邓云乡请书"旧时月色"四字,云将悬挂苏州狮子林。回信中说:"属件勉为涂就,年老力衰,且不能布置,聊以塞责,未必适用。"

11 日 《说"借"字古今音读与〈牡丹亭·惊梦〉》发表在香港《大公报》。

同日 复邓云乡信,向其致谢。邓云乡以旧京门对"忠厚传家久;诗书继世长"移赠俞平伯,贺其得曾孙之喜。

13 日 收到叶圣陶 9 日、10 日来信两封,即复信。

14 日 致俞润民信,谈北京食品三厂曾两次派人送来红楼糕点,均被拒绝接受之事。俞平伯说:"今阅剪报更有了解,盖三厂与劲松厂竞争。但我岂能为彼作广告。"他说:"近有盲目复古之风,庸俗可憎。"如琉璃厂荣宝斋将已建洋楼拆去,改建旧式平房,便是一例。

17 日 复邓云乡信。

18 日 复许宏儒信,并附近作"李孙得子"诗复印本。

19 日　复郁念纯信。

20 日前后　俞平伯"旧疾复发,初左眼流泪,后口眼歪斜,吃物不便。服市售牛黄清心丸十一颗而愈"。

20 日　收到叶圣陶来信,即复信。

21 日　复堂弟俞海筹夫妇信,回答关于俞氏家族以五行为序,排辈起名,循环不穷,已三百余年矣。

24 日　复邓云乡信,感谢其寄赠中秋月饼。

25 日　致俞润民信,并附郭学群、许宏儒贺俞丙然初生的词和诗。信中说:"今日好像破纸,他年将视同珍品。初生时纪念岂易得哉。"

30 日　收到叶圣陶来信。

10 月

2 日　复叶圣陶长信。

同日　致陈从周信。谈上海书店将影印旧作《燕知草》一书,"编者浼我题记而不能为","又不宜过却",遂请陈从周将其所存许宝驯夫人所书《燕知草》题诗照一相片,寄给上海书店,加入书中,"俾成全璧"。

3 日　复刘华庭明信片,就上海书店要俞平伯为影印《燕知草》作自题记一事,回答说:"属自题记意思亦好,却不便破例为之。""近来重排的书均不附我的说明,因既不宜自我肯定,亦不便否定也。"俞平伯拟将《燕知草》初编时的题诗补入新印本,"即成全璧"。

4 日　致邓云乡信,谈读《文学报》第 131 期有关《尘世奇缘》报道后的所忆和所感。

同日　复周颖南信,谈与叶圣陶通信、论学之乐趣。

同日　以曾孙双满月，作诗一首，次八十余年前自己双满月时，曲园公抱之剃头诗韵。

6日　口占小诗一首："长眠犹有待，且作昼眠人。老去心思慢，推敲一字贫。"

7日　复章元善明信片，并附书日前口占小诗。

11日　致刘华庭明信片，商谈影印《燕知草》文集事。

14日　重阳节。曾孙俞丙然被带至京寓。俞平伯书赠近作《和春在堂庚子年诗》一首，教导曾孙："新来世纪知何似，三益还堪作尔师。"并与儿孙合影留念。

16日　收到叶圣陶来信，即复短信。

同日　致邓云乡信。

17日　复侄女俞涵明信片。

18日　致叶圣陶信，谈杭州西泠桥堍苏小小墓昔有一联："湖山此地曾埋玉；花月其人可铸金。"如今有人撰文谓"花月"当作"风月"，俞平伯认为："'花月'不误；若云风月其人而可铸金像，古人恐无此浪漫之笔。"

21日　复陈秉昌信。

23日　凌晨，梦醒后成《鹧鸪天》词一首，叙"五伦"事。俞平伯认为此词"意深不合时"，"亦只能自我欣赏而已"。

同日　致俞润民明信片，谈以书遮眼，"读《通鉴》将一半，约年底可完"。他说："'鉴'，照也，照见古史之得失，'前事不忘，后事之师'，非泛泛之书也。"

同日　复邓云乡信，谈自己的近况，说："我发旧恙后，现总算好了，形容无改，堪以告慰，惟甚软弱，现服首都医院所给的药。一切人事大都摆脱，以读《通鉴》消遣，已第三遍了。古史浩瀚，拙见浅薄，如以蠡测海也。"

26日 复俞润民信。

30日 晚,致俞润民信,云:"近精神恍惚,时有错误,自觉无味,却写了一小文,题曰《虎丘剑池》,拟付江或浙刊物。"

同日 致《浙江画报》编辑部信,云:"近有一文,和江、浙二省都有些牵连,题曰《虎丘剑池》,虽在苏州,却有关浙江。因吴王之墓,得越王保护,始成千秋名迹。以乡邦关系,我拟先给贵报刊出。"并要求以"原迹影印"刊出。

31日 《说"借"字古今音读与〈牡丹亭·惊梦〉》发表在北京昆曲研习社《社讯》总第14期。

本月 短文《〈兰陵王〉简述》发表在华东师范大学出版社出版的《词学》第2辑。

本月 《论诗词曲杂著》由上海古籍出版社编辑、出版。刘海粟题书名;书前有作者照片两帧和《自题〈论诗词曲杂著〉》手迹。书内除收入《读诗札记》《读词偶得》《清真词释》三本书外,另有关于诗词曲的散论四十八篇。即谈诗部分:《诗底进化的还原论》(附录《与杨振声、周作人的通信》)《诗的歌与诵》(两篇)《屈原作品选述》《宋玉梦神女非襄王梦神女》《说汉乐府诗〈羽林郎〉》《再说乐府诗〈羽林郎〉》《葺芷缭衡室古诗札记——〈古诗十九首〉章句之解释》《古诗"明月皎夜光"辨》(附录《秦汉改月论》)《漫谈"孔雀东南飞"古诗的技巧》《略谈"孔雀东南飞"》《南浦西山》《李白〈古风〉第一首解析》《李白〈清平调〉三章的解释》《再谈〈清平调〉答任、罗两先生》《李白的姓氏籍贯种族的问题》《杜律〈登兖州城楼〉》《说杜甫律诗〈题张氏隐居〉》(附录何霭人的《跟俞平伯先生商解杜诗——读〈说杜甫律诗题张氏隐居〉》)《关于杜诗〈题张氏隐居〉——复何霭人君》《说杜甫〈自京赴奉先县咏怀〉诗》《〈长恨歌〉及〈长恨歌传〉的传疑》(附录《与周煦良书》节录〉《读陈寅恪〈秦妇吟校笺〉》(附录《叶圣陶先生来信》)《元遗山瞿宗吉论诗》以及《古诗辞例举隅》。谈词部分:《略谈诗词的欣赏》《民间的词》《〈唐宋词选〉前言》《今传李太白词的真伪问题》《读〈云谣集杂曲子〉"凤归云"札记》《茸芷缭衡室札记一则——宋词三首赏析》《前释清真〈满江红〉词补正》《周邦彦〈红林檎近〉》《辨旧说周邦彦〈兰陵王〉词的一些曲解》《论清真〈荔枝香近〉第二有无脱误》《谈周邦彦〈齐天乐〉的评语》《〈周词订律〉评》《吴梅村绝笔词质疑》以及《〈积木词〉序》。谈曲部分:《词曲同异浅说》《论作曲》《谈〈西厢记·哭宴〉》《续谈〈西厢记·哭宴〉》《校订〈西游记·胖姑〉折书后》《谈〈琵琶记〉》《〈牡丹亭〉赞》《杂谈〈牡丹亭·惊梦〉》《说"借"字古今音读与〈牡丹亭·惊梦〉》《〈牡丹亭〉"丹"字的用法》以及《〈振飞曲谱〉序》。

11 月

1 日　《谈虎丘剑池》作讫。俞平伯说:"余浙人而生长于苏,忆儿时侍父曾游。"因此对吴山越水"兼有桑梓之敬",遂略述虎丘剑池为千秋名胜的因缘。

同日　致俞润民信,谈朱自清的三首《怀平伯》诗,认为第三首的"终年兀兀仍孤诣"句中的"孤诣"二字"说我一生最确,他人皆不能言,此朱公所以为我的唯一知己也。既曰'孤',即无可比较;无比较即无所谓好歹。前书说有人要研究我,毫无用处者,其故在此,非骄傲也"。他说:"就诗论诗,第三首如包括我的一生,实比他生前的自解更为圆满。作品离开作者而存在,自很古怪,却亦未尝无理。以万有一切既是神秘的,则文学亦其中之一,自非例外,无足深怪。""我常说诗宜多读,不必多讲。非不欲人知,乃怕讲了反而引起误解。"

同日　复周颖南信,并附赠近作词《鹧鸪天》(良友花笺不复存)一首。

3日　收到叶圣陶来信,雒诵颇有所感,联想到早年上海开明书店的功绩以及对青年人产生的巨大影响,是不可估量的。他认为这固然是"诸友之力",而圣翁"亦其巨擘也"。他在复信中说:"前以将重印《燕知草》偶尔校阅,未觉其有错字,即此已非近印新书所及,因小可见大矣。"以此证明开明书店之佳。

4日　为庆贺叶圣陶九十寿辰,书赠《寿圣翁九十》诗一首。诗云:"九十不衰真地仙,八旬犹在亦天怜。从君撰杖非无意,图向人前学少年。"

13日　复《浙江画报》主编谢狱信,附寄楷书《谈虎丘剑池》文稿。

16日　致陈次园信。

23日　致刘华庭明信片,询问《燕知草》出版时间,并预购四十部。

同日　复周颖南信,并附赠得曾孙记事诗改正稿。

27日　致陈从周信,并附寄应嘱为《玉霜唱腔》的题签。

30日　复许晴野信,谈及近况:"仍衰弱,卧时多于起坐,极少写作,足不出户,乏善可陈。圣翁已久不晤,仍偶通书。"

12 月

1日　复陈次园信。

2日　本日至14日,九三学社第四届全国社员代表大会在北京召开。俞平伯当选为九三学社第七届中央委员会委员。

4日　致叶圣陶信,谈及自己"近况慵劣,卧时多于起坐,惮于写作"。

5日　致陈从周信,并附寄应嘱为其岳家蒋氏书楼"西涧草堂"所书的匾额。

7日　复黄裳信,就百花文艺出版社将出版黄裳所编《俞平伯散文》之事,回答说:"我对炒冷饭不大感兴味,而来者不拒,只不参加意见。……出新意选之不蹈窠臼尤佳。"

8日　致邓云乡信。

9日　复费在山明信片,谈八十余年前曾祖父为他双满月所作剃头诗和他近为曾孙出生所作诗等。

10日　叶圣陶由至诚陪同来访。

同日　致刘华庭明信片,谈《燕知草》校补字事。

12日　复周颖南信,附赠手书黄侃师集宋人联语。

14日　致陈从周信,商谈请顾廷龙①书"乐知堂"匾额事。

15日　致刘华庭明信片,续谈影印出版《燕知草》事。

19日　致俞润民信。

20日　致刘华庭信,续谈有关《燕知草》的版本问题。

同日　复周颖南信,为其新开张的"同乐鱼翅酒家"题嵌字格对联一幅:"鱼美酒香奚翅食重;宾筵家庆乐饮情同。"书赠志喜。

22日　复俞润民信,谈自己睡眠方法的改变。

24日　下午,梅贻琦夫人与祖彬来访。

27日　复许晴野贺年明信片。

29日　致俞润民信,谈"文代会代表选出,我亦在内,却不开会"。

同日　复邓云乡信,与之探讨文学研究中的一些问题。信

---

①　顾廷龙(1904—1998),号起潜,江苏苏州人,曾任上海图书馆馆长。

中说："《离骚》虽以荃、荪喻君,于家国事却是明言,未尝影射,与《石头记》索隐派不同。不揭底之谜,猜之无益,仅可作茗谈之助耳。"又谈到王国维咏颐和园的词:"曾于《观堂集林》中见之。于西后颂多于刺,尚非史笔,兄谓如何? 近于南大油印本汪文中见瞿兑之长歌亦咏其事,未知见否? 辞甚工,而题目为溥侗草书卷,颇觉不相称,其人只是清室一浪子,晚节更不足道。对于近来文艺,感慨多而置之勿言,聊为兄一言耳。"

冬 应嘱为俞润民忆录旧作《壬午九月既望赠内子五章》中的四首诗,诗后附跋语,思念亡妻。

年内 应嘱为家乡德清县题写"德清县地名志"书名。

1984年(甲子) 84岁

▲1月3日,胡乔木在中共中央党校作题为"关于人道主义与异化问题"的讲话,《理论月刊》发表了讲话修订稿。《人民日报》和《红旗》转载。

▲10月,首都举行阅兵式和群众游行,隆重庆祝中华人民共和国成立三十五周年。

1月

1日 致张人希信,感谢惠赠《书谱》杂志和水仙花。

3日 复黄裳信,谈对重印旧作"选集""杂著"等,持中立态度,"不赞助也不反对;因久遭批判,不便表态"。另谈对《俞平伯散文》选目的意见。

9 日　生日前一天。叶圣陶专程来访贺寿,并送"家庖珍馔"。

10 日　生日。

12 日　致叶圣陶信,感谢惠临。

13 日　复周颖南信,谓已请上海古籍出版社将《论诗词曲杂著》径寄新加坡两本,分送周颖南和潘受。

19 日　复邓云乡信,谈注释王国维词的作品,认为"注释颇佳,详赡便于阅读,亦不免讹字,定本或较好"。

21 日　复周颖南信,感谢其惠赠人民币二百元。

22 日　致刘华庭明信片,询问 1905 年小说林社出版的《秘密海岛》是否能重印,谓此书"我儿时爱读",希望再阅。

28 日　寄郭学群《新秋朕语》复制本,信中说:"亦有'遣悲怀'诗意,吾甥阅之必多感慨。"

同日　复郁念纯信,谈及北京昆曲研习社办社时间问题,说:"前社办了八年,新社约三年,却说二十七年,计算亦甚奇异,岂文化革命之十余载亦办曲社欤? 诚可笑也。"

29 日　收到郭学群来信及《上海图书馆建馆三十周年纪念论文集》,即复信。

本月　《〈振飞曲谱〉序》发表在扬州业余昆曲研究组《内部交流资料》第 11 期。

2 月

1 日　癸亥除夕。为九三学社盛君所赠"俞楼近影"题诗一首,诗云:"舍南一水望迢迢,六十年来梦影遥。不尽斜阳烟柳意,西关残塔黯然销。"

同日　复陈次园信。

同日 致刘华庭明信片,回答关于为《燕知草》作介绍文字事。信中说:"是书虽有多篇,实只一题,皆回忆浙杭往迹,以珍惜这段年轻时生活,遂稍有偏爱,固不求人知。晚得垂青,亦幸事也。"

3日 正月初二,复吴小如明信片,并附赠近作诗《题"俞楼近影"》。

14日 致叶圣陶短信,问候起居。信中谓自己"近体更弱,伫立时望之欲跌,独居时虞蹉步。已疏笔墨,偶亦妄涂,以年前歪诗尘览正。又一联云:'掩卷古今如在眼,拥衾寒暖不关情。'意兴衰飒,亦袭旧耳"。

16日 北京昆曲研习社请俞平伯任名誉社长,婉辞。

19日 收到叶圣陶来信,即复信。

同日 复郭学群信,改写彭刚直昔赠俞曲园联,以纪近况,云:"开卷古今都在眼;闭门晴雨不关心。"

同日 复俞润民信。

20日 复周颖南信,附寄短文《谈咏花绝句》及手书花笺贺年卡。贺卡题字:"贞下起元,除旧更新。甲子春,平伯。"

21日 复俞润民信,信中谈及:"我近以为客观虚心,则世间一切无非学问;否则就不必谈了。"他认为《红楼梦》用语"世事洞明皆学问,人情练达即文章"最好。

同日 复侄女俞涵①明信片,谈苏州旧宅修复问题,说:"此屋于四十年代已捐献,现为纪念曲园老人修复,我非常赞成欢迎,却不过问修复之事,只想知道点实况而已。"

---

① 俞涵(1919—2007),俞锡侯长女,祖籍浙江德清,定居江苏苏州,曾任苏州高级技工学校教师。

25 日 复俞润民信,谈新出版的《论诗词曲杂著》"书品尚佳,但对炒冷饭兴味不大","其中有些附件,我毫不记得,仿佛是新的,可怪,幸无赝品,亦可喜"。

同日 复郁念纯信,续谈《振飞曲谱》使用"简谱并不适用,为徇作者之意,只好赞成,未免'曲学'。二则其文多讹,且有脱文,不如想象之佳,未免吹嘘过甚。其实不如径就《粟庐曲谱》扩充,附若干简谱,则雅俗共赏,而吾辈亦得益矣"。

28 日 致张人希信,并附寄应嘱为之书写的"听讽楼"匾额。

本月 《谈虎丘剑池》发表在《浙江画报》月刊第 2 期。

3 月

1 日 复俞润民信,谈家中琐事。

同日 致陈从周信。

4 日 近作《雷峰塔圮甲子一周,同游零落,偶引曲子不云诗也》发表在《杭州日报》。

6 日 致叶圣陶信,顺便介绍自己的近况:"近体软弱,卧多于起,深惮写作,更不如去年,应酬笔墨多半谢却。"

8 日 致刘华庭明信片,同意上海书店影印出版《读词偶得》和父亲俞陛云著《诗境浅说》二书,建议《读词偶得》用初版本,以免与上海古籍出版社的《论诗词曲杂著》重复。并答应将勉力为其书写扇面。

同日 复侄女俞涵明信片,续谈修复苏州旧宅问题,谓"能复旧观自最好,新建亦无所谓,我总乐于观成"。

12 日 收到叶圣陶 9 日来信。复信谈及近况:"近思路殊钝,往往只一个头,无旁岔连翩,因之亦不写作,名曰躲懒,实藏拙耳,自是老境。十二时中以半为'舞',半为'休',不做困头,听其自睡,而无所谓失眠,一夜亦可得七八小时。"

15日 《津门文学论丛》第1期发表孙玉蓉的《俞平伯的室名》。

17日 复邓云乡信,对徐绍青嘱书楹联事,婉言谢却。答应为邓云乡著《秉烛谈》题签。

18日 复周颖南信。

19日前 赠送叶圣陶《论诗词曲杂著》一部,托王湜华转交。

19日 复俞润民信,谈自己"近看宋人笔记消遣,闲亦写字"。

23日 致刘华庭明信片,感谢其赠书二册。

30日 致刘华庭明信片,商谈为《诗境浅说》题签的格式问题。

31日 张允和、周铨庵、陈颖来访。俞平伯与之谈了从前曲社男女分社,到1937年其父俞陛云起名的"珠萦社"才男女合社。另谈"珠萦社"社名出自吴梅村的"一丝萦曳珠盘转,半黍分明玉尺量"诗句。

本月 复郑子瑜信,并寄赠《论诗词曲杂著》一部。

4月

1日 复陈从周信,并寄赠《论诗词曲杂著》一部和近照一张。

4日 致刘华庭信,附寄为《诗境浅说》题签两张。

6日 致邓云乡信,附去应嘱为其新著《秉烛谈》题签两张。

10日 致信问候为胆石症住院治疗的叶圣陶。信中谈及近况:"新岁以来未能写作,近得宋人笔记,每倚枕翻阅,惜无共语者。更检废楮瞎涂自遣。"

同日　复周颖南信,谈"甲子年来,我体更劣,不写作,只取破纸瞎涂遣日,余则偃卧,或以书遮眼"。

12 日　叶圣陶在北京医院作诗《病室诵平伯尊兄手示执笔不易,仅答一阕》,书赠俞平伯。

14 日　致俞华栋信,嘱其转告荒芜,没有诗稿适宜《诗配画》刊用,"且近亦不想发表所作诗"。

15 日　读到叶圣陶在北京医院所作赠诗后,立即复信慰问圣翁。

同日　复邓云乡信,回答有关《红楼梦》中北静王的装束问题。

22 日　致张人希信,谈昔年俞曲园所书寒山寺碑之事。

29 日　下午,往北京医院探望手术后的叶圣陶。

本月　《燕知草》文集作为"中国现代文学史参考资料丛书"之一,由上海书店以作者自藏珍本为底本,影印出版。其中作者在扉页、序文和正文前加盖的名、字、室名和藏书章,也照原样套红印出。另将初编时的《题〈燕知草〉》律诗补在原书题词《换巢鸾凤》之后。

本月　收到《燕知草》样书。

5 月

1 日　致刘华庭明信片,为《燕知草》影印出版向他致谢。

8 日　复叶圣陶信。

同日　复周颖南信,附赠 7 日所书联语:"不羡淮南客,徒空冀北群。"边款云:"近乐简语,短至无可再短则成。对联七言似犹长,减为五言。"

9 日　致叶圣陶明信片,商谈为其诗改字之事。

同日　致刘华庭明信片,并挂号寄赠签名本《燕知草》一册。

10 日　《中国社会科学》双月刊第 3 期发表盖国梁的《发前人未发之覆——〈论诗词曲杂著〉》。

12 日　致叶圣陶信,商谈代其书写条幅之事。

13 日　收到叶圣陶来信,即复信,仍商谈为其改诗之事。

同日　复郁念纯信,支持他们为曲学家吴梅搞百年纪念,提醒他们注意吴梅的生日阴历、阳历不要混淆了。

16 日　复俞润民信,谈自己近日在缮写《半帷呻吟》二卷,又为叶圣陶改诗《奉酬北京医院吴蔚然院长》,借此消遣时光。

同日　收到叶圣陶来信。即复信并赠送新印本《燕知草》一册,均托王湜华转交。

18 日　致刘华庭信,谈为《读词偶得》书写封面事。另谈《燕知草》书名的由来,说"燕知"二字取自旧作诗句:"而今陌上花开日,为有将雏旧燕知。""'草'字无着落,草稿之意。近友人提示:李白诗'燕草碧如丝',一语双关,三字均有了出处,即此附告。"

19 日　致邓云乡信,续谈北静王装束问题,并从中华书局新印本王应奎《柳南续笔》卷一中找到根据。

21 日　收到叶圣陶 19 日来信。复长信,谈改诗,说:"所谓'改者,实包括'不改'在内,故诗亦有改坏的,虽前人恐亦不免。"另谈到《燕知草》书名的来历,原出于俞平伯自作诗句,现知李白有"燕草碧如丝"诗句,且与草稿之"草"双关,从此,三字皆有着落了。

同日　代叶圣陶书写横幅,录叶圣陶所作《奉酬北京医院吴蔚然院长》诗四首。

22 日　复俞润民信,谈为叶圣陶改诗和书写横幅事。

23 日　收到叶圣陶 21 日来信,即复短信,并附上代其书写的条幅两张,一大一小,任其选用。

24 日　叶圣陶来访,此为叶圣陶病愈后初次出门访友,让俞平伯感到惊喜。

25 日　复邓云乡信,知其已购阅《燕知草》一书,说:旧集不过"尘羹土饭而书品尚佳,讹错甚少,近亦希见"。另将五十年前所作《游仙诗》十五首抄寄邓云乡,希望能在香港《文汇报》刊载。

26 日　致刘华庭信,谈影印《读词偶得》,封面"当用原题,不宜另写。且原件乃叶圣陶先生约六十年前在开明为我书写的,现他年老眼病,已求之不得,极可珍贵,我亦不敢换上拙书"。又说:"开明旧版书品均好,视今为胜。"

27 日　致叶圣陶信,谈上海书店将重印初版本《读词偶得》之事,他说:"曲园公诗所云'老女重描旧画眉,寒禽难学初调舌',近来书店忽将拙编旧本重印,允之有惭,却之不可,唯诵先人斯言,为之惘然。"

30 日　应邀与许氏仲昆至东郊许宝騋新居小叙,为此赋诗一首:"衰年独住古城西,东望前尘影事迷。五老平均八十岁,旧姻良会后应稀。"又作小联一副:"不上层楼宜老步,犹堪小叙话前游。"

6 月

2 日　复周颖南信,附赠手书二短联。

3 日　致叶圣陶短信,并附赠近作诗及小联,又附上汪补斋来信。

4 口　复邓云乡信,谈《游仙诗》事,不主张其作注。他说:"我向不喜作诗注。注多妨碍正文,喧宾夺主。不过就些熟典故(亦无僻典)敷衍,无深意也。其佚去五十四年,在学生会刊物觅得者,亦可喜。"

12 日 致刘华庭信,对陈从周推荐重印俞陛云著《蜀辀诗记》一书,认为可以考虑,只是书中讹字须校勘。并答应俟精神稍佳,当整理一册,寄去备览。

20 日 作《记庚戌田居诗附跋》。此诗真实地记述了 1970 年下放河南农村乡居的情景:"一九七〇在息县东岳集,借住农家废舍。东风吹卷茅龙,幸居停夜起维修,翌晨犹见残茅飘浮塘上。忆杜甫《茅屋为秋风所破歌》云云,方喜偶逢诗景,忧患余生,溺人必笑,初不觉其境之险也。"

23 日 致刘华庭明信片,因"体衰目昏手劣",婉辞为上海书店三十周年纪念册题字事。另谈《蜀辀诗记》书中有用词不妥之处,所用文言"亦不甚浅显,难谐众目",书中所叙内容"亦不能作旅游参考",恐不宜影印出版。

24 日 收到叶圣陶来信及惠赠新出版的《我与四川》一书。

同日 复周颖南信,附赠《忆庚戌田居事诗并识》。信中说:"虽只廿八字,于昔下放河南居乡情况颇能概括。所居为农民弃屋,其敝陋不能想象,若遇大风雨雪皆有危险。经岁平安,感谢上苍,并非诗情,乃是实感,遂以白话写之,如是而已。"

25 日 复叶圣陶信,问安,并谓自己"近况如昨,疲茶无写作",半年只作了四首绝句。

30 日 《记庚戌田居诗附跋》发表在香港《大公报》。

本月 应嘱为孙玄常的《姜白石诗集笺注》作序。

7 月

1 日 作《再记日本写经〈胜鬘宝窟〉》。俞平伯从佛教协会会刊《法音》1984 年第 3 期中得知,家藏日本写经"为隋吉藏撰

《胜鬘宝窟》文,解《胜鬘经》义。""始末文句,上下连接,一字不差。"(任杰同志释文)他感到"斯卷于清光绪时来自东国,久藏吾家,百载沉翳,一旦豁然,洎物之存佚有数,显晦有时,亦余晚年之深幸也。"

8日 致刘华庭明信片,谈请人为《诗境浅说》重题书名事。

9日 致俞润民信。

同日 致黄裳信,附赠剪报《谈"梓童"》和《记庚戌田居诗附跋》两篇。

14日 《再记日本写经〈胜鬘宝窟〉》发表在《团结报》。

15日 致刘华庭信,谈请陈从周为《诗境浅说》题写书名事。另遵刘华庭之嘱,将自藏初版《燕知草》签名寄赠主办《燕知草》重印工作的沈俊盛。

17日 复俞润民信,谈"《儿女英雄传》文笔很好,其思想、叙事离现代太远了,遂不被人注意。其实过褒《石头记》而贬低此书,盖两失之"。他认为孙子昌实虽不能治文艺,但可从小说入门自修。

同日 复荒芜信,谈自己"近并诗亦不做,做来似偈,亦无味"。应嘱为其书录近作诗一首:"虽有千言语,曾无一寸长。闭门闲里过,深巷又斜阳。"

19日 致邓云乡信。

21日 致叶圣陶信,谓从佛协刊物《法音》第3期得知,前捐赠给法源寺的家藏写经已经被查出,为隋吉藏撰《胜鬘宝窟》,乃《胜鬘经》之论部。

同日 复陈从周信,信中说:得知欲修俞楼,"维修即可,不须拆建,不欲多费公帑"。"曲园公别俞楼诗云'任作张王李赵看',弟敬仍先意云尔"。

22日 复俞润民信,谈及孙子昌实学古典文学事,说:"古典文学本不限古文,白话文中亦有之,不妨从小说人手。"建议阅读《水浒传》《西游记》《儒林外史》等,认为《红楼梦》不宜初学,"尤忌看一切红学书,包括我所写在内!"谈及《儿女英雄传》,说:"此书是学《红》而反《红》的,书中有明文。故学习此书亦有关对《红》的了解。——自然此书作者的话亦未必全可信,却总是嘉庆时旗门子对《红》的看法之一,比较近真,视索隐之荒唐,考证之拘泥,固犹胜之。"又谈到:"我自乙卯发病到本岁十月整整十年,对付得不坏,但以后就难说了,恐怕已接近'边缘'。所谓'边缘'者,即差一点就要掉下去!——尚非'死'之谓,乃是弄得十分狼狈,不如现在一个人自了的干净。此亦无可如何,只好走到哪里说哪里的话,暂时亦想不出很好的办法。"

23日 收到叶圣陶来信。次日,复叶圣陶信,并附小文《阅读〈我与四川〉偶记》一篇。

同日 致吴小如明信片。谈拟将《〈丙辰京师地震日记〉跋语》收入《序跋集》。信中说:"近鲜写作,惟诵东坡《无题》之末句'誓将闲送老,不著一行书'聊以自儆。"并附书《记庚戌田居诗》一首。

26日 致陈从周信,谈苏州曲园修复中的周折。

31日 收到叶圣陶28日来信,即复短信,并在附件中谈了与《我与四川》一书有关的几点见解。

本月 书录苏东坡《无题》诗:"故国多乔木,先人有敝庐。誓将闲送老,不著一行书。"后将此件赠送周颖南。

8月

月初 应钱昌照之嘱,在政协同人为保存古迹而上胡耀邦书中签名,列第五位,前有许德珩、叶圣陶、吴作人、周培源四位。

5日 复俞润民信。

6日 收到叶圣陶来信。复信谈孙玄常笺注姜白石诗,有"冗赘"之病。俞平伯虽在《题孙玄常〈姜白石诗集笺注〉》中"例致赞扬,而于原稿多补粘条驳正","因序中已称其'不蔓不支'矣"。他说:"一般编撰注解,不求通古人之意,每喜掉书袋,扬己抑人,阅之气闷,有如鱼鲠在喉,不得不吐耳。"

12日 复周颖南信,附寄已发表作品剪报二纸。

18日 复吴小如信,就其所作《〈俞平伯序跋集〉序言》提出修改意见。其中谈到自己散文作品的风格,说:"相传(已数十年)我受明朝文人影响,实毫无根据。众口流传,已无法更正。……我在大学时爱六朝文则有之,及'五四'起,就丢开了,迄无成就。"

31日 致叶圣陶信,另附谈《礼记·大学》短文两篇。

本月 作谈《大学》一书的短文。

9 月

11日 复俞润民信。

15日 复邓云乡信,已收其赠书《红楼识小录》一册,称赞其"大作甚佳,足为文献之助,俾他年有征,惜我题字笔迹弱耳"。

21日 致黄裳明信片,回答关于黄裳编《俞平伯散文》的书名问题。信中说:"我初不知,亦无意编选,故想不起什么名字来,即云散文选亦无不可。欲举篇名,举什么呢?务请费神,与出版社商定,我总同意的。"

22日 收到叶圣陶来信。复信续谈对儿时所读《大学》一书的今见。

10 月

1 日　复周颖南信,附赠照片两张。

3 日　复郁念纯信,谓"《社讯》首揭(任)二北先生之大作,云昆曲妄改,并不能进历史博物馆,斯意甚善,奈不合时尚何"。

7 日　致叶圣陶信,另附近作诗文各一篇。其中《大学之道说》一篇,"前后费时十天"。另外,俞平伯又为自己拟了一个斋名曰"止勤斋"。他说:"大乘六度,四曰勤。《大学》云知止。皆足箴予失,而勤止见于《周颂》,不可以名吾亭。遂更曰止勤。手劣不书,亦徒有其名耳。"

10 日　致刘华庭明信片,询问《诗境浅说》题签和付排诸事。

22 日　下午,庄明理陪同新加坡诗人潘受和香港友人梁披云来访。俞平伯以《法音》杂志和与叶圣陶合影赠送潘受。潘受回新加坡后,作《北京访俞平老》诗一首,诗云:"奕老春仍在,看天意若何。方为邻笛赋,漫动鼓盆歌。万卷堪终老,千秋有不磨。瞻韩偿夙愿,载酒待重过。"另有小跋:"颉刚先生之逝,公有挽诗,闻近多悼亡之作,未示人。"

同日　收到叶圣陶 18 日来信。复信续谈《四书便蒙》中的《大学》之道。

25 日　致邓云乡信,谈只为其大作《红楼识小录》题签,"其他关于《红》之书籍属题名者已均谢却之"。谈及红学论文,谓:"自六六年后迄无所作,所刊出在二刊者皆旧作也,惩羹吹齑,其可再乎?"又说:"揆若近写长文,开头一段,述我早年曾将《红楼梦辨》原稿遗失,事确有之,早已忘却。如稿不找回来,亦即无可批判也。"

30 日　复荒芜信,回答黑龙江人民出版社欲承印出版《俞平伯旧体诗钞》事,提出了"用旧体字"排印的要求。

同日 复俞润民信。

本月 本月至 12 月,忆录《古槐书屋诗》旧作,在孙玉蓉搜集编选的《俞平伯旧体诗钞》的基础上进行增删,共同商量编次等事宜。

本月 《雷峰塔圮后》和《航天》两首诗发表在《古旧书讯》第5 期。

11 月

1 日 致叶圣陶信,另附对联及注释二纸。信中谈自己"近愈衰弱且患左眼(不重),笔墨愈疏,诗由七言缩为五言,又减为对联,又属对非易,遂两句不对,古虽多传摘句,非此之谓也"。

3 日 致吴小如信,请他将《题孙玄常〈姜白石诗集笺注〉》一文,转寄孙玉蓉。

同日 致孙玉蓉信,谈为《俞平伯旧体诗钞》选择出版社问题。信中说:"旧体诗集实以用旧体字为宜,免得引起误解(理由不多说),我一向坚持,其所以不编旧体诗,原因半亦在此。"又说:"编诗仍当进行,有增、删、编、抄、校五个阶段,亦不易为,我当供给补充资料,不妨徐徐,到明春完成即好。"

9 日 复俞润民信,谈编旧体诗集事:"我已无稿,只凭记忆补充,恢复困难。我本无意编诗,而孙女士以此为业,又是好意,弄得无可如何。"又说:"近方大力提倡旧体诗,本月中旬在长沙开韵文学会成立会,包括诗词曲赋。如编得好,付印不难;如编不好,会伤我名,她亦不利。"

同日 复周颖南信,附赠俞夫人遗作剪报。

10 日 收到叶圣陶来信。复信中,由叶寓两度曲集,联想到自己数十年对昆曲的爱好与研习。1964 年，曲会活动中断。1982 年，夫人病逝后，"即杳然绝响矣。近于《思凡》《下山》小有所见，亦惮于写出。窃为归心佛法，以'空''净'二门为较简易，然亦未有津梁也"。

14 日 致刘华庭明信片，询问《蜀輶诗记》能否出版。

15 日 致刘华庭明信片，询问上海书店是否可用繁体字印《俞平伯旧体诗钞》事。

同日 复孙玉蓉信，提出"旧体诗集须用繁体字、旧诗集款式（非新诗式）、直排"的要求。

23 日 致刘华庭明信片，续谈为《俞平伯旧体诗钞》找出版社事，并介绍了《诗钞》的编排情况。

28 日 上午，复孙玉蓉信，要她酌量抄示一些诗，因时间久了，有些已经忘记了。另讲了"慢工出巧匠""担迟不担错"的道理，要她把编书工作做好、做细。下午，再复孙玉蓉信，认为其所拟《俞平伯旧体诗钞》书名"通俗可用"。又说书中拟分三卷：一、短诗；二、长诗；三、赋、词、曲、小调。时间限于 1959 年，与另编《寒涧诗存》接上，两不相妨。

本月 修改并重抄 1934 年旧作《岁莫赋》，并附识："云行雨施，石破天惊，诸葛传名，水仙避世，以示远悲，本怀曲终奏雅，略拟《进学解》"，聊自解嘲，非敢希踪骚辩也。"

12 月

1 日 复黄君坦信，并节抄寄赠《岁莫赋》的后半部分，云："佚去五十年已久忘，其辞荒率悲哀，若见诸梦中，姑妄存之，篇终只一语助，其音悄然，有如歇后，良可哂也。"日后，又将手书《岁莫赋》全稿复制本寄赠黄君坦。

同日　复周颖南信，附赠今春与西德马汉茂博士在京寓留影。信中说："近长沙开韵文学会亦未能参加，当初张伯驹发起，王益知君曾来征我签名，我即未签。以诗词歌赋无所不包，固无可供献也。"

4日　晨，阅旧作《久要不忘平生之言解》，他认为"题目琐屑，不得要领，当改作《论语"子路问成人"章解》。同时，记下了对该文的修改意见，曰："中年有考证之病，若此篇是，节外生枝，无理取闹，其释'久要'，读为'久幽'终不惬人意，不如'旧约'之为通顺也。全章颇有疑难，而舍之不谈，则尤可怪。四十年后难收覆水为之怃然。"

按，1985年5月6日，又嘱咐儿子："我文字不必皆好，有不宜重印者，此类是也。"

10日　复孙玉蓉信，续谈编《俞平伯旧体诗钞》事，谓从《忆》所录旧诗"大半不能用，因我早年旧诗很坏"。

12日　致邓云乡信，在信末忆录《京师坊巷诗·八道湾》一首，谓"似可充笔记材料"。

13日　复孙玉蓉信，谈选择出版社问题。指出：无论哪个出版社，"用繁体字是主要的"。

15日　复孙玉蓉信，同意由四川人民出版社出版《俞平伯旧体诗钞》。

17日　致刘华庭明信片，询商其父所著《窗课诗》《小竹里馆吟草》以及其大姐二姐诗词选，是否可影印出版。

18日　致孙玉蓉信，谈编《俞平伯旧体诗钞》搜集诗稿，到明年1月止，以后不再收。"遗佚必多，却不能管，我本想全部不要，能够如此，也就很不错了。……'三卷合一'不会太少。在我自己，多点少点，皆无所谓，以本来无意于刊布也。"

19 日　《湖上》《湖船怅望》《杭县双林乡》等发表在《中国老年》月刊第 12 期。

22 日　复孙玉蓉信。

23 日　致许晴野明信片,谈及编《俞平伯旧体诗钞》事。

24 日　致陈次园信,谈忆录诗稿事,希望从其昔年所抄存的俞诗中辑补一些。

25 日　右手指微中,弯曲不便,致妨书写。后稍愈,只用钢笔写字,不再用毛笔了。自云:"盖翰墨缘尽也"。

同日　连收叶圣陶 22 日和 23 日来信两封,即复信,感谢叶圣陶从旧日记中找出俞平伯旧作诗七篇,为《俞平伯旧体诗钞》增色。俞平伯说:"近为编诗索之于忆中,又不免修修补补,颇觉劳累,幸可勉支,且不久将歇工矣。"

28 日　复陈次园信,请其代抄所存俞诗六首,即《城西》《燕山春暮梦中》《红楼三首》和《京寓偶成》。

同日　致邓云乡信,回答他所询问有关《京师坊巷诗》、沈启无、吴虞等问题。

29 日　复孙玉蓉信,续谈编《俞平伯旧体诗钞》事,谓《诗钞》序文,"拟另请人作,如学生、至亲皆不甚相宜,只近日能作者亦少"。

30 日　复钱大宇信,回答有关俞平伯早期经历和作品的问题。

按,此信后发表在 1992 年 2 月《文教资料》第 1 期。

本月　《读词偶得》由上海书店据开明书店原版本影印出版。

本月　俞陛云著《诗境浅说》由上海书店据开明书店 1947 年版影印出版,书中扉页题签"诗境浅说"和"诗境浅说续编"均为俞平伯所书。

本年 《记家藏日本写经残卷》发表在佛教协会刊物《法音》第 3 期,并附残卷影印件。

1985 年(乙丑)　85 岁

▲3 月 26 日,中国现代文学馆举行隆重的开馆典礼,巴金亲自主持,胡乔木、王蒙发表了讲话。

▲10 月,中国红楼梦学会在贵阳举行全国《红楼梦》学术讨论会,选举冯其庸为红学会会长,增补蒋和森为副会长,蓝翎为秘书长。

1 月

3 日 复陈次园信,寄赠《六十自嗟》诗草稿七首复印本,感谢其抄寄佚诗六篇。

5 日 致叶圣陶信,另附补作的《六十自嗟》诗中第七首及注释。

6 日 复孙玉蓉信,续谈编《俞平伯旧体诗钞》中诸事。

7 日 复孙玉蓉信,谈本月中旬面商诗稿时的程序。信中说:因大部分忆录诗没有年份,所以"名为编年,却不严格,看得过去就算了"。

8 日 复孙玉蓉信,谈到《俞平伯旧体诗钞》的序文,说:"我只想就第一卷《幸草》作一短短的说明,约数百字,因此为《古槐书屋诗》的辑佚,必须解释。"

10日　复陈次园信,请其代抄旧作诗《危邦》一首。

11日　致叶圣陶信,谈及编《俞平伯旧体诗钞》事,说:"近为忆改旧作,每日工作半天,已得一百廿余篇。"另附纸谈修改《道情词》,将结局"虽说是齐眉偕老,怎奈他懵懂愚顽",改为"怎奈咱懵懂愚顽"。并拟以《道情词》列《旧体诗钞》之末,作为殿军,不必再作跋语。《道情词》作于1954年,久佚。此为叶圣陶在自己1954年10月6日的日记中找到并抄送俞平伯的。

同日　复俞华栋信,云:"我为编诗,每日做些工作,精神好,勿念。"

12日　复孙玉蓉信。谓《遥夜闺思引》序文于1971年有改动,将另抄寄。

16日　致陈次园信,谓《槐屋幸草》"近共得一百二十五首。佚失甚多,不去再找,以本无心结集也"。又说《俞平伯旧体诗钞》"期于今夏发稿而印刷奇缓","能否观成未可卜也"。

19日　上午,在寓所与吴小如、孙玉蓉一起商谈《俞平伯旧体诗钞》的编排事宜。

同日　复荒芜信,感谢他寄赠《诗书画》创刊号和《中国老年》杂志。谓"笔砚久荒,近更一月两病"。"久住人间,诚为冗物也。绝无意作自传之类,亦无亲友可推荐者"。

21日　复俞润民信,谈17日至19日与孙玉蓉编《俞平伯旧体诗钞》事。

23日　复荒芜信,谢绝为诗歌报《韶音》题报头。又就荒芜拟在《诗书画》报上重印《西湖早春》诗四首一事,说:"惟拙作二首在二十年代,二首在五十年代,都是陈言,难博新赏耳。"

同日　复孙玉蓉信,续谈《俞平伯旧体诗钞》的编目、书的款式、格式等。

24 日 致刘华庭明信片,续谈影印出版其父旧作事。

26 日 复周颖南信,并附赠手书苏东坡《无题》诗等。

28 日 生日,八十六岁初度。亲朋为之祝寿,海外友人也寄来了贺寿明信片。

同日 复孙玉蓉信,对其所抄《俞平伯旧体诗钞》目次,提出一些更动意见。另要她帮助查找一篇关于《红楼梦》的论文,是"以书中所述'芒种'节气作考证"的,题目已忘记。

30 日 致孙玉蓉信,对《俞平伯旧体诗钞》目次提出十六处更动意见。

2 月

1 日 致孙玉蓉信,附寄自抄《俞平伯旧体诗钞》目次一份。

4 日 致邓云乡信,谈自己的身体状况,"即室内活动,犹虞蹉跌"。

5 日 复孙玉蓉信,告诉"谈红楼文不忙于查。因上海古籍出版社近要出版关于我谈《红》的文字,偶然想到,没有也无妨。这种考证都是钻牛角尖,与我近意不合"。

6 日 致孙玉蓉信,以中华书局版《榖山笔麈》卷十六中繁体字与简化字混用为例,说明《俞平伯旧体诗钞》用繁体字排印的必要性。

11 日 致刘华庭明信片。

同日 复孙玉蓉信,仍强调要询问四川人民出版社所用繁体字,是旧式正规的,还是像中华书局一样的新繁体字。

18 日 致叶圣陶信,谈及编《俞平伯旧体诗钞》事,谓"帮人编自己歪诗,得二百四十首,在抄写中"。另外谈及近况:"毫不写作。毛笔罕用,只以钢笔划之,取其不乱。梦中每遭困境,虽不恐怖,却难于解脱。"

同日 复孙玉蓉信,知《俞平伯旧体诗钞》全稿已用繁体字抄写完成,甚慰。希望能早日校阅清稿。

19 日前 收到上海书店寄来的《读词偶得》和《诗境浅说》样书。

19 日 致刘华庭明信片,指出《诗境浅说》底页将作者名印错,需更正。

22 日 致刘华庭明信片。

23 日 《西泠早春》发表在香港《文汇报》。

24 日 正月初五,访叶圣陶。

同日 复邓云乡信,感谢他以两封信贺年。

25 日 复侄女俞涵明信片,其中谈到苏州老宅修复问题,谓"马医科老宅久已归公,三十余年,其修缮等等均由地方上主持,我不欲多参加意见也"。

本月 为《俞平伯旧体诗钞·槐屋幸草》作《自记》,发表在本年 4 月 27 日《团结报》;又发表在本年 5 月 11 日《天津日报》,题目为《〈幸草〉自记》。

3 月

2 日 正月十一日。作《乙丑正月十一日午梦二首》。

4 日 正月十三日。前往医院看望叶圣陶。

8 日 复荒芜信,答应暇时试写《韶音》报头。

10 日 致周颖南信,感谢他春节"远音贺正"。

同日 复姜德明信,对他的新作《俞平伯与谷音社》提了两点修改意见。信中说:文末一节"所说三点我都不敢当,若移指俞振飞先生,则比较确。我既不会吹笛,亦不会演戏,只会些书房里的昆曲而已"。

12 日　开始审阅孙玉蓉手抄《俞平伯旧体诗钞》清稿。

18 日　复孙玉蓉信,谓自己审阅《俞平伯旧体诗钞》清稿,"可无问题,重在排印,看校样。要保证质量须把关"。又说:"近来出书太滥,多讹,颇想借是书开一风气,不知能如愿否。"

26 日　复俞润民明信片。

同日　复周颖南信,并将最新叶圣陶来信寄赠周颖南。

31 日　复俞润民信,忆及 1971 年 1 月与河南农民话别诗,说:"我之晚年,只在东岳这一年是乐观的,可谓奇矣。故吴世昌有点铁成金之说,是赞美又讽刺,名言也。然非如此,亦度不过去。"

4 月

1 日　致刘华庭信,续谈《蜀輶诗记》影印出版事宜。

2 日　致陈次园信,谈到近"读吴梅村歌行每与事实不符,且有名之《圆圆曲》亦然,盖非'诗史'之谓,只文人弄笔耳"。

10 日　致俞润民信,谈有关建杭州俞楼纪念馆之事。

13 日　复陈次园信,赞赏其诗词《淡黄柳》"述霜露风木之悲,得兴感群怨之意,岂吟风弄月之比哉"。又说:"词之初起原极广大,道万民之哀乐,不惟一己之荣瘁。"

同日　复钱大宇信,结合其文稿《俞平伯作品研读札记》所提问题,做了回答。

15 日　陈次园来信,谓《俞平伯旧体诗钞》编目"所收诗篇仅及嘉什之十一,且非各时期各体之代表作,令人有遗珠之憾。然高山流水之风,身世家国之感于此略能窥见一斑"。

18 日　应邀与表妹同游明陵。归后手抄旧作《明定陵行》并加注,赠送表妹。

21日　复俞润民信,谈"喜诵梅村《圆圆曲》将七十载,近看晚明史稍有理解,而只写一短文《传来消息满江乡的〈圆圆曲〉》,仅百余字"。

28日　致孙玉蓉信,询问她是否见过《槐屋梦寻》。因其信中曾提及此书,而此书稿久佚,遂请其详告之。

29日　复俞润民信。

30日　复周颖南信,附赠《〈槐屋幸草〉自记》剪报。谈及近况:"我近体还好,但精神恍惚,为避免错误,即偶有写作,亦必极短。"说到编《俞平伯旧体诗钞》事,谓:"编旧诗本非我意,在津研究所有人拟编,欲罢不能,只好努力助之。顷告一段落,下月或可发稿。出版至早明年。"又谈及对出书质量的担心,说:"此间两种字体并行,容易混乱,且校对水平差,欲印书质量好,并非容易。"

本月　作《汪应千君日记书后》。

本月　《乙丑正月十一日午梦二首》发表在本月、下月《韶音》第8、9期合刊。

5月

4日　致郑子瑜明信片。此时郑已迁居香港,任香港中文大学中国文化研究所教授。

6日　复邓云乡信。对其所谈拍电视连续剧《红楼梦》将各地风光并入镜头,甚感兴趣。回信中围绕林黛玉谈了一点想法,说:"只闻潇湘俭妆上船,未免被作者瞒过。盐务是最阔之差,屡见记载,兄必知之。比北京之破落侯门为远胜矣。如此用笔,一洗熟套。以豪富骄人,尚得为潇湘女耶!"

同日　复孙玉蓉信,对其从旧报刊上查找到一部分《槐屋梦寻》旧作,很感兴趣,谓:"《槐屋梦寻》已佚,我颇惜之。"对其所编《俞平伯研究资料》,认为"本可不必",谓:"我早说过,我之生平,本不值得研究也。"

11日 叶至善来访。

同日 致孙玉蓉信,询问有关四川人民出版社的消息。

12日 致叶圣陶信,拟请其为《俞平伯旧体诗钞》作序。

同日 复孙玉蓉信,得知四川人民出版社已回信,甚喜。同意将《俞平伯旧体诗钞》清稿寄四川社。

13日 《传来消息满江乡的〈圆圆曲〉》一文作讫。此文系阅读黄裳谈陈圆圆文后有感而作。

17日 致陈次园信,谈修改词章的意见,并拟借阅旧本《读〈红楼梦〉随笔》。

20日 复孙玉蓉信,对其应约为《晋阳学刊》写《俞平伯传略》表示支持,答应于写好后,遇有错误为之校改,以免传讹。回信中说:"至于学术思想、治学经验等等,我自觉无所成就,实谈不到。前文自比'三脚猫'人,或以为过谦,其实不然,只是东抓一点,西抓一点,这形容是很像的。"

21日 致孙玉蓉信,谓"从前作传记皆在身后,身前作传叫'生传',比较少见",希望能问个明白。

23日 由两个女儿陪同,到医院看望叶圣陶。希望叶圣陶能为《俞平伯旧体诗钞》作序。叶圣陶"眼耳皆坏","不能写诗文",但还是答应为其作序,当即口授若干句,由长女俞成笔录。

24日 复周颖南信,附赠近作七绝《偶吟楚汉事》一首。信中谈及访叶圣陶事。

同日 致俞华栋信,嘱她将发还的《红楼梦》六册带来看看。

27日 复黄裳信。

本月 吴小如偕中华书局编辑胡友鸣、马欣来来访。俞平伯应约谈了自己的治学经验和体会。后据马欣来笔录,经吴小如修订加工,整理成《关于治学问和做文章》一文。文章指出:做学问要"好学深思,心知其意","其一要博,其二要精。学问这东西看上去浩如烟海,实际上不是没有办法对付它的,攻破几点就可以了"。"诗词歌赋,都是能一通百通的。""以《红楼梦》研究为例,就能说明一些问题,我看'红学'这东西始终是上了胡适之的当了。胡适之是考证癖,我认为当时对他的批判是击中其要害的。……现在红学方向就是从'科学的考证'上来的;'科学的考证'往往就是烦琐考证。《红楼梦》何须那样大考证?又考证出什么了?一些续补之作实在糟糕得不像话,简直不能读。""《红楼梦》说到天边,还不是一部小说?它究竟好到什么程度,不从小说的角度去理解它,是说不到点子上的。"他说:"研究诗词的人最好自己也写一写诗词;做不好没关系,但还是要会做,才能体会到其中一些甘苦。""我治学几十年,兴趣并不集中。在北大初期写一些旧体诗,到新文化运动时又做新诗。从 1918 年到 1920 年没有做旧诗。以前跟老师学骈文,新文学运动开始后,这些也不学了。但这些对于我研读古人的文学作品却很有帮助。"

本月 黄裳编选的《俞平伯散文》作为"百花青年小文库"之一,由百花文艺出版社出版,内收散文十四篇:《桨声灯影里的秦淮河》《芝田留梦记》《湖楼小撷》《中年》《〈长恨歌〉及〈长恨歌传〉的传疑》《梦记》《无题》(一)《无题》(二)《癸酉年南归日记》《古槐梦遇》(十二则)《〈清真词释〉序》《读陈寅恪〈秦妇吟校笺〉》《略谈杭州北京的饮食》和《谈虎丘剑池》。书前有黄裳的《小引》。

本月 《中国新文学大系·杂文集》(1927—1937)由上海文艺出版社出版,内收俞平伯杂文《广亡征!》《元旦试笔》和《人力车》三篇。

6 月

1 日　致孙玉蓉信,谈有关《俞平伯旧体诗钞》和《俞平伯序跋集》之事。

同日　复钱大宇信,回答有关早期作品的一些问题。

5 日　致陈次园信,附近作谈《红》小文一篇,此为看了《读〈红楼梦〉随笔》后所作。

7 日　复孙玉蓉信。

8 日　惊闻胡风逝世。

10 日　复俞润民明信片。

14 日　复孙玉蓉信。

同日　复钱大宇信,略谈关于《燕知草》书名的来历。

16 日　致叶圣陶短信。

同日　《光明日报》刊登韦君宜文章《江山代有人才出》,介绍俞平伯领导北京昆曲研习社演出的《牡丹亭》。

19 日　复周颖南信。

20 日　复黄裳明信片,谈及吴梅村的《鸳湖曲》,说:"我初读是篇喜其清丽,及研求本事反感空虚,盖事有难言,不得已也。知人论世,谈何容易。"

21 日　致陈次园信。

22 日　致郑子瑜信,感谢其寄赠《中国修辞学史稿》。

同日　复俞润民明信片。

23 日　致孙玉蓉信,谓读佚义《槐屋梦寻》后,已为其中的"窝逸"一条加了注解。并告:《槐屋梦寻》"将来可续《古槐梦遇》为补编"。

7 月

16 日　复孙玉蓉信,对四川人民出版社决定"照相排版"十分满意。

23 日　收到叶圣陶口授、姚兀真笔录并于本月 14 日改讫的《〈俞平伯旧体诗钞〉序》,十分高兴,认为这是他们六十余年交谊中最后一次文字纪念。

同日　致孙玉蓉信,附叶圣陶口授《〈俞平伯旧体诗钞〉序》,请其抄寄出版社。

8 月

1 日　复黄裳信。

11 日　复周颖南信,详谈叶圣陶于病榻字斟句酌为《俞平伯旧体诗钞》作序事,并附赠叶序原文。

13 日　《关于治学问和做文章》发表在《文史知识》第 8 期。

16 日　叶圣陶请孙媳姚兀真代笔,致书俞平伯,为《〈俞平伯旧体诗钞〉序》又补写数行,请俞平伯审阅。

18 日　致陈次园信,附寄叶圣陶作《〈俞平伯旧体诗钞〉序》复印件。

23 日　致邓云乡信。此时邓云乡住在北京华生旅馆红楼梦剧组。

9 月

15 日　致陈次园信,附近作小文一篇,谓"阅后可弃之","不拟发刊也"。

19 日　《乙丑正月十一日午梦二首》发表在《人民日报·大地》副刊。

26 日　致孙玉蓉信,请其帮助查找抗战期间的旧作《音乐悦乐古同音说》一文。

10 月

22 日　书录曾祖父俞樾《春在堂随笔》所引《夷坚志》一段,寄赠周颖南。谓:"曲园公所示偈,文浅意深,言近旨远,堪为矜式。"

11 月

8 日　复孙玉蓉信,对四川人民出版社建议编《俞平伯旧体诗钞》续编事,认为:"恐不易为,一之为甚,其可再乎?"

12 日　复周颖南信,附赠以彭刚直所画梅花和曲园公隶书条幅所拍的照片。

15 日　复邓云乡信,回答有关向苏州老宅捐献展品事,说:"马医科只有空屋,无物可献;老君堂房亦久扫地出门矣。只五十年代曲园公有书版全部,阅四十年,不知尚有存者否?前日闻《古旧书讯》中曾提起此事,亦或残存,未可知也。"

18 日　致刘华庭明信片,续谈重印《蜀輶诗记》事。

26 日　致邓云乡信,请其帮助向有关人士询问俞樾著作的木刻书板,尚有存否。俞平伯认为它应该算是"苏州的古迹"。

12 月

10 日　致俞华栋信,谈近得上海古籍出版社赠送俞陛云撰

《唐五代两宋词选释》十二包。信中说："这书出版，我全不知。印行、赠送皆他人为之。"

1986年(丙寅)　86岁

▲4月16日,《红旗》第8期发表陈涌的《文学方法论问题》,引发有关文学主体性问题的大讨论。

▲9月,中国共产党十二届六中全会在北京举行,明确社会主义精神文明建设的根本任务,是适应社会主义现代化建设的需要,培养有理想、有道德、有文化、有纪律的社会主义公民,提高整个中华民族的思想道德素质和科学文化素质。

1 月

1 日　复周颖南信,谈及中国社会科学院拟为其开从事学术活动六十五周年纪念会,说："深荷院部隆情,却之不可,惟有惭愧耳。"又说："事关《红楼梦》亦不能不谈。"

10 日　复钱大宇信。

按,此信后发表在1992年2月《文教资料》双月刊第1期。

17 日　生日。复邓云乡信,告知："今月二十日荷文学研究所雅意,为鄙人召开'从事学术活动六十五周年纪念会',到者约二百人,旧业抛荒,甚感惭愧不安。其谈及《红楼》者,有两小节,只有旧醅,并无新酒。迟日当检以呈正。以动作、说话都很艰难,拟倩人(外孙韦奈)读之,仅可塞责,奈何。"

20 日　中国社会科学院文学研究所为俞平伯从事学术活动六十五周年举行庆贺会,俞平伯由亲属陪同,出席会议。中国社会科学院院长胡绳在大会致辞中,为俞平伯在 1954 年因《红楼梦》的学术问题而受到的不公正待遇彻底平反。俞平伯在会上宣读了自己的红学近作《旧时月色》,其中包括《一九八〇年五月二十六日,上国际红楼梦研讨会书》的摘录和《评〈好了歌〉》两部分。纪念会之前,俞平伯应嘱重书 1963 年 1 月所作诗《九三学社开会席上赋》,诗曰:"江湖终古流苍茫,哪怕乌云掩太阳。和劲东风吹百草,春深大地遍红装。"并书跋云:"录旧作岂所谓重新评价者欤。"

24 日 手书邵康节诗的照片发表在《深圳特区报》,诗文为:"半记不记梦觉后,似愁无愁情倦时。拥衾侧卧未欲起,帘外落花撩乱飞。"俞平伯对邵康节诗"每喜诵之"。

25 日 复周颖南信,告知本月 20 日文学所开会情况,闻旧稿二小篇拟载《文学评论》上,未知"名落孙山"否。

2 月

3 日 下午,访叶圣陶。

24 日 复周颖南信,云:"近体愈弱,且精神恍惚易误,写字极慢,一信须写半日,又不宜草草,否则便要一塌糊涂了。"

3 月

1 日 《评〈好了歌〉》发表在《团结报》。文章说:一般看法认为《好了歌》中情事一定与后回伏笔相应,就好像第五回中"十二钗册子和曲文"一样。"我早年作《红楼梦辨》时也是这样说的。后来发现脂砚斋的批语,引了许多名字来解释,我认为不确切,也不相信他的说法。如果细读这'解注',就会发现有的好像与后回相应,有的却不相应。它的用意很广,或许已超出了小说中的情节,这是不能与'十二钗册子和曲文'相提并论的。"所谓"歌注""与后文不必相应者",指书中的细节。其言相应者,是说书中的大意。二者不同。"

12日 张允和受委托来信,以中国昆曲艺术研究会筹备组拟请俞平伯为顾问一事,征求俞平伯的意见。俞平伯婉辞。

15日 《旧时月色(关于〈红楼梦〉短文二篇)》发表在《文学评论》双月刊第2期。

29日 复邓云乡信,告知《文学评论》样刊只赠两册,未能分赠。

本月 《说"借"字古今音读与〈牡丹亭·惊梦〉》发表在《昆剧艺术》杂志创刊号。

4月

2日 致黄裳明信片。此时已收到黄裳编《俞平伯散文》样书。信中称赞黄裳所作"《小引》简短、清新、扼要,有仿佛另一书之感"。谈到书中的最后一篇《谈虎丘剑池》,说:文"极短,似兀然而止。后半本当还有一段谈吴诗之作意,以偷懒,怕噜苏,惮'商榷'之故,希亮察。其谈虎丘,说山塘,拉拉扯扯,正是引动他心事了"。

5日 致陈次园信,向他借上海古籍出版社新影印出版的程穆衡笺注《吴梅村诗集笺注》,希望与靳荣藩校注本《吴诗集览》对照读《雒阳行》《银泉山》《萧史青门曲》三篇。

8日 致陈次园信,详谈读新本《吴梅村诗集笺注》的感想。

上旬 新加坡友人周颖南来访。

14日 致陈次园信,谈近读程穆衡笺注本《吴梅村诗集笺注》的收获,认为靳荣藩笺注本较详赡而见解不如程本,"程君见闻广博,非寻行数墨之比。如诗《琴河》三,'梦来携袖'似用《霍小玉传》,我就想不起来,及细看,果然,亦颇晦涩也"。

23 日　上午,戴安常、秦人路、孙玉蓉应邀来访。交谈中,接受了戴安常的建议,同意由孙玉蓉编《俞平伯选集》,由四川文艺出版社出版。中午,在北京西四大地餐厅宴请来访者。

下旬　上海古籍出版社魏同贤来访,并赠送《文学遗产》双月刊第 2 期一册,内有魏同贤作《俞平伯〈红楼梦〉研究的再评价》一文。俞平伯阅后认为魏文"甚佳"。

5 月

4 日　复孙玉蓉信,回答关于编《俞平伯旧体诗钞》续集事,说:"此事极复杂,不能多谈。你如要收集亦可,有即收之(此全部当在身后),自不能、亦不须完全。书题拟为《零篇诗草》,不须标为旧体。润民处如有稿,当然可用或者选择之。此事以后再说。"

11 日　惊闻夏承焘逝世。

13 日　复俞润民明信片,谈:"得港友来书二封:一为潘际坰文,……。二为说我与胡风,论点相当尖锐,……关'红'事我总不谈,其实可谈者很多,并有新看法,又多空想,不谈为妙。"

本月　周良沛编选的《袖珍诗丛·新诗钩沉·冬夜》由湖南文艺出版社出版。此书是初版《冬夜》的节选本,收诗十七首,不及原著的三分之一。书末有周良沛的《集后》。

本月　《中国新文学大系·散文集》(1927—1937)由上海文艺出版社出版,内收俞平伯散文《月下老人祠下》《眠月》《〈燕知草〉自序》和《打橘子》四篇。

6 月

28 日 复姜德明信，谈一枚旧印章的来历及丢失的经过。

本月 孙玉蓉编选的《俞平伯序跋集》由北京三联书店出版，内收 1920 年 12 月至 1985 年 4 月所作的序跋五十六篇，其中为自己的诗、文集所作的有二十一篇，为友人的集子和应同人之约为重印书、校点书所作序跋三十五篇：《〈草儿〉序》《〈冬夜〉自序》《〈忆〉自序》《〈红楼梦辨〉引论》《致汪君原放书》（代序）《跋〈灰色马〉译本》《重印〈浮生六记〉序》《〈初日楼少作〉跋》《〈剑鞘〉序》《〈吴歌甲集〉序》《以〈漫画〉初刊与子恺书》《重印〈人间词话〉序》《〈北河沿畔〉跋》《〈致死者〉序》《重刊〈陶庵梦忆〉跋》《〈移棋相间法〉序》《〈杂拌儿〉自序》《〈燕知草〉自序》《为陈寅恪写韦庄〈秦妇吟〉跋》《〈杂拌儿〉自题记》《〈孤坟〉序》《〈近代散文钞〉跋》《脂砚斋评〈石头记〉残本跋》《〈古槐梦遇〉序》《〈西还〉书后》《〈汉砚唐琴室遗诗〉〈絮影楼词〉序》《〈读诗札记〉自序》《〈读词偶得〉缘起》《〈古槐梦遇〉一〇一（后记）》《〈三槐〉序》《秋兴散套依纳书楹谱〉跋》《〈积木词〉序》《许闲若藏同人手钞〈临川四梦谱〉跋》《〈红楼梦讨论集〉序》《〈红楼真梦传奇〉序》《诗余闲评》《为〈中外文丛〉拟创刊词》《〈读词偶得〉三十六年新版跋语》《为暴春霆题其先德〈林屋山民馈米图〉》《〈新编彝陵梦〉序》《〈清真词释〉序》《〈红楼梦研究〉自序》《〈脂砚斋红楼梦辑评〉引言》《〈红楼梦八十回校本〉序言》《校订〈西游记·胖姑〉折书后》《影印〈脂砚斋重评石头记〉十六回后记》《〈影印脂评石头记十六回后记〉的补充说明》《〈唐宋词选释〉前言》《陈从周〈书带集〉序》《〈振飞曲谱〉序》《〈华粹深剧作选〉小序》《德译本〈浮生六记〉序》《荒芜〈纸壁斋集〉评识》《〈丙辰京师地震日记〉跋语》《题孙玄常〈姜白石诗集笺注〉》和《〈槐屋幸草〉自记》。书前有吴小如的《序言》。

7 月

25 日　《"道情"词四首》发表在《龙门阵》双月刊第 4 期。

本月　接受香港中华文化促进中心和香港三联书店的邀请,将访问香港,作有关《红楼梦》研究的学术演讲。

本月　孙玉蓉搜集编选的《俞平伯研究资料》作为"中国现代文学史资料汇编"乙种:"中国现代作家作品研究资料丛书"之一,由天津人民出版社出版。

8 月

12 日　下午,与来访的孙玉蓉谈编《俞平伯选集》事。俞平伯说:《遥夜闺思引》诗的序跋要选一部分入选集,不能总不收。他认为散文卷按体裁分类排列较好,容易看。随笔部分统称"杂著",因为它是属于札记一类的东西。他还为旧作《东游杂志》补了缺字,说:"这些文章的发表,我都没见着,当时正在美国,是叶圣老在《学灯》上给刊出来的。"

26 日　《索隐与自传说闲评》修改整理完毕。文章对《红楼梦》研究中"索隐"与"自传说"两派的产生、分歧、得失进行了比较分析,指出两派产生的根底都在《红楼梦》第一回"甄士隐梦幻识通灵　贾雨村风尘怀闺秀"之中。"'梦幻识通灵'虚,'风尘怀闺秀'实,索隐派务虚,自传说务实,两派对立,像两座对峙的山峰,分流的河水。"他认为两派的研究方向相反:"索隐派的研究方向是逆入,自传说则是顺流。""好像是顺流对,逆入错,但也并不一定。因为辩证地看,逆中也会有顺,而顺中亦会有逆。""由于矛盾很多,两派搞来搞去,到最后往往是不能自圆其说,于是便引出了许多奇谈怪论,结果是齐国丢了,楚国也没得到。"他说:"索隐、自传两派走的是完全不同的路。但他们都把《红楼梦》当作历史资料这一点却是完全相同。只是蔡元培把它当作政治的野史,而胡适把它看成是一姓的家传。尽管两派各立门庭,但出发点是一个,而且还都有着一个共同的误会":即钻牛角尖。"结果非但不能有更深一步的研究,反而把自己也给弄糊涂了。"他指出:《红楼梦》毕竟是一部小说,"小说就是虚构。虚构并不排斥实在,但那些所谓'亲睹亲闻'的素材,早已被统一在作者的意图之下而加以融化。以虚为主,实为从,所有一切实的,都溶入虚的意境之中。对这'化实为虚'的分寸,在研究过程中必须牢牢把握。如果颠倒虚实,喧宾夺主,把灵活的化为呆板,使微婉的变做质实,岂不糟糕"。他认为考证的方法使用得当,"对研究工作是有益的。猜谜的方法即使猜不着,也无伤大雅,一笑了之就是了。唯有自传说,成绩受到材料的局限,到后来只得'以假混真',滥竽充数了,这实在很可惜"!

本月 为香港中华文化促进会书写条幅"以文会友,促进交流";为香港三联书店书写条幅"读者之良友"。

10 月

上旬 收到三联书店寄来的《俞平伯序跋集》样书。

17 日 将签名本《俞平伯序跋集》分别寄赠秦人路、戴安常、孙玉蓉。

22 日 复俞华栋信,谈"拟于十一月下旬去港,只听它如何安排,我并不大想去,听其自然,又怕费钱多而盛情难却也"。

23 日 在苏州纪念建城两千五百周年之际,坐落在苏州马医科巷的俞樾故居曲园的主要部分春在堂、乐知堂、小竹里馆修复并对外开放,成为苏州市区第一个开放的名人故居。

26 日　为访港精心写作的《传来消息满江乡的〈圆圆曲〉》最后修改定稿。

28 日　作《传来消息满江乡的〈圆圆曲〉》的续篇《程注引飘花故事》。

按,黄裳后以所存影印件将其发表在 1996 年 5 月 25 日上海《文汇报》。

11 月

19 日　应香港中华文化促进中心和香港三联书店的邀请,由韦奈陪同,乘飞机抵达香港讲学。在香港中华文化促进中心召开的记者招待会上,与公众见面。下榻亚洲酒店。此时,《俞平伯序跋集》正在香港发行。

20 日　上午,在亚洲酒店接受《读者良友》月刊主编杜渐的采访,谈了写作散文的体会。他说:"我对写散文其实并没有什么经验,不过我一向很喜欢这个东西。……散文要写得好,第一点要写得明白晓畅,容易懂,这一点恐怕是最重要的。还有第二点也很重要,就是写散文的人看的东西要看得多,这点对写作很有关系,散文写得太简单不行,要有修养。散文我后来久已不作,二三十年代以后我很少写散文了。后来我写的东西也有很多毛病,容易写得太古一点,不易懂,这也是个毛病吧。"

同日　在接受香港记者采访时,韦奈向记者介绍说:"这次来香港,你们办了件大好事,这两个多月他整个精神不一样了,前一段他寂寞极了,无事可做,思想情绪比较沉闷。这次三联和中华文化促进中心邀请他来讲学,他精神有寄托了。他做事是绝不打马虎的,这次他把几年前写的一份未发表过的旧稿拿出来,重新整理,改了三次,一个字一个字地改,字斟句酌,他还会即兴讲一点东西,他一个一个方案拿出来,又一个个推翻,经常一夜里不睡觉,一大清早就找我讲,但过一天又觉得不好,反正他当一回事。这两个多月,他一直在围绕着这个问题在搞,就是为了来香港讲学这事,整个精神面貌完全不一样了。所有看见他的朋友都说,他的精神、谈吐、甚至走路都不一样了。"

同日 《索隐与自传说闲评》发表在香港《大公报·中华文化》副刊第 86 期。

21 日 上午,为明日讲演的主办单位题词两张,又为《东方日报》的小读者们题词:"千里之行起于足下,赠香港青少年"。

同日 下午,在中华文化促进中心会议厅,出席记者招待会。当有记者称俞平伯是红学权威时,他说,他从不承认自己是红学家,只是个看过《红楼梦》的人,懂得一些而已。

同日 晚,至湾仔菩提素食馆,出席香港中文大学郑子瑜教授的宴请。香港中文大学十余位教授作陪。席间,与梁通等畅谈并高度评价黄遵宪(字公度)的诗,并应嘱于次日为梁通题纪念册,书录黄遵宪《人境庐诗草》:"我手写我口,古岂能拘牵"二句。

22 日 《评〈好了歌〉》发表在香港《文汇报》。

同日 中午,应邀出席新华社香港分社社长许家屯的宴请。

同日 下午,在香港中华文化促进中心会议厅演讲《评〈好了歌〉》《索隐与自传说闲评》,并回答听众提问近三十个。听讲者近三百人，香港大学中文系退休教授马蒙、艺术系教授饶宗颐①等也出席听讲。讲演后，向主办单位赠送题字，赠中华文化促进中心的是"以文会友，促进交流"；赠三联书店的是"读者之良友"。讲座结束时，应听众的要求，为他们签字留念。

按，听众黄信今在《看俞平伯》一文中说："我对《红楼梦》的学问一窍不通，虽然该书先后曾看过两遍。这次出席演讲会，不是对红学有什么研究，而是去看俞平伯。""俞平伯今年86岁了。那天看他演讲时，思路仍很清晰，情绪也显得很好，我们感到高兴。但他说不作《红楼梦》的讲演已经三十多年了。今年才做过一次，这次在港算是第二次，听到这里，我又感到心酸。""俞老研究红学，思想一点也不僵化。晚年他有一些新的观点，非常可取。他说不应把《红楼梦》光当作政治小说，应该多从文学上去研究它。又说由于政治原因，把《红楼梦》一书捧得太高，也不恰当。俞老过去对《红楼梦》的研究曾是自传说的拥护者，也钻过牛角尖，今天他对此有新反省，这种态度也是很难得的。"

23日 晨，应嘱为香港《新晚报》题写"旧地重游"四字。又，由外孙韦奈和友人潘耀明陪同登上太平山眺望香港全景，感慨颇多，遂拟对联《同游香港太平山赠友》，联云："安车一往何如春水同舟；霜鬓重来以待秋山胜侣。"

同日 中午，在港湾路艺术中心"景福茶寮"出席中国作家协会香港会员的宴请。香港文汇报社长李子诵，大公报副社长兼总编李侠文，作家金尧如、吴其敏、刘以鬯、陈凡、何达、曾敏之、潘耀明、梁羽生、潘际坰等均在座。

---

① 饶宗颐(1917—2018)，字伯廉，又字选堂，号固庵，广东潮州人，曾任香港中文大学中文系主任、中央文史研究馆馆员。

24日 上午，为《香港文学》题写"香港文学两周年纪念"。为亚洲酒店题写《左传》句："虽一日必葺其房屋，去之如始至"。

同日 下午，梁披云来访。

同日 晚，至敦煌酒楼，出席三联书店的饯行宴。

25日 结束在香港一周的访问讲学，由韦奈陪同，乘飞机返回北京。游港期间，得诗一首，诗云："沧桑易代繁华远，更有何人道短长。梦里香江留昨醉，芙蓉秋色一平章。"

是日 《人民日报》报道《俞平伯在港发表红学研究新观点》。

28日 将《红楼梦第七十八回〈娩画词〉〈芙蓉诔〉校记》写讫。

本月 由邓伟摄影，邓郁文、邓伟编文的《中国文化人影录》由香港三联书店出版，内收俞平伯照片和致语。

1987年（丁卯）　87岁

▲1月，中央电视台播出电视连续剧《红楼梦》。

1月

7日 生日，八十八岁初度。吕剑和陈次园联名祝寿。

8日 作《谈〈芙蓉诔〉之异文》。

11日 吕剑来信，谈俞鸿渐著《印雪轩随笔》中所引《武侯庙》诗，已从《明诗别裁集》中找到，惟两本文字略有出入。

15日 复吕剑明信片，分析了《武侯庙》一诗两种本子文字异同的优劣，谓"一诗惠我良深，不惟开卷有益"。

22 日 复吕剑信,并书赠数十年前旧作《元故都诗》。另为之忆录《黔诗纪略》一书中怀周公瑾的诗,以助其撰写《武侯庙》一文。

31 日 正月初三日。复周颖南明信片,贺年,并书录去年在香港所作小诗及同游香港太平山赠友联语。

本月 荒芜的《纸壁斋续集》由湖南人民出版社出版。其书名及扉页均为俞平伯题写。

本月末 2 月初 春节期间,中央电视台播出电视连续剧《红楼梦》。俞平伯有兴观看了前半部分,如:"天香楼、元妃归省等热闹场面。以病卧未能多看。"

2 月

3 日 复张允和信,谈及"近病卧,不能写作,无由供稿于《老年》杂志"。

4 日 复侄女俞涵明信片。

5 日 致孙玉蓉信,请代询问湖南文艺出版社出版的《冬夜》样书事。

19 日 复周颖南明信片,说明:"前在京与香港发表三篇皆由旧稿改写,无新意。关于《红楼》实无可供献者。"

23 日 复刘华庭明信片,感谢其寄赠《蜀輶诗记》样书十册。因病婉辞为其书写"挹江堂"室名。

3 月

12 日 复俞润民明信片,谈自己的老境。

21 日 复俞润民信。

24 日　本日至 4 月 9 日,政协第六届全国委员会第五次会议在北京举行,因病未能出席。

4 月

4 日　《人民政协报》记者邹士方经张允和介绍来访。

5 日　致张允和明信片。

7 日　复邓云乡信,谈"红楼电视,自以先睹为快,或未尽如人意,能赚到外汇,可慰众望矣"。

15 日　《索隐与自传说闲评》发表在《文艺界通讯》第 4 期。

19 日　复许宏儒信,感谢其惠赠上海古籍出版社重印的俞樾著《右台仙馆笔记》。

25 日　致刘华庭明信片,索要《蜀輶诗记》原件,并答应为其试写室名。

26 日　应邀出席清华大学建校七十六周年校庆,并与叶圣陶、周培源、闻家驷、陈竹隐等一起参加了朱自清塑像揭幕仪式。同时,作为当年的任课教授,应邀与钱端升、陈岱孙、施嘉炀、张任等出席三七级校友庆祝毕业五十周年纪念会,与校友们在五十年前毕业留影的旧地——大礼堂前摄影留念,并惠赠手书条幅:"既受师传于先正,亦教宗族以义方。"

按,《清华校友通讯丛书》第 16 册所载《第九级同学毕业五十周年纪念会纪实》:"九点纪念会开始,母校负责人及九级校友曾经受业的陈岱孙师、施嘉炀师、张任师均已莅临,特别是俞平伯师年老体弱,学校及我级纪念会筹备组敦请俞师在工字厅小憩,待摄影及会餐时再迎请参加,但俞师执意要莅会出席,由四人抬入会场,并惠赠手书条幅'既受师传于先正,亦教宗族以义方',师谊深厚,整个会场无不动容。"

5 月

11 日　复张允和明信片,回答有关《红楼梦》中出现的昆曲的一些问题。

27 日　复张允和信,谈读张允和的《看老剧目,忆老曲友》一文后的感想。

6 月

7 日　老友章元善逝世,闻之甚悲痛。

12 日　致吴小如明信片,对其来访未晤致歉。谓:"时偶出游天坛,月季方盛,只兜风绕行,东语谓之'食风'云。"

14 日　复吕剑信,对其新作《武侯庙》一文提出修改意见。

15 日　复刘华庭明信片。

17 日　本日至 24 日,校阅《俞平伯旧体诗钞》清样,同时也让两个女儿帮助校阅一遍。

20 日　致孙玉蓉信,要求面谈有关《俞平伯旧体诗钞》清样事宜。

25 日　上午,孙玉蓉来访。与之详谈《俞平伯旧体诗钞》清样中的错误之处,请其转告出版社。

同日　复吕剑信,赠送吕剑、陈次园、孙玄常每人一本《蜀辀诗记》。另请其代借吴梅村著《萧史青门曲》。

27 日　访叶圣陶。

28 日　致周颖南明信片。

本月　中国社会科学院文学研究所为纪念何其芳所长逝世十周年,编辑了纪念文集《衷心感谢他》,由上海文艺出版社出版。书中收入俞平伯的《纪念何其芳先生》一文。

7 月

1 日　致吕剑明信片,续谈吕剑所作《武侯庙》一文。

20 日　复俞润民明信片,谈孙子、孙女"皆有才而不能有大成就","都是我耽误他们的,我心为之歉然。若栋栋之去内蒙古,不殊昭君出塞也"。

8 月

30 日　重书《八十自悼》诗之二,赠邓云乡。

9 月

月初　人民文学出版社、三联书店(香港)有限公司为俞平伯编辑作品选集,请其作序,俞平伯说:"我本应写序的,只因近日体弱多病,力不从心,致以为歉。"嘱韦奈代笔写了《序》,自己也参加了些意见。

12 月

13 日　复吕剑明信片。从来信中得知《武侯庙》一诗为元人吴漳所作。又得吕剑抄示《元音》底稿,甚感欣慰。

31 日　作《口占纪事》诗一首,曰:"述德三丁卯,承先两戊辰。明年开九十,今岁再逢春。"

本月　为韦奈编选的《俞平伯学术精华录》写《自序》。

春　应嘱为胡文虎收藏的《上柏山居图》题写了邵康节诗:

632

"半记不记梦觉后,似愁无愁情倦时。拥衾侧卧未欲起,篱外落花撩乱飞。"

年内 为许宝骙所摄"北京东华门箭杆胡同旧寓"照片题诗一首,曰:"绮绣天街上,华筵喜席东。双鹅频酌尔(谓奠雁),即在此门中。"

1988 年(戊辰) 88 岁

▲7—8月,中国社会科学院文学所、《文学评论》编辑部,以及《文艺报》分别召开有关"胡风文艺思想"学术座谈会。

1 月

2 日 致俞润民信,录示 1987 年除夕《口占纪事》诗。

22 日 朱寨撰《俞平伯〈红楼梦〉研究"自传说"辨证》发表在《光明日报》,该文章从学术观点上为俞平伯彻底平反。

24 日 复陈次园、吕剑明信片,书赠《一九八七岁除口占纪事》诗。

26 日 生日。

2 月

16 日 上午,相交六十八年的老友叶圣陶逝世,闻讯无比悲痛。

下旬 新加坡友人周颖南来访。

3 月

6 日　政协第六届全国委员会常务委员会第十七次会议通过中国人民政治协商会议第七届全国委员会委员名单,俞平伯是社会科学界六十八名代表之一。

24 日　本日至 4 月 10 日,政协第七届全国委员会第一次会议在北京举行,因病未能出席。

本月　《俞平伯论〈红楼梦〉》全二册由上海古籍出版社和三联书店(香港)有限公司联合出版。此书为俞平伯数十年《红楼梦》研究的集大成者,共七十七万字。启功题扉页。书前有照片及手迹六帧。

4 月

27 日　致孙玉蓉信,询问四川人民出版社出版《俞平伯旧体诗钞》的消息。

5 月

13 日　致清末进士齐耀琳外孙王振中信:"四十七年后,朵云遥集天外飞来,异闻亦快事也。原临翁松禅,裁去更觉珍重,不能再涂,只钤二印为记。'周易'属题,另呈二行,他日装裱可成一件。惟我近来心神恍忽,书不成字,致歉致歉!恐亦不久矣。有小女俞成与袁媬姆可待接洽,只匆匆一谈耳。可用电话联系,以定惠来时刻。余容晤谈不一,即颂近安。"

按,此信应是俞平伯发出的最后一封信。

29 日　复孙玉蓉信,对四川人民出版社没有出版《俞平伯旧体诗钞》的消息感到"甚奇",有意"将原稿收回另想办法"。

6 月

本月 《俞平伯学术精华录》作为"中国当代社会科学名家自选学术精华丛书"第一辑中的一本,由北京师范学院出版社出版。内收:《红楼梦研究》(节选包括《自序》在内的前十四篇作品)《〈红楼梦〉中关于"十二钗"的描写》《〈红楼梦八十回校本〉序言》《评〈好了歌〉》《索隐与自传说闲评》《〈唐宋词选释〉前言》《清真词释》(全书)《读词偶得》(只选其中的《缘起》《诗余闲评》和《1947 年新版跋语》)《略谈诗词的欣赏》《民间的词》《诗底进化的还原论》《读诗札记》(全书)《屈原作品选述》《漫谈〈孔雀东南飞〉古诗的技巧》《〈长恨歌〉及〈长恨歌传〉的传疑》《重圆花烛歌》(代自传),另附《作者简历》及《主要著作目录》。

8 月

4 日 闻堂妹俞锡璇病逝。

10 月

本月 为上海古籍出版社编辑的《俞平伯散文杂论编》作《后记》。俞平伯说:"承上海古籍出版社盛情,已为我梓行《论诗词曲杂著》和《俞平伯论〈红楼梦〉》两书,现在他们又将我除有关古典诗词曲及《红楼梦》研究外的散文、杂论以及序跋、书评、日记等合编为这本《俞平伯散文杂论编》。合此三书,我自'五四'以来约七十年间所发表的各类文章,已大致搜罗无遗了。"

本月 由俞平伯、吴组缃、张天民作顾问,王彬主编的《现代散文鉴赏辞典》，由农村读物出版社出版。

本月 应嘱为德清县城关中心学校题词"业精于勤"。

11 月

20 日 复周作人长子周丰一[①]信，感谢其送还知堂旧存曲园老人遗像。

12 月

31 日 本日至 1989 年 1 月 8 日，九三学社第五届全国代表大会在北京召开，当选为九三学社中央参议委员会委员。

年内 费在山设计印制了一套"龙年系列纪念邮简"，共十枚，非卖品，其中第九枚为"俞平伯九秩寿辰"纪念封，封面为俞曲园携曾孙平伯合影。

1989 年(己巳) 89 岁

▲2 月，中共中央发出《进一步繁荣文艺的若干意见》，指出文艺要坚持"二为"方向，坚持"双百"方针。

1 月

15 日 生日

---

① 周丰一(1912—1997)，浙江绍兴人，周作人长子，曾任北京图书馆研究馆员。

2 月

本月 由三联书店(香港)有限公司和人民文学出版社联合编辑的"中国现代作家选集"丛书之一《俞平伯》卷,出版香港第一版,繁体字,直排,内收新诗六十九首,旧体诗词四十九首,小说三篇,散文十七篇,文论七篇,后附有关"资料"六篇。

3 月

8 日 复孙玄常明信片,感谢其赠送《姜白石诗集笺注》一书。

4 月

本月 应嘱为家乡德清城关中心学校题写校名。

5 月

月末 香港友人潘耀明来访。

6 月

本月 林乐齐编选的《现代作家日记》由文心出版社出版。内收俞平伯的《山阴五日记游》一篇。

7 月

11 日 上午,孙玉蓉来访。与之忆谈"五四"前后,与陈独秀同住东华门箭杆胡同之事;另忆及二十年代曾用"一公"笔名。

9 月

24 日　　复孙玉蓉信,得知《俞平伯旧体诗钞》即将出版,十分高兴,说:"三年五载居然出书,亦幸事也,惜圣翁已不及见矣。"

30 日　　楷书《题南阳诸葛庙》诗,并写小序,寄赠吕剑。

10 月

本月　　《俞平伯旧体诗钞》由四川人民出版社出版,繁体字、直排、线装本,内收 1917 年至 1959 年所作诗二百零四首,另有集外词十首,赋二首,曲三首,小调二十三首。叶圣陶作序,另有俞平伯的《〈幸草〉自记》。

本月　　《重圆花烛歌》纪念册由新加坡文化学术协会影印出版,周颖南出资,以此祝贺俞平伯九十华诞。叶圣陶题写书名。扉页有俞平伯近照及与周颖南合影。书内收有:周颖南祝辞;潘受题字;俞平伯自书《重圆花烛歌》;谢国桢书《重圆花烛歌》;俞平伯题诗致感;俞平伯己未新春跋语;叶圣陶《题俞平老〈重圆花烛歌〉卷子》四首;黄君坦《后鸳鸯社曲》;黄君坦补题截句四章;张伯驹贺词《八声甘州》;夏承焘集句、吴闻[①]书《好事近集宋人句》;王益知贺诗;陈兼兴贺诗;李宝森[②]贺词《醉花阴》;施蛰存《奉贺俞平伯先生暨德配许夫人重圆花烛长句附跋》;顾廷龙《题〈重圆花烛歌〉》四章;陈秉昌贺诗;郭学群贺诗两律;杜宣[③]贺诗;

---

①　吴闻(1917—1990),夏承焘夫人,字无闻,浙江乐清人,词至嘉,书道亦佳。
②　李宝森(1910—1982),江苏镇江人,曾任东吴大学、光华大学教授。
③　杜宣(1914—2004),原名桂苍凌,江西九江人,著名剧作家。

周策纵贺诗四首;陈从周题字;冯其庸贺诗并序;邓云乡贺诗附跋;费在山题字以及许宝骙的《俞平伯先生〈重圆花烛歌〉跋》。

12 月

13 日 北京昆曲研习社向俞平伯赠送册页,祝贺俞平伯九十寿辰,感谢其为复兴昆曲作出的贡献。

本月 应德清县地方志编纂委员会之请,为《德清县志》题写书名。

春 应嘱为《古今名人长寿要妙》一书口授序文并题写"医学瑰宝"四字。

年内 德国汉学家马汉茂翻译的《浮生六记》出版,俞平伯的题签印在扉页。

年内 应嘱为德清县城关镇的金星村水厂题写厂名。

本年 《一九七九年五四周甲忆往事绝句十章》发表在《海内外文学》第 2 期。

1990 年(庚午) 90 岁

▲9 月至 10 月,第十一届亚洲运动会在北京举行。

1 月

4 日 生日,九十周岁华诞。中国现代文学馆和九三学社中央委员会分别赠送了花篮。中国社会科学院文学研究所的同志以及周有光、张允和、王湜华、吴小如、陈颖等友人均来贺寿。

本月 《唐宋词选释》由人民文学出版社第四次印刷出版，总印数已达十八万册。

3月

16日 应嘱为杭州大学教授华宇清著《鸿轩论学》(一名《郑子瑜与浙江文学家》)口授序言，由韦奈笔录。

4月

16日 再次患脑血栓，卧床不起，神思恍惚。

本月 写下预言："一暝不复秋，黄昏齐至京。身后事在亚运会后，妄涂。"

本月 《俞平伯散文杂论编》由上海古籍出版社编辑出版，内收散文、杂论等作品一百〇七篇以及《古槐梦遇》一百〇一则。按写作时间编次。书末有俞平伯的《后记》。

6月

本月 孙玉蓉编选的《俞平伯散文选集》由百花文艺出版社出版，内收散文代表作品六十篇，其中三分之一的作品是从未结集出版过的。

8月

本月 《中国散文鉴赏文库》(现代卷)由百花文艺出版社出版，内收俞平伯散文《桨声灯影里的秦淮河》《陶然亭的雪》《城站》《雪晚归船》《月下老人祠下》《打橘子》六篇。

9 月

月初　香港友人潘耀明到寓所看望病中的俞平伯。

本月　散文集《燕郊集》作为"中国现代文学史参考资料·京派文学作品专辑"十种之一,由上海书店影印出版。

本月　《记在清宫所见朱元璋的谕旨》《杂记"储秀宫"》收入刘北汜选编、紫禁城出版社出版的《琐记清宫》。

10 月

15 日　中午,在北京寓所安然逝世。吴小如、吕德申、王湜华、张允和、陈颖等前来吊唁。中国社会科学院文学研究所全体同志送挽联:"临大节而不可夺也举世咸推真名士;论古今而无所名焉后生痛失大宗师。"中国社会科学院文学研究所古代文学研究室全体同仁送挽联:"青毡继业彩笔雕龙治诗治曲治小说真一世匠师石破天惊逗秋雨;赤子藏诚偏书甲子友松友菊友无弦痛百年名士泣兰道送洒酸铅。"

16 日　遗体在北京八宝山火化。后葬于京西福田公墓其父俞陛云之侧。

后世影响

1990 年 10 月 19 日 《人民日报》发讣告。

1990 年 11 月 25 日 北京昆曲研习社举行纪念俞平伯专题曲会，并俞平伯昆曲运动史料展，《人民日报》《中国文化报》《戏曲电影报》等报道。

1992 年 3 月 中国社会科学院文学研究所编辑的《俞平伯先生从事文学活动六十五周年纪念文集》由巴蜀书社出版。

1992 年 5 月 《俞平伯学术精华录》更名为《俞平伯学术论著自选集》由北京师范学院出版社出版。

1992 年 6 月 由人民文学出版社和三联书店（香港）有限公司联合编辑的“中国现代作家选集”丛书《俞平伯》卷在北京出版简体字横排本。

1992 年 6 月 乐齐、孙玉蓉合编的《俞平伯诗全编》由浙江文艺出版社出版。

1992 年 10 月 吴小如编选的《俞平伯美文精粹》由作家出版社出版。

1993 年 8 月 李大宽选编的俞平伯散文作品选《人生不过如此》由湖南文艺出版社出版。

1993 年 9 月　韦奈著《我的外祖父俞平伯》由上海书店出版社出版。

1993 年 11 月 8 日　俞平伯纪念馆在德清县建成开馆。

1994 年 10 月　德清馀不诗社编《俞平伯先生哀挽集》刊印。

1994 年 11 月　彰军编选的《俞平伯作品精选》由广西师范大学出版社出版。

1996 年 1 月　《德清籍现代著名文学家俞平伯》作为"德清文史资料"第五辑由德清县政协文史资料委员会编印。

1996 年 3 月　李晓丽编选的《中国二十世纪散文精品·俞平伯卷》由太白文艺出版社出版。

1996 年 11 月 8 日　德清县在大家山公园举行俞平伯半身铜像揭幕仪式,并将铜像身后的小亭子命名为"古槐亭",以此纪念俞平伯。

1997 年 1 月　孙玉蓉编选的纪念俞平伯散文作品选《古槐树下的俞平伯》由四川文艺出版社出版。

1997 年 1 月　乐齐、范桥选编的《俞平伯散文》上、下册由中国广播电视出版社出版。

1997 年 6 月　《俞平伯全集》精装十卷本由花山文艺出版社出版,第一卷为诗歌,第二卷为散文,第三卷为诗文论,第四卷为词曲论,第五、六、七卷为研究《红楼梦》著述及《红楼梦八十回校字记》等,第八、九、十卷为书信、日记。

1998 年 6 月　陆永品主编的《俞平伯名作欣赏》由中国和平出版社出版。

1999 年 12 月　俞润民、陈煦合著的全面介绍俞平伯家世的专著《德清俞氏:俞樾、俞陛云、俞平伯》一书由中国人民大学出版社出版。

1999 年 12 月　乐齐、郁华选编《俞平伯散文》由浙江文艺出版社出版。

2000 年 1 月 14 日　中国社会科学院文学研究所在北京举行纪念俞平伯诞辰百年学术研讨会。

2000 年 1 月 16 日　北京昆曲研习社在北京西城区文化馆举行专题曲会,纪念创办人俞平伯一百周年诞辰。

2000 年 9 月　李风宇著《失落的荆棘冠:俞平伯家族文化史》由长江文艺出版社出版。

2001 年 1 月　孙玉蓉编著的《俞平伯年谱》由天津人民出版社出版。

2001 年 9 月　王湜华著《俞平伯的后半生》由花山文艺出版社出版。

2005 年 2 月　萧悄著《古槐树下的学者 俞平伯传》由杭州出版社出版。

2006 年 6 月　韦奈著《我的外祖父俞平伯》由团结出版社出版。

2006 年 12 月　王湜华著《红学才子俞平伯》由北京大学出版社出版。

2008 年 3 月　中国社会科学院学者文选《俞平伯集》由中国社会科学出版社出版。

2008 年 12 月　北京社科名家文库《俞平伯自选集》由首都师范大学出版社出版。

2010 年 1 月　李清宇著《抒情的传统:俞平伯文学思想与创作古今贯通研究》由光明日报出版社出版。

2010 年 2 月　孙玉蓉编《俞平伯研究资料》由知识产权出版社再版。

2010 年 11 月 14 日　北京昆曲研习社在国家图书馆古籍馆临琼楼二楼文津讲坛举办纪念俞平伯一百一十周年诞辰专题曲会。

2011 年 9 月 27 日　由中国社会科学院、湖州师范学院、德清县委宣传部、德清县文联共同举办的"纪念俞平伯诞辰一百一十周年暨国学论坛：俞平伯与江南文化世家"学术研讨会在德清举行。

2012 年 1 月　韦奈著《旧时月色：俞平伯身边的人和事》由中国华侨出版社出版。

2015 年 1 月　陈武著《俞平伯的诗书人生》由中国书籍出版社出版。

2015 年 6 月 10 日　新建的俞平伯纪念馆在德清县城武康余英坊 33 幢开馆。

2016 年 7 月　周文毅著《旧燕知草：俞平伯人生智慧》由浙江人民出版社出版。

2017 年 4 月　韦奈著《布衣本色：俞平伯身边的人和事》由海天出版社出版。

2019 年 1 月　百年大师经典《俞平伯卷》由百花文艺出版社出版。

2019 年 2 月　周文毅著《是非红楼：俞平伯 1954 年以后的岁月》由百花洲文艺出版社出版。

2019 年 12 月　孙玉蓉著《荣辱毁誉之间：纵谈俞平伯与〈红楼梦〉》由知识产权出版社出版。

2020 年 12 月　俞平伯《唐宋词选释》及词学成就暨俞平伯一百二十周年纪念会在中国社会科学院文学研究所举行。

参考文献

1.《俞樾函札辑证》,张燕婴整理,凤凰出版社 2014 年 3 月版。

2.《俞樾全集》,浙江古籍出版社 2017 年 12 月版。

3.《俞平伯全集》,花山文艺出版社 1997 年 11 月版。

4.《俞平伯年谱》,孙玉蓉著,天津人民出版社 2001 年 1 月版。

5.《俞平伯研究资料》,孙玉蓉著,知识产权出版社 2010 年 2 月版。

6.《荣辱毁誉之间:纵谈俞平伯与〈红楼梦〉》,孙玉蓉著,知识产权出版社 2019 年 12 月版。

7.《周作人年谱》,张菊香、张铁荣编著,南开大学出版社 1985 年 9 月版。

8.《周作人日记》,大象出版社 1996 年 12 月版。

9.《周作人早年佚简笺注》,张挺、江小蕙笺注,四川文艺出版社 1992 年 9 月版。

10.《致周作人》,孙郁、黄乔生主编,河南大学出版社 2004 年版。

11.《周作人俞平伯往来书札影真》，北京图书馆出版社 1999 年 6 月版。

12.《周作人俞平伯往来通信集》，孙玉蓉编注，上海译文出版社 2013 年 1 月版。

13.《龙榆生先生年谱》，张晖著，学林出版社 2001 年 5 月版。

14.《朱自清全集》，朱乔森编，江苏教育出版社 1997 年版。

15.《朱自清年谱》，姜建、吴为公编著，安徽教育出版社 1996 年 5 月版。

16.《暮年上娱：叶圣陶俞平伯通信集》，叶至善等编，花山文艺出版社 2002 年 1 月版。

17.《叶圣陶年谱》，商金林编著，江苏教育出版社 1986 年 12 月版。

18.《顾颉刚年谱》，顾潮编著，中国社会科学出版社 1993 年 3 月版。

19.《郑振铎年谱》，陈福康编著，书目文献出版社 1988 年 3 月版。

20.《俞平伯周颖南通信集》，河南教育出版社 1991 年 7 月版。

21.《清华园日记》，浦江清著，生活·读书·新知三联书店 1987 年 6 月版。

22.《赵景深日记》，赵景深著，新星出版社 2014 年 1 月版。

23.《昆曲日记》，张允和著，欧阳启名编，浙江大学出版社 2017 年 11 月版。

24.《翰墨书香中的追寻》，许建辉著，文化艺术出版社 2014 年 10 月版。

人生应该有一座俞楼
（代后记）

气象京华早，青年立骏声。

俞楼人尽识，南埭里倾情。

西子湖心泛，右台山麓萦。

赛诗迎胜日，驿路鹊飞鸣。

这是我在俞平伯先生一百二十周年诞辰之际写的一首五律。

但凡是俞平伯的散文集，都不会忘记选他的《湖楼小撷》，尽管如此，一般的读者提到俞平伯的散文，还是会第一时间想到他与朱自清先生同题的《桨声灯影里的秦淮河》。吾生也晚，《桨声灯影里的秦淮河》没有出现在我的语文课文里，《湖楼小撷》是我自选的课外之文。至于当初为什么会选这一篇，理由逃不过两个字——喜欢，换两个字——经典。

《湖楼小撷》，很容易让人联想到西湖边上某座小楼里的浅酌低吟一类，可"楼头一瞬"间，围绕着何谓西湖的"本相"，什么是"西湖在人人心目中的"，文学性之外，颇有哲学意味。上大学那会,我在学校图书馆阅览室重遇此文,记得是某期《散文选刊》上,没错,文隽句雅,是我欣赏并追求的由浓而淡而浓,由繁而简而雅素。很多年过去了,真的有缘,本是俞平伯的小同乡的我,成了《俞平伯年谱》的编撰者。《俞平伯全集》煌煌十册,俞平伯的文学成就何止是散文,他的新诗也得风气之先,诗词造诣更不用说,他不主张把诗词逐字逐句太过精密地解析,这一点我很认同。

杭州西湖边的俞楼,就是俞平伯所谓湖楼。重返 25 岁,俞平伯写《湖楼小撷》的年纪,正是我将读完汉语言文学本科的年纪,也是开始花大气力读俞楼过往俞楼主人的年纪。俞平伯入住俞楼后的第二天,就迫不及待地、无比欣慰地写下了《湖楼小撷》的第一则《春晨》。他的散文集《燕知草》中,附有俞楼照片的插页,就排在《湖楼小撷》之前。楼与主人又一次获得了名分的契合。作为俞楼的新一代,他敏感的心所关注的,远远超出了小小的俞楼,而把自己投入了整个西湖胜景的审美大环境中,并且联系上时事、世局,发而为诗文,视角之广,触摸之细,感悟之新,明显超越了前人。俞平伯毕竟是经受过"五四"洗礼的新文学健将!他追忆在俞楼所过的一个难忘的夜晚,写了《西湖的六月十八夜》,其魅力与影响不下于《桨声灯影里的秦淮河》。湖光山色迷离惝恍的西湖这一夜,情景交融,时空交错,诗画交织,梦醒交连,令多少曾游西湖者读了此文,会又几度梦寻西湖;令多少未到西湖者读了此文,会急切切寻梦西湖。而《湖楼小撷》则是这一幕的前夜。然而湖上再热闹,隔壁(楼外楼)再热闹,俞楼是不会热闹的,我料定。

我进入俞楼时,它已经是一个纪念馆,俞平伯的曾祖父俞曲园的纪念馆。这里最早是俞曲园在杭州的家,之后俞曲园的外孙,也即俞平伯的岳父许引之重建了此楼,再后来俞平伯去了北京,他的堂弟俞铭铨为俞平伯守屋,也向租客开放部分空房。其间,印度文豪泰戈尔的《飞鸟集》,据郑振铎自己说"大部分却都是在西湖俞楼译的"。翻译家金克木在俞楼住过一百天,诗人戴望舒来看他,力劝他放下对星空的兴趣,转回语言研究。这楼做了纪念馆后,反而冷清了,只剩下一个"壳"。当我辗转电话联系到俞铭铨之子俞泽民时,他几乎不敢想象,我知道俞家那么多事。我们约好了见面的时间,我按时来到俞泽民老的寓所。因是旧小区,又是晚上,一时迷路,见有人在楼下徜徉,俞老特意从五楼打下一只手电,问:"是小朱吧?上来吧。"上楼,进门,与俞老聊天,绝对比看上好几本西湖掌故的书受用。那年,我结集出版了我的第一本随笔集《湖烟湖水曾相识》,书名就取自俞平伯的诗。这本书销量不错,还加印过一次,有读者说,书里《沿白堤走至俞楼》《俞楼往事》等篇有俞平伯的文风和笔调。

怎么可能?怎么不可能?我都快把俞平伯的好些文章背下来了,俞平伯的几种散文集也被请进了我的书房,其中有一本中国现代文学史参考资料版的《燕知草》,虽非初版本,但亦珍贵。那段时间,我去俞楼很勤。《湖州晚报》的记者向我约稿,我就将俞家的故事、人,一个个地写出来,拼接起来,每周一篇,反响很好,连载结束时报社专门给我写了一个整版的报道。不久,俞平伯纪念馆新馆筹建,我参与了展陈大纲的执笔,用三句话概括俞平伯的一生:家学有其因,文学有其源,红学有其情。

有一年春节,当我将俞家在世的散在各地的亲人联系了一遍后,组建了一个微信群,取名"俞楼"。群里独我与俞家非血亲。我还画过一张俞家的世系谱,上至俞曲园,下至俞平伯的曾孙辈,虽然是线上的家族聚会,但我能感受到大家的那种久违的兴奋。

2017 年底我结婚了,浙江现代文学名家年谱书系要访一个学者编撰《俞平伯年谱》,问了一圈,最后敲定了我。我很惶恐,孙玉蓉老师才是最合适的人选,然而我向孙老师询及此事,她竟表示:"《俞谱》的事,我支持你做,而且一定会做得很好,我寄希望于你。"课题组召集的第一个会议,正撞上我与妻的蜜月旅行航班,会议中途我告假从杭州直飞昆明。旅行归家,便收到了孙老师的礼物,扉页题"送上拙著一本,谨祝新婚快乐"。

转眼,我的女儿已四岁了,《俞平伯年谱》也已进入出版程序,我正准备带小女去西湖俞楼看看。不为别的,只为她将来心中也有这么一座小楼,哪怕是倒影也好。

朱炜